Herbert Girardet (Hrsg.)

Zukunft ist möglich
Wege aus dem Klima-Chaos

EVROPA

Der World Future Council

Der World Future Council um den Gründer des Alternativen Nobelpreises Jakob von Uexküll sowie den Autor und Filmemacher Herbert Girardet versteht sich als internationale Lobby für künftige Generationen und setzt sich für eine Weltgemeinschaft ein, die auf der Grundlage von Gewaltlosigkeit, Nachhaltigkeit, Respekt und Gerechtigkeit zusammenkommt.

Der WFC hat als Stiftung seinen Hauptsitz in Hamburg. Der Council will verlässlicher Bezugspunkt für Entscheidungsträger, die Zivilgesellschaft und die Weltöffentlichkeit sein. Mit Unterstützung von Wissenschaftlern und Expertenkommissionen wird der WFC globale Trends überwachen und vorhandene Forschungsergebnisse destillieren. In enger Zusammenarbeit mit Parlamentariern, Vertretern der Zivilgesellschaft, Regierungen und internationalen Organisationen wird der WFC weltweit die Durchsetzung der jeweils „besten Politik" in vielen Bereichen fördern und durchsetzen helfen.

Das Buch

Die acht Kapitel dieses Buches beschäftigen sich vor allem damit, Möglichkeiten aufzuzeigen, wie wir dem Klimawandel begegnen können. Der Klimawandel ist wahrscheinlich die größte gemeinsame Herausforderung, welche die Menschheit je erlebt hat. Und sie führt direkt ins Herz der Wachstumsphilosophie, die der modernen urbanen Industriegesellschaft zugrunde liegt. Die acht Autoren skizzieren Lösungsmöglichkeiten in verschiedenen Problemfeldern und geben konkrete Beispiele schon praktisch erprobter Maßnahmen, deren Förderung auf breiter Ebene noch aussteht. So kann der Klimawandel – gemäß den Ausführungen der Autoren – auch als Chance zum längst überfälligen Wandel begriffen werden.

HERBERT GIRARDET (HRSG.)

Zukunft ist möglich
Wege aus dem Klima-Chaos

Mit einem Vorwort von Jakob von Uexküll

Aus dem Englischen und Amerikanischen
von Hans-Joachim Maass

EUROPÄISCHE VERLAGSANSTALT

Bibliografische Information der Deutschen Nationalbibliothek
Die Deutsche Nationalbibliothek verzeichnet diese Publikation in der Deutschen Nationalbibliografie; detaillierte bibliografische Daten sind im Internet über http://dnb.d-nb.de abrufbar.

Umschlaggestaltung: Bayerl & Ost, Frankfurt am Main
Motiv: © Photonica
Signet: Dorothee Wallner nach Caspar Neher »Europa« (1945)
Satz: Johanna Boy
Druck und Bindung: AALEXX Druck GmbH, Großburgwedel

Printed in Germany
ISBN 978-3-434-50606-5

Das Papier, auf dem dieses Buch gedruckt wurde, besteht aus 100% Altpapier, es ist ungebleicht und alterungsbeständig.

Informationen zu unseren Verlagsprogrammen finden Sie im Internet unter www.europaeische-verlagsanstalt.de

Inhalt

Vorwort

Während der letzten Jahre hat ein kleines Team hart gearbeitet, um eine neue internationale Organisation zu schaffen – den World Future Council. 2007 trägt dieses Bemühen nun erste Früchte: Es treten erstmals die fünfzig Ratsmitglieder zusammen, zugleich fällt der Startschuss zu unserer ersten großen internationalen Kampagne – über erneuerbare Energie und den Klimawandel – und wir legen mit dem vorliegenden Band unser erstes wichtiges Buch vor. Es ist mir eine sehr angenehme Pflicht, das Vorwort zu diesem Werk zu schreiben, für das acht hervorragende Autoren Beiträge geschrieben haben, und damit die Möglichkeit zu haben, die Ziele zu umreißen, die wir mit der Schaffung des World Future Council verfolgen.

Die Menschheit befindet sich in einer außerordentlichen Situation. Trotz eines in der bisherigen Menschheitsgeschichte noch nie da gewesenen Fundus an Wissen, Fähigkeiten und Ressourcen befinden wir uns auf einem beispiellosen Kollisionskurs mit unserer Zukunft. Entscheidungen, die heute getroffen werden, werden weitreichendere Konsequenzen haben, als wir uns da je hätten vorstellen können, und doch herrscht ein kurzfristiges Denken vor. Überall auf der Welt löst die Erschöpfung der Ressourcen und die Umweltverschmutzung, die zunehmende Ungleichheit zwischen Reich und Arm und das daraus resultierende Potenzial zu gewalttätigen Konflikten Furcht und Verunsicherung aus. UNO-Kommissionen und Konferenzen haben sich darum bemüht, viele dieser Probleme anzugehen, doch auch diese *notwendigen* politischen Veränderungen sind kaum dazu in der Lage, an Umfang oder Größenordnung mit den Problemen Schritt zu halten, vor die wir uns gestellt sehen. Dies führt zu einem zunehmenden Mangel an Vertrauen in nationale und internationale Organisationen.

Der World Future Council ist geschaffen worden, um diesen Herausforderungen zu begegnen. Er soll ein verlässlicher Bezugspunkt für Entscheidungsträger, die Zivilgesellschaft und die Weltöffentlichkeit sein, der sich für eine Weltgemeinschaft einsetzt, die auf der Grundlage von Gewaltlosigkeit, Nachhaltigkeit, Respekt und Gerechtigkeit zusammenkommt. Als eine moralische Instanz in der demokratischen Arena wird der World Future Council einen neuen Prozess in Gang setzen, um dabei mitzuhelfen, Regeln und Normen, die weltweit gültig sind, zu verändern, indem er die wichtigsten internationalen Herausforderungen von der politisch-ökonomischen auf die ethische Ebene hebt.

Institutionen, die den Status quo verteidigen, sind wohletabliert, doch bis heute hat die Zukunft keine vergleichbare Stimme gehabt. Der WFC ist geschaffen worden, um diese Lücke zu füllen und als internationale Lobby für künftige Generationen zu fungieren. Sein besonderer Zweck besteht darin, bei der Schaffung einer sichereren und gerechteren Welt mitzuhelfen, indem er wichtige Veränderungen in Richtung eines positiven Fortschritts beschleunigt – etwa durch Sicherung einer nachhaltigen ökologischen Basis für die menschliche Entwicklung und einer gerechten Handlungsweise in der internationalen Politik.

Der World Future Council wird sich darum bemühen, ein „globales Gewissen“ zu sein, das für unsere gemeinsamen Interessen als Bürger dieses Planeten eintritt und dem kurzfristigen Denken, der Habgier und der Selbstgefälligkeit entgegenwirkt. Er wird mithelfen, die Bedürfnisse künftiger Generationen nach einem intakten Planeten zu sichern. Er wird vorhandenen Initiativen zusätzlichen Wert verleihen, indem er einen Werterahmen setzt, mit dem Ziel der schnellstmöglichen Umsetzung dringend notwendiger globaler Reformen. Er wird nicht den Anspruch erheben, für andere zu sprechen, aber er wird durch die Qualität seiner Arbeit und die Zusammensetzung seiner Mitglieder legitimiert sein.

Der World Future Council ist nicht im luftleeren Raum entstanden. Internationale Meinungsumfragen weisen klar darauf hin, dass es in den verschiedensten kulturellen Traditionen überall auf der Welt gemeinsame Werteprioritäten gibt: Wir alle wollen ein gutes Leben für unsere Kinder, eine gesunde Umwelt, ein gewaltfreies Leben in gegenseitigem Vertrauen und beiderseitigem Respekt. Wir müssen jetzt sicherstellen, dass diese Werte sich durchsetzen können und dass ausgehend von solchen gemeinsamen Grundsätzen effektive Maßnahmen entwickelt werden.

Von hier nach dort

In den letzten vier Jahren sind in vielen Ländern Konferenzen abgehalten worden, um die Aufmerksamkeit auf die Notwendigkeit der Schaffung eines World Future Council zu lenken. Mehr als 5.000 Organisationen in 200 Ländern sowie mehrere tausend Parlamentsabgeordnete und andere interessierte Personen sind konsultiert und gebeten worden, den World Future Council zu fördern und Ratsmitglieder vorzuschlagen. Diese sind nach sehr umfassenden internationalen Beratungen inzwischen gewählt worden.

Der World Future Council besteht aus rund fünfzig geachteten Personen aus der ganzen Welt – herausragenden Persönlichkeiten, erfahrenen Ratgebern, Vorkämpfern in verschiedenen Bereichen und Jugendführern. Er hat damit begonnen, regelmäßig Konferenzen abzuhalten, bei denen es um die Frage geht, wie Handlungslücken geschlossen werden können und wie die Rechte von Kindern und künftigen Generationen zu sichern sind. Diese Treffen bemühen sich darum zu klären, was *notwendig* ist und nicht was gegenwärtig als politisch *möglich* erscheint. Damit wollen wir eine Atmosphäre der Zuversicht schaffen und das Bewusstsein stärken, dass wir alle an der Lösung der riesigen Probleme, vor die sich die Menschheit heute gestellt sieht, beteiligt sind.

Der World Future Council wird von einer großen Zahl internationaler Organisationen und Personen mit den unterschiedlichsten professionellen Hintergründen unterstützt. Seine Organisationsstruktur ist darauf angelegt, schlank und effizient zu sein. Wir haben schon jetzt drei Büros in Europa und Nordamerika und sind dabei, auch Büros auf der Südhalbkugel zu errichten. Ein leitendes Gremium mit einem mehrsprachigen Sekretariat, dem ein Beraterstab zur Seite steht, koordiniert die Aktivitäten des Rats. In rechtlicher Hinsicht ist der World Future Council eine wohltätige Stiftung, die in mehreren Ländern registriert ist, und ihre Aktivitäten und Finanzen unterliegen einer strengen gesetzlichen Rechenschaftspflicht.

Ein Hauptaspekt der Arbeit des WFC werden seine internationalen Kampagnen sein, zu Themen, bei denen Handlungsbedarf besteht. Wir haben vor, alljährlich zwei große Kampagnen zu organisieren – angesichts der bedrohlichen Folgen des Klimawandels wird sich die erste Mitte 2007 mit der beschleunigten Einführung erneuerbarer Energien befassen. In enger Zusammenarbeit mit Parlamentariern, Vertretern der Zivilgesellschaft, Regierungen und internationalen Organisationen wird der World Future Council weltweit die Durchsetzung der jeweils „besten Politik" auf allen Gebieten fördern und durchsetzen helfen. Unsere internationalen Aufrufe zu Kampagnen und Medienaktivitäten sollen Maßnahmen initiieren, in denen ein intakter Planet und eine Kultur des Weltbürgertums Vorrang besitzen.

Der World Future Council hat schon jetzt breite Unterstützung erfahren. Er hat begonnen, mit dem E-Parlament zusammenzuarbeiten – einem globalen Netzwerk von Parlamentariern – sowie mit Gruppen der Zivilgesellschaft, denen es um die Verbreitung effektiver Maßnahmen und langfristiger Lösungen geht. Die Zusammenarbeit mit den Medien und der globalen Internetgemeinschaft wird auch in Zukunft eng sein, um sicherzustellen, dass die Ergebnisse der Überlegungen des Rats weltweit verbreitet werden. Zusätzlich wird der World Future Council zur Schaffung nationaler, regionaler und lokaler Zukunftsräte ermutigen, um für die vorgeschlagenen Maßnahmen und Programme Unterstützung zu mobilisieren.

Mancher wird sich fragen, was der World Future Council kann, was andere nicht erreichen könnten. Der Rat wird sich nicht darum bemühen, irgendwelche globalen Probleme aus eigener Kraft zu lösen, sondern wird vielmehr das fehlende ethische Ingrediens in die globalen Maßnahmen injizieren, um so den notwendigen Katalysator zum Handeln zu liefern. Er lässt sich mit Bürgerinitiativen der Vergangenheit vergleichen, die dabei mithalfen, die Sklaverei abzuschaffen, das Stimmrecht für Frauen durchzusetzen und die Bürgerrechte zu verbreiten.

Die kommenden Jahre

In den kommenden Jahren wird die Arbeit des World Future Council bis zu 24 wichtige Fragen der globalen Umwelt sowie soziale und ökonomische Fragen ansprechen. Dieses Buch deckt die ersten acht Themenbereiche ab. Mit Unterstützung unserer eigenen Wissenschaftler und kleinen Expertenkommissionen, die mit bestehenden Organisationen verbunden sind, werden wir globale Trends überwachen und vorhandene Forschungsergebnisse herausdestillieren. Außerdem werden wir Vorschläge für nationale Gesetzgebungen und internationale Verträge entwickeln, die dem Rat zur Erörterung und zur Annahme vorgelegt werden.

Der amerikanische Psychologe Abraham Maslow hat einmal bemerkt, dass es schwierig sei, Werte wie Liebe, Großzügigkeit und Solidarität in einer Gesellschaft zu fördern und zu praktizieren, deren Institutionen, Regeln und Informationsströme geringere menschliche Werte propagieren. Indem sie für die allen gemeinsamen Werte als Bürger eintreten, verfolgen die Mitglieder des World Future Council das Ziel, unsere öffentlichen Debatten zu erweitern, zu enttrivialisieren und die großen Herausforderungen von der politisch-ökonomischen auf die ethisch-moralische Ebene zu heben.

Heute genießen ökonomische Argumente Vorrang (und werden von mächtigen Institutionen unterstützt), und nur allzu oft gelten demokratische Politiker entweder als machtlos oder korrupt – oder beides. Aber wenn die Demokratie nicht die Macht besitzt, auf globale Veränderungen zu reagieren, sind die Alternativen, vor die wir uns gestellt sehen, Diktatur oder Anarchie. Wir stehen vor einer Krise der (moralischen) Führung, auch in reifen Demokratien, und je weniger man der politischen Führung vertraut, umso weniger wird sie zu handeln wagen. Dieser Teufelskreis muss durchbrochen werden.

Dieser Gefahr kann nicht nur durch die Förderung formaler demokratischer Strukturen begegnet werden. Wir müssen auch sicherstellen, dass andere Institutionen in der Gesellschaft demokratische Werte und Pflichten unterstützen und nicht den Versuch machen, sie zu untergraben. In einer Demokratie sind Märkte gute Diener – aber sehr schlechte (und unannehmbare) Herren! Ökonomen sollten *verfügbar* sein – bereitstehen, jeden erforderlichen Rat zu geben –, aber sie dürfen nicht *an der Spitze stehen* und die Tagesordnung festsetzen. So wie die Demokratie damit unvereinbar ist, dass die Kirche oder der Staat alle Sektoren der Gesellschaft beherrscht, ist es unakzeptabel, dass der ökonomische Sektor die Vorherrschaft über alle anderen Institutionen und Lebensbereiche beansprucht. Marktwerte und „Marktdisziplin" gehören zu Märkten. Eine lebendige Demokratie muss im Gegensatz dazu in der Lage sein, in einem Raum zu agieren, der nicht vom Kommerz dominiert ist.

Wenn wir uns auf diese Reise in die Zukunft begeben – die schwierigste, die die Menschheit je unternommen hat – und das Ruder immer noch in den Händen von Unternehmen mit beschränkter Haftung lassen, die nur den Auftrag haben, Gewinne zu maximieren, dann werden wir niemals ankommen. Es gibt aber wichtigere Ziele im Leben als die größtmögliche Auswahl an Konsumgütern.

Wie der Nationalökonom E. F. Schumacher schrieb, „liegt das Wesen der Zivilisation nicht in der Vervielfachung von Wünschen, sondern in der Reinigung des menschlichen Charakters". Zu behaupten, wir könnten es uns nicht leisten, alles nur Menschenmögliche zum Schutz unserer natürlichen Umwelt zu tun, impliziert, dass wir glauben, wir könnten es uns nicht leisten, auf diesem Planeten zu leben!

Der Ende 2006 veröffentlichte Stern-Report nennt das Klimachaos das größte Versagen des Markts, das es je gegeben hat. Es verweist aber auch auf ein ungeheures Versagen demokratischer Politik und der „freien" Medien. Dreißig Jahre lang sind alle Beweise verfügbar gewesen – und immer mehr kamen hinzu –, wurden aber von unseren Entscheidungsträgern und Meinungsbildnern ignoriert, weil diese unbequeme Wahrheit mit ihren ideologischen Vorurteilen im Widerspruch stand, dass Märkte und Technologie alle Probleme lösen können.

Heute kosten diese Annahmen über die rein materialistische Natur des Menschen – die unter verschiedenen politischen Vorzeichen gefördert wurden – nicht nur die Erde einen hohen Preis, sondern weisen auch einen großen Makel auf: Nach einer Generation des ungehemmten Konsums sind beispielsweise amerikanische Mütter heute unglücklicher und ihre Kinder ungesünder als noch vor dreißig Jahren.

Wir müssen die Art und Weise, wie wir produzieren und konsumieren, völlig neu gestalten. Dies ist eine enorme Herausforderung – aber in Krisenzeiten sind große Schritte oft leichter als kleine, weil man sie als den Problemen angemessen erkennt und sie anregen und mobilisieren können. Wir haben das Fachwissen, die Arbeitskräfte und das Werkzeug, die nötig sind, um eine Weltordnung aufzubauen, die unserer höchsten Ambitionen und Visionen würdig ist. Weshalb also leben wir immer noch mit Problemen, die wir lösen können? Warum warten wir mit dem Handeln, bis es vielleicht zu spät ist?

Auf Reisen braucht man Fahrpläne und Reiseführer. Dieses Buch soll so ein Instrument sein, das sich besonders auf wichtige Maßnahmen zur Bekämpfung des menschlich induzierten Klimawandels konzentriert. Wo andere die ungeheuren Kosten des Klimachaos aus der jeweiligen Perspektive der Umwelt, der globalen Gerechtigkeit, der Sicherheit und Ökonomie geschildert haben, weist dieses Buch auf Lösungsmöglichkeiten hin, die für uns in Reichweite liegen. Es verdeutlicht aber auch, dass nach vielen verschwendeten Jahren nur noch gemeinsame Anstrengungen, die JETZT beginnen, diese beispiellose globale Krise auf handhabbare Proportionen reduzieren können.

Ich empfehle dieses Buch Lesern aus allen Lebensbereichen und aus der ganzen Welt. Wenn es zu einem Instrument zur Beschleunigung eines sinnvollen Wandels wird, wird es seinen Zweck erfüllt haben.

Jakob von Uexküll, Gründer des World Future Council

Zukunft – welche Zukunft?

Dies ist das erste größere Buch, das vom World Future Council veröffentlicht wird. Als neue internationale Lobby für künftige Generationen wird der World Future Council vor allem anderen Entscheidungsträger überall dazu auffordern, über die ungeheuren Kosten vieler ihrer Entscheidungen nachzudenken – die künftige Generationen werden tragen müssen. Was hindert uns daran, ein längerfristiges Denken anzunehmen? Warum setzen wir bei vielen der großen Probleme der Welt nicht die Lösungen, die uns bereits zur Verfügung stehen, ein? Warum scheinen wir unfähig zu sein, die erheblichen *Handlungslücken* zu schließen, welche die Menschheit von einer nachhaltigen und friedlichen Zukunft trennen?

Noch vor ein paar Jahrhunderten war die Zukunft im Wesentlichen eine Fortsetzung der Vergangenheit, während die Gegenwart ein kurzer Augenblick dazwischen war. Veränderungen jeglicher Art erfolgten so langsam, dass man sie kaum wahrnahm. Menschen lebten und starben, sie bebauten ihre Felder und hüteten ihre Herden nach dem Diktat der Jahreszeiten. Von Zeit zu Zeit bauten sie ihre Häuser um oder bauten sich neue, wenn ihre alten zu verfallen drohten. Nur wenn Kriege oder Epidemien das Land heimsuchten oder Erdbeben Dörfer und Städte zertrümmerten, wurden Ängste um die Zukunft der Menschheit zum Thema. Aber für weite Teile der Vorgeschichte und der Geschichte der Menschheit sah die Zukunft der Vergangenheit sehr ähnlich.

Doch die Zukunft ist nicht mehr, was sie einmal war. Besonders mit der Industriellen Revolution und der Nutzung von Technologien, die auf der Verbrennung fossiler Brennstoffe beruhen, hat die Menschheit ihre Zukunft zutiefst verändert. Alles, was wir tun, wird durch unseren Gebrauch einer immer größer werdenden Zahl von Technologien noch verstärkt. Wir sind nicht länger der eher demütige *Homo sapiens*, wir sind zum *amplifizierten Menschen* geworden – der sich durch seine ungeheuren technologischen Kräfte definiert sowie durch eine riesige Population und eine beispiellose geografische Verbreitung.

Im 20. Jahrhundert wurde der Wandel zur Hauptkonstante, die die menschliche Lage bestimmte. Heute gestalten wissenschaftliche und technologische Innovationen alle Aspekte unseres Lebens. Die Zahl der Menschen vervierfachte sich, die Zahl der Stadtbewohner versechzehnfachte sich sogar, und das gleiche geschah mit dem weltweiten Ressourcenverbrauch. Unsere neu erworbenen Fähigkeiten, die Vorräte der Erde anzuzapfen, haben unsere Beziehung zum Planeten Erde und unseren Mitbewohnern, den Pflanzen und Tieren, einschneidend verändert. Die Menschheit usurpiert immer mehr von der biologischen Produktivität der Erde und ihren nicht erneuerbaren Ressourcen – zu ihrem exklusiven Gebrauch. Aber während exponentielle Wachstumskurven überall in die Höhe schießen, nehmen die biologische Vielfalt und die Verfügbarkeit von Ressourcen des Planeten dramatisch ab. Sind wir dazu verurteilt, eine prekäre Existenz auf einem zutiefst verschmutzten und ausgeplünderten Planeten zu führen?

Unterdessen wird klar, dass nicht nur die Beziehung des Menschen zur Natur gelitten hat. Die Konzentration von Macht und Reichtum hat die menschlichen Beziehungen untereinander ebenfalls tiefgreifend verändert. Der ungeheure Reichtum einer winzigen Minderheit steht der bitteren Armut von Milliarden von Menschen gegenüber. Werden die kommenden Jahrzehnte ein Zeitalter beispielloser Konflikte sein? Oder ist die Durchsetzung einer *alternativen Zukunft* eine realistische Möglichkeit?

Das 20. Jahrhundert war als Zeitalter eines rapiden Wandels auch das Zeitalter, in dem die Disziplin der Zukunftsforschung oder Futurologie entstanden ist. Dieser Fachbereich untersucht, wie die in der Gegenwart stattfindenden Veränderungen uns vielleicht ermöglichen, die Realitäten *von morgen* vorwegzunehmen. Zukunftsforscher haben sich vorgenommen, die ungeheure Vielfalt von Variablen zu deuten, welche die Zukunft dieser modernen Welt gestalten. In einem gewissen Sinn haben die Zukunftsforscher die seltsame Berufung von Wahrsagern und Hellsehern geerbt, obwohl Kristallkugeln und Tiereingeweide Hightech-Computermodellen gewichen sind.

Die Zukunftsforschung ist dabei, ganze Landkarten dieses fremden unerforschten Landes namens Zukunft anzufertigen, wo vorher bestenfalls Skizzen vorhanden waren. Doch viele Zukunftsforscher haben einen recht engen Blickwinkel eingenommen, da die meisten ihrer Auftraggeber sie nur dafür bezahlen, dass sie sie über begrenzte Themenbereiche informieren wie etwa die Erfolgsaussicht einer riskanten Investition oder die Rentabilität einer bestimmten neuen Technologie. In jüngster Zeit jedoch haben sich einige Zukunftsforscher ermutigt gefühlt, ihre Netze weiter auszuwerfen: Versicherungsunternehmen und Rückversicherer brauchen dringend Antworten auf Fragen nach den finanziellen Risiken, die mit dem sich verschlechternden Zustand der Umwelt auf dem Planeten Erde zusammenhängen. Dies ermutigt die Zukunftsforschung, ihr Potenzial als interdisziplinäres und ganzheitliches Unterfangen zu erfüllen.

Der World Future Council

Der World Future Council hat sich nicht Beobachtung und *Vorhersage,* sondern vor allem die *Mitgestaltung* der Zukunft zur Aufgabe gemacht – und zwar nicht schmaler Segmente davon, sondern eines breiten Bildes der *Zukunft insgesamt.* Vor allem anderen wollen wir betonen, dass es eine neue Notwendigkeit gibt, sich um die Perspektiven künftiger Generationen *zu kümmern.* Es ist so deutlich wie niemals zuvor, dass die ihre eine *kollektive*, eine *globale* Zukunft sein wird.

Niemals zuvor ist die Menschheit eine so globale Spezies gewesen, wie sie es heute ist, was besonders auf die Fortschritte in der Technologie zurückzuführen ist, auf die globale Reichweite von Kommunikationsmitteln, auf den Tourismus und den Handel. Am Beginn des neuen Jahrtausends brauchen wir dringend ein neues Gleichgewicht zwischen menschlicher Macht und Verantwortung. Es müssen neue Möglichkeiten gefunden werden, um die Exzesse menschlichen Wirkens und Einflusses einzudämmen – Exzesse gegen die Natur und gegen künftige Generationen. Die Wurzeln dieser Sorge sind nicht neu: Die Notwendigkeit einer neuen Philosophie der ausgeglichenen, nachhaltigen Entwicklung wurde schon in den 1970er Jahren erkannt.

Damals machten sich Persönlichkeiten wie Rachel Carson und E. F. Schumacher einen Namen, indem sie betonten, für alles menschliche Tun sei es von entscheidender Bedeutung, die Biosphäre als lebensfähigen und gesunden menschlichen Lebensraum zu erhalten. Später, in den 1990er Jahren, betonte der Nationalökonom Herman Daly, was für eine gewaltige Herausforderung es sei, den Übergang von einer „leeren Welt" – deren natürliche Ressourcen leicht allen menschlichen Bedarf decken konnten – zu einer „vollen Welt" zu bewältigen, in der die Nachfrage größer ist als die verfügbaren Ressourcen.

Es wird mit jedem Tag klarer, dass wir uns in einem kritischen Moment unserer Geschichte befinden. Zum ersten Mal muss die Menschheit als Ganzes die Aufgabe wahrnehmen, bewusst die gemeinsame Zukunft zu gestalten – in dem Wissen, dass menschliches Handeln eine noch nie da gewesene Macht gewonnen hat. Wir mögen uns instinktiv zwar wünschen, weiterhin ein vorwiegend selbstbestimmtes Leben zu führen und unsere private Zukunft durch unsere täglichen Entscheidungen zu bestimmen. Doch es ist unsere kollektive Zukunft, die jetzt auf dem Spiel steht – die Zukunft der natürlichen Umwelt und die von Generationen von Menschen, die noch gar nicht geboren sind.

Die Erd-Charta erklärt: „Wir müssen uns zusammentun, um eine nachhaltige Weltgesellschaft zu schaffen, die sich auf Achtung gegenüber der Natur, die allgemeinen Menschenrechte, wirtschaftliche Gerechtigkeit und eine Kultur des Friedens gründet. Auf dem Weg dorthin ist es unabdingbar, dass wir, die Völker der Erde, Verantwortung übernehmen füreinander, für die größere Gemeinschaft allen Lebens und für zukünftige Generationen."[1]

Der World Future Council wurde geschaffen, um aktiv und direkt auf diese Herausforderungen einzugehen. Wir erkennen die Erd-Charta als eines der bestimmenden Dokumente unserer Zeit an und bemühen uns um plausible Antworten auf die Frage, wie ein solcher Übergang bewältigt werden kann.

In dieser Situation sehen wir uns vor viele wichtige Aufgaben gestellt, etwa die Bestätigung eines gemeinsamen ethischen Rahmens für menschliches Handeln, den Entwurf von umwelt- und klimafreundlichen Produkten und Produktionsprozessen, die Erstellung ökologischer Bilanzen, die Entwicklung einer ökologischen Wirtschaft, von umweltfreundlichen Geschäftsmodellen und neuen, aktiven Formen der Demokratie.

In den letzten Jahren hat man uns oft glauben machen wollen, wir könnten andere Planeten erobern und zu unserer neuen Heimat machen, wenn wir den Planeten Erde ruinieren. Nun bedeutet Eroberung ebenso wie Zukunft nicht mehr das, was es einmal bedeutet hat. Es wird allmählich klar, dass die Errichtung von Weltraumkolonien nicht ganz das gleiche ist wie die Entdeckung neuer Kontinente. Es lohnt sich, die Anstrengungen und Kosten des Baus recht überschaubarer Strukturen wie etwa der Internationalen Raumstation (ISS) einmal genauer anzuschauen. Ein halbes Dutzend Menschen dort am Leben zu erhalten, kostet gegenwärtig Hunderte von Millionen Dollar im Jahr. Selbst wenn diese Kosten infolge neu entwickelter Technologien in den kommenden Jahrzehnten sinken werden, ist die Idee, lebensfeindliche Planeten in großer Zahl zu besiedeln, recht infantil. Wird das je eine reale Option für die Milliarden Menschen sein, die allein heute die Erdbevölkerung darstellen?

Dieses Buch

Dieses Buch ist die erste größere Veröffentlichung des World Future Council. Es befasst sich in erster Linie mit Umweltfragen, und zwar in größerem Maße als künftige Bücher, die wir veröffentlichen werden. Seine acht Kapitel beschäftigen sich vor allem damit, neue Möglichkeiten aufzuzeigen, wie wir mit dem Klimawandel umgehen können. Dessen potenzielle Auswirkungen lassen die jedes Krieges, jeder Wirtschaftskrise, jeder Epidemie oder jeder Hungersnot verblassen, mit der die Menschheit bisher konfrontiert war. Der Klimawandel ist wahrscheinlich die größte gemeinsame Herausforderung, welche die Menschheit je erlebt hat. Sie führt direkt ins Herz der Wachstumsphilosophie, die der modernen urbanen Industriegesellschaft zugrunde liegt. Der Klimawandel ist besonders besorgniserregend, wenn man bedenkt, welches Vermächtnis wir künftigen Generationen hinterlassen. Führende Wissenschaftler sagen heute, dass uns kaum mehr als zehn Jahre bleiben, den Klimawandel noch irgendwie abzubremsen. Doch wenn wir nicht gegen ihn angehen, begehen wir ein untolerierbares *Verbrechen an der Zukunft*.

Der Klimawandel ist das direkte Ergebnis zweier wichtiger Veränderungen: der beispiellosen Verbrennung fossiler Brennstoffe und der schwindenden Kapazitäten der Biosphäre, diese Freisetzung von Treibhausgasen zu bewältigen. Beides sind langfristige Trends, deren Auswirkungen in einer Welt, die an kurzfristiges Denken gewöhnt ist, kaum zu erkennen sind.

Fakt ist, dass wir es in nur 300 Jahren geschafft haben, fossile Brennstoffe zu verbrennen, deren Entstehung 300 Millionen Jahre gebraucht hat. Ein Teil der Menschheit hat infolgedessen ein recht gutes Leben, vernichtet dabei aber einen erheblichen Teil des im Laufe der Evolution entstandenen Lebens auf der Erde: Das Leben hat viele Millionen Jahre lang eine Schlüsselrolle bei der Entfernung von Kohlendioxid aus der Atmosphäre gespielt, es tief in der

Erdkruste verstaut und damit unschädlich gemacht. In den letzten 300 Jahren haben wir diesen Prozess umgekehrt. Indem wir Kohlenstoff aus Kohle, Öl und Gas in ungeheuren Mengen wieder in die Atmosphäre entlassen, verändern wir die Bedingungen, die die Entfaltung des Lebens auf der Erde überhaupt erst möglich gemacht haben.

Dies ist das Zeitalter des Feuers, und je mehr Feuer wir anzünden – in den Heizkesseln unserer Häuser, in den Motoren unserer Autos, Lastwagen und Flugzeuge –, desto schneller verändern wir die Lebensbedingungen auf dem Planeten Erde. Jetzt müssen wir mit den Konsequenzen fertig werden und versuchen, das Schlimmste zu verhindern. Dies bedeutet, dass wir dringend handeln müssen – wir müssen *in naher Zukunft* auf die Verbrennung fossiler Brennstoffe verzichten, um die Ozeane davon abzuhalten, das Land zu überfluten, um Orkane davon abzuhalten, unsere Häuser zu verwüsten, und um den Tod von Regenwäldern und Korallenriffen zu verhindern.

Die acht Kapitel dieses Buches versuchen, einen Fahrplan zu entwerfen, wie wir diese historische Aufgabe bewältigen könnten.

Ross Gelbspan, Autor des Bestsellers *The Heat is On*, bietet im ersten Hauptkapitel dieses Buches einen tiefen Einblick in den starken Widerstand einer kleinen Elite in seinem Heimatland, den Vereinigten Staaten, die sich den Herausforderungen des Klimawandels nicht stellen will. Hinter diesem Widerstand stehen mächtige Interessen, besonders die der (fossilen) Energielobby, die im engen Bündnis mit den Massenmedien stehen. Trotz der wachsenden Gewissheit darüber, dass der Klimawandel nicht nur ein Thema für künftige Generationen ist, sondern ein dringendes Problem im Hier und Jetzt, sehen wir in den USA kaum Anzeichen dafür, dass etwas dagegen unternommen wird.

Und dies ist natürlich nicht nur ein Thema für die USA, sondern genauso für alle anderen Industriestaaten. Die systembedingte Abhängigkeit unserer Volkswirtschaften, unserer Verkehrssysteme und unseres vorwiegend städtischen Lebensstils von der routinemäßigen

Verbrennung fossiler Brennstoffe ist der Kern dieses Problems. Daran gekoppelt können wir die Tatsache beobachten, dass es Millionen Menschen gibt, deren berufliche Laufbahn mit der Ökonomie der fossilen Brennstoffe eng verwoben ist. Institutionelle Trägheit, die auf dem Bedürfnis beruht, alles lieber auf gewohnte Weise zu tun, ist ein weiterer wichtiger Faktor.

Ross Gelbspan bietet eine faszinierende Perspektive auf den Klimawandel irgendwo zwischen Verzweiflung und Hoffnung. Er lässt uns nicht hilflos zurück, sondern befürwortet bedeutende Veränderungen bei der Besteuerung, bei Subventionen und anderen finanzpolitischen Maßnahmen. Er schildert erneuerbare Energien als ein wichtiges Werkzeug zur Wiederbelebung regionaler Volkswirtschaften im Zeitalter der ungezügelten Globalisierung. Am Ende seines Kapitels zeigt er, welches Potenzial in der Klimakrise steckt: Sie könnte zu einer wichtigen Chance auf Veränderung werden. „Letztlich besteht die Hoffnung, dass – besonders angesichts der zentralen Bedeutung der Energie für unser modernes Leben – eine sinnvolle Lösung der Klimakrise potenziell der Beginn einer weit größeren Transformation unserer gesellschaftlichen und ökonomischen Dynamik sein könnte."

Im zweiten Kapitel bietet ***Hermann Scheer*** eine detaillierte Übersicht darüber, wie eine solche Umwandlung konkret bewerkstelligt werden könnte. Als Mitglied des Deutschen Bundestages ist er eine der treibenden Kräfte bei der Durchsetzung einer hoch effektiven Politik zugunsten erneuerbarer Energien, die inzwischen weltweiten Einfluss hat. Das Erneuerbare-Energien-Gesetz, zu dessen Durchsetzung im Bundestag er entscheidend beigetragen hat, hat einen ungeheuer positiven Einfluss auf die Entwicklung erneuerbarer Energien in Deutschland gehabt. Dabei sind rund 170.000 neue Arbeitsplätze und völlig neue Industriezweige entstanden. Viele andere Länder folgen jetzt in mancherlei Form dem deutschen Beispiel.

Hermann Scheer hat eine praktische Vision von einer Welt, die sich aus ihrer Abhängigkeit sowohl von fossilen Brennstoffen als auch von der Kernkraft befreien kann. Wie Ross Gelbspan ist auch ihm der Widerstand sehr bewusst, der der Schaffung einer zukunftsfähigen Welt im Weg steht, einer Welt, die frei ist von dem Diktat der Unternehmen und Politikern, die der Idee der Ausbeutung fossiler Brennstoffe und der Kernenergie zu sehr verbunden sind.

Anders als fossile Energieträger ist die erneuerbare Energie unerschöpflich, solange das Sonnensystem existiert. Die Sonne liefert unserem Planeten jeden Tag 15.000-mal mehr Energie, als wir gegenwärtig verbrauchen. Es ist sehr wichtig, dass bei der Nutzung erneuerbarer Energien ein Anfang gemacht worden ist, der noch dazu beachtlich ist. Infolge einer angemessenen Gesetzgebung nimmt die Wettbewerbsfähigkeit der erneuerbaren Energien rapide zu. Während die Kosten fossiler Brennstoffe in die Höhe schießen, wird erneuerbare Energie immer preiswerter. Das verheißt für die Zukunft sehr viel Gutes. Scheer schließt sein Kapitel mit der Bemerkung, dass „es infolge der anhaltenden Klimakrise und der weltweiten Energiekrise schon sehr spät ist. Aber mit erneuerbaren Energien ist es möglich, diese furchterregenden Trends umzukehren – zugunsten einer besseren Zukunft für alle. Lassen Sie uns auf diesem Weg weitergehen".

Teddy Goldsmith, Gründer der bahnbrechenden Zeitschrift *The Ecologist Magazine*, tritt angesichts einer Welt, die unter einem sich beschleunigenden Klimawandel leidet, für die Schaffung eines nachhaltigen Ernährungssystems ein. Über Jahrzehnte hinweg ist ein immer weniger nachhaltiges globales Ernährungssystem geschaffen worden, das die Böden der Welt übermäßig ausbeutet, die biologische Vielfalt verringert und Wasservorräte in einer verantwortungslosen Art und Weise verbraucht.

Unser gegenwärtiges Ernährungssystem ist gänzlich abhängig von dem laufenden Einsatz fossiler Brennstoffe – beim Betrieb von Bauernhöfen, der Herstellung von Dünger und Pestiziden und beim Transport von Nahrungsmitteln per Schiff, per Bahn, auf der Straße oder per Flugzeug. Lebensmittelverarbeitung, Kühlung und Handelsmonopole vervollständigen das Bild von einem sich von jeder Nachhaltigkeit entfernenden Ernährungssystem, das sich über den ganzen Globus ausbreitet. Die Landwirtschaftspolitik einer immer größeren Zahl von Ländern und Handelszonen unterstützen diesen Trend der immer größeren Globalisierung von Lebensmitteln auch weiterhin. Jüngst veröffentlichte Studien haben gezeigt, wie unverantwortlich moderne Landwirtschaftssysteme im Hinblick auf den Energieverbrauch sind. Um eine Tonne Getreide oder Gemüse mit Hilfe moderner Landwirtschaftstechnik zu erzeugen, sind sechs- bis zehnmal mehr Energie nötig als beim Einsatz nachhaltiger Anbaumethoden. Wenn man dann noch die Energie hinzurechnet, die für den Transport und die Verarbeitung eingesetzt wird, sind die Zahlen noch weit höher.

In einem Zeitalter des Klimawandels ist dieser Trend untragbar. „Wir müssen ein Landwirtschaftssystem entwickeln, das nicht diese schrecklichen Probleme zur Folge hat, sondern im Gegenteil mithilft, unsere Bodenressourcen neu zu beleben und somit aufzubauen." Es könnte für uns von großem Nutzen sein, von den traditionellen Praktiken der Landwirtschaft für die Anbausysteme der Zukunft zu lernen. Wieder einmal wird offenkundig, dass in der Gesellschaft neue Kräfte nötig sind, um die gegenwärtigen Trends umzukehren. Die gute Nachricht ist, dass die Verbraucher an vielen Orten einen Trend hin zu regionaler Lebensmittelerzeugung für den lokalen Bedarf zu unterstützen scheinen. Aber das muss eine noch breitere, populärere Bewegung werden, wenn sich nicht nur die Politik von Ländern, sondern auch die von Lebensmittelunternehmen ändern soll.

Peter Bunyard hat sich als Wissenschaftsredakteur der Zeitschrift *The Ecologist* seit Jahren mit vielen Aspekten einer nachhaltigen Entwicklung beschäftigt. Die Zukunft der Wälder ist seine Hauptsorge, und er widmet einen großen Teil seiner Zeit der Dokumentation dessen, was mit dem Regenwald am Amazonas geschieht. Dieses größte Regenwaldgebiet der Welt ist in den letzten 30 Jahren zum Gegenstand vieler Umweltkampagnen geworden. Es hat große Erfolge und große Niederlagen gegeben. Bedeutende Teile Amazoniens sind inzwischen als Reservate für einheimische Völker und die Biosphäre geschützt. Doch das Abholzen geht weiter, und immer größere Gebiete werden durch neue Straßenbauprojekte zugänglich gemacht. Holz, Gold, Zinn, Eisenerz und viele andere Ressourcen werden abgebaut, oft für die Nutzung an weit entlegenen Orten. Die Umwandlung von Regenwald in Weideland und zunehmend auch zu Sojabohnenfeldern geht seit Jahren unerbittlich weiter.

Peter Bunyard weist auf einen entscheidenden Umstand hin: dass die fortgesetzte Vernichtung des Regenwalds am Amazonas zunehmend dessen Dienste an der Umwelt des gesamten Planeten untergräbt. Das Abholzen der Wälder verringert ihre Kapazitäten, Kohlenstoff zu binden – infolgedessen ist der Wald am Amazonas nicht nur nicht mehr fähig, Kohlendioxid aufzunehmen, sondern entlässt selbst Kohlendioxid in die Atmosphäre. Von vielleicht noch größerer Bedeutung ist der Verlust der Fähigkeit des Regenwalds, Feuchtigkeit zum Wohl weit entlegener Orte zu produzieren – für ganz Südamerika und darüber hinaus. Eine kritische Frage ist, wie die funktionale Integrität der Wälder am Amazonas trotz des fortgesetzten Drucks auf diese riesige Region sichergestellt werden kann.

„Die Beziehung zwischen tropischen Wäldern und Klima muss unsere erste Überlegung sein, wenn wir die Notwendigkeit des Erhalts rechtfertigen." Es muss ein internationales Verfahren entwickelt werden, das dem Wert des Waldes in seiner Funktion als natürliches Auffangbecken für Kohlendioxid und wegen seiner Dienste am Weltklima Rechnung trägt. Zum Glück beginnen Amazonasländer wie etwa Brasilien allmählich zu erkennen, dass der weitere Verlust dieser ungeheuren Feuchtigkeitsreserve die regionale Wirtschaft schädigen könnte. Vertrauen wir darauf, dass diese Überlegungen die Entscheidungsprozesse der betroffenen Länder von nun an ernsthaft beeinflussen.

Mein Kapitel über Städte und nachhaltige Entwicklung entwickelt diese Argumente weiter. Eine Urbanisierung im großen Umfang hat das 20. Jahrhundert bestimmt, und ein Ende dieses Prozesses ist immer noch nicht abzusehen. Große Städte sind das Produkt einer Technologie, die auf fossilen Brennstoffen basiert – der größte Teil der weltweit aus fossilen Brennstoffen gewonnenen Energie wird in den Städten oder für sie verbrannt. Die ökologischen Fußabdrücke von Städten erstrecken sich auf einen großen Teil der Erdkugel; die entlegensten Waldregionen und die entferntesten Ackerböden sind davon betroffen, und wir müssen sicherstellen, dass diesem destruktiven Trend Einhalt geboten wird.

Wir könnten uns vielleicht wünschen, einige Großstädte mögen einfach verschwinden, doch das werden sie höchstwahrscheinlich nicht tun. Jetzt kommt es deshalb ganz konkret darauf an, die Funktionsweise vorhandener Städte zu ändern. Vor allem müssen wir sie von ihrer systembedingten Abhängigkeit von fossilen Brennstoffen entwöhnen und ihr Potenzial als ressourceneffiziente menschliche Wohngebiete nutzen. Viele Städte liegen in Küstenregionen, und so beginnen ihre Bewohner zu erkennen, dass es in ihrem eigenen Interesse liegt, nicht durch das ungehemmte Verbrennen fossiler Brennstoffe zu einem immer höheren Meeresspiegel beizutragen.

Die rasante Urbanisierung in Ländern mit einer großen Bevölkerung wie China und Indien macht klar, dass es mit den herkömmlichen Mustern der Urbanisierung einfach nicht so weitergehen kann. Zum Glück beginnt China – das Land mit der schnellsten Urbanisierung der Menschheitsgeschichte – zu zeigen, dass man vieles auch anders machen kann. Das Projekt der Ökostadt Dongtan in der Nähe von Shanghai setzt erstmals einen bahnbrechenden Prozess einer nachhaltigen Stadtentwicklung in Gang – mit der Schaffung einer Reihe miteinander verbundener Fußgängerdörfer, die aus hoch effizienten Gebäuden bestehen, die ihre Energie von der Sonne, dem Wind und aus Biomasse beziehen. Dongtan wird einen im Wesentlichen in sich geschlossenen Stoffwechsel haben und von einem eigenen Landwirtschaftsgürtel umgeben sein, um eine nachhaltige Nahrungsmittelversorgung zu sichern. Dongtan demonstriert, dass eine neue Stadt sich auch auf ganz andere Art schaffen lässt, dieses Modell verspricht, in den kommenden Jahrzehnten weltweit sehr einflussreich zu werden.

Michael Braungart hat sich bei der Umgestaltung industrieller Produktionsprozesse international einen Namen gemacht. In seinem Kapitel stellt er die allgemein akzeptierten Annahmen über die Vorzüge des Recycling in Frage und gibt zu bedenken, dass das Recycling in Wahrheit eher ein *downcycling* ist – dass man vor der endgültigen Entsorgung meist nur zwei oder drei Lebenszyklen hinzufügen kann. Ein entscheidender Grund für das Versagen von Recyclingsystemen ist die Tatsache, dass die recycelten Produkte eigentlich gar nicht fürs Recycling vorgesehen sind und dass die Recyclingprozesse den Materialien, die verarbeitet werden sollen, meist nicht gut genug angepasst sind. Die gegenwärtige Recyclingpraxis ist nicht annähernd so effektiv wie die in sich geschlossenen Systeme der Natur, in denen Abfallmaterial durch einen verblüffend effizienten Prozess zu Nährstoffen für neues Leben wird.

Michael Braungart demonstriert ferner die zentrale Bedeutung der Verwendung neuer Produktionssysteme, bei denen keinerlei Abfall entsteht. Er skizziert Möglichkeiten, wie diese bemerkenswerte Vision in praktische Realität verwandelt werden kann. Für ihn besteht die Herausforderung letztlich darin, sowohl Produkte als auch Produktionssysteme in einem von Öko-Effektivität geprägten Prozess umzuwandeln. „Weniger schlecht ist nicht gleich gut! Wenn man den Schaden minimiert, ist das keine Hilfe für die Umwelt; wenn man weniger schlecht ist, zögert das den unvermeidlichen Zusammenbruch lediglich hinaus."

Ferner gibt er eine Reihe von konkreten Beispielen aus seiner Zusammenarbeit mit großen Unternehmen, die Produktionssysteme einsetzen, die „von der Wiege zur Wiege" arbeiten. Die bedeutendsten Durchbrüche hat es bisher in der Textilindustrie gegeben. Die

Herausforderung besteht darin, Produkte und Produktionsprozesse als Angelegenheit von existentieller Wichtigkeit zu betrachten und neu zu erfinden. Dies ist nicht nur ein Thema für die Gesellschaft insgesamt, sondern auch für das Selbstwertgefühl von Unternehmen in einer Zeit, die zunehmend vom Umweltbewusstsein bestimmt ist. In dieser, der nächsten Industriellen Revolution sollten Unternehmen wahrhaft stolz auf ihre Produkte und den Geschäftszweig sein, den sie vertreten!

In seiner radikalen neuen Vision für den Handel besteht ***Stewart Wallis*** auf einem ähnlich kreativen Übergangsprozess. Der Handel ist in der ganzen Menschheitsgeschichte eine zivilisierende Kraft gewesen. Märkte sind gesellschaftliche und politische Konstrukte; sie werden von Menschen gemacht, und es gibt keinerlei Grund, weshalb sie von Menschen nicht verändert werden könnten. „Die gegenwärtigen Regeln des Welthandels stützen ein System, das die Vorzüge der Globalisierung zugunsten von reichen Ländern und mächtigen transnationalen Unternehmen verzerrt – auf Kosten der Armen." Dies ist sein wichtigstes Anliegen: dass Konzepte, die uns mit dem Etikett „freier Welthandel" verkauft werden, in Wahrheit Instrumente der Beherrschung und der Macht einer kleinen globalen Elite sind. In Wahrheit sieht es nämlich so aus, dass für den Export aus Entwicklungsländern in die Industriestaaten meist hohe Hürden zu überwinden sind.

Doch es genügt nicht, nur solche grundlegenden Fragen anzugehen. Das ganze System des Welthandels muss im Licht der sich verschlechternden Umweltbedingungen auf der Erde einer neuen Prüfung unterzogen werden. Ein schnelles Wirtschaftswachstum in exportorientierten Ländern wie China verursacht massive lokale und mehr und mehr auch globale Umweltschäden. Hinzu kommen noch die Umweltkosten aus Verkehr und Transport. Die schnelle Zunahme des weltweiten Luftfrachtverkehrs bei leicht verderblichen Gütern wie etwa Gemüse oder Fleisch trägt massiv zum Klimawandel bei. Die Nachfrage vieler Länder der nördlichen Halbkugel nach tropischen Früchten und Gemüsesorten nimmt weiterhin schnell zu.

Aus Sorge um solche entscheidenden Fragen formuliert Stewart Wallis eine Reihe von Kriterien für ein neues Handelssystem, in dem der Handel so konzipiert ist, dass er sich sozial, ökonomisch und auch ökologisch positiv auswirken kann. Dies erfordert natürlich größere Veränderungen der zurzeit weltweit gültigen Regeln. Unterdessen entstehen überall auf der Erde unter dem Label „Fair Trade" neue Formen des Handels, und dieser ist in der Weltwirtschaft inzwischen zu einem wichtigen Wachstumssektor geworden.

Frances Moore Lappé beginnt das letzte Kapitel des Buches mit der nachdrücklichen Feststellung, dass der Menschheit gegenwärtig eine Kernvorstellung von Demokratie fehlt, die vital genug ist, um uns bei der Lösung der ungeheuren Probleme zu helfen, vor denen wir in Zukunft stehen. In den letzten Jahren haben unsere führenden Politiker immer wieder betont, dass sie sich darum bemühen, die Demokratie in der ganzen Welt zu verbreiten. Aber so, wie diese gegenwärtig praktiziert wird, ist Demokratie eine Regierungsform, die eng mit der Marktwirtschaft verwoben ist. Der Hauptwiderspruch besteht darin, dass „Demokratie die Verteilung von Macht bewirken soll, dass unsere Märkte aber die Macht konzentrieren". Die Konzentration wirtschaftlicher Macht in den Händen einer winzigen globalen Elite steht in direktem Widerspruch zu einer offenen Vorstellung von Demokratie, an der alle Bürger aktiv beteiligt sind.

Doch überall auf der Welt beginnen die Menschen, dieser versagenden Idee von Demokratie entgegenzuwirken. Angesichts der vielen ungelösten Probleme, die wir um uns herum sehen, erkennt Frances Moore Lappé die dringende Notwendigkeit, viel mehr Menschen die Möglichkeit zu geben, Problemlöser zu werden. Es ist diese neue, aktive Vorstellung von Demokratie, die sie „Gelebte Demokratie" nennt.

Indem sie viele plastische Beispiele aus der ganzen Welt anbringt, zeigt sie, dass dies keine idealistische, utopische Vision ist, sondern ein praktischer Prozess. Gelebte Demokratie ist ein Werkzeug, das die Menschen in die Lage versetzt, Ungerechtigkeiten zu korrigieren und ungelöste Probleme durch Entscheidungsfindung unter stärkerer Beteiligung der Bürger zu bewältigen. Sie ist auch eine weitgehend erworbene Fähigkeit. Sie erkennt an, dass Menschen in dieser komplizierten Welt in die Lage versetzt werden müssen, sich wirkungsvoll für ihre Wertvorstellungen und Interessen einzusetzen. So lassen sich beispielsweise globale Themen wie etwa der Klimawandel nur durch neue, weltweite Bemühungen lösen, an denen auch die Bürger aktiv beteiligt sind. Damit „erweitert die Gelebte Demokratie den Kreis der Problemlöser, dass er auch diejenigen umfasst und beteiligt, die am direktesten betroffen sind".

Was die Autoren dieses Buches wirklich sagen ist Folgendes: Lasst uns unser Wissen dazu nutzen, die Welt, in der wir gegenwärtig leben, zu einer ganz anderen zu machen. Seien wir kreativ und energisch, nehmen wir ernsthaft auf die Bedürfnisse künftiger Generationen Rücksicht. Lasst uns unser Leben heute genießen, aber dabei die Zukunft nicht aus den Augen verlieren. Nur wenige Dinge können mehr Freude machen, als mit Zuversicht nach vorn zu blicken und zu sagen: Ja, wir haben etwas verändert und unseren Kindern Zuversicht in die Gesichter gezaubert. Wir haben dafür gesorgt, dass das Leben weitergeht und dass wir nicht nur für heute leben, als ob es kein Morgen gäbe.

Wenn der Klimawandel erst einmal voranschreitet, ist er für immer da – zumindest so lange, wie wir jetzt vorausschauen können. Lasst uns also gemeinsam daran arbeiten, die *Entscheidungen*, die heute getroffen werden, zu ändern, und nicht das gemäßigte *Klima* unseres Heimatplaneten, ohne das wir nicht leben können. Vor allem angesichts der Bedrohungen des Klimawandels sollten wir das Potenzial eines Wandels zu einem nachhaltigen, aber gleichwohl modernen Leben erkennen und nutzen – nicht nur in den Industriestaaten, sondern überall auf der Welt.

Herbert Girardet, Programmdirektor des World Future Council

Anmerkung

1 http://www.erdcharta.de/oi-cms/text-erdcharta_wortlaut_pr.html

Ross Gelbspan

Klima-Chaos

Die Natur befindet sich auf Kollisionskurs mit der Menschheitsgeschichte – und diese Kollision wird von zwei einander diametral entgegengesetzten Kräften angetrieben.

Einerseits verändert sich das Klima viel schneller, als Wissenschaftler noch vor fünf Jahren vermuteten. Die Ökosysteme haben ihre eigene Dynamik entwickelt, und erstmals treten Wissenschaftler an die Öffentlichkeit, um ihren ernsten Befürchtungen über die bedrohlichen Klimaveränderungen Ausdruck zu verleihen.

Andererseits ist das Thema im Bewusstsein der Öffentlichkeit kaum vorhanden – besonders was die Vereinigten Staaten betrifft. Dafür gibt es institutionelle Gründe – es liegt hauptsächlich an der Gleichgültigkeit der wichtigsten Nachrichtenmedien in den USA, worauf ich weiter unten etwas näher eingehen werde. Das Klima-Chaos ist ohne Frage das wichtigste Thema und die größte Herausforderung dieses neuen Jahrhunderts – wenn nicht gar der letzten paar Tausend Jahre. Doch das wird – besonders in den USA – weiterhin hartnäckig bestritten.

Aber es scheint bei einem großen Teil der Öffentlichkeit, der Presse und bei den Politikern in den Vereinigten Staaten auch andere, persönlichere Reaktionen auf diese Problematik zu geben. Und diese wiederum sind durchaus nicht unvernünftig.

Wenn sich Menschen einer anscheinend ausweglosen Situation ausgesetzt sehen – und sie kein überzeugendes Mittel zur Abhilfe sehen –, breitet sich ein Gefühl der Ohnmacht aus. Das ist kein besonders angenehmes Gefühl. Es ist nur verständlich, dass man in dieser Situation versucht ist, das Problem ganz einfach zu verdrängen. Leugnen kann wenigstens dazu dienen, das eigene emotionale Gleichgewicht zu bewahren.

Am Rande sei gesagt, dass das auch der Grund ist, weshalb ich 2004 das Buch *Boiling Point* geschrieben habe. Im Zentrum des letzten Kapitels stehen drei interagierende globale Politikstrategien auf makroökonomischer Ebene, die bei voller Umsetzung einen schnellen und weltweiten Übergang zu sauberer Energie vorantreiben könnten.

Mit diesen Strategien (auf die ich später in diesem Kapitel zurückkommen werde) würde weltweit eine große Zahl neuer Arbeitsplätze geschaffen, vor allem in den Entwicklungsländern. Damit wäre ein Anfang gemacht, die immer größer werdende Kluft zwischen Arm und Reich in der Welt zu schließen. Es würde der Grundstein zu einer sehr viel nachhaltigeren Zukunft gelegt. Darüber hinaus würde die Industrie der erneuerbaren Energien auf Anhieb zu einer zentralen Wachstumsmaschine der Weltwirtschaft werden.

Dem Buch liegt die feste Überzeugung zugrunde, dass, wenn man Menschen eine überzeugende Lösung für ein anscheinend unüberwindbares Problem anbietet, sie sich dann den schlechten Nachrichten stellen, die Ärmel hochkrempeln und die Lähmung überwinden, die beispielsweise die Mehrheit der US-Amerikaner angesichts des rasant voranschreitenden Klimawandels befällt.

Dass die Presse versäumt, sich dieses Problems anzunehmen, ist auf eine anhaltende und höchst effektive Täuschungs- und Desinformationskampagne der Kohle- und Erdöllobby in den USA zurückzuführen. Die Logik dieser Lobby für fossile Brennstoffe folgt einem einfachen Muster. Die Wissenschaft sagt uns, dass es für die Stabilisierung des Klimas erforderlich ist, dass die Menschheit ihren Verbrauch an fossilen Brennstoffen um mindestens 70 Prozent senkt.[1] Damit wäre im Großen und Ganzen das Ende der großen Geschäfte mit Kohle und Öl eingeläutet, die zusammen ein Handelsvolumen von mehr als einer Billion Dollar im Jahr ausmachen.

Die Reaktion dieser Industrien bestand darin, eine sehr erfolgreiche Desinformationskampagne zu starten, bei der sie sich einer Handvoll Skeptikern der Theorie des Treibhauseffekts bedienten, von denen die meisten insgeheim von der Erdöllobby bezahlt waren.

Meiner Ansicht nach stellt diese Kampagne eindeutig einen Verstoß gegen die Menschlichkeit dar.

Aber wenn die PR-Spezialisten der Erdöl- und Kohleindustrie Verbrechen gegen die Menschlichkeit begehen, so spielt die US-amerikanische Presse im Wesentlichen die Rolle eines mitwissenden Komplizen, da sie diese Geschichte beharrlich herunterspielt, wenn nicht sogar komplett vor den Augen der Öffentlichkeit verbirgt.

Schon 1997 erklärte Dr. Bert Bolin, der damalige Vorsitzende des Intergovernmental Panel on Climate Change (IPCC): „Die Mehrheit aller Regierungen glaubt trotz einiger verbliebener Unsicherheiten, dass wir genug wissen, um jetzt schon handeln zu können. Dieser Position stimmte eine unabhängige Gruppe von zweitausend Wissenschaftlern zu."[2]

Oder wie Dr. James McCarthy, der später die Arbeitsgruppe II des IPCC leitete, schon vor mehreren Jahren feststellte: „Alle angesehenen Wissenschaftler, die an diesem Thema arbeiten, sind sich über die Tendenz der Klimaentwicklung einig."[3]

Aus der Presse würde man derlei nie erfahren.

Während die *scientific community* seit 1995 definitiv weiß, dass wir dabei sind, unser Klima zu verändern, hat die US-amerikanische Presse bei der Verbreitung dieser Information – mit all ihren Konsequenzen – miserable Arbeit geleistet.

Dafür gibt es eine Reihe von Gründen. Angesichts der Größe des Problems ist aber keiner davon zu rechtfertigen.

Grob betrachtet führt in den Nachrichtenmedien der Weg an die Spitze normalerweise über die politische Berichterstattung. Spitzenredakteure neigen dazu, alle Themen durch eine politische Brille zu sehen.

Der Klimawandel stand dementsprechend durchaus schon im Mittelpunkt einer Reihe von Reportagen (und wurde in kleinen, normalerweise gut versteckten Berichten über wissenschaftliche Forschungsergebnisse abgehandelt). Aber in den Nachrichten hat er nur dann wirkliche Prominenz erreicht, wenn er in der Politik des Landes eine Rolle gespielt hat. Während des Präsidentschaftswahlkampfs 1992 klebte der erste Präsident Bush Al Gore wegen dessen Buch *Earth in the Balance* das Etikett „Ozonmann" an. (Es scheint kein Zufall zu sein, dass Gore während des Wahlkampfs des Jahres 2000 das Klima-Thema mit keinem Wort erwähnte.)

1997 wurde es jedoch wieder Gegenstand umfangreicher Berichterstattung, als der US-Senat sich mit überwältigender Mehrheit dafür entschied, das Kyoto-Protokoll nicht anzunehmen – nicht wegen des Inhalts, sondern weil sich die Clinton-Administration der Aussichtslosigkeit einer Zustimmung durch den Kongress bewusst war. (Bemerkenswerterweise schenkte die Presse einer von der Industrie finanzierten Anzeigenkampagne vor dieser Abstimmung kaum Aufmerksamkeit. Diese Kampagne, die 13 Millionen Dollar kostete, kreiste um die Botschaft, dass das Kyoto-Protokoll „nicht global und nicht fair" sei – weil es die Entwicklungsländer von der ersten Runde der Emissionsverringerungen ausnehme.) Bezeichnenderweise erschienen die Anzeigen in allen Washingtoner Medien, die im Blickfeld der eigentlichen Adressaten der Kampagne waren – der US-Senatoren.[4]

In jüngster Zeit kam das Thema wieder zur Sprache, als sich unter Präsident Bush die USA aus dem Kyoto-Prozess zurückzogen. Auch hier konzentrierte sich die Berichterstattung wiederum nicht auf den Klimawandel selbst, sondern auf die der Entscheidung folgenden diplomatischen Spannungen zwischen den USA und der Europäischen Union.

Vor dem Kyoto-Rückzieher erklärte Präsident Bush, er werde die Erkenntnisse des IPCC nicht akzeptieren – weil sie „ausländische Wissenschaft" repräsentierten (obwohl etwa die Hälfte der

2000 Wissenschaftler, die Beiträge zu den IPCC-Berichten lieferten, Amerikaner waren). Stattdessen forderte Bush einen Bericht der US-amerikanischen National Academy of Science (NAS), mit „amerikanischer Wissenschaft". (Die anschließende Reaktion der NAS bestätigte nicht nur die Erkenntnisse des IPCC, sondern deutete sogar an, das IPCC könne die Größenordnung einiger bevorstehender Auswirkungen sogar unterschätzt haben.)[5]

Erstaunlicherweise machten sich nur wenige Journalisten – wenn überhaupt welche – die Mühe, die Position der NAS zu prüfen, selbst als die Presse in Washington darüber berichtete. Wenn sie es getan hätten, hätten sie herausgefunden, dass die NAS schon 1992 wirkungsvolle Maßnahmen zur Verringerung der Auswirkungen auf das Klima gefordert hatte, drei Jahre bevor das IPCC feststellte, dass wir Menschen durch das Verbrennen von Erdöl und Kohle das Klima nachhaltig verändern.

Der Journalismus versteht sich im Wesentlichen als eine politische Kultur und steht einer anderen als politischen Berichterstattung ablehnend gegenüber – eine verbreitete Form der institutionellen Arroganz.

Wenn die Presse bereit wäre, über die rein politische Dimension des Kyoto-Prozesses hinauszublicken, würde das der amerikanischen Öffentlichkeit die Augen öffnen.

Neben den Selbstverpflichtungen der Niederlande, Deutschlands und Großbritanniens, ihre Emissionen in den nächsten vierzig Jahren um 50 bis 80 Prozent zu verringern, stehen auch die Bemühungen anderer Länder, erste Maßnahmen gegen die Klimakrise zu ergreifen, in einem lebhaften Gegensatz zur Gleichgültigkeit der USA.

Dieser Gegensatz springt ins Auge, wenn man die Klima-Berichterstattung in der amerikanischen Presse und in den Nachrichtenmedien anderer Länder vergleicht. Während in den meisten Ländern eine systematische, vergleichende Analyse der Medienberichterstattung zur Klimakrise fehlt, wurde in einer jüngst veröffentlichten Studie untersucht, wie viel Aufmerksamkeit die *Washington Post*, die *New York Times* und *Los Angeles Times* dem Klima widmeten. Diesen Blättern wurden drei wichtige Tageszeitungen in Großbritannien und Deutschland gegenübergestellt. Einer Auswertung der Presse zwischen September 1999 und März 2000 zufolge wurde in Großbritannien fast doppelt so viel darüber berichtet wie in der amerikanischen Presse. Die britische Tageszeitung *The Guardian* zum Beispiel widmete dem Klimathema mehr als doppelt so viel Raum wie die *New York Times*, dreimal so viel wie die *Washington Post* und mehr als fast fünfmal so viel wie die *Los Angeles Times*. (Die während des gleichen Zeitraums untersuchten deutschen Tageszeitungen wiesen ebenfalls eine umfangreichere Berichterstattung als die US-amerikanische Presse auf – angesichts der Bedeutung von Klima- und Energiefragen im politischen Leben der Bundesrepublik jedoch weniger als erwartet. Anja Kollmuss, die Autorin der Studie, schrieb das Ergebnis der Tatsache zu, dass die von ihr untersuchte Periode in eine Zeit fiel, in der die deutsche Presse voll und ganz damit beschäftigt war, einen Finanzskandal zu untersuchen, in den auch der frühere Bundeskanzler Helmut Kohl verwickelt war.)[6]

Im Juni 2003 verpflichtete sich die Europäische Union, die Emissionen bis zum Jahr 2010 um acht Prozent unter den Wert des Jahres 1990 zu senken. Die 15 EU-Regierungen verabschiedeten ein System, dem zufolge besonders energieintensive Industrieunternehmen Quoten für den Kohlendioxidausstoß zugewiesen werden sollen. Darüber wurde in der europäischen Presse ausführlich berichtet, in den USA wurde das Thema jedoch praktisch ignoriert.[7]

Ebenso wenig Aufmerksamkeit schenkten amerikanische Journalisten dem weltweiten Anstieg erneuerbarer Energien. So ist etwa, um nur ein Beispiel zu nennen, die Windkraft in Europa jährlich um 40 Prozent gewachsen – ein großer Teil davon in Form von Offshore-Windfarmen. „Das geht gerade so schnell, weil es einen Wettlauf um die Flächen in Küstennähe gibt, bei dem Hersteller und Versorgungsunternehmen um die Jobs kämpfen", sagte Corin Millais von der European Wind Energy Association (EWEA) und fügte hinzu:

„Die Unternehmen sprechen jetzt von Windfeldern, die wie Erdöl- und Kohlereserven darauf warten, angezapft zu werden."[8]

Amerikanische Journalisten hätten auch Präsident Bushs Behauptung, ein Grund, weshalb sich die USA weigere, die Ziele einer Emissionsverringerung zu akzeptieren, sei die Tatsache, dass dies die USA im Verhältnis zu den Entwicklungsländern in einen Wettbewerbsnachteil versetzen werde, unter die Lupe nehmen können.

In Wahrheit haben viele Entwicklungsländer ganz bedeutsame Schritte auf diesem Gebiet unternommen. Durch die Entwicklung von Wasserkraft und Erdgas zum Beispiel hat Argentinien über einen Zeitraum von 25 Jahren hinweg die Emissionen um etwa 500 Millionen Tonnen verringert. Indien setzt eine Reihe klimafreundlicher Technologien ein, darunter solarelektrische Anlagen in ländlichen Gebieten, Brennstoffzellen im Transportwesen, eine Vielzahl von Windfarmen sowie Biomasse zur Erzeugung von Elektrizität.[9] Selbst China mit seinen ungeheuren Kohlevorräten hat es geschafft, seine Treibhausemissionen in einem Fünfjahres-Zeitraum um 19 Prozent zu senken, während die Wirtschaft gleichzeitig um 36 Prozent wuchs.[10]

Würden sich amerikanische Journalisten auch noch über kurzfristige politische Konsequenzen hinaus interessieren, würde ihnen allmählich die Erkenntnis dämmern, wie sehr die USA hinter dem Rest der Welt her hinkt.

Ein weiterer Grund, weshalb das Thema von den US-amerikanischen Medien so vernachlässigt wird, hat etwas mit der von den großen Kohle- und Erdölunternehmen bezahlten Desinformationskampagne zu tun. Während diese Kampagne hauptsächlich die Öffentlichkeit und die Politiker ins Visier nahm, verfehlte sie ihre Wirkung auch auf Journalisten nicht.[11]

Eine ganze Weile maß die Presse den „Skeptikern" das gleiche Gewicht wie der breiten Mehrheit von Wissenschaftlern zu. Dies geschah im Namen der journalistischen Ausgewogenheit. In Wirklichkeit aber aus journalistischer Bequemlichkeit.

Das Ethos der journalistischen Ausgewogenheit kommt immer dann ins Spiel, wenn es um die öffentliche Meinung geht: Soll Abtreibung legal sein? Sollen wir in den Irak einmarschieren? Sollen wir einen zweisprachigen Schulunterricht haben oder ausschließlich in englischer Sprache unterrichten? An diesem Punkt ist ein ethisch denkender Journalist verpflichtet, jeder der einander widerstreitenden Ansichten gleich viel Raum und Ausdruck zu geben.

Wenn es aber um Tatsachen geht, liegt es am Reporter selbst, einer Story nachzugehen und herauszufinden, wie die Tatsachen genau aussehen. Die Frage der Ausgewogenheit ist nicht relevant, wenn es im Kern um Fakten geht. Und bei der Klimaveränderung ist das meiste, was darüber bekannt ist, der Zusammenarbeit von Fachleuten und Wissenschaftlern aus der ganzen Welt zu verdanken, die in einer bisher noch nicht da gewesenen Kooperationsarbeit alle Daten umfassend und gründlich aufgearbeitet haben.

Wie James Baker, der frühere Leiter der US-amerikanischen National Oceanic and Atmospheric Administration (NOAA) sagte: „Mir ist kein Thema bekannt, bei dem der wissenschaftliche Konsens größer wäre – mit Ausnahme vielleicht von Newtons zweitem Gesetz der Dynamik.“[12]

Nehmen wir einmal an, es gäbe ein paar anerkannte, in der Fachpresse veröffentlichende Wissenschaftler, die den Klimawandel als relativ unbedeutend darstellen.

Wenn in diesem Fall Ausgewogenheit gefordert ist, würde es nahe liegen, dass der Journalist ein wenig Zeit mit der Prüfung der Literatur verbringt, mit ein paar Wissenschaftlern Hintergrundgespräche führt, um dabei zu erfahren, wie die allgemein anerkannte wissenschaftliche Meinung lautet – um dann in seinem Beitrag eben dies ausgewogen darzustellen. Nach dieser Art akkurater Ausgewogenheit hätte 95 Prozent des Berichts die Position der wichtigsten Wissenschaftler widergespiegelt – die Skeptiker hätten am Ende nur einen Absatz erhalten.

Heute scheint sich diese Erkenntnis endlich durchzusetzen.

Eine weitere Erklärung dafür, weshalb Journalisten nicht gründlich über die Klimakrise berichten, liegt in der Tatsache, dass nur wenige Journalisten mit komplexen wissenschaftlichen Informationen umgehen können. Nur einige wenige Nachrichtenmedien haben die entsprechenden Wissenschafts- oder Umweltjournalisten in ihrer Redaktion. Meistens werden wissenschaftliche Themen und Umwelt-Storys von Reportern abgedeckt, die normalerweise allgemeine Themen bearbeiten und keinen wissenschaftlichen Hintergrund besitzen. Dieser Mangel wird noch verschlimmert durch die täglichen Deadlines, die Journalisten genau der Zeit berauben, die nötig wäre, um sich komplexe wissenschaftliche Zusammenhänge anzueignen.

Eine Möglichkeit, dieses Problems Herr zu werden, ist das traditionelle Hintergrundgespräch mit Wissenschaftlern. Öffentlich sprechen Wissenschaftler naturgemäß lieber von Wahrscheinlichkeiten, Schätzungen und Ungewissheiten. So kommt es, daß sich die Aussagen für einen unerfahrenen Journalisten so anhören, als wären sie vage, wischiwaschi, fast unentschlossen. Aber wenn man sie inoffiziell bittet, das, was hinter ihren Erkenntnissen steht, zu erklären, sagen viele Wissenschaftler Dinge wie: „Diese Sache jagt mir eine teuflische Angst ein." Ein mit dem Thema nicht vertrauter Journalist sollte vorher mit kundigen Wissenschaftlern diskutieren, um Informationen, beispielsweise neue Modellberechnungen, in einen verständlichen Kontext stellen zu können.

Letztlich jedoch ist der Klimawandel keine Angelegenheit der Wissenschaft mehr, obwohl noch viele wissenschaftliche Unsicherheiten bleiben – zum Beispiel über die Rolle der Wolken, über die künftigen Erwärmungsraten, die spezifischen Auswirkungen in bestimmten Regionen der Welt, um nur einige zu nennen. Heute konzentriert sich die Klimaforschung hauptsächlich auf die Auswirkungen der Erderwärmung. Und diese Auswirkungen liegen nicht außerhalb des Begriffsvermögens von Journalisten.

Wenn ein Reporter wirklich den Wunsch hätte, den Klimawandel einem allgemeinen Publikum zugänglich zu machen, brauchte er sich nur die Wetterberichte anzusehen.

Eines der ersten Anzeichen des Frühstadiums der globalen Erwärmung ist die Zunahme extremer Wettererscheinungen – längere Dürreperioden, häufigere Hitzewellen, zunehmend schwere Stürme und weit höhere Niederschlagsmengen.[13] Heute stellen Berichte über extreme Wetterereignisse einen sehr viel größeren Anteil an den Nachrichten als noch vor zwanzig Jahren. Es ist fast so, als sagte die Natur: „Sieh aus dem Fenster. Die Zeit ist um."

Diese Veränderungen wurden durch einen bahnbrechenden Bericht noch unterstrichen, den die World Meteorological Organization im Juli 2003 veröffentlichte. In der britischen Tageszeitung *The Independent* hieß es:

> „In einer ungewöhnlichen Erklärung zur globalen Erwärmung und den extremen Wetterverhältnisse hat die World Meteorological Organization festgestellt, dass das Wetter der Welt dabei ist, außer Kontrolle zu geraten.
>
> Die WMO hat festgestellt, dass diese Rekorde extremer Wetterlagen (ungewöhnlich hohe Temperaturen, ungewöhnlich niedrige Temperaturen sowie große Regenmengen und Dürreperioden) im Lauf der vergangenen hundert Jahre stetig zugenommen haben. Jetzt kommt es jedes Jahr irgendwo auf dem Globus zu rekordverdächtigen Wetterextremen, wobei in den letzten Jahren die Zahl solcher Wetterextreme zugenommen hat."[14]

Die physikalischen Vorgänge, die hinter den vermehrten Niederschlägen und der Zunahme an Dürren stehen, sind nicht besonders kompliziert: Wenn die Atmosphäre sich erwärmt, beschleunigt das die Verdunstung von Oberflächengewässern. Auch das Meerwasser erwärmt sich, was dessen Verdunstungsraten erhöht. Die erwärmte Luft dehnt sich aus und nimmt dabei noch mehr Wasser auf. Wenn die normale Turbulenz sich in der Atmosphäre bemerkbar macht, führt das zu intensiveren Niederschlägen. Die sich erwärmende Luft verteilt auch die Feuchtigkeit in der Atmosphäre neu

– was zu heftigeren Stürmen und Regenfällen sowie längeren und ausgedehnteren Dürreperioden führt.

Heute glauben immer mehr Wissenschaftler, dass wir die Grenze zu einem neuen Wetterregime, das durch vielerlei Extreme gekennzeichnet ist, schon überschritten haben.

Nehmen wir das Jahr 2001 als ein Beispiel.

Zu Beginn des Jahres erlebte Großbritannien den feuchtesten Winter seit dem Beginn der Wetteraufzeichnungen vor mehr als 270 Jahren.[15] Im Januar und Februar hatten 22 aufeinander folgende Schneestürme im nördlichen China zur Folge, dass mehr als 100.000 Hirten im Schnee stecken blieben, von denen viele verhungerten.[16] Im südlichen Florida führte die schlimmste Dürre seit hundert Jahren zu Ernteeinbußen bei Zitrusfrüchten, das Wasser musste rationiert werden und es kam zu mehr als 1.200 unkontrollierbaren Flächenbränden.[17] Anfang Mai starben in Pakistan rund vierzig Menschen in dem heißesten Frühling seit Menschengedenken.[18] Im Juni erlebte die Stadt Houston den Tropensturm Allison, der zum kostspieligsten „Nicht-Hurrikan" aller Zeiten wurde; innerhalb einer Woche gingen 1,27 Meter Regen nieder, was Schäden in Höhe von sechs Milliarden Dollar verursachte.[19] Ende Juli traf eine ausgedehnte Dürreperiode in Mittelamerika mehr als 1,5 Millionen Bauern, die keine Ernte mehr einbringen konnten – eine Million Menschen hatten infolgedessen an Unterernährung zu leiden.[20] Im Iran hinterließ eine verheerende Dürre Ernteschäden von mehr als 2,5 Milliarden US-Dollar.[21] Im Oktober dokumentierten Meteorologen den Rekordwert von 92 Tornados in einer Zeit, die für solche Ereignisse eher untypisch ist.[22] Im November kamen in Algerien bei den schlimmsten Überschwemmungen seit Menschengedenken mehr als 1.000 Menschen ums Leben.[23]

Im folgenden Jahr, 2002, starben in Indien mehr als 1.000 Menschen infolge einer Hitzewelle im Frühjahr.[24] Die Sommerüberschwemmungen in Russland, der Tschechischen Republik und in Deutschland waren die schlimmsten, die diese Länder je erlebt hatten.[25] Im Westen der USA und im nördlichen Kanada verwüsteten Flächenbrände mehr als fünf Millionen Morgen Land.[26] Dürre breitete sich über mehr als die Hälfte der USA aus.[27] In Indien saßen 235 Millionen Menschen plötzlich im Dunkeln, als die Elektrizität ausfiel, weil die Wasserkraftwerke auf dem Trockenen saßen.[28]

Im Frühjahr 2003 starben in Indien und Pakistan 1.400 Menschen infolge einer Hitzewelle.[29] Im Monat Mai erlebten die USA den Rekordwert von 562 Tornados.[30] Eine brutale Hitzewelle im gleichen Jahr stellte in Großbritannien neue Temperaturrekorde auf, löste in Portugal die schlimmsten Waldbrände seit fünfzig Jahren aus und tötete in ganz Europa rund 35.000 Menschen.[31] Im Mai 2004 ging in einem heftigen Sturm innerhalb von 36 Stunden eine Regenmenge von mehr als anderthalb Metern auf eine Region im südlichen Haiti nieder.[32] Und im vergangenen Jahr fielen in Mumbai bei einem Gewitter an nur einem Tag 93 Zentimeter Regen.[33]

Angesichts der dramatischen Zunahme extremer Wetterereignisse sollte man annehmen, dass Journalisten bei der Berichterstattung darüber die Bemerkung anschließen würden: „Wissenschaftler bringen diese extremen Wetterereignisse mit der globalen Erwärmung in Verbindung." Aber das geschieht nicht.

Vor einigen Jahren wurde ein Spitzenredakteur bei einem großen Fernsehsender gefragt, weshalb in den Nachrichten des Senders angesichts des zunehmenden Anteils an Berichten über Wetterkatastrophen die Nachrichten diese Verbindung nicht herstellten. Der Journalist sagte: „Das haben wir getan. Einmal. Was dazu führte, dass die Global Climate Coalition die Führungsspitze des Senders mit Beschwerden bombardierte." (Die GCC war damals die wichtigste Lobbyistengruppe der Industrie, die sich gegen die Bekämpfung der globalen Erwärmung sperrte.)

Der Journalist bestätigte, dass es für die Öffentlichkeit selbstverständlich sehr nützlich wäre, wenn die Berichte über schwere Überschwemmungen, Dürreperioden und Stürme auch die Gründe dafür nennen würden. Doch am Ende, so der Journalist, habe die Industrie den Sender so eingeschüchtert, dass diese Verbindung zwischen Ursache und Wirkung in der Berichterstattung nicht hergestellt worden sei. Die Drohung war unüberhörbar: Wenn der Sender auf seiner Berichterstattung beharre, laufe er Gefahr, eine Menge lukrativer Werbedollars von Mineralöl- und Automobilfirmen zu verlieren.[34]

Den Zusammenhang zwischen Erderwärmung und extremen Wetterereignissen zu verschweigen, ist ein schwerer Vertrauensbruch seitens der Medien. Inzwischen haben Reporter und Redakteure von Umweltforschern schon genug erfahren, um zu wissen, dass die globale Erwärmung zumindest potenziell katastrophale Konsequenzen haben könnte. Angesichts dieser Tatsache ist es zutiefst unverantwortlich, wenn ein Redakteur oder Reporter seinen Bericht nur mit einigen konträren Zitaten bestückt, ohne selbst zum Kern der Angelegenheit vorzudringen und den Ernst der Lage herauszustreichen. Sie müssen ja nicht einer Meinung mit den Umweltschützern sein. Aber diese Geschichte wie jede andere zu behandeln, ohne sich die Zeit zu nehmen, sich ein Urteil über den möglichen Ernst der Lage zu bilden, stellt eine fundamentale Verletzung des Vertrauens von Lesern und Zuschauern dar, die bei ihren Nachrichtenvermittlern ein Mindestmaß an informierter Interpretation voraussetzen.

In ihrer Arbeit „Balance as Bias“ erklären Maxwell T. Boykoff und Jules M. Boykoff unmissverständlich, dass der formelhafte Gebrauch journalistischer Ausgewogenheit die USA um Jahre hinter den Rest der Welt zurückfallen lässt, was Ansätze beim Kampf gegen die Klimakrise angeht.

„Das ewige Jonglieren, zu dem Journalisten sich genötigt sehen, schwächt oft eine sinnvolle, genaue und dringend notwendige Berichterstattung über das Thema der globalen Erwärmung“, schrieben sie in „Balance as Bias: Global Warming and the U.S. Prestige Press“. „Da die Allgemeinheit den größten Teil ihres Wissens über wissenschaftliche Dinge aus den Massenmedien bezieht [...], ist die Trennung von wissenschaftlichem und allgemeinem Diskurs [für die Tatsache verantwortlich, dass] bislang noch keine bedeutsamen und konzertierten internationalen Aktionen unternommen wurden, um Praktiken einzuschränken, die zur globalen Erwärmung beitragen."[35]

Die Berichterstattung über die Klimakrise fiel – neben vielen anderen Themen – aber auch der Übernahme vieler Nachrichtenmedien durch eine kleine Zahl großer Medienkonzerne zum Opfer. Traditionell gehörten die meisten Zeitungen Familien oder Unternehmen, die sich v. a. der Verbreitung von Nachrichten verpflichtet fühlten. Die Eigentümer von Nachrichtenmedien waren traditionell mit Gewinnen von etwa zehn Prozent zufrieden – solange sie in der Lage waren, das zu erfüllen, was sie als ihre Mission ansahen – das Informieren der Öffentlichkeit. Bedauerlicherweise hat sich diese Grundhaltung durch den Verkauf der meisten Nachrichtenmedien an eine kleine Gruppe von Großkonzernen verändert. Heute wird die Arbeit durch die kommerziellen Forderungen der Wall Street bestimmt. Eine Folge dieser Entwicklung ist, dass Marketingstrategien an die Stelle der Beurteilung von Nachrichten treten. Eine weitere Folge ist, dass die meisten Zeitungen ihren Personalbestand verringert haben und Journalisten nicht mehr die Zeit haben, die sie für gründliche Recherchen über komplexe Geschichten brauchen. Gleichzeitig haben sie die Berichterstattung über wirklich relevante Themen zugunsten von Berichten über Prominente, von Ratgeber-Artikeln und trivialeren medizinischen Neuigkeiten geopfert.

Das alles hat zur Folge, dass eine komplexe und zudem deprimierende Geschichte mit vielen Facetten – wie der Klimawandel – in den Nachrichtenmedien nur noch kurz abgefertigt wird.

Lassen Sie mich einen zentralen Gedanken vom Beginn dieses Kapitels wiederholen.

Von der Kampagne vorsätzlicher Leugnung durch die PR-Spezialisten der Energieunternehmen einmal abgesehen gibt es eine natürliche Tendenz des Menschen, in dieser Frage die Tatsachen zu verleugnen. Wenn man mit einem überwältigenden Problem konfrontiert ist – und keine wirkliche Lösung in Sicht ist –, besteht die natürlichste Reaktion des Menschen darin, nichts darüber wissen zu wollen. Und das gilt für Redakteure genauso wie für Leser.

Aus diesem Grund kommt es entscheidend darauf an, der Allgemeinheit klar zu machen, dass es Lösungen gibt, mit denen sich die von der Natur vorgegebene 70-prozentige Emissionsverringerung erreichen ließe, und dass durch sie außerdem noch zahlreiche Arbeitsplätze geschaffen würden und ein Wirtschaftswachstum gefördert würde, besonders in den Entwicklungsländern.

Erst wenn man erkennt, dass eine reelle Lösung zur Verfügung steht, wird man geneigt sein, sich der schlechten Nachricht zu stellen. Ohne diese Erkenntnis ist Verleugnung die unvermeidliche Reaktion.

Die US-amerikanische Presse von heute befindet sich in der zweiten „Verleugnungsphase" der Klimakrise. Redakteure erkennen an, dass es sie gibt, stellen aber Ausmaß und Dringlichkeit als viel zu unbedeutend dar. Dies lässt sich an dem Muster der Berichterstattung ablesen, das zwar gelegentliche Reportagen über die Dezimierung der Wälder in Alaska bietet, die grundlegenden diplomatischen, politischen und ökonomischen Konflikte, die mit diesem Thema verbunden sind, jedoch weiterhin ignoriert.

Bezeichnend für die unangemessene Art der Berichterstattung über die Klimakrise ist, dass die globale Erwärmung als ein untergeordnetes Thema der Umwelt-Berichterstattung behandelt wird.

Wenn man das Thema in seiner Gesamtheit betrachtet, weist es eine Vielzahl von Aspekten auf – Wissenschaft, extremes Wetter, technologische Entwicklungen, Vorhaben der Ölindustrie, Terrorismus und Sicherheitsfragen, diplomatische Verwicklungen, ökonomische Auswirkungen –, was ausreichen sollte, die Klimafrage dreimal in der Woche in die Zeitung zu bringen. Da dem nicht so ist, ist sich die amerikanische Öffentlichkeit der ökonomischen und politischen Folgen des Klimawandels weit weniger bewusst als der Rest der Welt.

Um ein paar Belege anzuführen: Uns Amerikaner beschäftigt vor allem die Furcht vor Terroranschlägen. Wir haben Angst vor den Nachwirkungen des Kriegs mit dem Irak. Die jüngste Periode der wirtschaftlichen Stagnation hat uns die verblüffende Erkenntnis gebracht, dass die Weltwirtschaft auf abrupte und unvorhersehbare Erschütterungen genauso anfällig reagiert wie die Stromversorgung des Landes.

Es verdient also durchaus wiederholt zu werden, dass der Klimawandel nicht einfach nur ein weiteres Thema in dieser komplizierten Welt immer neuer Probleme ist. Der Klimawandel ist das Thema, das alle anderen Themen in den Hintergrund drängen wird, wenn nichts dagegen unternommen wird.

Umgekehrt kann die Lösung der Klimakrise sehr wohl auch den Ansatz für die Lösung einiger der bedrohlichsten Probleme enthalten, vor die sich die Menschheit heute gestellt sieht. Die Lösungen zum Problem des Klimawandels besitzen das Potenzial, mit der Wiederherstellung einer zutiefst gespaltenen Welt zu beginnen.

Betrachten wir beispielsweise unsere neu entdeckte Verletzlichkeit gegenüber terroristischen Akten.

Der offenkundigste Zusammenhang zwischen diesen Themen besteht darin, dass die Lösung der Klimakrise – ein weltweiter Übergang zu erneuerbaren Energien – die Bedeutung des Erdöls dramatisch verringern würde. Damit wären wir der politischen Instabilität im Nahen Osten nicht mehr so ausgesetzt.

Ein zweiter Zusammenhang besteht darin, dass eine mit erneuerbaren Energien arbeitende Wirtschaft weit mehr unabhängige Energiequellen hätte – heimische Brennstoffzellen, selbstständige Solarsysteme, regionale Windfarmen –, welche die Stromversorgung des Landes weit weniger zu einem strategischen Ziel für künftige Anschläge werden ließe. (Auch jenseits von terroristischen Anschlägen – die Anfälligkeit großflächiger Stromnetzsysteme ist durch den

Stromausfall in weiten Teilen der nordöstlichen USA im Sommer 2003 offensichtlich geworden.)[36]

Für unsere Sicherheit relevanter ist die Tatsache, dass arme Länder den Auswirkungen des Klimawandels viel unmittelbarer ausgesetzt sind und ungeschützter gegenüber stehen. Die anhaltende Gleichgültigkeit der USA gegenüber der Erwärmung der Atmosphäre – immerhin sind die USA mit fünf Prozent der Weltbevölkerung für 25 Prozent der weltweiten Schadstoffemissionen verantwortlich – ist fast eine Garantie dafür, dass es weitere antiamerikanische Anschläge von Menschen geben wird, deren Ernten durch extreme Wetterlagen vernichtet und deren Bevölkerung von Epidemien ansteckender Krankheiten heimgesucht und deren Grenzen von Umweltflüchtlingen überrannt werden.

Die Wahrheit über den Terrorismus ist jedoch, dass es abgesehen von der Sicherung bestimmter Ziele wie Flughäfen und Kernkraftwerke keine Möglichkeit gibt, eine komplexe und hochorganisierte Gesellschaft vor Guerillaangriffen zu schützen. Was auf lange Sicht allerdings wirklich nötig ist, ist ein grundlegender Wandel in unserer Haltung gegenüber den Entwicklungsländern.

Dr. Rajendra Pachauri, Vorsitzender des IPCC, wies vor kurzem darauf hin, dass die Auswirkungen des Klimawandels „die Armut in der Welt verschärfen werden und Millionen Menschen für den Terrorismus empfänglicher machen könnten". Pachauri fügte hinzu: „Große Armutsregionen sind für die Welt im Ganzen betrachtet gefährlich, da sie einen fruchtbaren Nährboden für extremistische Ansichten bieten. Etwas geht schief. Und die Menschen wollen jemandem die Schuld geben."[37]

So wie unkontrollierbare Kohlenstoffkonzentrationen das Weltklima zu destabilisieren drohen, kann ungezügelte ökonomische Ungleichheit unsere globale politische Umwelt noch weiter destabilisieren.

Um nur ein Beispiel zu nennen: Die Sachversicherungswirtschaft hat durch extreme Wetterereignisse ungeheure Verluste verkraften müssen. Der Swiss Re zufolge werden Auswirkungen des Klimas die Weltwirtschaft in diesem Jahrzehnt rund 150 Milliarden US-Dollar pro Jahr kosten. Der Münchner Rück zufolge wird diese Zahl im nächsten Jahrzehnt oder in den nächsten zwanzig Jahren auf 300 Milliarden Dollar im Jahr steigen. Der größte Versicherer in Großbritannien, CGNU, hat vorhergesagt, der Klimawandel könne die Weltwirtschaft bis zum Jahr 2065 in den Bankrott getrieben haben, wenn nichts unternommen werde.[38]

Die entscheidende ökonomische Frage bei der Neuversorgung des Erdballs mit sauberer Energie ist nicht die der Kosten. Es ist die Frage, ob der Welt genügend Arbeitskräfte zur Verfügung stehen, um die uns von der Natur gesetzte Frist noch einzuhalten.

Ein angemessen finanzierter, weltweiter Übergang zu sauberer Energie könnte in armen Ländern Millionen von Arbeitsplätzen schaffen und den Lebensstandard in den Schwellenländern signifikant erhöhen.

Unter Entwicklungsökonomen ist es ein Gemeinplatz, dass Energie-Investitionen in armen Ländern weit mehr Wohlstand und Arbeitsplätze schaffen können als Investitionen in jedem anderen Sektor. Würden sich die USA an die Spitze eines umfassenden Transfers sauberer Energie in die Entwicklungsländer stellen, würde das auf lange Sicht mehr als alles andere dazu beitragen, den antiamerikanischen Gefühlen, die in letzter Instanz auf wirtschaftliche Ungerechtigkeiten zurückzuführen sind, entgegenzuwirken.

Von der Bedrohung durch Terrorismus einmal abgesehen, wird der Wettlauf um den schrumpfenden Vorrat an Erdöl mit Sicherheit eine wichtige Quelle möglicher militärischer Konflikte in den kommenden Jahrzehnten sein. „Für den Erhalt einer modernen Industriegesellschaft sind viele Ressourcen nötig, aber nur diejenigen Ressourcen, die als unerlässlich für die nationale Sicherheit gelten, können uns dazu provozieren, militärische Gewalt einzusetzen, wenn der Zugang dazu [...] gefährdet ist. Es ist keine Frage, dass Erdöl diesen eindeutigen Status [genießt]“, erklärte Michael Klare, ein führender Experte in Fragen der internationalen Sicherheit.[39]

Aus diesen und vielen anderen Gründen wäre eine weltweite öffentliche Initiative zur Versorgung der Welt mit sauberer Energie die produktivste Investition, die wir für unsere Zukunft tätigen könnten. Innerhalb eines Jahrzehnts würden sich dann schon erste Anzeichen eines großen und sich immer weiter entwickelnden weltweiten Wirtschaftsaufschwungs bemerkbar machen.[40]

Ein mögliches Modell einer solchen Politik würde um drei globale Programme auf Makro-Ebene kreisen, die nicht nur der enormen Bedrohung durch den Klimawandel entgegensteuern würden, sondern auch der wirtschaftlichen Verzweiflung der meisten Bürger der Welt.

Es handelt sich um den World Energy Modernization Plan; dieser beinhaltet drei interagierende, sich gegenseitig verstärkende Strategien, die darauf angelegt sind, die von der Natur vorgegebene Reduzierung der Kohlenstoffemissionen um 70 Prozent zu erreichen – während sie gleichzeitig auf der ganzen Welt Millionen von Arbeitsplätzen schaffen würden, vor allem in den Entwicklungsländern.

Der Plan wurde 1998 von einer spontan gebildeten, informellen Gruppe von etwa 15 Personen entwickelt. Darunter waren Vorstandsvorsitzende von Energieunternehmen, Nationalökonomen, Experten für Energiepolitik und andere (unter anderem auch der Autor), die sich 1998 im Center for Health and the Global Environment an der Harvard Medical School getroffen haben. Seit dieser Zeit ist der Plan von einer Reihe von Nicht-Regierungsorganisationen (NGOs) in Entwicklungsländern aufgegriffen und unterstützt worden. Sehr positiv aufgenommen wurde er vom früheren Vorstandsvorsitzenden der britischen Shell, der außerdem auch Leiter einer Arbeitsgruppe der G8-Staaten zu erneuerbaren Energien war. Darüber hinaus hat der Plan das Interesse einer kleinen Zahl amerikanischer Senatoren und Kongressabgeordneter erregt. In jüngster Zeit fand er Unterstützung sowohl vom früheren Umweltkommissar der Europäischen Union als auch vom ehemaligen britischen Botschafter bei den Vereinten Nationen.

Nur um den Plan in seinen Kontext zu stellen: Die Weltmeere erwärmen sich, die Tundra taut auf, die Gletscher schmelzen, Infektionskrankheiten wandern um den Globus und die Jahreszeiten haben sich verschoben. All das ist das Ergebnis einer weltweiten Erwärmung um ein Grad. Dem IPCC zufolge wird sich die Erde später in diesem Jahrhundert noch weit stärker erwärmen.

Der Widerstand der USA, die sich chronisch gegen Maßnahmen sperren, und die Beschleunigung des Klimawandels haben dazu geführt, dass die Ziele von Kyoto (aber nicht der Kyoto-Prozess) heute bereits irrelevant sind. Es ist Zeit, direkt eine globale Reduktion von 70 Prozent anzustreben. Dabei besteht die Hoffnung, Ideen dieser globalen Größenordnung ins Gespräch zu bringen, um es so auf eine angemessene Ebene zu heben.

Der Plan umfasst drei interagierende Strategien:

- einen Wandel der Subventionspolitik für Energie in den Industrieländern;
- die Gründung eines großen Fonds zum Transfer von Technologie der erneuerbaren Energien in Entwicklungsländer und
- die Unterordnung des Mechanismus des internationalen Emissionshandels unter ein am Kyoto-Protokoll orientiertes Rahmenwerk; der Emissionshandel soll allmählich einem verbindlicheren Effizienzstandard für fossile Brennstoffe weichen, der pro Jahr um fünf Prozent erhöht wird.

Während jede dieser Strategien als politische Maßnahme auch für sich allein stehen kann, begreift man sie doch besser als eine systemische Gruppe interagierender Maßnahmen, die den Energieübergang weit schneller bewirken könnten, als wenn die Maßnahmen einzeln und für sich greifen würden.

Was die Frage der Subventionen betrifft, so geben die Vereinigten Staaten gegenwärtig mehr als 20 Milliarden Dollar zur Subventionierung fossiler Brennstoffe aus. Die Subventionen der Industriestaaten für fossile Brennstoffe hat man auf 200 Milliarden US-Dollar pro Jahr geschätzt. (Diese Zahl schließt jedoch nicht weitere 15 Milliarden Dollar an US-amerikanischen Subventionen ein, die von anderen Nationalökonomen häufig genannt werden. Diese Zahl stellt den Betrag an Militärausgaben der USA dar, mit denen sie die Sicherheit von Öltransporten aus dem Nahen Osten sicherstellen wollen.)

In den Industriestaaten würden diese Subventionen für fossile Brennstoffe eingestellt und Subventionen in gleicher Höhe zur Förderung der Entwicklung sauberer Energiequellen zur Verfügung gestellt werden. Es liegt auf der Hand, dass ein kleiner Teil der amerikanischen Subventionen dazu benutzt werden muss, die rund 50.000 im Kohlebergbau Beschäftigten umzuschulen oder zu entschädigen. Ihr Wohlergehen kann nicht dem Interesse der Stabilisierung des Klimas geopfert werden. Der Löwenanteil der Subventionen wäre jedoch immer noch zur Umschulung der Arbeiter und Umrüstung der Betriebe der großen Erdölunternehmen verfügbar. Diese Unternehmen könnten dann alles daran setzen, Brennstoffzellen, Windfarmen und Solarsysteme zu entwickeln. Mit anderen Worten: Der Subventionsumbau ist als Instrument gedacht, das den Ölfirmen dabei helfen soll, sich in Unternehmen für erneuerbare Energien umzuwandeln.

Diese Strategien sollten vorzugsweise nicht isoliert angewandt werden. Wenn der Subventionsumbau allein in den Industriestaaten umgesetzt würde, würde es nur das Wachstum der Industrie für erneuerbare Energien auf der nördlichen Halbkugel befördern.

Doch wie wir wissen, ist das Problem von globalem Ausmaß. Selbst wenn die Länder des Nordens ihre Emissionen drastisch reduzierten, würden diese Einschnitte durch Emissionen der großen Entwicklungsländer noch bei weitem übertroffen werden. Deshalb schließt das zweite Element des Plans die Schaffung eines neuen Fonds von 300 Milliarden US-Dollar im Jahr ein, mit dessen Hilfe Erneuerbare Energie-Technologien an arme Länder transferiert werden sollen. So gut wie alle armen Länder würden liebend gern Sonnenenergie nutzen, aber so gut wie keins kann es sich leisten. Die Städte mit der weltweit schlimmsten Luftverschmutzung finden sich heute in China, Mexiko, Thailand, Chile und anderen Entwicklungs- und Schwellenländern.

Eine attraktive Einnahmequelle zur Finanzierung dieses Transfers liegt in einer „Tobin-Steuer" auf internationale Währungstransaktionen. Diese Steuer ist nach ihrem Erfinder benannt, dem Nobelpreisträger und Nationalökonomen Dr. James Tobin. Tobin stellte sich diese Steuer, die noch auf ihre Einführung wartet, als eine Möglichkeit zur Stabilisierung von Kapitalmärkten vor, mit der man kurzfristigen Spekulationshandel verhindern und zu längerfristigen Kapitalinvestitionen ermutigen kann. Diese Steuer würde aber auch gewaltige Einnahmen bringen. Heute beläuft sich der Devisenhandel von Banken und Spekulanten auf 1,5 Billionen US-Dollar pro Tag. Eine Steuer von einem Viertelcent pro Dollar würde netto rund 300 Milliarden Dollar pro Jahr ergeben – die für Windfarmen in Indien, Brennstoffzellfabriken in Südafrika, die Errichtung von Solarkraftanlagen in El Salvador und riesige, solar betriebene Wasserstofffarmen im Nahen Osten zur Verfügung stünden.[41]

Da Währungsgeschäfte vom privaten Bankensystem elektronisch verfolgt werden, ließe sich die Notwendigkeit einer umfangreichen neuen Bürokratie einfach dadurch vermeiden, dass man den Banken eine Gebühr für die Verwaltung des Fonds zahlt. Diese Verwaltungsgebühr würde in gewissem Umfang die Einnahmeverluste der Banken durch den Rückgang der Devisengeschäfte, zu dem es durch die Erhebung der Steuer unvermeidlich kommen würde, ausgleichen.

Die einzige neue Behörde, die entstehen würde, wäre ein internationaler Rechnungshof zur Überwachung des Devisenhandels, damit ein gleichberechtigter Zugang für alle Energieanbieter gesichert ist und die Korruption in den Empfängerländern verringert wird.

Mehrere Kommentatoren aus Entwicklungsländern haben gemeint, die Korruption könne noch weiter eingedämmt werden, indem die Regierungen der Empfängerländer dazu verpflichtet würden, Vertreter einheimischer Minderheiten, von Universitäten, Nicht-Regierungsorganisationen und Gewerkschaften an den Entscheidungen über die Auftragsvergabe und die Verwendung neuer Energieressourcen zu beteiligen.

Wenn die Tobin-Steuer auf keine Akzeptanz stößt – manche Nationalökonomen äußern sich bereits irritiert über diese noch nicht erprobte Besteuerungsform –, könnte eine Steuer auf den Flugverkehr oder eine Kohlenstoffsteuer in Industriestaaten die gleiche Funktion erfüllen, obwohl sie rückschrittlicher wäre. Florentin Krause von der Arbeitsgruppe III des IPCC und Stephen DeCanio, ehemaliger Nationalökonom im Wirtschaftsberaterstab von US-Präsident Reagan, schätzen, bei einer Besteuerung der Kohlendioxidemissionen mit 50 US-Dollar pro Tonne würden die daraus entstehenden Einnahmen annähernd den 300 Milliarden US-Dollar einer Steuer auf Devisengeschäfte entsprechen.[42] (Noch unklar ist, was mit den Übergangspreisen für Brennstoffe auf Kohlenstoffbasis geschehen würde, wenn gleichzeitig die Subventionen gestrichen und eine Kohlenstoffsteuer erhoben würde. Das könnte ein ökonomisch gangbarer Weg sein, vielleicht aber auch nicht.)

Unabhängig davon, woher letztlich die Einnahmen kommen, würden die Mittel des Fonds an der Basis nach einer Formel der Vereinten Nationen verteilt werden, die Klima, Energieverbrauch, Bevölkerung, wirtschaftliche Wachstumsraten, etc. berücksichtigt, um festzusetzen, welcher Prozentsatz der jährlichen Fondseinnahmen an jedes Entwicklungsland gehen soll.

Erhält beispielsweise Indien im ersten Jahr fünf Milliarden US-Dollar, könnte es dann selbst entscheiden, welcher Energie-Mix aus Windfarmen, Solaranlagen, Brennstoffzellgeneratoren und Biogasfabriken für das Land sinnvoll ist. Die indische Regierung würde dann (in diesem hypothetischen Beispiel) Aufträge für die Errichtung neuer Windfarmen, Solaranlagen und Brennstoffzellen ausschreiben. Beim Erreichen vorher festgelegter Entwicklungs- und Konstruktionsziele würden die Auftragnehmer direkt von den Banken bezahlt werden. Die Banken wiederum würden, wie schon gesagt, für die Verwaltung des Fonds eine Gebühr erhalten.

Hat die Verbreitung sich selbst tragender erneuerbarer Infrastrukturen einen bestimmten Stand in den Entwicklungsländern erreicht, könnte man den Fonds einfach auslaufen lassen. Alternativ könnte man nach und nach größere Beträge des Fonds umleiten und damit andere globale Umwelt- und Entwicklungsprojekte fördern.

Ein solcher Fonds wäre keins der traditionellen Geschenke des Nordens an den Süden. Er stellt vielmehr den Transfer von Ressourcen aus dem Finanzsektor – in der Form spekulativer, unproduktiver Transaktionen – an den industriellen Sektor dar, in der Form hoch produktiver, sowohl Wohlstand fördernder als auch Arbeitsplätze schaffender Investitionen.

Der Fonds stellt auch eine entscheidende Investition in unsere eigene nationale Sicherheit dar. Das Weltklima betrifft uns alle. Was wir brauchen, ist die Art von Denken, aus der nach dem Zweiten Weltkrieg der Marshallplan hervorging. Heute haben wir es statt mit einer Gruppe verarmter und abhängiger Verbündeter in Europa mit wohlhabenden und robusten Handelspartnern zu tun. Wir glauben, dass ein Plan dieser Größenordnung auf die sich entwickelnden Volkswirtschaften der Welt einen ähnlich bereichernden Effekt haben würde. Er würde Millionen Arbeitsplätze entstehen lassen und den Lebensstandard in anderen Ländern heben, ohne unseren zu gefährden. Es würde Entwicklungsländern erlauben zu wachsen, ohne erhöhten Emissionsausstoß und zusätzliche Belastung der Atmosphäre – und ohne den Haushalt durch Erdölimporte zu belasten. In sehr kurzer Zeit würde die Industrie der erneuerbaren Energien als eine zentrale Wachstumsmaschine der Weltwirtschaft hervortreten.

Jede Strategie zur Verringerung des weltweiten Energieverbrauchs muss aber auch die Öl fördernden Staaten der Welt berücksichtigen, besonders die im Nahen Osten. Würden die Länder der nördlichen Halbkugel ihren Ölverbrauch drastisch reduzieren, ohne der traditionellen geopolitischen Rolle der Öl produzierenden Nationen Rechnung zu tragen, wären die Auswirkungen für die Volkswirtschaften des Nahen Ostens katastrophal. Es würde in der politisch instabilsten Region der Welt einen Brandherd schaffen und die bestehenden Spannungen zwischen dem Volk und seinen autokratischen Herrschern in den Ölländern noch verschärfen. Es würde den Eindruck verstärken, dass die USA einen Krieg gegen den Islam führen. Angesichts der hohen Arbeitslosigkeit in Ägypten, Irak und anderen Öl fördernden Ländern würde es zu einem ökonomischen Niedergang und einer neuen Welle politischer Verzweiflungstaten kommen.

Die Lösung des Problems wäre, dass Wasserstoff die Stelle des wichtigsten Brennstofflieferanten einer neuen Energiewirtschaft übernimmt. Die billigste und umweltfreundlichste Möglichkeit, Wasserstoff zu gewinnen, besteht darin, Elektrizität in Wasser zu leiten und den freiwerdenden Wasserstoff einzufangen.

In diesem Fall wäre der nahe liegendste und sinnvollste Plan der, den Nationen des Nahen Ostens dabei zu helfen, Salzwasserpipelines, Photovoltaikanlagen und Windfarmen in ihren Wüsten zu installieren. Ein System aus riesigen, Wasserstoff erzeugenden Farmen würde den Nationen des Nahen Ostens ermöglichen, zu Wasserstofflieferanten Europas, Nordafrikas und Ostasiens zu werden. Es würde diesen Ländern ermöglichen, die Ressourcen auf ihrem Land zu nutzen (Sonnenlicht und Wind) statt die Ölvorräte unter der Erdoberfläche. Selbst wenn die Länder des Nahen Ostens mit Wasserstoff nicht die gleichen Gewinne erzielen würden wie mit Erdöl, würden sie ihre geopolitische Rolle als wichtige Energielieferanten der Weltwirtschaft beibehalten. Mehr noch: Da die Einrichtung von Windfarmen und Solarzellen weit arbeitsintensiver ist als die stark automatisierte Tätigkeit des Bohrens nach Erdöl, würde diese Initiative viele der Unbeschäftigten in der Region mit neuen Arbeitsplätze versorgen.[43]

Die dritte und alle drei verbindende Strategie des Plans – die Voraussetzung, dass alles überhaupt funktioniert – verlangt von den Kyoto-Parteien, das unausgewogene und ungerechte System des internationalen Emissionshandels einem einfachen, gerechten und immer strenger werdenden Effizienzstandard für fossile Brennstoffe unterzuordnen, der jedes Jahr um bis zu fünf Prozent verschärft werden sollte.

Dieser Mechanismus würde, in das Kyoto-Protokoll eingebaut, den weltweiten Übergang der Energiesysteme harmonisieren und in einer Weise lenken, wie das Instrument des Emissionshandels es nicht leisten kann.

Wie schon zuvor festgestellt, kann der Emissionshandel innerhalb von Nationen relativ gut funktionieren. Nationale „Beschränkungs- und Handelsprogramme" – wie das US-amerikanische Cap-and-Trade-Programm, das eingerichtet wurde, um die Emissionen von Schwefeldioxid zu verringern – sind relativ erfolgreich gewesen, weil sie leicht zu überwachen und durchzusetzen sind. Aus diesem Grund könnte ein wohldurchdachtes und entsprechend überwachtes Cap-and-Trade-System auch innerhalb einzelner Unternehmen und Länder als ergänzender Mechanismus funktionieren, um dazu beizutragen, die Effizienzstandards für fossile Brennstoffe um jährlich fünf Prozent anzuheben.

Ausgehend von seinen gegenwärtigen Emissionswerten, könnte jedes Land die Energieeffizienz bei fossilen Energien in jedem Jahr um fünf Prozent steigern, bis die globale Verringerungsquote von ca. 70 Prozent erreicht ist. Das heißt, dass ein Land die gleiche Menge von Gütern wie im Vorjahr produzieren würde, jedoch mit fünf Prozent weniger fossilen Brennstoffen. Alternativ wäre es möglich, dass fünf Prozent mehr Güter produziert würden mit der gleichen Menge an fossilen Brennstoffen wie im Vorjahr.[44]

Da keine Volkswirtschaft lange Zeit mit einer Rate von fünf Prozent im Jahr wachsen kann, würde die Emissionsverringerung das langfristige Wirtschaftswachstum schließlich überflügeln.

Die Tatsache, dass jedes Land bei seinem gegenwärtigen Status beginnen würde, würde Diskussionen um die Gerechtigkeit nicht aufkommen lassen, wie sie das Cap-and-Trade-System systematisch heraufbeschwört, und würde gleichzeitig mit Hilfe des Fonds die Teilnahme der Entwicklungsländer sicherstellen.

In den ersten paar Jahren nach Einführung des Effizienzstandards könnten die meisten Länder wahrscheinlich ihre Ziele erreichen, indem sie unter geringem Kostenaufwand und sogar mit Gewinn – Rationalisierungen und Mitnahmeeffekte ausnutzend, eine sogenannte „low hanging fruit" – die vorhandenen Energiesysteme effizienter machen. Nach einigen Jahren würden diese Möglichkeiten jedoch ausgeschöpft sein. Dann würden die Länder den strenger werdenden Standard nur erfüllen können, indem sie immer mehr Energie aus nicht fossilen Brennstoffen gewinnen, von denen die meisten – gemessen am Standard der fossilen Brennstoffe – zu fast hundert Prozent effizienter sind.

Das wiederum würde genau zu den Massenmärkten und zur Wirtschaftlichkeit durch Massenproduktion bei den erneuerbaren Energien führen, die deren Preise senken und sie gegenüber Kohle und Erdöl konkurrenzfähig machen würde.

Dieser Ansatz wäre zudem weitaus leichter auszuhandeln als das gegenwärtige Protokoll mit seinem Wirrwarr von Details, bei denen es um den Emissionshandel geht, Angemessenheitsprüfungen von Verpflichtungen und differenzierte Zielvorgaben. Er wäre überdies auch sehr viel leichter zu überwachen und durchzusetzen. Ob ein Land den Vorschriften nachkommt, würde alljährlich einfach dadurch berechnet, in welchem Verhältnis das Bruttoinlandsprodukt zum Verbrauch fossiler Brennstoffe steht. Diese Rate müsste sich pro Jahr jeweils um fünf Prozent ändern.

Dieser Ansatz hat im Montreal-Protokoll einen Vorgänger, in dem Unternehmen sich verpflichteten, allmählich ganz auf Ozon zerstörende Chemikalien zu verzichten. Dieses Protokoll war so erfolgreich, weil die Unternehmen, welche die zerstörerischen Chemikalien herstellten, die gleichen waren, die deren Ersatzstoffe erzeugen konnten – ohne jeden Verlust von Wettbewerbsfähigkeit auf Seiten der Industrie. Die Energieindustrie muss auf die gleiche Weise neu aufgestellt werden. Mehrere Ölmanager haben in privaten Gesprächen schon erklärt, sie könnten sich vorstellen, ihre Energieversorgung in einem geordneten Verfahren umzustellen. British Petroleum (BP) könnte eines Tages der größte Verkäufer von Solarsystemen in der Welt sein.[45] Shell wird irgendwann vielleicht eine Milliarde US-Dollar in erneuerbare Energien investiert haben als Ersatz für fossile Brennstoffe.[46] Und Ford und Daimler-Chrysler werden vielleicht ein Joint Venture in einem Umfang von einer Milliarde US-Dollar abgeschlossen haben, um Autos zu produzieren, die von Brennstoffzellen angetrieben werden.[47] Damit diese Bemühungen mehr als nur eine marginale Wirkung haben, müssen die Erdöl- und Automobilindustrien von den Regierungen der Welt eine Regelung dieses Prozesses einfordern, so dass alle Unternehmen den Übergang unter den gleichen Bedingungen vollziehen können, ohne an Konkurrenten Marktanteile zu verlieren. Ein progressiver Effizienzstandard für fossile Brennstoffe würde diese Form von Regulierung bieten.

Der Plan würde somit von drei Motoren angetrieben: Erstens vom Subventionsumbau, der die Metamorphose der Erdölunternehmen in Erzeuger sauberer Energie vorantreiben würde. Zweitens würde der gesamte Prozess durch den Wettbewerb um den neuen, im Jahr 300 Milliarden US-Dollar schweren Markt für saubere Energien angetrieben. Und drittens würde der progressive Effizienzstandard für fossile Brennstoffe die Umwandlung nationaler Energiestrukturen aufeinander abstimmen, einen regulativen Rahmen für die großen Energieunternehmen schaffen und so erneuerbare Energien mit einem Schlag zu einer globalen Industrie machen.

Ein weltweiter Umbau der Energieversorgung verlangt von den Regierungen der Welt, dass sie einigen der weltweit größten Unternehmen Vorschriften machen. Offiziell widersetzen sich Unternehmen von vornherein bereits jedem Ansatz von neuen Regelungen. Es hat sich in der Vergangenheit jedoch erwiesen, dass Unternehmen bereit sind, diese zu akzeptieren, wenn die Maßnahmen nicht benachteiligend sind, wenn sie für alle gelten und, was am wichtigsten ist, klar umrissen sind – damit die Unternehmen sich bei der Entwicklung ihrer Strategiepläne darauf verlassen können.

Diese Lösungsvorschläge bedeuten für die multinationalen Ölkonzerne einen klaren Handel: Die Preisgabe einer gewissen Unternehmensautonomie im Austausch gegen einen neuen Markt von 300 Milliarden US-Dollar im Jahr.

Darüber hinaus bieten diese Lösungsvorschläge noch etwas anderes: die Chance, die Weltwirtschaft zu demokratisieren, indem man wieder Bürger für die Regierungen verantwortlich macht und Regierungen für die Unternehmen.

Und mein Gefühl sagt mir, dass einem Technologiewandel auch ein Wertewandel folgt.

Eine langfristige Hoffnung besteht darin, dass allein schon durch die Tatsache, dass man die Klimakrise in ihrem realen, globalen Ausmaß angeht, jedem weltweit klar wird, dass wir auf einem Planeten mit Grenzen leben – und dass wir jetzt dabei sind, an diese Grenzen zu stoßen.

Letztlich würde, wie ich glaube, ein weltweites „Akutprogramm" zur Versorgung der Welt mit sauberer Energie weit mehr beinhalten, als nur einen Wechsel von Energieträgern. Es könnte sehr wohl zu geschlossenen Kreisläufen in der industriellen Fertigung führen (indem industrielle Abfallprodukte gesammelt und nicht mehr in die Umwelt entsorgt werden), zu einer Planung des „intelligenten Wachstums" (mit einer Betonung auf Cluster-Bebauung mit mehr offenem Raum und höherer Nutzung des öffentlichen Nahverkehrs), zu mehr Recycling und Wiederverwertung von Abfällen und der Einführung einer „Umwelt-Buchhaltung" (bei der die realen Kosten, die das Ausplündern der Ressourcen sowie die Umweltverschmutzung beziffern, in die Berechnung nationaler Bruttoinlandsprodukte mit einfließen), und letztlich würde es auch zu einem völlig neuen Ethos der Nachhaltigkeit führen, das unsere Institutionen, Praktiken und unsere Motivation in einer Weise umgestalten würde, wie wir uns das heute nicht einmal annähernd vorstellen können.

Ich glaube, die Erkenntnis, dass wir alle Teil einer größeren und zunehmend verwundbaren Gemeinschaft sind, könnte ein neues Gefühl für gemeinsame Ziele erzeugen. Es würde mit einem Umbau der Energieversorgung beginnen und dann zu einer nachhaltigen Umgestaltung allen menschlichen Handelns im Rahmen eines globalen Projekts führen, das uns alle noch viele Jahre sehr beschäftigen könnte.

Die schlechte Nachricht dabei ist jedoch die, dass es zur Zeit so aussieht, als sei es zu spät, die zerstörerischen Auswirkungen des Klimawandels in seinem ganzen Ausmaß noch abzuwenden. Sehr viele Anzeichen deuten darauf hin, dass es unsere Fähigkeit übersteigt, die Kaskade zerstörerischer Folgen des Klimawandels abzuwenden. Das ist die Schlussfolgerung, die man aus den mannigfaltigen wissenschaftlichen Erkenntnissen und einer Reihe von bereits eingetretenen Auswirkungen des Treibhauseffekts weltweit ziehen kann.

Trotzdem können wir es nicht mit absoluter Sicherheit wissen.

Wir wissen nicht, an welchem Punkt auf der Bahn der Zerstörung wir uns befinden. Wir kennen die Schwellenwerte der Kohlendioxidkonzentration nicht, an denen die Klimaentwicklung unumkehrbar wird. Wir wissen nicht, welche anderen Rückkopplungsmechanismen uns noch erwarten – und wann sie eintreffen.

Es gibt noch eine weitere Unbekannte in dieser Gleichung, die sogar noch entscheidender sein kann als die rätselhaften Zeitpläne der Natur. Sie hat etwas mit plötzlichen und unvorhersehbaren Ausbrüchen großer gesellschaftlicher und politischer Bewegungen zu tun.

Angesichts der Dringlichkeit und der Größenordnung des beschleunigten Klimawandels liegt die einzige Lösung in einer schnellen und beispiellosen Mobilisierung der Menschheit in dieser Frage. Es gibt einige wenige Präzedenzfälle in unserer jüngsten Geschichte. Im Zuge des Niedergangs der Sowjetunion fiel endlich die Berliner Mauer. In einem historischen Augenblick stürzten die Bürger Südafrikas das langjährige Erbe der Apartheid.

Dass Undenkbares möglich werden kann, stellt einen Schimmer der Hoffnung dar, auch wenn so gut wie alles und zunehmend mehr auf die Unvermeidbarkeit einer Katastrophe hindeutet: Es besteht die Hoffnung, es könnte ein Funke überspringen und zu einer großen Erhebung der Völker führen – und eine verbindende Bewegung schaffen, die das Überleben der Gesellschaft zum Ziel hat und sich für Wohlstand, Gerechtigkeit und Frieden in der Welt einsetzt.

Ohne die Hoffnung auf ein solches „Wunder" sind die Aussichten zutiefst entmutigend.

Das Gegenmittel gegen die lähmende Verzweiflung liegt darin, dass wir uns unsere Unwissenheit eingestehen. Wenn unsere Situation auch offenkundig aussichtslos ist, so wissen wir doch wenig über den Zeitplan der Natur oder auch über die Überraschungen, die sie bereit hält, und wir kennen das Potenzial nicht, das in unserem eigenen kollektiven Handeln steckt. Die schlichte und existentielle Notwendigkeit angesichts dieser vielen Unbekannten besteht darin, weiterhin alles zu versuchen. Es scheint keine weitere Alternative zu geben.

Wir sind an einem Scheideweg unserer gesellschaftlichen Entwicklung angelangt. Entweder schaffen wir es, weltweit eine Gemeinschaft anzusteuern, die viel kooperativer und koordinierter ist, oder wir werden zurückfallen in eine zunehmend tribalisierte, kriegerische und letztlich totalitäre Existenz. Und wir werden mit ansehen, wie das stets offene Versprechen der Zukunft – das seit dem Beginn der Zivilisation unser Geburtsrecht gewesen ist – sich in Kaskaden klimatischer Erschütterungen auflöst.

Wir können uns entweder auf uns selbst zurückziehen und darauf beschränken, in einer immer bedrohlicheren Umwelt unsere private Sicherheit zu verteidigen, oder wir versuchen, uns auf eine ganzheitliche, gedeihliche und friedliche Zukunft zuzubewegen.

Diese Aussicht hört sich sicher etwas übertrieben visionär an. Doch die Alternative – wenn wir uns die zunehmende Instabilität des Klimasystems, den Zusammenbruch anderer natürlicher Systeme und die wachsende Verzweiflung angesichts der Ungerechtigkeit der Weltwirtschaft vor Augen führen – ist einfach zu schrecklich, um darüber in Selbstmitleid zu verfallen.

Letztlich besteht die Hoffnung, dass – besonders angesichts der zentralen Bedeutung der Energie für unser modernes Leben – eine sinnvolle Lösung der Klimakrise potenziell der Beginn einer weit größeren Transformation unserer gesellschaftlichen und ökonomischen Dynamik sein könnte.

Unsere moderne Geschichte ist geprägt von der Dichotomie zwischen dem Totalitarismus der Planwirtschaften einerseits und der Verschwendung und Brutalität unregulierter Märkte und einer zügellosen Globalisierung andererseits.

Es ist doch möglich, dass der Akt, den Planeten mit einem neuen Energiesystem auszustatten, uns die Richtung zu dieser optimalen Abstimmung von Wettbewerb und Kooperation weist, die unsere Energie, Kreativität und Produktivität maximieren würde, während sie gleichzeitig die Grundbedingungen für Frieden – unter den Menschen und zwischen Mensch und Natur – entscheidend verbessern würde.

Anmerkungen

1 Intergovernmental Panel on Climate Change: Second Assessment Synthesis Of Scientific-Technical Information Relevant To Interpreting Article 2 of the UN Framework Convention on Climate Change: 1995.

2 „Report to the Second Session of the Conference of the Parties to the UN Framework Convention on Climate Change", Bert Bolin, Vorsitzender des Intergovernmental Panel on Climate Change, Genf, 8. Juli 1996.

3 Aus einem Gespräch des Autors mit Dr. James J. McCarthy, Harvard University, 20. Juni 1995, Museum of Comparative Zoology, Cambridge, Massachusetts.

4 Anzeigenkampagne, verkündet in der Pressemitteilung des Global Climate Information Project, 9. September 1997.

5 „LEADING CLIMATE SCIENTISTS ADVISE WHITE HOUSE ON GLOBAL WARMING", National Academy of Sciences, 6. Juni 2001.

6 „Media Framing of Climate Change: A Cross-Country Analysis of Newspaper Coverage in the United States, the United Kingdom and Germany", Magisterarbeit von Anja Kollmuss, Tufts University, 2000.

7 „Europe Adopts Climate Emissions Trading Law", Environmental News Service, 23. Juli 2003.

8 „Wind Turbines Are Sprouting Off Europe's Shores", *The New York Times,* 8. Dezember 2002.

9 *Action Versus Words: Implementation of the UNFCCC by Select Developing Countries,* hg. v. Kilaparti Ramakrishna und anderen, The Woods Hole Research Center, 2003.

10 „China Said to Sharply Reduce Carbon Emissions", *The New York Times,* 15. Juni 2001.

11 Ross Gelbspan, *Der Klima-Gau – Erdöl, Macht und Politik,* München 1998. Siehe besonders das zweite Kapitel.

12 „Consensus Emerges Earth is Warming – Now What?", *The Washington Post,* 12. November 1997.

13 Consequences, Frühjahr 1995. Artikel mit dem Titel „Trends in U.S. Climate during the Twentieth Century" von Thomas R. Karl, Richard W. Knight, David R. Easterling und Robert G. Quayle, Wissenschaftlern am National Oceanic and Atmospheric Administration's National Climatic Data Center, Asheville, North Carolina; siehe auch „The Coming Climate", Tom Karl, *Scientific American,* Mai 1997.

14 „Reaping the Whirlwind: Extreme Weather Prompts Unprecedented Global Warming Alert", *The Independent,* 3. Juli 2003.

15 „Worst Flooding in At Least 273 Years Paralyzes Parts of Britain", Reuters News Service, 6. November 2000.

16 „Snow Paralyzes Northeast Asia; Mongolia Hit by Deep Freeze", Weather.com, 9. Januar 2001.

17 „Floridians Slow to Heed Drought Warnings", *The Boston Globe,* 17. Februar 2001. „Firefighters Battle Florida Wildfire", The Associated Press, 20. Februar 2001.

18 „Pakistan Heat Wave Kills 36“, Weather.com, 7. Mai 2001.
19 „Mayor: Storm City's Biggest Disaster Ever“, *The Houston Chronicle*, 14. Juni 2001; „Tropical Storm Allison The Costliest in U.S. History“, United Press International, 30. Oktober 2001.
20 „Drought Creates Food Crisis in Central America“, *The New York Times*, 28. August 2001; „Malnourished to Get Help in Guatemala“, *The New York Times*, 20. März 2002.
21 „Iran Drought Turns Lakes to Scorched Earth“, Reuters News Service, 1. August 2001.
22 „October Tornadoes Set U.S. Record“, Weather.com, 25. Oktober 2001.
23 „Rescuers Fear Toll of 1,000 in Algeria“, *The Boston Globe*, 15. November 2001.
24 „Heat Wave in India Kills 1,000“, The Associated Press, 22. Mai 2002.
25 „Death Toll in S. Russia Flood Climbs“, The Associated Press, 29. Juni 2002; „Four Killed as Storms Batter France and Germany“, Planetark.org, 10. Juni 2002; „Russian Flash Floods Wreak Havoc“, BBCNews.com, 9. August 2002.
26 „Crews Maxed Out as Fires Spread“, MSNBC.com, 21. Juni 2002.
27 „Summer of Extremes Baffles Specialists“, *The Boston Globe*, 17. August 2002; „Drought Spreads with June Heat“, Weather.com, 22. Juli 2002.
28 „India Grid Collapse Causes Blackout“, The Associated Press, 31. Juli 2002.
29 „Monsoon Showers East India's Blistering Heat Wave“, Reuters.com, 6. Juni 2003.
30 „U.S. Sets Tornado Record“, CNN.com, 14. Mai 2003.
31 „From the Alps to Arid Southern Forests, Europe Bakes in Record Heat; London Breaks 100 Degrees“, The Associated Press, 10. August 2003; „Europe's Heat Wave Raises Global Warming Concerns“, Environmental News Service, 1. August 2003; „Europe Blisters Under Heat Wave“, MSNBC.com, 16. Juli 2003; „Portugal Declares Fire Calamity“, BBCNews.com, 4. August 2003; „Portugal Fire Cost Top $ 1 Billion“, Reuters News Service, 9. August 2003; „French Heat Deaths up to 3,000“, BBCNews.com, 14. August 2003.
32 „Floods Bring More Suffering to a Battered Haitian Town“, *The New York Times*, 29. Mai 2004.
33 „Heaviest Rain in India's History Drops 37 Inches in One Day, Kills Some 1,000 People, Affects 20 Million Others“, BBCNews.com, 1. August 2005.
34 Privates Gespräch des Autors mit dem Nachrichtenredakteur eines Fernsehsenders.
35 „Balance as Bias: Global Warming and the U.S. Prestige Press“, Maxwell T. Boykoff und Jules M. Boykoff in: *Global Environmental Change*, Elsevier Press, 2004.
36 „Eastern Power Outage Unfortunate but Entirely Predictable: Event Offers

Wake-Up Call for U.S. Energy Policy Makers", Rocky Mountain Institute, 14. August 2003.

37 „IPCC Chief: Global Warming May Nurture Extremism", Reuters News Service, 9. Dezember 2002.

38 „Climate Related Perils Could Bankrupt Insurers", Environmental News Service, 7. Oktober 2002; ebenso „Global Warming to Cost $ 300 Billion A Year", Reuters News Service, 4. Februar 2001; ebenso: „Climate Change Costs Could Top $ 300 Billion Annually", Environmental News Service, 5. Februar 2001; ebenso „Climate Change Could Bankrupt US by 2065", Environmental News Service, 24. November 2000.

39 Michael T. Klare, *Resource Wars: The New Landscape of Global Conflict*, Henry Holt & Company, 2002.

40 Beim Plan zum Energieübergang handelt es sich um einen Auszug aus dem Schlusskapitel des Buches von Ross Gelbspan *Boiling Point*, Basic Books 2004.

41 Mahbub ul Haq, Inge Kaul, Isabelle Grunberg (Hrsg.), *The Tobin Tax: Coping With Financial Volatility*, Oxford University Press 1996.

42 Gespräch des Autors mit DeCanio und Krause am 11. Juli 2001.

43 Gespräch des Autors mit leitenden Angestellten von Shell/Ägypten in Kairo im Mai 2000.

44 Gespräch des Autors mit Tom Casten, dem Präsidenten der Trigen Energy Corp. Casten schlug die Idee eines progressiven Effizienzstandards vor; siehe auch Thomas R. Casten, *Turning Off The Heat*, Prometheus Books 1998.

45 „BP AMOCO INVESTS $ 45 MILLION IN SOLAREX STAKE TO CREATE WORLD'S BIGGEST SOLAR COMPANY", Pressemitteilung der BP vom 7. April 1999.

46 „Shell Extends Clean Energy Push", Reuters News Service, 15. Juni 2001.

47 „DAIMLER-CHRYSLER UNVEILS NEW FUEL CELL CAR", Pressemitteilung vom 18. März 1999.

Hermann Scheer

Erneuerbare Energie ist die Zukunft

Das Potenzial erneuerbarer Energien ignoriert zu haben, war eines der größten Versäumnisse des 20. Jahrhunderts. Gleichzeitig bestand eins der größten Probleme des vergangenen Jahrhunderts in der weltweiten Orgie des Energieverbrauchs, die dieses Versäumnis begleitete und zum Ergebnis hatte, dass die Menschheit in der Zeit zwischen 1950 und 2000 doppelt so viel Energie verbrauchte wie in der gesamten Zeit davor.

Ausgelöst wurde dieser Prozess durch den Beginn der Industriellen Revolution Ende des 18. Jahrhunderts. Diese beruhte auf fossiler Technologie, die mit der Dampfmaschine aufkam, dem wichtigsten Mittel der Energieumwandlung, das mehr als ein Jahrhundert lang verfügbar war und menschliche und tierische Arbeitskraft durch Mechanik ersetzte. Das wiederum ermöglichte die Einführung der Massenproduktion, ein weltweites Transportsystem und eine Urbanisierung im großen Maßstab. Diese Entwicklungen wurden durch die Einführung großer Dampfturbinenkraftwerke, die mit fossilen Brennstoffen betrieben wurden, noch beschleunigt. Später kamen Kernreaktoren hinzu, die selbst heute noch nach dem Prinzip der Dampfmaschine arbeiten.

Wir werden heute weltweit durch ein System versorgt, das auf der Technologie des 18. Jahrhunderts sowie auf dem Einsatz fossiler Brennstoffe beruht, die keine Zukunft haben. Das heute vorherrschende Energiesystem ist an seinem Endpunkt angelangt, obwohl es gegenwärtig mehr als 90 Prozent der gesamten Energie liefert – in manchen Ländern sogar 100 Prozent. Dieses System nähert sich aus zwei unwiderlegbaren Gründen seinem Ende: Erstens kann niemand leugnen, dass die Ressourcen begrenzt sind. Zweitens können wir es uns nicht länger leisten, alle heute bekannten Reserven zu verbrennen, weil Ökosphäre und Atmosphäre der Erde das einfach nicht verkraften. Tatsächlich werden die ökologischen Grenzen des gegenwärtigen Energiesystems schon erreicht sein, wenn unsere Ressourcen an fossilen Energien noch längst nicht erschöpft sind.

Die Atomenergie ist ebenfalls eine fossile Energieform, da sie auf dem fossilen Mineral Uran (Uraninit) beruht, und Uran wird ebenfalls irgendwann nicht mehr zur Verfügung stehen. Selbst wenn die Zahl von Atomkraftwerken auf dem heutigen Stand eingefroren werden würde, wären die Uranvorkommen der Erde in weniger als fünfzig Jahren erschöpft.

Diejenigen, die das Energiesystem von heute bewahren wollen, haben eine zweite Generation der Kernenergie im Auge – die Kernfusion. Ihnen entgeht jedoch, dass die Kernfusion zu Strukturen der Energieversorgung führen würde, welche die gegenwärtigen Abhängigkeiten von Energie noch steigern würden. Das würde unausweichlich zu einer noch umfassenderen Zentralisierung der Energieversorgung im Vergleich zu den heutigen Kraftwerksystemen führen. Befürworter der Kernfusion vergessen auch, dass wir nicht warten können, bis sie irgendwann im Jahre 2050, 2060 oder 2070 technisch verfügbar wird. Die Welt kann es sich nicht leisten, bis dahin zu warten, um die Grundlage ihrer Energieversorgung zu ändern.

Sobald diese Grundlage auf erneuerbare Energien umgestellt ist, wird es nicht mehr nötig sein, nach anderen Energiequellen Ausschau zu halten. Der Mensch hat sich schon immer auf die Suche nach neuen Energiequellen begeben, wenn die eine Quelle nicht länger ausreichte oder zu versiegen drohte. Bei erneuerbaren Energien wird dies jedoch nicht geschehen. Wir wissen heute, dass das Potenzial regenerativer Energien so groß ist, dass wir selbst dann noch genug Energie verfügbar hätten, wenn sich die Weltbevölkerung vervielfachen würde. Erneuerbare Energie ist unerschöpflich, solange das Sonnensystem existiert. Den jüngsten Erkenntnissen der Astrophysik zufolge wird das Sonnensystem wahrscheinlich weitere sieben Milliarden Jahre überleben – eine nach menschlichen Maßstäben praktisch unendliche Zeitspanne. Als ich diese Zahl einmal erwähnte, fragte mich jemand, ob ich sieben Milliarden oder sieben Millionen Jahre gesagt hätte. Als ich wiederholte, es seien sieben Milliarden, zeigte sich mein Gesprächspartner erleichtert, als wären sieben Millionen Jahre ein Anlass zur Besorgnis gewesen!

Die bei weitem größte Energiequelle ist die Sonne. Dieses Potenzial zur Grundlage aller menschlichen Tätigkeit zu machen, würde der Menschheit dabei helfen, sich ebenso intelligent zu verhalten wie die Natur. Gegenwärtig hinkt unsere kollektive Intelligenz hinter der Natur – die sich ausschließlich auf Sonnenenergie verlässt – her. Als die Industrielle Revolution begann, haben wir uns mehr und mehr von der Sonnenenergie abgewandt. Vor der Industriellen Revolution wurden nicht-technische oder relativ einfache technische Mittel benutzt, um die Sonnenenergie oder erneuerbare Energie zu nutzen – die beiden Begriffe sind synonym. Wenn wir jetzt zur Sonnenenergie zurückkehren wollen, können wir auch die größere Vielfalt an neuen technischen Mitteln nutzen, die uns heute zur Verfügung stehen. Das ist, was unsere heutige Situation von der vorindustriellen Zeit grundlegend unterscheidet.

Ein neuer Aufbruch

Der Physiker Max Planck sagte einmal: „Eine neue wissenschaftliche *Wahrheit* pflegt sich nicht in der Weise durchzusetzen, dass ihre Gegner überzeugt werden und sich als belehrt erklären, sondern vielmehr dadurch, dass ihre Gegner allmählich aussterben und dass die heranwachsende Generation von vornherein mit der Wahrheit vertraut gemacht ist."

In Bezug auf Energie stehen wir genau vor einer solchen Situation: Wir müssen erkennen, dass wir an einer existentiellen Grenzlinie stehen, und diejenigen, die das alte Denken repräsentieren, werden bald nicht mehr relevant sein.

Für die weltweite Versorgung mit Energie gibt es sowohl schlechte als auch gute Nachrichten. Die schlechte Nachricht? Das Öl geht allmählich zu Ende. Die gute Nachricht? Das Öl geht allmählich zu Ende. Und nicht nur das Öl: Früher oder später werden alle Arten von fossiler Energie erschöpft sein – einschließlich des fossilen Urans. Der Grund, weshalb das Öl zur meistgebrauchten Energieform wurde, war recht einfach: Weil es flüssig ist, ist sein Gebrauch einfach, und so wurde es zum „Schwarzen Gold“ des 20. Jahrhunderts. Doch selbst John Rockefeller, der erste und bekannteste aller Ölmagnaten, sprach prophetisch von den „Tränen des Teufels“.

Es war immer klar, dass die Ölvorräte eines Tages erschöpft sein würden. Aber da die Menschen nicht wussten wann, wurde das Problem erst einmal verdrängt. Die besorgte Stimmung unter führenden Politikern heute zeigt, dass sie von Tag zu Tag leben, während die Abhängigkeit ihrer Länder von den allmählich zur Neige gehenden Ressourcen immer größer wird. Doch die Frage, wie lange die Reserven reichen werden, ist nur die drittwichtigste Frage.

Die erste und wichtigste Frage ergibt sich aus der folgenden Tatsache: Das Höchstmaß an ökologischer Belastung, mit der die Weltzivilisation fertig werden kann, wird schon erreicht sein, wenn wir die Grenzen der endlichen Ressourcen noch längst nicht erreicht haben. Das Intergovernmental Panel on Climate Change (IPCC) hielt in seinem 2001 veröffentlichten Report fest, dass die Emission von Treibhausgasen bis zum Jahr 2050 um mindestens 60 Prozent reduziert sein muss, wenn ein Zusammenbruch der Ökosphäre vermieden werden soll. Jetzt deuten die jüngsten Forschungsergebnisse unabweisbar darauf hin, dass wir sogar schon vorher noch strengere Maßnahmen werden ergreifen müssen.

Die zweitwichtigste Frage lautet: Was bedeutet die Entwicklung der Energiepreise für die Weltwirtschaft und für die einzelnen Volkswirtschaften? Der unerbittliche Anstieg der Energiepreise beruht auf mehreren Faktoren:

- Erstens: Die Ära des „mühelosen Öls" ist endgültig vorbei, wodurch die Nutzung anderer, weniger konventioneller fossiler Brennstoffe zunimmt.
- Zweitens: Die weltweite Nachfrage nach Energie wächst schneller als die möglichen Vorräte, was an der schnellen Wirtschaftsentwicklung von Ländern wie China und Indien liegt, aber auch an der Zunahme von Welthandel und Luftverkehr.
- Drittens: Die notwendige Infrastruktur wird in dem Maße kostspieliger, wie das weltweite System fossiler Brennstoffe immer abhängiger davon wird, dass die letzten verbliebenen Quellen ausgebeutet werden.
- Viertens: In einer Welt, die immer instabiler wird, bedeutet die Verletzbarkeit des Versorgungssystems eine Zunahme der politischen und militärischen Kosten der Energiesicherheit. Die bedeutendste logistische Herausforderung liegt dann in der Sicherung des weltweiten Nachschubs an Öl, Gas und Uran von relativ wenigen Orten und wird immer schwieriger zu bewältigen sein.

Steigende Kosten machen die Energiefalle noch gefährlicher, besonders für die Entwicklungsländer, deren Bruttoinlandsprodukt weniger als zehn Prozent des Bruttoinlandsprodukts der westlichen Industrienationen ausmacht. Sie sind gezwungen, für ihre Energieimporte Weltmarktpreise zu zahlen, und die ökonomische Bürde, die man ihnen damit auferlegt, ist zehn- bis zwanzigmal schwerer als die, die andere Länder zu tragen haben. Bei vielen dieser Länder verschlingen die Energieimporte schon jetzt die gesamten Exporteinnahmen. Im Jahre 2005 stiegen die Kosten der Ölimporte der Entwicklungsländer um 100 Milliarden Dollar – das ist erheblich mehr, als die gesamte Entwicklungshilfe aller Industriestaaten ausmachte. Die Gewinne der Unternehmen, die auf dem oligopolistischen Energiesektor tätig sind, steigen unterdessen in astronomische Höhen: 2005 machte Exxon einen Gewinn von 35 Milliarden Dollar, Shell 25 Milliarden und die BP 22 Milliarden Dollar.

Somit befindet sich die Energieversorgung der Welt schon heute in einem prekären Zustand, lange vor der tatsächlichen Erschöpfung der Ressourcen. Deshalb wurden schon vor dem Wirtschaftsgipfel der G8-Staaten 2006 in St. Petersburg Vorschläge erarbeitet, wie sich Möglichkeiten und Wege aus der Energiefalle finden lassen. Doch diese Pläne sind Augenwischerei: Die vorgeschlagene weltweite Renaissance der Kernenergie zusammen mit der Förderung „sauberer Kohlekraftwerke" beruht auf der Annahme, dass das Energiesystem der Welt weitgehend intakt sei. Es wurden Forderungen laut, die Erzeugerländer sollten dazu gedrängt werden, ihre Produktionsquoten zu steigern. Überdies sollten die internationalen Leitungsnetze im Interesse der Energiesicherheit erweitert werden – obwohl dies in direktem Konflikt zu den Zielen des Klimaschutzes steht. In den Initiativen der G8-Staaten sollten erneuerbare Energien ebenfalls gefördert werden, doch man wies ihnen nur eine marginale Rolle zu.

Es wird immer klarer, dass ein grundlegender Wandel der Energiebasis – ein Wechsel zu erneuerbaren Energien – schon längst absolute strategische Priorität hätte erhalten müssen. Um diese Erkenntnis weiterhin zu verhindern, speist man uns mit unhaltbaren Ausreden und Vorwänden ab. So wird beispielsweise behauptet, das Potenzial erneuerbarer Energien sei nicht ausreichend, um Kernkraft und die fossilen Energieträger zu ersetzen, und es sei zu kostspielig, solche Energien im großen Maßstab einzuführen. Damit wird zum Ausdruck gebracht, erneuerbare Energien stellten eine untragbare ökonomische und soziale Last dar. Zusätzlich wird versichert, das Ganze werde zu viel Zeit in Anspruch nehmen, womit gesagt wird, man müsse sich in den kommenden Jahrzehnten weiterhin auf konventionelle Kraftwerke konzentrieren. Und schließlich wird behauptet, das Problem der Speicherung erneuerbarer Energie sei bislang nicht gelöst.

Nichts lässt sich schneller einführen als erneuerbare Energien

Bei näherem Hinsehen erweist sich keins dieser Argumente als stichhaltig. Die Sonne mit ihren Nebenprodukten (Wind, Wasser, Biomasse, Wellen) versorgt unseren Planeten mit 15.000-mal mehr Energie pro Tag, als die Erde tatsächlich verbraucht. Keine Form der Energieversorgung lässt sich schneller in Betrieb nehmen als die dezentralisierten Anlagen, die man braucht, um erneuerbare Energie zu nutzen. Ein Windrad lässt sich in einer Woche installieren, während der Bau eines großen Kraftwerks fünf bis fünfzehn Jahre braucht. Die Technologien der Energiespeicherung – Pumpspeicherwerke, Druckluftkraftwerke und hybride Strukturen wie etwa Wasserkraft- oder Bioenergieanschlüsse für Sonnen- und Windenergiekraftwerke – sind alle schon gut ausgereift. Die Möglichkeiten, wie man zu einem schnellen Ausbau des Anteils erneuerbarer Energien am Energiemix kommen kann und wie man auf eine Situation, in der die gesamte Energie von erneuerbaren Energien geliefert wird, hinarbeiten kann, sind schon bei verschiedenen Gelegenheiten dargestellt worden. Schon 1978 geschah dies in Frankreich durch die Groupe de Bellevue und 1979 in den USA seitens der Union of Concerned Scientists.

Die einzigen direkten Kosten der Produktion erneuerbarer Energie werden durch die dazu nötige Technologie verursacht. Brennstoffkosten fallen nicht länger an. Die einzige Ausnahme ist die Bioenergie, weil die Arbeit der nötigen landwirtschaftlichen und forstwirtschaftlichen Betriebe bezahlt werden muss. Kosten für die Ausrüstung werden infolge von Massenproduktion und einer immer besseren technologischen Feinabstimmung sinken. Dies wird wiederum zu einer allmählichen Abnahme der Kosten für erneuerbare Energien führen, während im Gegensatz dazu die direkten Kosten konventioneller Energie fortlaufend steigen.

Gleichzeitig sind die externen Kosten erneuerbarer Energien minimal. Erneuerbare Energien bieten beträchtliche ökonomische und politische Vorteile: Die Importe fossiler Brennstoffe würden durch eine ständig verfügbare und vor Ort erzeugte Energie ersetzt werden; die Energiesicherheit würde erhöht, was sich positiv auf die Zahlungsbilanz auswirken wird. Der regionale Handel würde verbessert, und überdies würden die Anforderungen an die Infrastruktur erheblich sinken. Und natürlich würde man auch Schädigungen von Umwelt und Gesundheit der Menschen vermeiden.

Mit anderen Worten: Auf diese Weise ließen sich massive und weitreichende sowohl makroökonomische als auch politische Effekte erzielen. Diese Effekte wären umso größer, je mehr konventionelle Energieträger ersetzt würden. Auf mikroökonomischer Ebene würden sich jedoch nicht automatisch positive Auswirkungen zeigen. Damit Investoren und Energiekonsumenten unmittelbar und direkt profitieren, sind politisches und ökonomisches Geschick sowie Entschlossenheit nötig, um die makroökonomischen Vorteile der erneuerbaren Energien in mikroökonomische Anreize umzuwandeln. Nur dann wird die erforderliche historische Umkehr in der Energieversorgung in Gang gesetzt.

Das deutsche Erneuerbare-Energien-Gesetz

Das deutsche Gesetz für den Vorrang Erneuerbarer Energien ist ein Beleg dafür, dass all dies möglich ist. Die durch dieses Gesetz geschaffenen Anreize machen die Investition in erneuerbare Energie für den Eigentümer eines Dachs mit Solarzellen, eines Windrads oder eines Biomassengenerators lohnend. Seit dem Jahr 2000 hat dieses Gesetz eine jährliche Zunahme der Kapazitäten an erneuerbarer Energie um 3.000 Megawatt gesichert, was insgesamt nicht weniger als 18.000 Megawatt ergibt. Das Hauptinstrument in diesem Zusammenhang ist der garantierte Netzzugang für jeden Erzeuger mit einem Einspeisungstarif, der über zwanzig Jahre gesetzlich garantiert ist – was die Rentabilität der Investition absichert. Die so entstehenden zusätzlichen Kosten werden auf alle Stromkunden umgelegt und ergeben im Jahr pro Person eine Mehrbelastung von nur fünf Euro. Diese „Unterstützung von unten nach oben" hat zum Wachstum eines neuen industriellen Sektors geführt, der Ende des Jahres 2006 170.000 neue Arbeitsplätze bot. Kein politisches Programm zur Industrieförderung hat je so wenig gekostet und in kurzer Zeit so viel erreicht. Die Allgemeinheit akzeptiert die zusätzlichen Kosten, weil die Menschen mit dem angestrebten Ziel einverstanden sind. Im Verlauf von sechs Jahren sind die Betreiberkosten infolge gesteigerter Produktion um 40 Prozent gefallen. Der bislang erreichte Energiewandel bedeutet, dass die CO_2-Emissionen in Deutschland um zusätzlich sieben Millionen Tonnen im Jahr verringert worden sind. Damit hat diese Gesetzgebung als Instrument der Klimapolitik bedeutend mehr erreicht als der sogenannte Emissionshandel im Rahmen des Kyoto-Protokolls. Und all dies ist weitgehend ohne Bürokratie erreicht worden.

Die besonderen Gründe für den Erfolg erneuerbarer Energien in Deutschland sind folgende:

1. Das richtige Konzept. Unser Einspeisungsgesetz ließ Raum für unabhängige Stromversorger und schützte sie vor Einmischungen der konventionellen Stromproduzenten durch eine besondere Marktordnung, die von den herkömmlichen Marktregeln unabhängig ist. Sie beruht auf einem garantierten Zugang zum Stromnetz und auf garantierten Einspeisungspreisen, die für erneuerbare Energien Investitionssicherheit bieten. Wo immer dieses Konzept umgesetzt worden ist, haben erneuerbare Energien an Schwung gewonnen. Wo hingegen ein RPS- oder Quotensystem eingeführt wurde, hat es eine weit

langsamere Entwicklung und überdies einen geringeren Kostenrückgang gegeben. Die Gründe hierfür liegen auf der Hand: Die Kosten eines Projekts, sagen wir eines Windrads, bestehen nicht nur aus Kosten für die Technologie, sondern schließen auch die Kosten für die Genehmigung der Anlagen ein. Nur wenige Investoren können diese Ausgabe ohne eine hohe Investitionssicherheit schultern. In dieser Situation kann niemand die wirklichen Kosten berechnen, die entstehen werden, wenn sie sich an einer Ausschreibung beteiligen. Das ist der Grund, weshalb viele Projekte innerhalb eines RPS-Systems nicht verwirklicht werden.

2. Der Mut, sich über die konventionellen Energieinteressen hinwegzusetzen. Diese sind oft auf besondere Weise verknüpft mit den Interessen der Regierungen. Die Initiativen in Deutschland gingen dagegen vom Parlament aus, das seiner verfassungsmäßigen Pflicht nachkam, für das Gemeinwohl zu handeln und nicht für die besonderen Interessen kleiner Gruppen.

3. Die Mobilisierung der Bürger. Die allgemeine Öffentlichkeit ist der wertvollste Verbündete, wenn es um erneuerbare Energien geht, sobald sie erkannt hat, dass diese wirklich funktionieren. Deshalb kommt es entscheidend darauf an, die Allgemeinheit über deren Möglichkeiten und Vorzüge zu informieren und die Bereitschaft der Menschen zu wecken, sich für unsere gemeinsame Zukunft verantwortlich zu fühlen. Wir müssen die erneuerbaren Energien fördern, indem wir das Vertrauen der Öffentlichkeit gewinnen und an zwei Hauptbedürfnisse der Menschen appellieren: das Bedürfnis nach Sicherstellung der Energieversorgung und das nach sozialer Verantwortlichkeit, indem wir eine sichere Energieversorgung unterstützen, die nicht die Lebensqualität anderer beeinträchtigt. Dies ist nur bei erneuerbaren Energien möglich.

4. Die Schaffung einer neuen sozio-ökonomischen Allianz. In Deutschland hat es zwei sehr heftige Kampagnen gegen unser Einspeisungsgesetz gegeben. Wir sind diesen Kampagnen mit zwei Bekundungen im Bundestag entgegengetreten, die nicht nur von den

Verbänden der erneuerbaren Energien und deren Vertretern im Parlament unterstützt wurden, sondern auch von den Interessengruppen der Wirtschaft, die ihre Zukunft in enger Verbindung mit erneuerbaren Energien sehen: Bauernverbänden, den Verbänden kleiner und mittelständischer Unternehmen, dem Verband der Maschinenbauer sowie den Metall- und Elektrogewerkschaften und der IG Bauen-Agrar-Umwelt. All diese Verbündeten lassen sich nur mobilisieren, wenn die Gesellschaft direkt profitiert.

Technologie und soziale Organisation

Wenn sich die Einführung erneuerbarer Energien in dieser Geschwindigkeit fortsetzt, wird die Stromerzeugung durch Atomkraft und fossile Energieträger in Deutschland in etwa vierzig Jahren ganz durch erneuerbare Energien ersetzt worden sein. Direkte Zusatzkosten im Vergleich zur konventionellen Energie werden in dem Maße sinken, wie die Kosten für herkömmliche Energie steigen. Dies bedeutet, dass die Kosten erneuerbarer Energien schon vor dem Jahr 2020 niedriger sein werden als die von Elektrizität, die in neuen Atom- und herkömmlichen fossilen Kraftwerken erzeugt wird. Dies wird den Energiewandel weiter beschleunigen. Es gibt auch ein Potenzial für ähnliche Substitutionsprozesse in den Bereichen Heiztechnik und Brennstoffversorgung. Schon heute gibt es nicht nur Privathäuser, sondern auch große Bürogebäude, die ihren Energiebedarf vollständig durch den Einsatz erneuerbarer Energien decken können. Die dabei entstehenden Investitionskosten werden durch die Brennstoffeinsparungen ausgeglichen – obwohl dies zehn bis zwanzig Jahre dauern wird. Der rasante Fortschritt in der Entwicklung von Autos mit Hybridantrieb wird es ebenfalls ermöglichen, fossile Treibstoffe durch Bio-Treibstoffe und Elektromotoren zu ersetzen.

Die Gelegenheit zu einer post-fossilen und post-nuklearen Zukunft, die sich uns hier bietet, wird nicht als solche wahrgenommen, das Vorhandensein dieser Möglichkeit wird sogar vielerorts noch immer geleugnet. Dies liegt vor allem an einer Scheuklappensicht auf Energie: Man führt isolierte Kostenvergleiche durch, statt Energiesysteme insgesamt miteinander zu vergleichen. Das heutige Energiesystem, das von den meisten Unternehmen betrieben wird, ist längst überholt und scheint doch wie in Stein gemeißelt zu sein. Was jedoch ein Trugschluss ist.

Diese Sicht verrät einen vollständigen Mangel an Grundwissen um die fraglichen Technologien und die Soziologie von Energie. Ich vertrete die Ansicht, dass jede Sozialordnung an die besonderen Energiequellen gebunden ist, die sie benutzt. Die Wahl der Energiequelle entscheidet grundlegend über die politischen, ökonomischen und technologischen Anstrengungen, die für die Gewinnung, Verarbeitung, den Transport und die Verteilung der Energie erforderlich sind, wozu auch die notwendige Umwandlungstechnologie gehört.

Die Systemverschiebung bei der Energieversorgung stellt in technologischer, ökonomischer, sozialer und politischer Hinsicht einen Paradigmenwechsel dar. Dies bedeutet, dass der Übergang zu erneuerbaren Energien alles andere mitverändern wird. Es wird einen Übergang von kommerziellen zu nicht-kommerziellen Primärenergien geben; von einer kleinen Zahl großer Kraftwerke und Raffinerien zu einer großen Zahl mittelgroßer und kleiner Kraftwerke; einen Übergang von einer internationalisierten zu einer regionalisierten Infrastruktur, und von Energien, die Emissionen erzeugen, zu emissionsfreier Energie. Und – nicht zuletzt – wird es einen Übergang geben von hochkonzentrierten Unternehmens- und Eigentümerstrukturen hin zu stärker differenzierten. Hier denn liegt die politische Krux des Energieproblems verborgen. Wenn wir dies erkennen, ermöglicht es uns zu verstehen, weshalb bestimmte Gruppen sich den erneuerbaren Energien so beharrlich widersetzen, wir können aber auch sehen, wie sich dieser Widerstand überwinden lässt.

Die konventionelle Perspektive

Der Weltenergiekongress des Weltenergierats (World Energy Council, WEC) in Sydney 2004 war eine interessante Erfahrung, die dem Verständnis dieser Systemfragen diente. Vertreter der konventionellen Energiesysteme waren zusammengekommen, um unter dem Thema „Wie man Nachhaltigkeit erreicht: Möglichkeiten und Herausforderungen für die Energieindustrie" über die Energiesituation der Zukunft zu diskutieren. Dieses Motto verrät uns mehr über die wirkliche Absicht, als wahrscheinlich zum Ausdruck gebracht werden sollte. Tatsächlich standen Möglichkeiten und Herausforderungen der konventionellen Energieindustrie im Mittelpunkt von Diskussionen und Strategien, aber nicht die Herausforderungen, die mit den Energiefragen zusammenhängen, denen sich die Weltgemeinschaft und die globale Umwelt ausgesetzt sehen. Die allgemeine Schlussfolgerung des Kongresses lautete, dass fossile Energieträger so vorherrschend bleiben werden wie in der Vergangenheit, während die Atomenergie ihren Anteil an der Energieversorgung der Welt steigern müsste und erneuerbare Energien nur eine geringere, ergänzende Rolle spielen werden.

Da kann es nicht überraschen, dass der Weltenergierat vorhersagte, die Kernenergie „werde ihre Rolle bei der Lieferung nachhaltiger Energie in den kommenden Jahren sowohl in den Industriestaaten als auch in den Entwicklungsländern noch ausbauen".

Der Energierat versäumte jedoch zu erwähnen:

- dass eine starke Zunahme der Kernenergie auf Grundlage der heutigen Technologie wegen der Knappheit von Uranvorräten unmöglich sein wird;
- dass neue Nukleartechnologien wie etwa Fusionsreaktoren frühestens in fünfzig Jahren verfügbar sein werden, falls sie überhaupt je zur Verfügung stehen;
- dass die Kernenergie schon jetzt weltweit eine Billion Dollar an Subventionen verschlungen hat und auch weiterhin von finan-

ziellen Zuwendungen abhängig sein wird;
- dass die massiven Unfälle der Vergangenheit – und möglicherweise mehr noch der Zukunft – zusammen mit dem zu entsorgenden Nuklearabfall unsere Umwelt kontaminieren und das menschliche Leben dauerhaft bedrohen.

Gleichzeitig bestritt der Weltenergierat das Potenzial der erneuerbaren Energien, die gesamte Welt mit umweltfreundlicher Energie zu versorgen.

Achtzig Jahre lang war der Weltenergierat der wichtigste Fürsprecher der mit fossilen Brennstoffen und später mit Kernenergie arbeitenden Energieindustrie gewesen. Die Konferenz von Sydney hat gezeigt, dass der WEC seine vorrangige Ausrichtung auf die Förderung fossiler und nuklearer Energieträger nicht geändert hat. Es ist daher an der Zeit, die Frage der globalen Energieversorgung aus einer breiteren Perspektive näher zu erörtern.

Es gibt vier Hauptgesichtspunkte:

1. Konventionelle fossile und nukleare Energien haben zahlreiche negative makroökonomische Nebenwirkungen, wie etwa die (wachsende) Notwendigkeit, die globalisierten Stromnetze gegen Anschläge zu schützen; den hohen Wasserverbrauch, der für die Gewinnung und Aufbereitung der Brennstoffe sowie die Nutzung von Heizkraftwerken notwendig ist; die Mengen an Devisen, die für den Import ausgegeben werden sowie der Schaden für die Umwelt und die menschliche Gesundheit. Im Gegensatz dazu haben erneuerbare Energiequellen zahlreiche positive makroökonomische Auswirkungen, weil sie mithelfen, all die oben erwähnten negativen Auswirkungen zu vermeiden. Die praktische Herausforderung der Politik liegt in der Schaffung von Anreizen zur Umsetzung dieser Vorzüge auf mikroökonomischer Ebene.

2. Nur mit erneuerbaren Energien werden wir in der Lage sein, wahre Energieeffizienz zu erreichen. In der globalen Kette konventioneller Energien von den Minen und Quellen zu den Kunden

– manchmal über Entfernungen von mehr als 30.000 Kilometer hinweg – gibt es riesige Energieverluste. Nur mit kurzen Energieketten, die auf der Nutzung einheimischer erneuerbarer Energien beruhen, lassen sich diese Energieverluste radikal senken. Das Hauptinteresse von Forschung und Entwicklung sollte deshalb darin liegen, kurze Energieketten zu ermöglichen. Das bedeutet absoluten Vorrang für neue Technologien der Energiespeicherung, nicht nur bei Wasserstoff.

3. Konventionelle Energien sind überall in der Welt politisch privilegiert, weil für deren Forschung und Entwicklung große Beträge öffentlicher Gelder zur Verfügung stehen, ferner durch den militärischen Schutz der Versorgungskette sowie durch 300 Milliarden Dollar an jährlichen Subventionen. Im Gegensatz dazu werden erneuerbare Energien bis zum heutigen Tag politisch diskriminiert. In den vergangenen dreißig Jahren wurden weniger als 20 Milliarden Dollar an Steuergeldern zur Förderung erneuerbarer Energie ausgegeben. Es gibt mehrere internationale Institutionen zur Förderung der Atomenergie (IAEA, EURATOM) auf internationaler Ebene, doch bislang keine einzige Einrichtung dieser Art für regenerative Energien. Es ist höchste Zeit, diese Doppelmoral gegenüber erneuerbaren Energien zu überwinden.

4. Regierungen und internationale Institutionen sind sich seit nunmehr dreißig Jahren der Grenzen und schädlichen Auswirkungen konventioneller Energien bewusst. Man weiß dies seit der Ölkrise in den 1970er Jahren, dem „Global 2000“-Bericht der Carter-Regierung von 1981, der UNO-Umweltkonferenz von 1982, der Konferenz in Rio 1992 oder der Konferenz in Johannesburg von 2002. Alle diese Konferenzen und Berichte haben es jedoch versäumt, zur zentralen Frage vorzudringen: Wie sind nicht-erneuerbare Energien durch erneuerbare zu ersetzen? Regierungen und Institutionen gingen bei ihrer Arbeit von der Annahme aus, dass globale Probleme weltweites gemeinschaftliches Handeln erforderlich machen. Sie versuchten, einen globalen Konsens zum Handeln herzustellen. Aber

Konsens bedeutet immer, dass der langsamste Teilnehmer die Geschwindigkeit des gesamten Prozesses bestimmt. Das Ergebnis war, dass „global geredet und national aufgeschoben" wurde. Es ist ein Widerspruch in sich, an Geschwindigkeit zulegen, zugleich jedoch einen Konsens erreichen zu wollen. Das Konsens-Prinzip führt in der Praxis zur Paralyse. Die bemerkenswerten Leistungen auf dem Gebiet der erneuerbaren Energien können nicht die Tatsache verbergen, dass der weltweite Verbrauch an fossiler Energie schneller zunimmt als die Einführung erneuerbarer Energie. Das bedeutet, dass die Weltbevölkerung ihren Weg in eine immer größere Abhängigkeit von fossilen Energieträgern fortsetzt.

Kernkraft – eine Null-Option!

Die Rolle der Kernenergie muss in diesem Kontext ebenfalls diskutiert werden. Sie hat sich bisher umfangreicher finanzieller Unterstützung erfreut. Sie ist sehr kostspielig und sehr gefährlich. Es sind riesige Mengen von Kühlwasser nötig, und das in einer Zeit zunehmender weltweiter Wasserknappheit. Und dann ist da noch die Tatsache, dass die Uranvorkommen auf der Welt sehr begrenzt sind.

Es herrscht weitgehende Einigkeit darüber, dass das Ende des fossilen Energiezeitalters näherrückt und dass seine ökologischen Grenzen zur gleichen Zeit sichtbar werden, wie die materiellen Ressourcen sich langsam erschöpfen. In diesem Zusammenhang sehen die Befürworter der Kernenergie eine neue Morgenröte anbrechen. Selbst einige ihrer einstigen Kritiker haben sich inzwischen dem Ruf nach neuen Kernkraftwerken angeschlossen. Die Internationale Atomenergiebehörde (International Atomic Energy Agency, IAEA), die Bastion der globalen Atomgemeinde, sagt, dass gegenwärtig weltweit 442 Kernreaktoren mit einer totalen Kapazität von 300.000 Megawatt in Betrieb sind. Die IAEA sagt, im Jahr 2030 werden zweieinhalbmal so viele in Betrieb sein, 2050 viermal so viele. Diese

Werbung für die Kernkraft beruht auf einem doppelten Irrtum. Trotz klarer gegenteiliger Beweise werden die ökonomischen Vorzüge der Kernenergie gepriesen. Unterdessen werden die Risiken kleingeredet, oder man erklärt, sie seien technisch zu überwinden. Gleichzeitig denunziert man die erneuerbaren Energien als unwirtschaftlich. Ihr Potenzial wird als unbedeutend dargestellt, damit man so die Unverzichtbarkeit der Kernenergie unterstreichen kann.

Es unterliegt keinem Zweifel, dass die atomare Option eine Negativ-Vision bleibt. Die nutzbaren Uranreserven werden innerhalb von fünfzig Jahren erschöpft sein, selbst wenn man nur die heutige Zahl von Kernkraftwerken als Berechnungsgrundlage nimmt. Wenn man das spaltbare Material durch Wiederaufbereitung und schnelle Brüter streckt, führt das zu unkalkulierbaren Zusatzkosten und Risiken. Es ist unverantwortlich, die Sorge um den atomaren Abfall über immerhin 10.000 Jahre künftigen Generationen zu überlassen. Überdies führt die friedliche Nutzung der Atomenergie zunehmend zu einer globalen Verbreitung von Atomwaffen. Und welches politische System lässt sich schon über Tausende von Jahren stabil halten?

Die Bagatellisierung der Reaktorkatastrophe von Tschernobyl ist ein Teil der Strategie zur Wiederbelebung der Kernkraft. In der Wochenzeitung DIE ZEIT, Nr. 31 von 2004, schrieb Gero von Randow, es habe nur 40 Todesfälle und 2.000 registrierte Fälle von Schilddrüsenkrebs gegeben. Diese Zahlen stammen von Organisationen, die die Kernkraft befürworten. Im Gegensatz dazu haben unabhängige Studien wie etwa der Bericht des Münchner Strahlungsinstituts nicht weniger als 70.000 Opfer gezählt. Dazu gehören Selbstmorde und die Zehntausende Langzeitopfer, deren Tod erst noch bevorsteht.

Ein wichtiger Punkt, der eingehender behandelt zu werden verdient, ist die Tatsache, dass der Einsatz von Kernenergie das Ergebnis riesiger Subventionen ist. Vor 1973 gaben OECD-Regierungen mehr als 150 Milliarden Dollar (preisbereinigt nach gegenwärtigen

Kosten) für Erforschung und Entwicklung der Kernenergie aus und so gut wie nichts für erneuerbare Energien. Zwischen 1974 und 1992 wurden für die Kernenergie 168 Milliarden Dollar ausgegeben und nur 22 Milliarden Dollar für erneuerbare Energien. Die extravaganten Förderungsanstrengungen der Europäischen Union zugunsten der Kernkraft sind in dieser Berechnung nicht einmal enthalten. Französische Statistiken werden immer noch unter Verschluss gehalten. Die gesamte Subvention durch den Staat beläuft sich mit Sicherheit auf mindestens eine Billion Dollar, wobei riesige Summen bereit gestellt wurden, um einen Markt und Anreize bei nicht der OECD angehörenden Ländern zu schaffen, vor allem in dem früheren Ostblock.

Seit 1957 haben die Internationale Atomenergiebehörde und EURATOM Regierungen dabei unterstützt, Programme für den Ausbau der Kernkraft zu entwickeln. Im Gegensatz dazu gibt es keine großen internationalen Organisationen, die die Entwicklung erneuerbarer Energie unterstützen, und für deren Förderung sind weltweit lediglich 50 Milliarden Dollar ausgegeben worden.

Seit der zweiten Hälfte der siebziger Jahre hat die Kernenergie an Boden verloren, was eher auf die enorm gestiegenen Kosten zurückzuführen war als auf zunehmenden Widerstand der Allgemeinheit. Die Einschränkungen beim Bau von Kernkraftwerken sind noch strenger geworden. Annahmen zur Verfügbarkeit von Uranreserven, die auf höchstens sechzig Jahre geschätzt wird, beziehen sich auf die Zahl der gegenwärtig betriebenen Kernkraftwerke. Bei der doppelten Zahl von Anlagen würde die verfügbare Zeit unvermeidlich halbiert werden. Der von der Internationalen Atomenergiebehörde errechnete Ausbau der Kernkraft könnte sich ohne einen sofortigen Einsatz von schnellen Brütern zum Strecken der Uranreserven nicht verwirklichen lassen.

Die Geschichte der Brüterreaktoren ist eine Geschichte von Fiaskos. Wie der russische Reaktor erreichte der britische vor seiner Schließung im Jahr 1992 eine Betriebskapazität von 15 Prozent.

Der französische „Super Phoenix" (1.200 Megawatt) erreichte sieben Prozent und kostete zehn Milliarden Euro. Der viel kleinere japanische Brüter (300 Megawatt) hat fünf Milliarden Euro gekostet und erlebt in regelmäßigen Abständen Betriebsstörungen. Wenn man diese Reaktoren betriebsfähig machen will – falls sich das überhaupt als möglich erweist –, werden unabsehbar hohe Zusatzkosten erforderlich. Dieser Weg der Entwicklung würde sich ohne weitere oder gesteigerte staatliche Ausgaben verbieten. Die Frage des nuklearen Abfalls, der über Tausende von Jahren hinweg gelagert werden muss, bleibt ein ungelöstes Problem mit unabschätzbaren Dauerkosten.

Einschub zur Frage der Kernfusion:

Somit bleibt als einzige Aussicht der Kernfusionsreaktor, von dem heute kein Mensch mit Sicherheit sagen kann, ob er je funktionieren wird. Die japanische Fusionsforschung errechnet einen Kilowattstundenpreis zwischen 14 und 38 Cent. Die kleinere Zahl liegt schon heute höher als die durchschnittlichen Kosten für Windkraftenergie in Deutschland; und die höhere Zahl ist höher als die heutigen Kosten für Photovoltaikzellen in Südeuropa. Alexander Bradshaw, Direktor des Max-Planck-Instituts für Plasmaphysik und Wissenschaftlicher Direktor der deutschen Kernfusionsforschung, schätzte die Kosten auf einen Betrag zwischen 6 und 12 Eurocent, als er bei einer Anhörung des Deutschen Bundestags aussagte. (Eine Studie, die nicht von einem Fusionsforscher erstellt wurde, hat Emmanuele Negro für die EU-Kommission verfasst. Diese Studie errechnet Stromproduktionskosten, die siebenmal höher sind als die Kosten eines herkömmlichen Atomreaktors. Berechnungszeitraum dreißig Jahre. Negro vergleicht diese Kosten mit den degressiven Kosten, die für durch Photovoltaik gewonnene Energie bis zum Jahre 2050 errechnet werden – bevor also noch die Kernfusion selbst rein theoretisch verfügbar sein wird. Er kommt zu dem Schluss, dass die Kosten für Photovoltaik selbst mit den heutigen Kosten der Stromerzeugung mit Hilfe fossiler Energieträger gleichziehen kann, während die Kosten einer Kernfusion nach heutigem Wissensstand fünfmal höher wären.

Es ist überdies ein Mythos, dass Kernfusionsreaktoren kein Umweltrisiko darstellen. Während sie in Betrieb sind, wird das Material im Reaktorkern hochradioaktiv, was eine höchst kostspielige Entsorgung des Abfalls zur Folge hat. Obwohl dieses Material im Gegensatz zu den Kernbrennstäben, die man in heutigen Kernreaktoren benutzt, nur etwa hundert Jahre aktiv ist, sind die Mengen erheblich größer. Das für die Fusion erforderliche Tritium durchdringt feste Materie und wird nach dem Kontakt mit Luft zu Tritium-kontaminiertem Wasser, das ernste biologische Schäden verursachen kann, sobald es in den Wasserkreislauf gelangt. Kernfusionsreaktoren benötigen eine Unmenge an Kühlwasser. Diese Reaktortechnologie hat eine immanente Disposition dazu, in hochkonzentrierten Produktionszentren eingesetzt zu werden, und sei es aus keinem anderen Grund als dem Bedarf an Kühlwasser. Es wird vom Bau von Reaktoren gesprochen, deren Leistung von 5.000 bis zu 200.000 Megawatt reicht.

Vier weitere Gründe sprechen gegen die Zukunftsfähigkeit der Kernkraft:

- Ihr ungeheurer Wasserbedarf für Dampferzeugung und Kühlung steht in Konflikt mit den verstärkten Wassernotständen infolge des Klimawandels und des Wasserbedarfs der wachsenden Weltbevölkerung.
- Die Abwärme von Kernkraftwerken ist für eine kombinierte Wärme- und Stromerzeugung schlecht geeignet – wegen der hohen Kosten von Fernheizsystemen, wie sie zentralen Kernkraftwerken entsprechen.
- Die Gefahr von nuklearem Terrorismus nicht nur durch Raketenangriffe auf Reaktoren wird mit der Intensivierung „asymmetrischer Konflikte“ weiter wachsen.
- Ein Vollbetrieb kapitalintensiver Kernreaktoren, der für ihre Pro-

fitabilität unerlässlich ist, kann nur garantiert werden, wenn Regierungen die Strommärkte weiter deliberalisieren und Alternativen blockieren. Die Atomwirtschaft bleibt eine (verborgene) Staatswirtschaft.

All dies wäre angesichts der Begrenztheit der fossilen Brennstoffreserven zu akzeptieren, gäbe es nicht die Option der erneuerbaren Energie mit einem Energieversorgungspotenzial für unseren Planeten, das 15.000-mal größer ist als der jährliche Verbrauch von nuklearer und fossiler Energie. Szenarien, die eine volle Versorgungsfähigkeit mit verfügbaren Technologien zeigen, sind schon wiederholt von der Union of Concerned Scientists in den USA (1978), dem International Institute for Applied System Analysis for Europe (1981) sowie der Enquetekommission des Deutschen Bundestages von 2002 dargelegt worden. Keine dieser Analysen ist je ernsthaft widerlegt worden. Gleichwohl werden sie von konventionellen Energieexperten alle ignoriert.

All dies deutet darauf hin, dass es nicht die Rückkehr der Kernenergie ist, die gefördert werden sollte, sondern die sofortige Einführung erneuerbarer Energien.

Internationale Initiativen zu Energiefragen: Die Notwendigkeit einer Internationalen Behörde für Erneuerbare Energie

An dieser Stelle könnte es nützlich sein, auf die internationalen Initiativen zurückzublicken, mit denen man sich bemüht hat das globale Energieproblem in den Griff zu bekommen. US-Präsident Carters „Global 2000"-Report und viele andere Veröffentlichungen, nicht zuletzt die des World Watch Institute, die seit den 1980er Jahren publiziert worden sind, haben es immer offenkundiger gemacht, dass die Welt auf eine Energiekrise zusteuert. Wie andere Berichte empfahl jedoch auch der Brundtland-Report „Our Common Future“ (Unsere gemeinsame Zukunft), der 1987 von der UNO veröffentlicht wurde, kein unmittelbares Handeln – er empfahl vielmehr die Einberufung einer Konferenz.

Konferenzen sind wichtig, wenn sie mithelfen, eine Entscheidung vorzubereiten, oder wenn sie eine Idee vervielfältigen und verbreiten können. Wenn Konferenzen jedoch nur ein Ersatz für Handeln sind, sind sie wertlos. Sie sind der Grund, weshalb wir in den letzten fünfzig Jahren einen Prozess globaler Verhandlungen erlebt haben, der sowohl national wie weltweit von Verzögerungen begleitet wurde. Dem müssen wir ein Ende machen. Wir dürfen nicht mehr zulassen, dass man nicht handelt und uns stattdessen mit Ersatzhandlungen täuscht. Viele wichtige Maßnahmen, die in den 1980er Jahren auf nationaler Ebene hätten umgesetzt werden können, wurden unter Hinweis auf die bevorstehende Konferenz in Rio de Janeiro im Jahr 1992 verschoben.

Dort wurde ein wundervolles Dokument angenommen, das unter der Bezeichnung Agenda 21 bekannt ist. Es listet sehr genau alle weltweiten Entwicklungs- und Umweltprobleme auf, die existieren – angefangen beim Sauren Regen über die Veränderungen der Erdatmosphäre bis hin zur Wüstenbildung und den schwindenden Wasservorräten. Es werden separate Strategien zur Bekämpfung dieser Probleme für jede einzelne Kategorie empfohlen. Das hat in den letzten fünfzehn Jahren Tausende von Experten beschäftigt gehalten.

Die Agenda 21 hat jedoch einen entscheidenden Nachteil – von der Kernfrage – der Energie – ist in dem Dokument nicht die Rede.

Und doch: Wenn man versucht, die wirklichen Gründe für die meisten der in der Agenda 21 aufgeführten Probleme zu analysieren, kommt man in so gut wie jedem Fall direkt oder indirekt zur Umwandlung von fossilen Energieträgern in erneuerbare Energie. Die Schlussfolgerung daraus ist logisch und unmissverständlich: Die Lösung der weltweiten ökologischen Krise liegt im Übergang zu erneuerbaren Energien. Wenn die falsche Energie auf so unterschiedliche Weise all diese Probleme verursacht, würde der Übergang zu einer Energieform, die eben diese Schwierigkeiten nicht auslöst, eine Vielzahl von Problemen mit einem Schlag lösen. Wir müssen jetzt mit allem Nachdruck sicherstellen, dass dieses Thema nicht mehr wie in der Vergangenheit von der Agenda 21 ausgeschlossen wird. Die Agenda 21 kann nur dann Erfolg haben, wenn alle Strategien sich auf den Wechsel zu erneuerbaren Energien konzentrieren.

Eine der Anschluss-Aktivitäten der Agenda 21 stellt das Kyoto-Protokoll über eine Klima-Rahmenkonvention dar. In neun Jahren sind insgesamt acht Verhandlungsrunden abgehalten worden. Das Endergebnis war, dass sich die Industrienationen, die das Protokoll unterzeichnen, dazu verpflichten, die Emissionen bis 2012 um fünf Prozent gegenüber dem Wert von 1990 zu reduzieren (für die erste Verpflichtungsperiode von 2008 bis 2012). Die tatsächliche Verringerung beträgt jedoch nur etwa zwei Prozent, weil andere Faktoren wie etwa Kohlenstoffdeponien (Vegetation, Erdboden, etc.) abgezogen werden können. Wie wir alle wissen, lehnen die USA die Beteiligung an dieser Vereinbarung ab. Die Entwicklungsländer sind nicht eingeschlossen, weil alle Teilnehmerstaaten zu Recht übereinkamen, dass Entwicklungsländer mehr Energie verbrauchen müssen, um ihr Wirtschaftswachstum zu unterstützen. Jedoch ist diese Tatsache allein schon eine Illustration dessen, dass die Weltklimaverhandlungen den erneuerbaren Energien kaum irgendwelche Beachtung geschenkt haben, als wäre das Leben ohne fossile Brennstoffe undenkbar. Das wahrscheinlichste Ergebnis dieser Situation ist, dass die weltweiten Emissionen, verglichen mit heute, bis 2012 um weitere zehn Prozent steigen werden. Viele sagen, ein minimales Ergebnis sei besser als gar keins, und befürworten die Fortsetzung des Verhandlungsprozesses über das Weltklima, in der Hoffnung, dass für den Zeitraum nach dem Jahr 2012 ehrgeizigere Ziele angestrebt werden.

Das Intergovernmental Panel on Climate Change (IPCC) sagt, dass die CO_2-Emissionen bis 2025 um 60% verringert werden müssen, um das Weltklima zu stabilisieren. Mit anderen Worten: Selbst wenn das gegenwärtige Abkommen die USA und die Schwellenländer einschlösse und die zweiprozentige Verringerung bis 2012 verwirklichte, wer kann sich realistischerweise vorstellen, dass die Fortsetzung dieses Verhandlungs-Ansatzes je zu dem großen Sprung einer 50- oder 60-prozentigen Verringerung in den 38 Jahren nach 2012 führen wird? Das kann realistischerweise kein Mensch.

Dies ist einem grundlegenden Irrtum bei der Betrachtung der CO_2-Verringerung zu verdanken, der weitere Irrtümer nach sich zieht: Die Prozesse von Rio de Janeiro und Kyoto beruhten beide auf der gleichen falschen Voraussetzung, dass der Übergang zu erneuerbaren Energien und alle Maßnahmen zur Verringerung der Emissionen fossiler Energieträger eine ökonomische Belastung seien, die vernünftigerweise nicht von nur ein paar nationalen Volkswirtschaften getragen werden können.

Daher müsse ein Weg gefunden werden, der es möglich macht, dass diese „Belastung" von allen gemeinsam getragen wird. Nur dann könne der Übergang gelingen. Alles, was als ökonomische Belastung angesehen wird, führt zu einem Gefeilsche über die Lastenteilung. Weil alle diese Verhandlungen nur dann zu einem Ergebnis führen können, wenn ein breiter Konsens erreicht wird – denn ohne den kann es nach internationalem Recht keine gültige Vereinbarung geben –, haben diejenigen, die den Prozess zu verlangsamen wünschen oder die das Ergebnis als besonders schwere Belastung empfinden, so gut wie unbegrenzte Möglichkeiten, die schließlich erreichten Maßnahmen zu verwässern. Folglich ist der Prozess ein Widerspruch in sich – besonders in einer Frage, die schnelles Handeln erfordert. Ebenso ist es ein Widerspruch, derartige Initiativen von einem Konsens abhängig zu machen, weil schnelles Handeln und Konsens einander eben widersprechen.

Man hört oft die billige Ausrede, dass jemand gern etwas unternehmen möchte, es aber bedauerlicherweise nicht könne, weil andere damit nicht einverstanden seien. Vor zehn Jahren nahm ich an einer Anhörung des Finanzausschusses des US-Senats teil. Nachdem ich die großen Möglichkeiten von erneuerbarer Energie dargelegt hatte, fragte der Vorsitzende ein Regierungsmitglied, warum diese Energieform nicht gefördert würde. Das Regierungsmitglied sagte, alles, was ich gesagt hätte, sei zwar korrekt, es gebe in der Gesellschaft aber keinen breiten Konsens in dieser Frage. Meine Antwort darauf ist: „Wann immer eine Regierung wirklich etwas will, muss sie nicht unbedingt fragen, ob es einen Konsens gibt, wenn sie von der Bedeutung der Angelegenheit überzeugt ist. Sie setzt ihre Idee einfach durch und nennt das dann *Führung*. Wenn sie etwas nicht will, sagt sie, leider gebe es in dieser Frage keinen Konsens." Der Hinweis auf Konsens ist das gleiche wie das Eingeständnis, dass niemand die *Führung* übernehmen will. Der Hinweis auf Konsens ist ein Anzeichen politischer Schwäche. Was wir jedoch für den Übergang zu erneuerbarer Energie brauchen, ist politische Stärke.

Da wir uns jetzt jedoch in einem Wettlauf gegen die Zeit befinden und da keine der vorhandenen Initiativen fähig zu sein scheint, diesen Wettlauf zu gewinnen, müssen wir uns dringend nach neuer Führung umsehen.

Einschub: Über die Internationale Behörde für Erneuerbare Energie (International Renewable Energy Agency, IRENA)

Ein großer Schritt in die richtige Richtung wäre die Gründung einer internationalen Behörde für erneuerbare Energie. Organisationen wie die Internationale Atomenergiebehörde (IAEA) und die Internationale Energieagentur (IEA) erinnern uns ständig daran, welchen Wert eine internationale Behörde hat. Die Internationale Atomenergiebehörde ist die Festung der internationalen „Atomgemeinde". Sie hält jährlich Hunderte von Konferenzen und Workshops ab, wirbt weltweit mit der Autorität einer internationalen Behörde für die Kernenergie – der überdies Tausende von Mitarbeitern und Vertragspartnern zur Seite stehen –, um Regierungen dabei helfen,

Kernenergieprogramme zu entwickeln – die Behörde gibt diesen Regierungen auch den Rat, dass erneuerbare Energie niemals eine wirkliche Alternative darstellen werde. Ohne die Internationale Atomenergiebehörde gäbe es keine weltweite Kampagne für eine Renaissance der Kernenergie. Überdies lässt auch die Internationale Energieagentur nichts unversucht, wenn es darum geht, die langfristige Unverzichtbarkeit von nuklearer und fossiler Energie zu betonen. Beide Behörden sind Schwergewichte in der internationalen Energiedebatte und Meinungsbildner in UNO-Organisationen, für Entwicklungsbanken, Regierungen und die Öffentlichkeit. Solange es keine ausgleichende Macht in Form einer Organisation wie der IRENA gibt, ist es kein Wunder, dass erneuerbare Energie als kaum mehr gesehen und behandelt wird als ein Anhängsel.

Die Aufgaben der IRENA sollten die Tätigkeit von regierungsamtlichen und nichtregierungsamtlichen Organisationen und Vorhaben ergänzen. Sie soll deren Aktivitäten nicht ersetzen, sie aber falls nötig unterstützen und besonders in den Ländern und Regionen aktiv sein, in denen es bislang entsprechende Aktivitäten nicht gegeben hat. Sie soll in erster Linie darauf hinarbeiten, vorhandene Strukturen zu etablieren und miteinander zu vernetzen. Das ist ein globales Vorhaben, mit dem den Menschen geholfen werden soll, neue Technologien zur Benutzung erneuerbarer Energie einzuführen. Die Behörde soll ein kompetentes internationales Organ für den nicht-kommerziellen Transfer von Technologie und Wissen sein, aber auch bei der Einführung und Verbreitung erneuerbarer Energie Hilfestellung leisten. Gleichzeitig soll die IRENA als globaler Ansprechpartner für die Entwicklung und Konzepte auf dem Gebiet der erneuerbaren Energien fungieren und weltweit Aktivitäten, die den Gebrauch erneuerbarer Energien effizienter machen, unterstützen. In der Vergangenheit hat keine der vorhandenen internationalen Organisationen diese hochspezialisierte Rolle vollständig ausfüllen können, was in erster Linie an Statuten liegt, die ihnen auferlegt haben, anderweitig Prioritäten zu setzen. Eine spezialisierte zentrale Körperschaft könnte sehr dabei helfen, einzelne Initiativen zugunsten der erneuerbaren Energien zu entlasten, und es ihnen so erlauben, schneller zu handeln.

Erneuerbare Energien sind eine realistische und erschwingliche Alternative

Der Weltrat für Erneuerbare Energie (World Council for Renewable Energy, WCRE) hat bei seinem zweiten weltweiten Energieforum für erneuerbare Energie in Bonn im Juni 2004 gezeigt, dass erneuerbare Energie für die künftige Energieversorgung der Welt eine realistische und notwendige Option ist, wenn wir die natürliche Lebensgrundlage der Welt sichern wollen, um die Abhängigkeit von endlichen Energieressourcen zu vermeiden und Entwicklungsländern eine realistische Chance zur Entwicklung ihrer Volkswirtschaften zu geben. Um den Übergang zu einer globalen erneuerbaren Energiegesellschaft zu verwirklichen, hat der WCRE eine Agenda für Erneuerbare Energie verabschiedet, mit der gezeigt wird, welche Veränderungen des strategischen und politischen Denkens auf regionaler, nationaler und internationaler Ebene notwendig sind. Der Rat präsentiert mehrere Vorschläge, wie sich das Ziel einer auf erneuerbarer Energie beruhenden Weltwirtschaft erreichen lässt.[1]

Die Tatsachen sprechen für sich

Wie schon oben festgestellt, hat sich in den letzten zwölf Jahren in Deutschland infolge des Gesetzes für Erneuerbare Energie eine Stromerzeugungskapazität von 18.000 Megawatt entwickelt. Allein im Jahr 2003 wurden Einrichtungen mit 3.000 Megawatt realisiert. Wenn diese anfängliche Geschwindigkeit im Lauf der nächsten fünfzig Jahre beibehalten würde, wäre das Ergebnis eine Gesamtkapazität von 166.000 Megawatt, was konventionellen Kapazitäten von 55.000 Megawatt entspricht. Gleichwohl ist es ein sehr weit verbreiteter Fehlschluss, in isolierten Ersatzschritten zu denken und die zunehmenden Effizienzpotenziale zu ignorieren.

Erneuerbare Energie hat Vorzüge, die sich noch niemand ausgemalt hat. Kurze Energieketten ersetzen lange Energieketten (von den Minen bis zum Endverbraucher – wobei es auf jeder Konversions- und Umwandlungsstufe zu Energieverlusten kommt). Relativ wenige hochzentralisierte Kraftwerke werden durch viele dezentralisierte Einrichtungen ersetzt. Das wird dazu führen, dass der Bedarf an der Entwicklung umfangreicher Infrastruktur drastisch abnehmen wird.

Eine entscheidende Komponente für eine Zukunft mit erneuerbarer Energie werden neue Technologien der Energiespeicherung sein wie etwa elektrostatische Speicher (Superkondensatoren), Elektromechanik (Schwungräder, Pressluft), Elektrodynamik (Supraleitende Magnete) oder thermale Speicherung unter Zuhilfenahme von Metallhydriden. Systeme hybrider erneuerbarer Energie mit alternierenden, sich ergänzenden Kraftwerken (wie etwa Windkraft- und Biomassen-Generatoren) werden ein weiterer bedeutsamer Beitrag sein. Diese Technologien werden die vermeintlichen Barrieren unregelmäßiger Versorgung mit Windkraft und Sonnenstrahlung beseitigen. Wohngebiete, die Energie-Selbstversorger sind, sowie Unternehmen, die beständig durch Photovoltaik oder Windkraft allein betrieben werden, werden nicht mehr undenkbar sein.

Die höheren Kosten von heute werden die Ersparnisse von morgen sein. Während die Kosten für fossile Brennstoffe und Atomstrom unweigerlich steigen werden, wird die erneuerbare Energie infolge gestiegener Produktion und technologischer Optimierung beständig billiger werden. Allein in den letzten zehn Jahren sind die Kosten von Windkraft um 50 und die der Photovoltaik um rund 30 Prozent gefallen.

Jetzt ist die Zeit gekommen, die strukturell-konservative Blindheit und den kleingläubigen technologischen Pessimismus zu überwinden und die Einführung erneuerbarer Energie zu beschleunigen. Erneuerbare Energien müssen in Politik, Wissenschaft und Technologie so ehrgeizig gefördert werden, wie früher einmal die Atomkraft unterstützt wurde. Die kombinierte technologische und ökonomische Optimierung erneuerbarer Energie wird viel leichter zu verwirklichen sein als bei der Kernkraft, während zugleich deren unkalkulierbare Risiken vermieden werden. Je eher das Zeitalter der fossilen und nuklearen Energieträger ins technologische Museum verbannt wird, umso besser.

Eine wachsende Zahl von Menschen glaubt nicht mehr, dass sich die Klima- und die weltweite Umweltkatastrophe stoppen lassen. Das führt zu einer „No future"-Mentalität und Fatalismus, welche die soziale Atmosphäre vergiften. Nur mit erneuerbaren Energien können wir neue Hoffnungen stimulieren – nicht aber mit Energien, die zwangsläufig zur Neige gehen werden.

Die Förderung erneuerbarer Energien als Angelegenheit von oberster Priorität muss überall zum vorrangigen Interesse werden: Die Befürworter und Förderer der konventionellen Energien haben bis zum heutigen Tag vielleicht mehr Einfluss, doch die Protagonisten der erneuerbaren Energie haben die bessere Idee für die Zukunft.

Es ist ein Menschenrecht, die Art von Energie zu nutzen, welche die Gesundheit der Bewohner unseres Planeten nicht negativ beeinflusst. Dieses Recht kann nur durch erneuerbare Energie gewährleistet werden – nicht aber durch das gegenwärtige Energiesystem.

Alle unsere Kinder und Enkel haben das Recht, nicht unter schlechteren Lebensbedingungen zu existieren als wir. Dies lässt sich nur durch erneuerbare Energien erreichen – nicht aber durch nukleare und fossile Energieträger.

Alle Nationen haben das Recht auf Selbstbestimmung – was Energieunabhängigkeit erfordert. Dies ist nur mit erneuerbarer Energie möglich – nicht aber mit den global monopolisierten und konzentrierten Strukturen der herkömmlichen Energieversorgung.

Alle Menschen haben den Wunsch, genügend Energie für ihren Lebensstil und ihre Lebensqualität zur Verfügung zu haben. Diese zu bekommen – und zwar nicht nur für eine Minderheit, sondern für alle –, lässt sich nur mit erneuerbarer Energie erreichen, nicht aber mit nuklearen und fossilen Energieträgern.

Der Sinn einer demokratischen Gesellschaft besteht darin, ein gemeinschaftliches Leben zu führen, das auf zwei Werten beruht: der individuellen Freiheit und annehmbaren sozialen Bedingungen. Individuelle Freiheit, ohne dass man die Lebensbedingungen anderer Menschen antastet und einschränkt, lässt sich nur mit erneuerbarer Energie erreichen – nicht aber mit den alten Energien.

Von der Theorie zur Anwendung

Der berühmte Philosoph Schopenhauer unterschied bei der Umsetzung einer neuen Idee drei Stadien. Zunächst wird sie ignoriert. Im zweiten Stadium gibt es eine starke Opposition gegen sie. Am Ende werden frühere Gegner und Skeptiker zu Anhängern der neuen Idee. Der Zustand, in dem sich die Entwicklung der erneuerbaren Energie befindet, bestätigt diese Ansicht jedoch nicht ganz: Heutzutage spricht fast jeder zugunsten der erneuerbaren Energie. Doch gleichzeitig setzen zu viele Öl-Befürworter ihre Blockaden fort. Es gibt zu viele Lippenbekenntnisse, und man sieht zu wenig konkretes Handeln.

Eine Mehrheit von Entscheidungsträgern in Politik und Wirtschaft haben erneuerbare Energien als oberste Priorität noch nicht wirklich akzeptiert. Es liegen zahlreiche Ausreden auf dem Tisch: Die Kosten werden zu hoch sein, die Technologien sind noch nicht reif, der Markt wird erneuerbare Energien nicht akzeptieren und es besteht kein Konsens in dieser Frage. All diese Argumente verraten jedoch nur einen Mangel an Führung und einen Mangel an Mut, die richtige Priorität zu setzen. Wenn man mit Macht eine Entwicklung beschleunigen will, sind treibende Kräfte notwendig.

Ohne Mut, schlüssige Konzepte und neue Verbündete wird aber niemand zu einer treibenden Kraft werden.

Auf der Grundlage dieser Erfahrung komme ich schließlich zu fünf allgemeinen Grundsätzen:

Grundsatz eins: Es sind Szenarien des vollständigen Ersatzes von nuklearen und fossilen Energieträgern zu entwickeln.

Die Möglichkeit, den Energiebedarf mit Hilfe erneuerbarer Energiequellen vollständig zu decken, sollte weltweit und für jedes Land demonstriert werden. Indem man dies betont, ist es nicht notwendig, genau zu kalkulieren. Kein seriöser Nationalökonom ist in der Lage, die künftigen Kosten neuer Technologien vorherzusagen. Niemand kann die technologische Entwicklung und ihre Auswirkung auf Preise oder die Geschwindigkeit vorhersagen, zu denen die Kosten infolge der Massenproduktion sinken werden. Es ist nur notwendig, die Fähigkeit erneuerbarer Energien zu unterstreichen, alle konventionellen Energieträger zu ersetzen, um das Vorurteil zu überwinden, diese seien unverzichtbar. Wenn die Gesellschaft und ihre Mitglieder sich der Möglichkeit bewusst werden, dass erneuerbare Energien den Gesamtbedarf decken können, werden immer mehr Entscheidungsträger die Zwangsvorstellung aufgeben, dass weitere umfangreiche Investitionen mit einer langfristigen Festlegung von Kapital für herkömmliche Kraftwerke notwendig sind. Je schneller wir diese Vorstellung über Bord werfen, umso mehr Raum wird es für Einfallsreichtum und Kreativität geben, und umso mehr Politiker, Designer und Unternehmen werden anfangen, erneuerbare Energie zu unterstützen.

Grundsatz Nummer zwei: Es muss ein unverstellter und umfassender Blick auf Energiefragen geworfen werden.

Es wäre eine intellektuelle Illusion zu glauben, man könnte Energiefragen als separates Thema erörtern. Die CO_2-Emissionen sind nicht das einzige Problem fossiler Energieträger. Ebenso wenig ist radioaktive Verunreinigung das einzige Problem der Atomkraft. Der Einsatz nuklearer und fossiler Energieträger verursacht noch viele weitere Gefahren: angefangen bei den umweltverschmutzten Städten bis hin zu Erosion ländlicher Regionen, von der Wasserverschmutzung bis hin zur Wüstenbildung, von der Massenmigration bis hin zu überfüllten Siedlungsräumen und der nachlassenden Sicherheit von Individuen und Staaten. Weil das gegenwärtige Energiesystem an der Wurzel dieser Probleme liegt, sind erneuerbare Energien ihre Lösung. Das bedeutet: Nichts ist makroökonomisch wirkungsvoller und günstiger als der vollkommene Ersatz herkömmlicher Energieträger durch erneuerbare Energie. Wir brauchen eine kompromisslose Strategie für sanfte Energien.

Grundsatz drei: Es sollte über ganze Energiesysteme nachgedacht werden und nicht nur über Kraftwerke.

Der Vergleich, den man in Fragen der Energieökonomie zwischen den verschiedenen Investitionskosten pro installierter Kilowattstunde zieht, ist analytisch unzureichend. Statt einzelne Technologieanwendungen zu vergleichen, muss man schlüssige Energiesysteme miteinander vergleichen und die totalen Kosten konventioneller Energie mit ihrer langen Versorgungskette berechnen – dem gegenüber stehen die Kosten für die Lieferung von Sonnenenergie, die nur eine kurze Versorgungskette hat, falls man überhaupt davon sprechen kann. Zwischen 70 bis 80 Prozent der Ausgaben der konventionellen Energieversorgung sind nicht zu den reinen Stromerzeugungskosten zu rechnen. Die Produktivität der Nutzung der Sonnenenergie liegt in der Eliminierung dieser 70 bis 80 Prozent – ob nun zum Teil oder ganz. Mit neuen Formen dezentralisierter Energiespeichertechnologien werden die erneuerbaren Energien zusammen mit den Informationstechnologien eine neue technologische Revolution auslösen, die zu neuen Effizienzen und Synergielösungen in Hinblick auf eine wirkliche New Economy führt: die solare Informationsgesellschaft.

Grundsatz vier: Es sollten neue Geschäftspartner für erneuerbare Energien motiviert werden.

Die hochkonzentrierte herkömmliche Energieindustrie ist nicht der einzige Partner für einen Wandel. Die Energieindustrie kann von der Rolle des Energielieferanten auf die eines Technologielieferanten umschalten. Doch die herkömmliche Energieindustrie wird dies höchstwahrscheinlich nicht mit der gebotenen Geschwindigkeit tun, denn ihre Interessen sind zu stark an alte Strukturen und Investitionsmuster gebunden. Deshalb sind die wichtigsten Kandidaten die Industrien, deren gegenwärtiger Tätigkeitsbereich relativ eng mit solaren Konversionstechnologien zu tun hat: der Maschinenbau, die Glasindustrie, die Elektrogeräteindustrie, die Elektronikindustrie, die Baumaterialindustrie, der Maschinen- und Anlagenbau, Hersteller von Landmaschinen (Ausrüstung für das Ernten von Biomasse) sowie – nicht zu vergessen – die Land- und Forstwirtschaft. Unsere Bauern werden auf ökologisch integrierte Art und Weise Lebensmittel-, Energie- und Rohmaterialproduzenten gleichzeitig sein. Die Landwirtschaft wird mit vielen neuen Arbeitsplätzen eine Renaissance erleben. Unsere Bauern werden die Ölscheichs von morgen sein.

Grundsatz fünf: Die Möglichkeiten zur schnelleren Umsetzung sollten sichtbar werden.

Die Erfahrung, dass eine neue Energiequelle viele Jahre braucht, um sich durchzusetzen, gilt nicht für erneuerbare Energien. Während ihre Bereitstellung zwar große Mengen an menschlichem Kapital erfordert, brauchen die meisten erneuerbaren Energien nicht die Aufwendungen für eine Infrastruktur, wie sie für die nuklearen und fossilen Energieketten nötig sind. Es gibt keine schnellere Möglichkeit, eine Energieversorgungskrise zu überwinden als durch erneuerbare Energien. Im Gegensatz zu der Ansicht vieler herkömmlicher Energieexperten bieten sie kurzfristige Lösungen. Die Errichtung eines mit fossilen Brennstoffen oder Atomkraft betriebenen Kraftwerks erfordert bis zu zehn Jahre oder mehr, während ein Windrad einschließlich seiner Fundamente in ein oder zwei Wochen aufgestellt werden kann. Die Frage, wie lange es dauern wird, um das Sonnenzeitalter einzuläuten, lässt sich leicht beantworten: nicht lange, wenn wir mit Selbstvertrauen, Wissen, Mut und den richtigen Verbündeten aktiv werden.

Man sollte die Gesetze der Natur mehr achten als die des Markts

Der Vorrang unveränderlicher Gesetze der Natur vor denen des Markts oder der Planung ist maßgeblich. Wir können nicht allzu lange gegen die Naturgesetze handeln. Die Natur scheint zwar schwächer zu sein, aber auf lange Sicht ist sie stärker. Sie scheint berechenbar zu sein, doch faktisch sind ihre Reaktionen unberechenbar. Es hat den Anschein, als ließe sie sich beherrschen, doch sie wird uns beherrschen. Sie scheint sehr tolerant zu sein, hat aber schon begonnen, auf katastrophale Art zurückzuschlagen.

Lassen Sie mich mit einem Zitat von Stanislav Lec enden: „Die meisten Menschen beginnen viel zu früh damit, zu spät mit den wirklich wichtigen Dingen im Leben zu beginnen. Es ist schon sehr spät, aber noch lässt sich die Situation umkehren."

Infolge der anhaltenden Klimakrise und der weltweiten Energiekrise ist es schon sehr spät. Aber mit erneuerbaren Energien ist es möglich, diese furchterregenden Trends umzukehren – zugunsten einer besseren Zukunft für alle. Lassen Sie uns auf diesem Weg weitergehen.

Anmerkung

1 Vgl. http://www.wcre.de/en/images/downloads/WREA.pdf

Edward Goldsmith

Landwirtschaft im Zeitalter des Klimawandels

Als allererstes muss betont werden, dass der Klimawandel das bei weitem entmutigendste Problem ist, vor das sich die Menschheit je gestellt sah. Das Inter-Governmental Panel on Climate Change (IPCC) hat uns in seinem letzten Statusbericht mitgeteilt, wir könnten noch in diesem Jahrhundert einen Temperaturanstieg von bis zu 5,8 Grad Celsius erwarten. Jedoch hat das IPCC eine Reihe kritischer Faktoren nicht berücksichtigt, darunter die Vernichtung unserer tropischen Regenwälder und anderer Vegetationen. Diese enthalten jedoch 600 Milliarden Tonnen Kohlenstoff, von denen ein großer Teil in den nächsten Jahrzehnten in die Atmosphäre gelangen könnte – es sei denn, die Aktivitäten der großen Holzindustrieunternehmen und landwirtschaftlichen Produzenten in den Regenwaldregionen könnte gestoppt werden. Der Generaldirektor des UNO-Umweltprogramms hat vor kurzem erklärt, nur ein Wunder könne jetzt noch die verbliebenen tropischen Regenwälder retten.

Ebenso wenig berücksichtigt das IPCC den schrecklichen Schaden, den die moderne industrielle Landwirtschaft den Ackerböden der Welt mit ihren riesigen Maschinen und ihrem Arsenal an toxischen Chemikalien zufügt. Die Böden der Welt enthalten 1.600 Milliarden Tonnen Kohlenstoff, mehr als doppelt so viel, wie sich in der Atmosphäre findet. Ein großer Teil davon wird in den kommenden Jahrzehnten freigesetzt werden, wenn es nicht zu einem schnellen Umschwung hin zu einer nachhaltigen – weitgehend biologisch-organischen – Landwirtschaft kommt. Das Hadley Centre der Britischen Meteorologischen Organisation hat diese und ähnliche Faktoren in ihren jüngeren Berechnungsmodellen berücksichtigt und ist dabei zu dem Schluss gekommen, dass die Durchschnittstemperatur der

Welt noch in diesem Jahrhundert um bis zu 8,8 Grad Celsius steigen könnte.[1] Andere Klimaforscher, die oft noch weitgehend vernachlässigte Faktoren berücksichtigen, äußern sich noch düsterer.[2]

Wenn die Forscher recht haben, wie sehen dann die Folgen aus?

Das IPCC sagt uns, wir könnten wesentlich mehr Hitzewellen, Stürme, Überschwemmungen und natürlich auch die Ausbreitung tropischer Krankheiten in die gemäßigten Klimazonen erwarten. Das würde sich nicht nur auf die Gesundheit der Menschen, sondern auch auf die Qualität unserer landwirtschaftlichen Erzeugnisse auswirken. Das IPCC sagt uns auch, wir könnten in diesem Jahrhundert einen Anstieg des Meeresspiegels von bis zu 88 Zentimetern erwarten, was sich auf rund 30 Prozent der landwirtschaftlich nutzbaren Flächen der Welt auswirken würde – durch das Eindringen von Meerwasser in die Böden unter der Ackerkrume sowie durch vorübergehende und auch ständige Überschwemmungen.[3] Wenn das Hadley Centre recht hat, werden die Folgen erschreckend sein. Höchst besorgniserregend ist auch das Abschmelzen der sekundären Antarktis, der Arktis und besonders des Eisschilds von Grönland, das weit schneller vonstatten geht als vom IPCC vorhergesagt. Unter anderem wird dies den Salzgehalt der Ozeane verringern, was wiederum zwangsläufig Meeresströme wie etwa den Golfstrom schwächen, wenn auch nicht unbedingt von ihrem gegenwärtigen Kurs ablenken wird.[4] Wenn dieser Prozess weiterginge, würde er irgendwann zum Einfrieren von Regionen führen, die gegenwärtig noch ein gemäßigtes Klima haben wie etwa Nordeuropa – welches klimatisch schließlich irgendwann dem kanadischen Labrador ähneln könnte, das auf dem gleichen Breitengrad liegt.

Es ist in der Tat eine Ironie des Schicksals, dass die globale Erwärmung zu einer lokalen oder regionalen Abkühlung führen könnte. Als wäre dies noch nicht schlimm genug, muss uns klar sein, dass unser Planet sich noch mindestens weitere 150 Jahre erwärmen würde, selbst wenn wir morgen damit aufhörten, fossile Treibstoffe zu verbrennen. 150 Jahre Haltbarkeitszeit hat Kohlendioxid, das wichtigste Treibhausgas in der Atmosphäre. Die Ozeane dagegen werden sich noch mindestens tausend Jahre weiter erwärmen. Alles, was wir tun können, ist, alle notwendigen – eben auch drastischen – Maßnahmen ergreifen, die nötig sind, um den Prozess der Erwärmung zu verlangsamen, so dass unser Planet wenigstens teilweise bewohnbar bleibt, wenn sich unser Klima irgendwann stabilisiert.

Unglücklicherweise schreitet der Klimawandel schneller voran als vorhergesagt. Unter anderem machen dies die lang anhaltenden Dürren in vielen Teilen der Welt deutlich. Vier Jahre Trockenheit in weiten Teilen Afrikas haben dazu geführt, dass 30 bis 40 Millionen Menschen vor dem Hungertod stehen. Gleichzeitig wird die Dürre in den großen Kornkammern der Welt – in dem amerikanischen „corn belt", den kanadischen Plains und dem australischen Weizengürtel – die Getreideexporte stark verringern, was für die riesigen Menschenmassen in Afrika und anderswo, die heute vom Hungertod bedroht sind, wenig ermutigend ist.

Ich wurde vor kurzem persönlich in der süditalienischen Provinz Foggia durch endlose Olivenhaine gefahren, wo ich an keinem der Bäume auch nur eine einzige Olive sah. Schlimmer noch ist, dass der Süden Siziliens und Teile Südspaniens allmählich austrocknen, wie es heißt.

Wir dürfen nicht vergessen, dass all dies das Ergebnis (wenigstens zum Teil) eines Anstiegs der globalen Temperaturen von nicht mehr als 0,7 Grad Celsius ist. Wie wird es aussehen, wenn wir unsere Lebensmittel in einer Welt anbauen müssen, deren Durchschnittstemperatur um zwei oder drei Grad gestiegen ist? Oder gar um fünf bis acht Grad, wie wir es, nach dem, was man uns sagt, später in diesem Jahrhundert zu erwarten haben?

Stickstoffoxid- und Methan-Emissionen

All dies muss deutlich machen, dass der Klimawandel – oder vielmehr seine oben erwähnten unterschiedlichen Erscheinungsformen – das größte Hemmnis unserer Möglichkeiten sein wird, uns in den kommenden Jahrzehnten zu ernähren. Natürlich können wir nicht einfach nur dasitzen und darauf warten, dass alles schlimmer wird. Stattdessen müssen wir alles in unserer Macht Stehende tun, um die Umwandlung unseres Systems der Nahrungsmittelproduktion sicherzustellen – damit es uns einerseits dabei hilft, die globale Erwärmung zu bekämpfen, und es andererseits in der Lage ist, uns unter Bedingungen zu ernähren, die mit hoher Wahrscheinlichkeit weit ungünstiger sein werden.

Der Begriff „Transformation" ist hier ganz offensichtlich angemessen, da die moderne industrielle Landwirtschaft ihrer Natur nach geradezu zwangsläufig einen sehr großen Beitrag zu den Treibhausgasen leistet. Man muss bedenken, dass die Landwirtschaft gegenwärtig für 25 Prozent der Kohlendioxidemissionen in der Welt verantwortlich ist, für 60 Prozent der Methangasemissionen und 80 Prozent des Stickstoffoxids. Alle drei sind starke Treibhausgase.[5]

Stickstoffoxid entsteht durch die Tätigkeit von Bakterien im Erdboden, die ihm Stickstoff entziehen, wenn der Boden landwirtschaftlich genutzt wird. Wenn tropische Regenwälder zu Weideland gemacht werden, steigen die Stickstoffoxidemissionen um das Dreifache. Alles in allem führt die Umwandlung von Land zur Freisetzung von rund einer halben Million Tonnen Stickstoff pro Jahr in der Form von Stickstoffoxid – und das in jedem Jahr.

Als Treibhausgas ist Stickstoffoxid rund 200-mal stärker als Kohlendioxid, obwohl seine Konzentrationen in der Atmosphäre gegenwärtig zum Glück mehr als tausendmal niedriger sind als die von Kohlendioxid – 0,31 ppmv im Vergleich zu 380 ppm. Düngemittel, die Stickstoff enthalten, sind eine weitere bedeutende Quelle von Stickstoffoxid. Gegenwärtig kommen rund 70 Millionen Tonnen Stickstoff pro Jahr auf den Anbauflächen von Kulturpflanzen zum Einsatz und tragen so mit bis zu zehn Prozent zur gesamten jährlichen Stickstoffoxidemissionen von 22 Millionen Tonnen bei. Da der Einsatz von Düngemitteln erheblich zunimmt, besonders in den Entwicklungsländern, könnten sich die Stickstoffoxidemissionen durch die Landwirtschaft in den nächsten 30 Jahren verdoppeln.[6] In den Niederlanden, wo die weltweit intensivste Landwirtschaft betrieben wird, werden pro Jahr und Hektar bis zu 580 Kilogramm Stickstoff in Form von Nitraten oder Ammoniumsalzen als Düngemittel benutzt. Mindestens zehn Prozent dieses Stickstoffs entweicht direkt in die Atmosphäre, entweder als Ammoniak oder als Stickstoffoxid.[7]

Das Wachstum der Landwirtschaft führt auch zu einem Anstieg der Methanemissionen. In den letzten Jahrzehnten hat es eine erhebliche Zunahme des Viehbestands gegeben – besonders bei Rindern –, was weitgehend durch die Umwandlung tropischer Regenwälder in Weideland ermöglicht worden ist. Rinder setzen große Mengen von Methan frei – die Vernichtung von Wäldern für die Viehzucht führt daher zu steigenden Emissionen von zweien der wichtigsten Treibhausgase.

Weltweit machen die Methanemissionen, die durch Vieh freigesetzt werden, rund 70 Millionen Tonnen aus. Mit den modernen Produktionsmethoden erhält das Vieh zunehmend proteinreiches Futter – besonders, wenn die Tiere in Futterställen gemästet werden. Solche Rinder setzen erheblich mehr Methangas frei als Rinder, die sich von Gras ernähren. Die Düngung von Weideland mit Stickstoffdünger kann sowohl die Methan-Aufnahme verringern als auch die Produktion von Stickstoffoxid steigern, womit die Konzentrationen dieser beiden Gase in der Atmosphäre zunehmen.[8]

Die Ausweitung von Reisfeldern hat die Methanemissionen ebenfalls bedeutend gesteigert. Reis, der ausschließlich durch Regen bewässert wird, erzeugt weit weniger Methan als bewässerter Reis, der mit Stickstoffdünger fruchtbar gemacht wird. Auch hier wieder steigert die Modernisierung der Landwirtschaft sowohl die Methangasemissionen als auch die Stickstoffemissionen.

Energie-Intensität

Zu den energieintensivsten Bestandteilen der modernen industriellen Landwirtschaft gehören Stickstoffdünger, Landmaschinen und Bewässerungspumpanlagen. Sie sind für mehr als 90 Prozent der Gesamtmenge an direkter und indirekter Energie verantwortlich, die in der Landwirtschaft verwendet wird, und sie sind für sie essentiell.

Die Kohlendioxidemissionen durch das Verbrennen fossiler Treibstoffe für landwirtschaftliche Zwecke in England und Deutschland betrugen 0,046 bzw. 0,053 Tonnen pro Hektar, während sie in nicht-mechanisierten Landwirtschaftssystemen nur 0,007 Tonnen betragen, das heißt etwa siebenmal weniger.[9]

Dies stimmt mit der Schätzung von Pretty und Ball[10] überein, dass man mit den Mitteln der modernen Landwirtschaft sechs- bis zehnmal mehr Energie braucht, um eine Tonne Getreide oder Gemüse zu erzeugen, als unter Verwendung nachhaltiger Landwirtschaftsmethoden.

Man könnte argumentieren, dass eine Umstellung auf erneuerbare Energiequellen wie etwa Wind- oder Wellenkraft, Sonnenenergie und Brennstoffzellen eine Reduktion des Energieverbrauchs zum Schutz unseres Klimas überflüssig machen würde. Jedoch würde dieser notwendige Ersatz Jahrzehnte brauchen – manche glauben, rund fünfzig Jahre.

Jedoch ist eine radikale Verringerung der Treibhausgasemissionen sofort notwendig, wenn wir der Behauptung des Hadley Centre glauben sollen, dass steigende Temperaturen schon in dreißig Jahren genügen, um unsere wichtigsten Kohlendioxid- und Methangas-*Senken* (unsere Wälder, Weltmeere und Erdböden) in *Quellen* dieser Treibhausgase zu verwandeln. Wenn dies geschieht, wären wir in einem

„unkontrollierbaren", sich selbst verstärkenden Prozess gefangen, in einer nicht aufzuhaltenden Kettenreaktion in Richtung steigender Temperaturen und Instabilität des Weltklimas.

Wir müssen ein Landwirtschaftssystem entwickeln, das nicht diese schrecklichen Probleme zur Folge hat, sondern im Gegenteil mithilft, unsere Bodenressourcen neu zu beleben und somit aufzubauen. Ein solches Landwirtschaftssystem hätte – was für all diejenigen, die von der Ideologie des Fortschritts erfüllt sind, überraschend wäre – viel mit den Methoden gemein, die einst von unseren fernen Vorfahren angewandt wurden und immer noch von Gemeinschaften in den ferneren Teilen der Dritten Welt praktiziert werden. Denen ist es gelungen, sich wenigstens teilweise außerhalb des Einflussbereichs des industriellen Systems zu halten. Sie mögen zwar im Kontext einer anomalen und notwendigerweise kurzlebigen Industriegesellschaft „unwirtschaftlich" sein, doch dafür sind sie die einzigen, die dafür geeignet sind, die regionale Bevölkerung auf eine wirklich nachhaltige Art und Weise zu ernähren. Bezeichnenderweise verwenden die geachtetsten Autoritäten in Sachen nachhaltiger Landwirtschaft – unter ihnen Jules Pretty und Miguel Altieri, aber es gibt noch viele andere – zunehmend den Begriff „nachhaltige Landwirtschaft" als Synonym für „traditionelle Landwirtschaft".

Wenn die traditionelle Landwirtschaft die Antwort ist, könnte man fragen, warum Regierungen und internationale Behörden so darauf bedacht sind, traditionelle Völker davon abzuhalten, sie noch länger zu praktizieren und durch moderne, industrielle Landwirtschaft zu ersetzen. Die Antwort ist, dass die traditionelle Landwirtschaft nicht mit dem Entwicklungsprozess vereinbar ist, den wir den Menschen der Dritten Welt aufzwingen, noch weniger mit der Weltwirtschaft und am allerwenigsten mit den unmittelbaren Interessen der transnationalen Unternehmen, die das alles kontrollieren.

Dass dies so ist, geht deutlich aus den folgenden Zitaten aus zwei Weltbankberichten hervor. Im ersten gibt die Weltbank zum Thema der Entwicklung von Papua-Neuguinea zu, dass „ein charakteristisches Merkmal der Subsistenzlandwirtschaft von Papua-Neuguinea ihr relativer Reichtum ist". Tatsächlich „erzeugt die Fülle des Landes mit relativ geringem Aufwand genügend zu essen".[10] Warum es dann verändern? Die Antwort ist klar. „Bis genügend Subsistenzbauern ihren traditionellen Lebensstil durch den Zuwachs neuer Konsumwünsche verändert haben, könnte diese Beschränkung der Arbeitsmöglichkeiten es erschweren, neue Feldfrüchte einzuführen"[11] – natürlich solche, wie sie für eine großangelegte Produktion für den Export erforderlich sind.

Selbst in dem skandalösen Berg-Report der Weltbank wird bestätigt, „dass Kleinbauern hervorragende Verwalter ihrer Ressourcen sind – ihres Landes und des Kapitals, von Düngemitteln und Wasser".[12] Doch im gleichen Bericht wird auch bestätigt, dass die Vorherrschaft dieser Art von Landwirtschaft oder „Subsistenzerzeugung" „der landwirtschaftlichen Entwicklung Hindernisse bot. Die Bauern mussten dazu gebracht werden, für den Markt zu produzieren, neue Feldfrüchte anzunehmen und neue Risiken einzugehen".[13]

Ob es uns gefällt oder nicht, die moderne industrielle Landwirtschaft ist im Begriff zu verschwinden. Sie erweist sich als immer weniger effektiv. Zum Beispiel erleben wir jetzt immer geringere Erträge durch Düngemittel. Die Food and Agricultural Organisation (FAO) der UNO gab 1997 zu, dass die Weizenerträge sowohl in Mexiko als auch in den USA seit 13 Jahren nicht mehr gestiegen waren. Im Jahre 1999 fiel die weltweite Weizenerzeugung sogar zum zweiten Mal in Folge auf etwa 589 Millionen Tonnen. Das waren zwei Prozent weniger als 1998. Düngemittel sind zu teuer, und wie McKenney es ausdrückt, „ist die biologische Gesundheit der Ackerböden im Interesse schneller, müheloser Fruchtbarkeit in einen derart verarmten Zustand getrieben worden, dass jetzt die Produktivität gefährdet ist und Düngemittel sich als immer ineffektiver erweisen".[14]

Pestizide sind ebenfalls weniger effektiv. Unkraut, Pilze, Insekten und andere potenzielle Krankheiten sind erstaunlich anpassungsfähig. Inzwischen haben schon 500 Insektenarten eine genetische Resistenz gegenüber Pestiziden entwickelt, ebenso verhält es sich bei 150 Pflanzenkrankheiten, 133 Unkrautarten und 70 Pilzarten. Die Reaktion darauf sieht heute so aus, dass man immer stärkere und immer teurere Gifte anwendet, die in den USA acht Milliarden Dollar im Jahr kosten, die Kosten der Ausbringung auf das Land nicht mitgerechnet.[15] Die Farmer sind dabei, die Schlacht zu verlieren, die Krankheiten und Schädlinge überleben die chemische Keule, die Bauern aber nicht. Immer mehr von ihnen verlassen das Land, und wenn die gegenwärtigen Trends sich fortsetzen, wird sich die Situation noch weiter verschlimmern.

Heute werden wir zu Zeugen der erzwungenen Einführung genetisch veränderter Feldfrüchte durch internationale Agenturen, die mit nationalen Regierungen gemeinsame Sache machen. Das ist das Ergebnis der massiven Lobbyarbeit durch eine Biotechnologieindustrie, die immer mächtiger wird. Ganz im Gegenteil zu dem, was man uns erzählt, steigern genetisch veränderte Pflanzen die Erträge nicht. Überdies erfordern sie mehr Aufwand, auch an Herbiziden, deren Einsatz sie angeblich erheblich reduzieren sollen, und mehr Bewässerung. Zudem ist die Wissenschaft, auf der sie beruhen, in hohem Grade fehleranfällig. Niemand weiß mit Sicherheit, was für unerwartete Konsequenzen es hat, wenn man mit Hilfe einer höchst rudimentären Technik ein spezifisches Gen in das Genom eines ganz anderen Geschöpfs einführt. Hier stehen uns Überraschungen bevor, und manche davon könnten ernste Probleme aller Art verursachen.[16]

Ein weiterer Grund, weshalb die Zeit für die industrielle Landwirtschaft ausläuft – auch ohne Klimawandel –, ist die Tatsache, dass sie gegenüber Preissteigerungen bei Öl viel zu anfällig ist, und besonders gegenüber dem Auftreten von Versorgungsengpässen dieses Brennstoffs.

Wenn in Nordkorea in den letzten paar Jahren drei Millionen Menschen verhungert sind, lag das zum Teil am Zusammenbruch des russischen Markts, der zuvor einen großen Teil der nordkoreanischen Exporte aufgenommen hatte. Danach konnte Nordkorea es sich nicht länger leisten, die ungeheuren Mengen von Erdöl zu importieren, von der die hochmechanisierte, an der Sowjetunion orientierte Landwirtschaft fast vollständig abhängig geworden war. Deren „Bauern" hatten einfach vergessen, wie man eine Hacke schwingt oder eine Schubkarre schiebt.

Großbritannien hätte sich heute in einer ähnlichen Notlage befinden können, wenn der Öl- und Transportstreik des Jahres 2000 noch ein paar Wochen länger gedauert hätte. In einer Industriegesellschaft ist Öl nötig, um lebenswichtige Nahrungsmittelimporte zu transportieren, um Traktoren zu bauen und zu betreiben, um Düngemittel zu erzeugen und einzusetzen. Das gleiche gilt für Pestizide sowie die Verarbeitung, die Verpackung und den Transport von Lebensmitteln zu den Supermärkten – eine verwundbarere Situation ist selbst zu den allerbesten Zeiten schwer vorstellbar –, aber heute ist sie geradezu selbstmörderisch.

Es sind nicht nur vorübergehende Ölknappheiten in Verbindung mit vorübergehenden Preissprüngen bei Erdöl, die uns zwangsläufig erwarten, sondern auch die stetig abnehmende Verfügbarkeit dieses Rohstoffs. Während dieser immer knapper wird, wird Öl zwangsläufig immer teurer, bis nur noch eine Minderheit von Unternehmen sich Erdöl leisten kann – aller Wahrscheinlichkeit nach werden dies US-amerikanische Unternehmen sein, weil die amerikanische Ölindustrie sich gerade bereit macht, die schnell abnehmenden Vorräte zu übernehmen und für ihre Zwecke zu benutzen. Die Wahrheit ist, dass die weltweite Erdölförderung im Lauf der nächsten vier bis zehn Jahre ihren Gipfel erreichen wird. Die Entdeckung neuer Erdöllagerstätten ist sehr enttäuschend gewesen, und ein großer Teil des Öls, das wir heute verbrauchen, wurde vor rund 30 bis 40 Jahren entdeckt. Die Region des Kaspischen Meeres, von der viele Leute im Ölgeschäft erwarteten, dass sie bis zu 200 Milliarden Barrel Öl enthält – wie Colin Campbell, einer der weltweit führenden Experten in Sachen Ölindustrie, es erklärte[17] – birgt wahrscheinlich nur rund 25 Milliarden Barrel, auf jeden Fall nicht mehr als 40 oder 50 Milliarden. Dies ist nicht sehr bedeutend in einer Welt, die pro Jahr 20 Milliarden Barrel verbraucht und deren Konsum in einem besorgniserregenden Tempo weiter ansteigt.

Obwohl die USA verzweifelt versucht haben, ihre Abhängigkeit vom Nahen Osten zu verringern und damit in einem gewissen Umfang auch Erfolg gehabt haben, trocknen alternative Ölquellen schneller aus als erwartet. Es wird erwartet, dass beispielsweise der Iran in zehn oder fünfzehn Jahren nicht mehr Erdöl fördern wird, als für den eigenen Gebrauch erforderlich ist. Tatsächlich werden die USA in den nächsten zwanzig Jahren vom Nahen Osten abhängiger geworden sein, als sie es heute sind, wenn die Ölförderung von Ländern wie Angola, Nigeria, Venezuela und Mexiko ebenfalls zu fallen beginnt. Dies erklärt natürlich, weshalb die US-amerikanische Ölindustrie, die heute im Mittelpunkt der Regierungsarbeit der USA steht, so fanatisch entschlossen war, den Irak zu erobern, der über elf Prozent der bekannten Erdölreserven der Welt verfügt. Von diesen war vorher nur ein geringer Teil ausgebeutet worden, und zudem sind die Produktionskosten für irakisches Öl weltweit am niedrigsten. Die ökonomischen Konsequenzen der kommenden Welt-Ölkrise können gar nicht überschätzt werden.

Schutz des Ackerbodens

Der Hauptbeitrag der industriellen Landwirtschaft zu den Kohlendioxidemissionen geschieht über die Abgabe des im Erdboden gespeicherten Kohlenstoffs an die Atmosphäre.[18] Dies wird durch intensive industrielle Landwirtschaft verursacht, besonders durch Praktiken wie:

- Abholzung von Wäldern und die Trockenlegung von Torfmooren und Feuchtgebieten, um immer mehr Land für die Landwirtschaft und die Viehzucht verfügbar zu haben;

- tiefes Pflügen, was den Unterboden den Elementen aussetzt. Wenn man dies auf steilen Hängen praktiziert, löst es schwere Bodenerosionen aus;
- den Einsatz schwerer Maschinen, die den Erdboden verdichten, womit Bodenporen verkleinert oder ganz zerstört werden, die Kanäle für Luft, Wasser, Pflanzenwurzeln und Mikroorganismen des Bodens bieten;
- den Einsatz von Düngemitteln als Ersatz für natürliche Düngemittel. Damit wird die Bodenstruktur zerstört und lebenswichtige Bodenorganismen werden getötet;
- den Einsatz von Pestiziden, von denen einige genau das gleiche bewirken, wie Rachel Carson[19] schon 1962 gezeigt hat;
- Überweidung, die überall zu Bodenverschlechterung und Wüstenbildung geführt hat;
- intensive Monokultur von Weizen und Mais im großen Maßstab, was irgendwann den Ackerboden in einen leblosen, staubähnlichen Untergrund für Feldfrüchte verwandelt, die nur reifen können, wenn man ihnen immer stärkere Dosen von Kunstdünger und anderen Zusätzen zuführt.

Die nahe liegendste Methode zur Vermeidung von Bodenverlusten, ja sogar zur Vermehrung der organischen Materie im Erdboden ist der Einsatz von Dung, Kompost, Mulch und Bodendeckern wie Baumrinde, Stroh oder anderem organischen Material, das dem Erdboden zurückgegeben werden kann. Diese tragen dazu bei, die Feuchtigkeit zu halten und dienen dazu, den Erdboden vor Erosion, Austrocknung und übermäßiger Hitze zu schützen. Damit fördern sie in gleichem Maße die Zersetzung und Mineralisierung organischer Materie.[20]

Es hätte auch noch weitere Vorteile – etwa den Rückgang von Bodenkrankheiten – und überdies steigert es die Produktivität. Wie Jules Pretty bemerkt, erlaubt in der Republik Niger die Mulchbildung mit Zweigen und Ästen die Kultivierung bislang aufgegebener

Böden[21], „so dass pro Hektar rund 450 Kilo Getreide erzeugt werden. In der heißen Savannenregion des nördlichen Ghana verdoppelt Strohmulch zusammen mit Viehdung die Mais- und Hirseerträge gegenüber einer gleichwertigen Menge von Stickstoff, die als Kunstdünger zugegeben wird".[22] Pretty nennt noch weitere eindrucksvolle Beispiele dieser Art aus Guatemala, dem Staat Santa Katarina, Brasilien und an anderen Stellen der Erde.

Es ist wichtig, den Erdboden möglichst kurze Zeit unbedeckt zu lassen. Eine Zweitfrucht, vorzugsweise eine Hülsenfrucht wie etwa Luzerne, lässt sich zusammen mit Getreide säen, so dass das Land bei der Ernte bedeckt bleibt und gleichzeitig angereichert wird.

Eine schonende Bodenbestellung zum Schutz der Ackerkrume, oder noch besser der Verzicht auf Bodenbestellung erweist sich als ideal, da damit das Pflügen vollständig vermieden wird. Wenn man jedoch Unkraut loswerden will, sind viele Herbizide notwendig, die in vielerlei Hinsicht unerwünscht sind. Es liegt auf der Hand, was nötig ist: keinerlei Pflügen, aber auch der Verzicht auf Herbizide. Wenn das fragliche Areal klein ist, könnte man mit Hilfe von Mulch das Unkraut ersticken. Ein wenig Einfallsreichtum, da bin ich sicher, würde uns in die Lage versetzen, alternative Methoden zur Unkrautbekämpfung zu finden. Bezeichnenderweise bekämpft „Waipuna", ein Unternehmen in Neuseeland, Unkraut am Straßenrand, indem es die Pflanzen mit heißem Wasser besprüht. Die Hitze wird durch den Einsatz einer organischen Mousse behalten, die zum Teil aus Kokosmilch besteht. Die Mischung ist offenbar sehr effektiv.

In dem bereits erwähnten Bericht der Welternährungsorganisation FAO erfahren wir zudem, dass die Aufnahme von Kohlenstoff durch den Erdboden in einem System der Agroforstwirtschaft maximiert wird. Sie kann jährlich von zwei bis zu neun Tonnen betragen.[23] Wenn diese Art der Forstwirtschaft weltweit praktiziert würde, könnte die Landwirtschaft in einem Zehnjahreszeitraum von 2010 an 1,3 Pg Kohlenstoff pro Jahr aus der Atmosphäre absorbieren.[24] In seinem dritten Statusbericht von 2000 kommt das IPCC[24] ebenfalls zu dem Schluss, dass Agroforstwirtschaft die besten Ergebnisse nicht nur durch die Steigerung organischer Materie im Boden erzielt, sondern auch über dem Erdboden durch den Zuwachs an Biomasse aus Holz.

Das National Agroforestry Centre der USDA (2000) bestätigt, dass die Kohlenstoffbindung in der Agroforstwirtschaft besonders hoch ist. Sie favorisieren Buschwald in kurzer Rotation, was, wenn das Holz statt fossiler Brennstoffe verbrannt wird, einen doppelten Nutzen erbringt, nämlich durch die Bindung von Kohlenstoff und Energiesubstitution. Das Agroforestry Centre vermutet, dass mit Hilfe von Buschwald der Kohlenstoff im Erdboden im Lauf einer 15-jährigen Rotation um 6,6 Tonnen Kohlenstoff pro Hektar und Jahr gesteigert werden könne. Das Holz würde im Verlauf der Rotation um 12,22 Tonnen Kohlenstoff pro Hektar und Jahr aufnehmen.[25]

Eine Kombination von Landwirtschaft mit Forstwirtschaft hält vielfältige Lösungen parat: Die Verringerung der Windgeschwindigkeit ist ein weiterer Vorteil. Im Sommer ist die Temperatur unter Bäumen viel niedriger als im offenen Gelände, im Winter ist sie entsprechend wärmer. Das Pflanzen einzelner Bäume auf den Feldern liefert für Pflanzen und Vieh den notwendigen Schatten. Die Feuchtigkeit unter Bäumen ist ebenfalls größer als im offenen Gelände, da die geringe Verdunstung und die verbesserte Bodenstruktur die Fähigkeit der Böden steigert, Wasser zurückzuhalten. Der von den Bäumen gelieferte Abfall ergibt ein hervorragendes Düngemittel, besonders wenn das Laub kompostiert wird. Bewaldete Regionen spielen auch eine bedeutende Rolle bei der Verhinderung von Überschwemmungen, da der durch die Baumwurzeln durchlässig gemachte Waldboden den Regen speichert, der dann nur allmählich in das offene Gelände und in die Flüsse entlassen wird und nicht aus einem völlig entwaldeten Land auf einmal abfließt.[26]

Bewaldete Regionen sind auch eine Quelle von Lebensmitteln und Viehfutter, aber auch für pflanzliche Farbstoffe, medizinische

Kräuter sowie Holz für Pfosten, mit denen etwa Weinreben gestützt werden können, sowie zum Bau von Zäunen. Ebenso sind Baumfrüchte eine wertvolle Ergänzung oder sogar Ersatz für die alljährliche Ernte. Die Esskastanie beispielsweise hat einen sehr hohen Nährwert und wurde in Südeuropa in großen Höhen extensiv angebaut, um so Mehl für Pasta und Brot zu gewinnen. In den Tropen sind mehrjährige Baumfrüchte wie etwa Brotfrucht, Kochbanane, Jackbaumfrucht etc. immer noch von Bedeutung und werden vor allem in javanischen und singhalesischen Waldgärten kultiviert.

Alles in allem bieten gerade die landwirtschaftlichen Methoden, die nötig sind, um unsere unschätzbaren Ackerbodenressourcen zu schützen – was unerlässlich ist, um dem Klimawandel entgegenzuwirken –, viele zusätzliche Vorzüge. Sie lassen eine höhere Biovielfalt von Mikroorganismen und der Mikrofauna im Boden entstehen. Sie sind viel energieeffizienter, weil sie nicht vom Einsatz intensiver Energie abhängen. Dadurch, dass sie dem Boden so viel Biomasse zufügen, steigern sie nicht nur die Produktivität, sondern verringern auch die Kosten, womit sie eine Farm weniger anfällig für Produktionsunterbrechungen machen. Nicht zuletzt sei erwähnt, dass sie zu viel gesünderen Lebensmitteln führen.

Bewässerung

Ein anderer entscheidender Wandel unseres gegenwärtigen Landwirtschaftssystems betrifft das allmähliche Verschwinden der modernen ganzjährigen Bewässerungsmethoden. Die moderne Bewässerung ist einer der energieintensivsten Prozesse der industriellen Landwirtschaft. Pimentel schätzt, dass die Bewässerung mit Hilfe von Pumpen mehr als dreimal so viel fossile Energie für die Getreideproduktion erfordert als die mit Regenwasser gespeiste Kultivierung der gleichen Getreidemenge, wenn Wasser verwendet wird, das aus einer Tiefe von mehr als 30 Metern nach oben geholt wird.[27] Überdies entsteht beim Reisanbau, der wie schon erwähnt einen riesigen Anteil der Bewohner der Tropen ernährt, weit mehr Methangas, wenn die Reisfelder geflutet und mit Kunstdünger behandelt werden, als wenn sie nur mit Regenwasser bewässert und organisch angebaut werden. Der Grund: Die Überflutung schneidet die Sauerstoffzufuhr zum Boden ab, was dazu führt, dass die im Boden enthaltene organische Materie sich zersetzt und Methangas freigibt.[28]

Die moderne regelmäßige Bewässerung ist zugegebenermaßen hoch produktiv und ermöglicht drei Ernten im Jahr. Tatsächlich werden 11 Prozent des bebauten Ackerlandes der Welt (250 Millionen Hektar im Jahr 1994) ständig bewässert und liefern 40 Prozent der Nahrungsmittel der Welt.[29]

Aber diese Abhängigkeit von regelmäßiger Bewässerung ist weitgehend auf den Anbau von Feldfruchtarten wie etwa den Hybriden der Grünen Revolution und heute der genetisch veränderten Arten zurückzuführen, die stärker bewässert werden müssen und ebenso mehr Düngemittel und Pestizide benötigen. Dies ist bei traditionellen Arten nicht der Fall, von denen einige ebenfalls hoch produktiv sind und zu denen die Bauern in einigen Teilen Indiens beispielsweise inzwischen schon wieder zurückkehren. Es liegt auch am heutigen Trend zu höchst wasserintensiven Exportprodukten wie etwa Zuckerrohr, Eukalyptus und – schlimmer noch – Rindfleisch. Wie Reisner bemerkt, sind zur Erzeugung eines Pfunds Mais 350–700 Liter Wasser notwendig. Die Herstellung eines Pfunds Rindfleisch erfordert aber bis zu 30.000 Liter Wasser, das heißt zwanzig- bis achtzigmal mehr.[30]

Wie dem auch sei: Die moderne Bewässerungslandwirtschaft könnte nicht weniger nachhaltig sein. Die Menge des für die Bewässerung eingesetzten Wassers verdoppelt sich alle zwanzig Jahre und verbraucht gegenwärtig fast 70 Prozent des weltweit insgesamt verbrauchten Wassers. Das kann nicht sehr viel länger so weitergehen, ob nun mit oder ohne Klimawandel. Die moderne Bewässerung führt fast ausnahmslos zur Vernässung und Versalzung des Bodens, besonders in den Tropen. Wenn dies geschieht, wird das Land unbrauchbar – und es sieht momentan so aus, als würde mehr Land unbrauchbar, als Neuland jedes Jahr bewässert wird.

Allein in den USA sind schon 50 bis 60 Millionen Morgen – 10 Prozent des gesamten kultivierten Lands – durch Versalzung degradiert, und viele Tausend Morgen werden nicht mehr bebaut. Der Raubbau an den Grundwasservorräten ist ebenso dramatisch gewesen. Der riesige Ogallala-Aquifer, der früher einmal als praktisch unerschöpflich galt, wird mit einer Geschwindigkeit von 12 Milliarden Kubikmeter pro Jahr aufgebraucht. Im Lauf der Jahre hat dieser Grundwasserspeicher 325 Milliarden Kubikmeter Wasser verloren. Die jährliche Erschöpfung wasserführender Schichten weltweit beträgt mindestens 163,6 Milliarden Kubikmeter.[31] Boden, der durch bewässerte Landwirtschaft unbrauchbar gemacht worden ist, wird zu zweitklassigem Weideland, das nur einen Bruchteil der früheren Bevölkerung der Region ernähren kann. Wenn die moderne Bewässerungslandwirtschaft ihre beste Zeit hinter sich hat, liegt es auch daran, dass mehr als eine Milliarde Menschen weltweit heute unter Wasserknappheit leiden. Es wird erwartet, dass diese Zahl mit der Erderwärmung in den kommenden Jahrzehnten dramatisch ansteigen wird. Wir dürfen nicht vergessen, dass ein großer Teil des Wassers, das in vielen der großen Flüsse der Welt fließt, von schmelzenden Gletschern in den Bergen stammt, wo die Quellen der Flüsse liegen. Jedoch befinden sich die Gletscher weltweit im Rückzug – ebenfalls eine Folge der globalen Erwärmung. Das bedeutet, dass die Wassermengen vieler Flüsse künftig geringer sein werden – Cynthia Rosenzweig zufolge in einigen Fällen um bis zu 25 Prozent.

Überdies muss, wie Bunyard bemerkt[32], die für die Bewässerung benötigte Wassermenge mit dem Anstieg der Oberflächentemperaturen ebenfalls steigen, was zum Teil an der erhöhten Verdunstung des Bodens, der Wasserreservoirs und der Bewässerungskanäle liegt, aber auch an höherer Evapo-Transpiration der Vegetation und besonders der Wälder. Die Reaktion von Regierungen und der Welthandelsorganisation ist die übliche: Das Problem wird als eine Geschäftsmöglichkeit genutzt. Durch das GATS-Abkommen (General Agreement on Trade and Services) wird Wasser privatisiert. Und wo immer dies geschieht, verdoppelt oder verdreifacht sich natürlich der Preis für Wasser. Im Staat Orissa hat sich der Wasserpreis Vandana Shiva[33] zufolge verzehnfacht, so dass die Kleinbauern sich das Wasser nicht mehr leisten können.

Die einzige Lösung besteht darin, die Kultivierung wasserintensiver Feldfrüchte und die Viehzucht für den Export aufzugeben. Stattdessen müssen wir zu den traditionellen Pflanzen der Subsistenzwirtschaft zurückkehren, von denen die meisten allein durch Regen bewässert werden, und zu traditionellen Bewässerungsmethoden, die jahreszeitlich bedingt sind und keine Versalzung des Bodens auslösen, auch nicht zu Wasserstau oder den anderen schrecklichen Problemen führen, die durch moderne Bewässerungssysteme verursacht werden.[34]

Bezeichnenderweise kehren Bauern des Malwa-Plateaus im Staat Madhya Pradesh im zentralen Indien zu den unbewässerten Weizensorten zurück, die sie auf Druck von Regierung und Großunternehmen vor rund 30 Jahren aufgegeben hatten. Einige von ihnen bauen Hülsenfrüchte mit kurzer Wachstumsphase an oder früh reifende Getreidesorten, die eine volle Dosis Viehdung erhalten, der gründlich eingepflügt wird, bevor der Monsunregen einsetzt. Eine Drainage ist nicht erforderlich, so dass möglichst viel vom Regenwasser absorbiert wird und als Bodenfeuchte erhalten bleibt. Keine dieser Feldfrüchte stört den Anbau des traditionellen Weizens, einer Weizenart, die sehr tiefe Wurzeln schlägt, weil sie nach Feuchtigkeit und Nährstoffen sucht, und diese Tatsache schützt sie vor dem Wettbewerb mit dem größtenteils hülsenfruchtartigen Unkraut. Wenn sich das Monsunwasser zurückzieht, wird das Feld gepflügt und der Weizen ausgesät. Der Wintertau sorgt dafür, dass er Ende Februar reif wird. Gleichzeitig gibt es große Ersparnisse beim Materialeinsatz, denn die hochergiebigen Pflanzen der Grünen Revolution erfordern, dass das Unkraut entfernt wird, weil sie mit ihren kurzen Wurzeln unfähig sind, die Feuchtigkeit zu nutzen, die tiefer im Erdboden liegt. Es gibt natürlich noch weitere Vorzüge wie die Verbesserung der Bodenqualität und der verringerte Wasserbedarf.[35]

Auf dem indischen Subkontinent, in Sri Lanka, auf Java und anderswo hat man seit Hunderten von Jahren die traditionelle Bewässerung praktiziert. Sie beruht auf der Speicherung von Wasser und wird auf eine höchst demokratische und gerechte Weise von den lokalen Behörden verwaltet. Unnötig zu sagen, dass dieses Verfahren voll und ganz nachhaltig ist. Anil Agarwal und Sunita Narain sagen uns, dass entferntere Dörfer in der Nähe der pakistanischen Grenze, die bis dahin noch nicht von Wasserversorgungsprogrammen der Regierung „profitiert" hatten, während der Dürre von 1987 in Indien den Menschen immer noch genügend Trinkwasser bieten konnten – aus dem einfachen Grund, dass ihre traditionelle Form der Wasserspeicherung intakt geblieben war. In den „entwickelten Dörfern" dagegen litten die Menschen unter Durst. Die Brunnen hatten entweder kein Wasser mehr oder es gab keine Elektrizität zum Antrieb der Pumpen, und so waren die Dörfer genötigt, sich auf die gelegentlichen Tankwagen der Regierung zu verlassen. Agarwal und Narain sagen uns auch, dass Jodhpur, die berühmte Wüstenstadt, früher ein verblüffendes Wasserspeichersystem mit fast 200 Wasserquellen hatte – etwa 50 Wassertanks, 50 Ziehbrunnen und 70 Brunnen. Die Menschen waren es gewohnt, in ihren Häusern das Regenwasser vom Dach zu sammeln, um die Verfügbarkeit von Wasser auch während der Trockenzeit zu gewährleisten.[36]

Zusätzlich waren die Wassereinzugsgebiete in der Umgebung der Dörfer einst mit dichten Wäldern bedeckt, in denen es von wilden Tieren wimmelte. Heute ist der Wald natürlich verschwunden, und die Wassertanks – wie schön sie als Bauten auch sein mögen – werden überwiegend als Müllkippen benutzt. Als die Menschen im Zuge der Modernisierung eine Wasserversorgung durch Leitungen erhielten, so Agarwal und Narain, „begannen sie, die traditionellen Systeme zu vernachlässigen und sich auf die Regierung zu verlassen"[37] – auch das ist eine Politik, die revidiert werden muss.

Natürlich müssen die Wassertanks wiederhergestellt und sogar dringend vergrößert werden. Gleichzeitig müssen die Gemeinden sich organisieren, um zu lernen, wie sie die Wasserwirtschaft so betreiben und verwalten, wie sie es früher einmal taten. Hierzu gibt es einfach keine Alternative.

Lokale Lebensmittel

Wie muss das Landwirtschaftssystem aussehen, das unseren Anforderungen genügt? Zunächst liegt auf der Hand, dass es in hohem Maße lokal ausgerichtet sein muss. Lebensmittel müssen in erster Linie für den lokalen Verbrauch erzeugt werden – anstatt für den Export, wie die Bauern es noch heute auf Druck des Internationalen Währungsfonds und jetzt auch der Welthandelsorganisation tun müssen. Ein Grund dafür ist, dass ein Achtel des Weltölverbrauchs allein auf Warentransport entfällt[38], und der Transport von Lebensmitteln macht einen beträchtlichen Teil davon aus. Man bedenke, dass der Import von Lebensmittelprodukten und Tierfutter in importabhängige Länder wie etwa Großbritannien auf dem See-, Luft- und Landweg für über 83 Milliarden Tonnenkilometer aufkommt. Dazu sind 1,6 Milliarden Liter Treibstoff nötig, die normalerweise zu jährlichen Emissionen von 4,1 Millionen Tonnen Kohlendioxid führen würden.[39]

Der Transport auf dem Luftweg ist die energieintensivste Transportform. Um einen Eindruck davon zu geben: 127 Kalorien Energie (Flugbenzin) sind nötig, um eine Kalorie Kohl über den Atlantik zu transportieren.[40] Leider werden immer größere Lebensmittelmengen per Luftfracht statt per Schiff transportiert. Tatsächlich haben sich seit 1980 die Importe von Obst und Gemüse nach Großbritannien per Luftfracht fast vervierfacht. Die königliche Kommission für Fragen der Umweltverschmutzung hat geschätzt, dass bei einem

Anhalten des gegenwärtigen Trends der Beitrag des Lufttransports an der vom Menschen verursachten globalen Erwärmung sich zwischen 1992 bis 2050 nicht weniger als verfünffachen wird.[41] Wie skandalös dies auch erscheinen mag, die Regierung Großbritanniens fördert diesen Trend noch, indem sie Fluglinien sowohl von der Mineralölsteuer als auch der Mehrwertsteuer ausnimmt. Infolgedessen zahlen Fluglinien pro Liter Treibstoff bis zu viermal weniger als alle anderen.[42]

In einem Zeitalter des Klimawandels kann es darauf nur eine einzige Antwort geben: Regionalisierung der Erzeugung und des Vertriebs von Lebensmitteln. Einer Studie aus dem Jahr 2001 zufolge sind die Emissionen von Treibhausgasen, die auf den Lebensmitteltransport von lokalen Bauernhöfen zu einem Wochenmarkt zurückgehen, 650-mal geringer als bei Lebensmitteln, die in Supermärkten verkauft werden. Wie der Bericht festhält, wäre eine lokale Produktion von Lebensmitteln „eine wichtige Antriebskraft bei der Regeneration ländlicher Gebiete, da die Einkommen der Bauern sich beträchtlich erhöhen würden". Es würde unter den Bewohnern einer Region auch eine weit stärkere Zusammenarbeit geben, und die Gemeinden würden einen neuen Aufschwung erleben.[43]

Die Regionalisierung der Lebensmittelproduktion ist auch ohne den Klimawandel notwendig, denn nur durch regionale Produktion von Lebensmitteln können die Armen, besonders in der Dritten Welt, Zugang dazu finden. Tatsächlich ist eine der Hauptursachen von Unterernährung und Hunger in armen Ländern die Knappheit von Land für die Erzeugung von Lebensmitteln für den regionalen Konsum. Zwischen 50 und 80 Prozent des landwirtschaftlich genutzten Landes in Ländern der Dritten Welt ist auf den Exporthandel ausgerichtet. Die regionale Bevölkerung ist darauf angewiesen, die Lebensmittel für den eigenen Bedarf auf steinigen Felsnasen oder Steilhängen anzubauen, die bald erodieren und unfruchtbar werden. Urban Jonsson, der Vertreter der UNICEF für Tansania, sagt uns, „dass, wenn die Weltwirtschaft und Tansanias Staatsfinanzen in Ordnung sind, die Dorfbewohner große Teile von ihrem Mais und anderen Grundnahrungsmitteln verkaufen. Wenn es um die Finanzen des Staates aber schlecht bestellt ist, fallen die Lebensmittelpreise und geben dem Bauern damit weniger Anreize zum Verkauf. Folglich tun die Dorfbewohner das einzige, was möglich ist – sie behalten die Lebensmittel und essen sie selbst". Auch nutzen sie Land, das sie zuvor für den Anbau von Lebensmitteln für den Export gebrauchten, für den eigenen Konsum. Mit anderen Worten: Nur dann, wenn sie ihre Lebensmittel nicht exportieren können, haben sie selbst genug zu essen.[44]

Relative Autarkie

Lebensmittel lokal zu produzieren bedeutet, dass man den Grad der Selbstversorgung auf dörflicher, regionaler und staatlicher Ebene effektiv erhöht. Es bedeutet auch, dass auf allen diesen Ebenen Lebensmittel gelagert werden, um möglichen Hungersnöten zu begegnen, was heute skandalöserweise illegal ist, da die Welthandelsorganisation der Meinung ist, das dazu erforderliche Geld werde besser dazu verwendet, die Schulden bei westlichen Banken zurückzuzahlen. Natürlich hat die Art und Weise, wie die internationalen Behörden den Begriff „Selbstversorgung" definieren, nichts mit dem normalen Gebrauch dieses Begriffs zu tun. Denn ein Land, das selbst überhaupt keine Nahrungsmittel erzeugt, kann in diesem Sinne immer noch als „Selbstversorger" angesehen werden, solange es für seine Importe bezahlen kann. Was wir Selbstversorgung mit Lebensmitteln nennen, nennen sie „Lebensmittel-Autarkie". Und das ist für sie das größte Verbrechen, das ein Land überhaupt begehen kann, denn wenn dieses Verfahren weltweit Verbreitung fände, gäbe es keinen Welthandel, keine Weltwirtschaft und keine transnationalen Unternehmen, während die Ökonomie von Ländern, die man vom Welthandel abhängig gemacht hat, sich drastisch würde ändern müssen. Das ist vielleicht der wichtigste Grund, weshalb der Übergang zu dem, was einer Lebensmittel-Autarkie oder vielmehr Selbstversorgung – im wahren Sinn des Begriffs – nahe kommt, unerlässlich ist – jedoch nicht im extremen Sinn des Begriffs, da ein gewisser Handel immer nützlich sein wird. Doch es sollten in erster Linie Überschüsse sein, die verkauft werden.

Kleine Bauernhöfe

Bauernhöfe oder Farmen, die eine eng umgrenzte Region bedienen und weitgehend Selbstversorger sind, müssen notwendigerweise klein sein. Große Höfe müssen, um überleben zu können, den Weltmarkt bedienen, was sie zunehmend tun, sonst würde es sie nicht lange geben. Mehr noch: Um die Effizienz zu maximieren, müssen sie schwere Maschinen sowie Düngemittel, Pestizide und Bewässerung einsetzen, sie müssen Hecken und Bäume beseitigen und auf riesigen Ländereien ein einziges Agrarprodukt für den Export anbauen, und das Jahr um Jahr – also genau das, was wir vermeiden müssen, sogar ohne Klimawandel. Wir brauchen kleine Höfe, weil sie viel produktiver sind als große. Selbst die Welternährungsorganisation (FAO) der Vereinten Nationen, die die weltweite Verlagerung zur industriellen Landwirtschaft nach Kräften gefördert hat, gibt dies jetzt offen zu.[45] So geht aus einem FAO-Bericht deutlich hervor, dass die Bauernhöfe mit der höchsten Produktivität beispielsweise in Syrien eine Größe von etwa 0,5 Hektar haben, in Mexiko drei Hektar, in Peru sechs, in Indien weniger als einen Hektar und in Nepal etwas weniger als zwei. In allen Fällen fielen die Erträge, sobald die Größe des Hofs über die genannten Größen hinaus anstieg.[46]

Die produktivste Form der Lebensmittelerzeugung ist ohne Zweifel der Gartenbau. Kenneth Mellanby zufolge[47] kann in Großbritannien ein englischer Gemüsegarten pro Morgen bis zu acht Tonnen erzeugen. Bezeichnenderweise wurden während des Kriegs 40 Prozent von Großbritanniens Lebensmitteln und Gemüse von nicht mehr als 300.000 Morgen der heimischen Gemüse- und Schrebergärten abgedeckt. Leider befanden sich viele dieser Schrebergärten in der Nähe der Innenstädte und unterlagen seither der „Entwicklung". Es liegt auf der Hand, dass für sie dringend Ersatz gefunden werden muss.

Ein Grund, weshalb die Produktivität auf einem kleinen Bauernhof oder in einem Garten so hoch ist, ist die Tatsache, dass die wichtigste Zutat, wie E.F. Schumacher es immer ausgedrückt hat, *TLC* – „tender loving care" (sanfte, liebevolle Fürsorge) – ist. Und gerade Kleinbauern, die für ihren Lebensunterhalt vollständig von ihrem Land abhängig sind, werden ihrem Boden eher diese Fürsorge zukommen lassen als Großbauern, die nur auf Geld aus sind. Mit dem Klimawandel wird natürlich noch mehr TLC nötig sein.

Sortenvielfalt der Nutzpflanzen

Ein regional ausgerichtetes, sich weitgehend selbstversorgendes System von Bauernhöfen, das überwiegend aus kleinen Höfen besteht, kultiviert notwendigerweise eine ganze Bandbreite verschiedener Agrarprodukte und baut sogar verschiedene Arten dieser Pflanzen an, was herkömmliche Bauern schon immer getan haben. Zusätzlich bauen manche Bauern, wie Peter Rossett bemerkt, oft eine Zwischenfruchtfolge auf ihrem Land an. Sie nutzen den leeren Raum zwischen den Reihen, auf dem sonst Unkraut wachsen würde, und kombinieren Feldfrüchte und Vieh oder kultivieren alles im Wechsel.[48] José Lutzenberger, früher einmal Umweltminister in Brasilien[49], erzählt uns, dass die italienischen und deutschen Bauern, die sich im Süden Brasiliens niederließen, Süßkartoffeln anbauten, weiße Kartoffeln, Zuckerrohr, Getreide, Gemüse, Weintrauben, allerlei Obstsorten. Daneben züchteten sie Hühner, Schweine und Kühe. Die gesamte Produktion jedes Kleinbauernhofs betrug mindestens 15 Tonnen Lebensmittel pro Hektar, was unvergleichlich viel mehr ist, als eine moderne Sojabohnen-Monokultur in der gleichen Region erzeugen kann, bei der überdies der Einsatz von vielen Chemikalien nötig ist. Mehr noch, es gibt eine starke Synergie zwischen den verschiedenen Feldfrüchten, die von diesen traditionellen Bauern angebaut werden.

In einem gut geplanten Anbausystem mit mehreren Feldfrüchten neigen früh etablierte Pflanzen dazu, die Bodentemperatur zu verringern und das passende Mikroklima für andere Pflanzen zu erzeugen. Die Pflanzen ergänzen sich auch gegenseitig beim Nährstoffzyklus. So können tief verwurzelte Pflanzen als „Nährstoffpumpen" dienen, die Mineralien aus tieferen Bodenschichten heraufholen. Mineralstoffe, die bei der Zersetzung einjähriger Pflanzen freigesetzt werden, werden von beständigen Pflanzen aufgenommen. Die hohen Nährstofferfordernisse einiger Pflanzen werden durch die Zufuhr organischer Materie in den Boden durch andere Pflanzen kompensiert. So profitieren Getreidesorten davon, dass sie zusammen mit Hülsenfrüchten angebaut werden. Diese haben tiefere Wurzeln, was eine bessere Ausnutzung von Nährstoffen und Bodenfeuchtigkeit erlaubt, außerdem besitzen sie Wurzelknötchen, in denen Bakterien leben, die Stickstoff binden. Die Bandbreite an landwirtschaftlichen Produkten spielt eine bedeutsame Rolle im Stoffwechselkreislauf eines traditionellen landwirtschaftlichen Ökosystems und trägt damit entscheidend zu dessen Produktivität bei. Der Grund, weshalb traditionelle Kleinbauern jedoch eine so große Vielfalt von Produkten anpflanzen, ist nicht in erster Linie die Maximierung der Erträge, sondern die Absicht, die Verwundbarkeit gegenüber Produktionsunterbrechungen zu verringern, etwa infolge von Dürren, Überschwemmungen und Pflanzenepidemien.

Wie James Scott, eine Autorität in Fragen der Kleinbauernlandwirtschaft, schreibt: „Die regionale Tradition von Saatgutwahl, Pflanztechniken und zeitlicher Planung beruht auf Erfahrungen aus Jahrhunderten des Ausprobierens, um den unter den gegebenen

Umständen stabilsten und verlässlichsten Ertrag zu erzielen…" Der typische Kleinbauer ist darauf bedacht, den Fehlschlag zu vermeiden, „der ihn ruinieren wird, statt ein riskantes Riesengeschäft zu versuchen".[50] Dies erreicht er weitgehend durch den Anbau einer sorgfältig ausgewählten Bandbreite an Nutzpflanzen und Pflanzensorten, deren exakte Kombination er anpassen kann, wann immer es die Umweltbedingungen erfordern.[51] Wie beim Klimawandel weiß niemand im Voraus, welche Pflanzen oder Pflanzenarten fähig sind, die vorhersehbaren Hitzewellen, Überschwemmungen, Dürren und Invasionen exotischer Schädlinge zu überleben. Noch nie ist es für Bauern wichtiger gewesen, eine gut gewählte Vielfalt traditioneller Pflanzenarten anzubauen.

Unnötig zu sagen, dass wir in einer industrieärmeren Welt, in der Menschen in kleineren Städten und Dörfern leben und einen großen Teil ihrer Lebensmittel und Erzeugnisse vor Ort produzieren, weitgehend von der Ölknappheit verschont blieben, der wir uns heute gegenübersehen. Es wäre auch eine unvergleichlich gesündere, intaktere und nachhaltigere Welt, in der es weit weniger Armut, Hunger und Kriege geben würde. Immerhin waren die meisten Kriege, die in den letzten fünfzig Jahren geführt wurden, vor allem Kriege, mit denen der Zugang zu Märkten und Ressourcen gesichert werden sollte, deren nur eine globalisierte Industriegesellschaft bedarf. Auch würden unsere ökonomischen Aktivitäten die chemische Zusammensetzung der globalen Atmosphäre verändern und damit das Klima destabilisieren.

Die Ernährung der Welt in einem Zeitalter des Klimawandels zwingt uns dazu, die landwirtschaftlichen Strategien zu überdenken, die zu einem immer stärkeren Einsatz von Kunstdünger, fossilen Brennstoffen und Agrarchemikalien geführt haben, und zu einer immer geringeren Zahl von Menschen, die das Land bebauen. Nicht weniger als eine vollständige Umkehr der gegenwärtigen Strategien und Programme ist nötig, um mit den ungeheuren Herausforderungen fertig zu werden, vor die wir uns jetzt gestellt sehen.

Anhang

Beseitigung des Kunstdüngers: ein Lösungsmultiplikator

Jede Maßnahme, die dazu dient, unsere landwirtschaftlichen Methoden an die natürlichen anzunähern, die von traditionellen Bauern verwendet werden, ist ein sogenannter Lösungsmultiplikator. Es wäre vielleicht lohnend, sich die Vielzahl von Problemen durch den Kopf gehen zu lassen, die durch den Einsatz von Kunstdünger geschaffen werden. Indem man ihn durch natürlichen Dünger ersetzt, würden wir eine entsprechende Zahl ernster Probleme lösen – ganz abgesehen davon, dass es auch den Beitrag landwirtschaftlicher Tätigkeiten zur Destabilisierung des Weltklimas drastisch verringern würde.

Sehen wir uns einige dieser Probleme an:

1. Kunstdünger kann die Fähigkeit des Bodens verringern, Kohlendioxid aufzunehmen, indem er die Ökosysteme des Bodens stört. P. A. Steudler zufolge gilt dies auch für die Absorption von Methangas.[52]

2. Künstliche Düngemittel werden von den Böden ausgewaschen und gelangen so in unsere Flüsse und Flussmündungen, wo sie ein oft massives Wachstum von Algen anregen, die, wenn sie absterben, den Sauerstoff im Wasser verbrauchen, so dass Fische und andere Lebewesen in Fluss oder Meer ersticken (die sogenannte Eutrophierung der Gewässer).[53]

3. Die Algen bilden oft riesige Algenmassen, die Dimethylsulfid absondern, eine Chemikalie, die in der Luft zu Schwefeldioxid oxidiert, die Hauptquelle des sauren Regens.[54]

4. Düngemittel sind die größte Verschmutzungsquelle unseres Grundwassers und damit unseres Trinkwassers. Gerade die Verschmutzung des Trinkwassers ist überall in der Welt ein großes Problem.

5. Verwendete Düngemittel steigern den Nitratgehalt von Gemüse und Pflanzen. Wenn dieser zu hoch wird, kann er Gesundheitsprobleme verursachen.[55]

6. Nitrate werden durch Bakterien in Nitrite umgewandelt, die sich mit Hämoglobin verbinden und die Fähigkeit des Bluts verringern, Sauerstoff zu transportieren, was oft zu Veränderungen des Blutbilds bei Kleinkindern führt.[56]

7. Wenn Nitrate sich im Darm mit Aminen verbinden, können sie weiter zu stark krebserregenden Nitrosaminen umgewandelt werden.[57]

8. Vorliegende Studien enthüllen, dass Nahrungsmittel, die mit Kunstdünger erzeugt wurden, in mehrfacher Hinsicht nachteilig sind. Organische Lebensmittel und solche, die ohne Düngemittel erzeugt wurden, verringern nicht nur die Belastung mit potenziell schädlichen Pestizidresten, Nitraten, gentechnisch veränderten Organismen und anderen künstlichen Zusätzen, die bei der Lebensmittelverarbeitung zugesetzt werden, sondern sie weisen auch einen höheren Vitamin C-Gehalt auf, und manche Studien zeigen, dass sie auch mehr Mineralien enthalten. Organisch erzeugte Produkte enthalten auch eine größere Vielfalt und Menge an sekundären pflanzlichen Stoffwechselprodukten oder Pflanzennährstoffen, welche die Fähigkeit von Pflanzen steigern, Angriffen von außen in Gestalt von Schädlingen und Krankheiten zu widerstehen. Mehr noch: Fütterungsversuche haben bei Tieren, die mit organischem Futter gefüttert wurden, signifikante Verbesserungen im Wachstum, der Fortpflanzungsgesundheit und bei der Erholung von Krankheiten nachgewiesen.[58]

9. Studien am Obervil-Institut in der Schweiz haben gezeigt, dass die Erträge von Weinreben sich steigern lassen, indem man die Stickstoffgaben erhöht, aber nur um den Preis der Verringerung ihres Zuckergehalts – was die Trauben daran hindert, richtig zu reifen. Bei Studien an der Biodynamischen Forschungsstation in Schweden fand man heraus, dass das gleiche auch für Kartoffeln

gilt. Deren Erträge ließen sich um 15 Prozent steigern, wenn man genügend Kunstdünger gab, aber die Verluste nach der Ernte, bei der Lagerung, nahmen dafür drastisch zu.

In Sri Lanka erzählte mir ein traditionell wirtschaftender Bauer (Mudiyense Tennakoon), dass die Bauern von Sri Lanka früher keine Mühe hatten, herkömmliche Reissorten drei bis vier Jahre zu lagern. Die hybriden Sorten, bei denen Kunstdünger eingesetzt werde, würden innerhalb von drei Monaten schimmeln.[59] Der Grund scheint zu sein, dass ein höherer Nitrateinsatz der Pflanze ein Problem bereitet, indem er den osmotischen Druck auf die betroffenen Zellen erhöht. Um das zu bewältigen, muss die Pflanze mehr Wasser aufnehmen. Da kann es nicht überraschen, dass der Ernteertrag einer auf Kompost gewachsenen Pflanze 24 Prozent geringer war, doch ihre Trockenmasse dafür um 23 Prozent höher war. Mit anderen Worten: Das Düngemittel erhöhte nur den Wassergehalt der Pflanze, steigerte aber nicht das Trockengewicht.

Das hat natürlich zur Folge, dass der Einsatz von Kunstdünger die Pflanzen sehr viel anfälliger für Pilzinfektionen macht, was nach der Ernte zu entsprechend höheren Verlusten führt. Um dies zu vermeiden, werden während der Lagerung regelmäßig mehr giftige Pestizide eingesetzt.

10. Die Studien legen den Schluss nahe, dass die viel gerühmten Vorzüge durch den Einsatz von Kunstdünger weitgehend illusorisch sind. Dies ist nicht ganz überraschend, da Kunstdünger nicht in erster Linie entwickelt wurde, um die Menschen mit preiswerten, reichlichen und gesunden Lebensmitteln zu versorgen. Sie wurden ursprünglich als Sprengstoffe entwickelt (etwa TNT), auch die IRA in Nordirland hat bei ihren Anschlägen ständig Düngemittelbomben eingesetzt.

11. Die der Dritten Welt durch Amerika aufgenötigte Grüne Revolution war vor allem eine Kampagne, mehr Düngemittel zu verkaufen und die Waffenindustrie nach dem Zweiten Weltkrieg trotz der sinkenden Nachfrage nach ihren tödlichen Produkten über Was-

ser zu halten. Die ertragreichen Pflanzensorten der Grünen Revolution sollten in Wahrheit als „hoch empfängliche" Sorten bezeichnet werden, da sie so gezüchtet sind, dass sie auf Kunstdünger gut ansprechen. Bezeichnenderweise können viele traditionelle Arten ohne den Einsatz von Düngemitteln ebenso hohe Erträge liefern.

In ähnlicher Weise ist die „Gen"-Revolution vor allem ein Mittel, noch mehr Herbizide zu verkaufen. Rund 60 Prozent der bislang vermarkteten gentechnisch veränderten Pflanzen sind so designt worden, dass sie gegenüber Herbiziden wie Monsantos Bestseller Roundup resistent sind, statt gegenüber den Krankheiten selbst. Das hat den Markt für diese giftigen Substanzen gewaltig erhöht, da man sie jetzt bei Pflanzen einsetzen kann (Sojabohnen, Rüben, etc.), die sie zuvor nicht vertragen hätten. Man kann natürlich argumentieren, dass es den Biotech-Unternehmen vor allem um ein alles andere in den Schatten stellendes Ziel geht – den gesamten Produktionsprozess für Nahrungsmittel in der Welt zu kontrollieren. Wie könnte man dies besser tun als durch eine Kontrolle über das Saatgut, von dessen Beschaffenheit der gesamte Prozess natürlich abhängig sein muss.

12. Düngemittel werden nicht nur allein eingesetzt, sondern als Teil einer Paketlösung, zu der auch Hybrid-Saatgut gehört, ferner zunehmend gentechnisch verändertes und modifiziertes, patentiertes Saatgut, Pestizide, schwere Landmaschinen sowie Wasser aus der modernen Dauerbewässerung – alles Dinge also, die selbst ernste Probleme auslösen.

13. Wie dem auch sei: Wie schon bemerkt, erzielt man so gut wie überall immer weniger Erträge durch den Einsatz von Düngemitteln, und das bedeutet, dass sie immer wirkungsloser und unökonomischer werden. Mit der bereits erwähnten uns bevorstehenden weltweiten Wasser- und Ölknappheit kann der Einsatz von Kunstdünger ebenso wie der Einsatz aller landwirtschaftsfremden Zusätze zur modernen Landwirtschaft nur unattraktiver werden. Ihr Einsatz *muss* zwangsläufig stark zurückgehen.

Anmerkungen

1 The Hadley Centre, „Modelling Climate Change: 1860–2050“, Meteorological Office, Februar 1995.

2 Peter Bunyard, „Misreading the Models: Danger of Underestimating Climate Change“, Sonderausgabe von *The Economist*, Bd. 29, Nr. 2, März/April 1999, S. 75.

3 Siehe IPCC, „Third Assessment Report“, Cambridge University Press, 1995.

4 Peter Bunyard, „How Global Warming Could Cause Northern Europe to Freeze“, *The Ecologist*, ebenda, S. 79f.

5 Peter Bunyard, „Industrial Agriculture – Driving Climate Change“, *The Ecologist*, Bd. 26, Nr. 6, November/Dezember 1996, S. 290–298.

6 Peter Bunyard, ebenda, S. 290–298.

7 A. Moser et al, „Methane and nitrous oxide fluxes in native fertilised and cultivated grassland“, *Nature*, Bd. 350, März 1991.

8 F. Tebruegge, „No-tillage visions – protection of soil, water and climate“, Institute for Agriculture Engineering, Justus-Liebig Universität, Gießen 2000; P. Smith, D. S. Powlson, A. J. Glendenning und J. U. Smith, „Preliminary estimates of potential carbon migration in European soils through no-till farming“, *Global Change Biology* 4, S. 679–685.

9 Jules Pretty und Andrew Ball, „Agricultural Influences on Carbon Emissions and Sequestration“, A Review of Evidence and the Emerging Trading Option, März 2001.

10 C. Payer, „The World Bank, A Critical Analysis“, *Monthly Review Press*, New York 1982.

11 C. Payer, ebenda.

12 Weltbank, „Accelerated Development in Sub-Saharan Agriculture“, Washington 1981.

13 Weltbank, ebenda.

14 Jason McKenney, „Artificial Fertilising in Kimbrell“, ebenda, S. 128.

15 Ebenda.

16 Siehe C.J. Campbell, „Oil and Troubled Waters“ in Andy McKillop, „Final Energy Crisis“, Pluto Press, London 2005; Gerald Leach, „The Coming decline of Oil“, *The Pacific Ecologist*, Sommer 2002/3, Wellington, Neuseeland, S. 35–36.

17 C.J. Campbell, ebenda in: A. McKillop ebenda.

18 FAO, „Sequestration de carbon terrestre pour une meilleure gestion du sol“, rapport de la FAO 2001, zitiert bei Corinne Smith in: *L'Ecologiste*, Nr. 7, Bd. 3, Juni 2002.

19 Rachel Carson, *Der stumme Frühling*, C.H. Beck, München 1996, 3. Kap., S. 27–49.

20 Jules Pretty, „Regenarating Agriculture Policies and Practice for sustainability and self-reliance", Earthscan, London 1995, S. 121.

21 Jules Pretty, ebenda, 1995.

22 M. Bonsu, „Organic residues for less erosion and more grain in Ghana", in: M. el Swaify und andere (Hrsg.), „Soil Erosion and Conservation, Soil Conservation Service", Ankery, Iowa, zitiert bei Jules Pretty, ebenda.

23 FAO, op. cit., 2001.

24 IPCC, op. cit., 2000.

25 Pretty and Ball, op cit.

26 John C. Farrell, „Agroforestry Systems", in: Miguel M. Altieri, „Agro Ecology, The Scientific Basis of Alternative Agriculture", University of California, Berkeley 1985.

27 David Pimentel, „Global Climate Change and Agriculture", College of Agriculture and Life Sciences, Cornell Universität, 1998.

28 Cynthia Rosenzweig und David Hillel, „Climate Change and the Global Harvest: Potential Impacts of the Greenhouse Effect on Agriculture", Oxford University Press, 1998, S. 29, zitiert bei Peter Bunyard in: „A Hungrier World", *The Ecologist*, Sonderausgabe „Climate Crisis", Bd. 29, Nr. 2, 1998, S. 87.

29 Martin Briscoe, „Water, the Overtapped Resource" in: Andrew Kimbrells „The Fatal Harvest Reader", Island Press, Washington DC 2002, S. 182.

30 Marc Reisner, „Cadillac Desert", Penguin Books, 1986, zitiert bei Briscoe, ebenda, S. 190.

31 Briscoe, ebenda, S. 184.

32 Peter Bunyard, „A Hungrier World", ebenda, S. 89.

33 Vandana Shiva, „Water Wars", *India Research Press*, Neu Delhi 2002.

34 Siehe Edward Goldsmith und Nicholas Hildyard, „The Social and Environmental Effects of Large Dams", Sierra Club Books, San Francisco 1984.

35 Rahul und Jacob Nellithanam, „Return to the Native Seeds", *The Ecologist*, Bd. 28, Nr. 1, Jan/Feb. 1998, S. 29–33.

36 Anil Agarwal und Sunita Narain, „Traditional Systems of Water-Harvesting and Agroforestry" in: Geeti Sen, „Indigenous Vision – People of India Attitudes to the Environment", Sage Publication, Neu Delhi 1992.

37 Agarwal und Narain, ebenda.

38 Tim Lang und Colin Hines, „The New Protectionism: Protecting the future against Free Trade", Earthscan 1993, zitiert bei Andy Jones, „Eating Oil. Food Supply in a Changing Climate", Sustain and Elm Farm Research Centre 2001, S. 20.

39 Andrew Simms und andere, „Collision Course: Free Trade's free ride on the global economy", New Economics Foundation 2000, zitiert bei Andy Jones, ebenda.

40 Jones, ebenda, S. 10.

41 Chris Hewett, „Clean Air, Green Futures“, Mai/Juni 2001, zitiert bei Andy Jones, Forum for the Future, S. 29.

42 Brendon Sewill, „Tax Free Australia“, Aviation Environment Federation, Dezember 2000, zitiert bei Jones, S. 30.

43 Andy Jones, „Eating Oil“, ebenda, S. 43.

44 John Madeley, „Does Economic Development Feed People?“, *The Ecologist*, Bd. 15, Nr. 1/2, 1985.

45 Siehe *The Ecologist*, Sonderausgabe auf der FAO, Bd. 21, Nr. 2, März/April 1991.

46 FAO Bericht auf dem World Census of Agriculture, Census Bulletins, 1980, zitiert bei Vandana Shiva, „Yoked to Death, Globalization and Corporate Control of Agriculture, S. 13.

47 Kenneth Mellanby, „How to Feed Britain“.

48 Peter Rossett, „What's so Beautiful about Small?“, Food for Life – Sommer 2000. www.futurenet.org/14foodforlife/rosset.htm

49 Jose Lutzenberger, persönliches Gespräch.

50 James Scott, „The Subsistence Ethic“, *The New Ecologist*, Nr. 3, Mai/Juni 1978.

51 Für die Erörterung der ungewöhnlichen Fähigkeit traditionell wirtschaftender afrikanischer Bauern, sich an neue Gegebenheiten anzupassen, siehe Paul Richards – als Beispiel – „Cultivation, knowledge and performance“, London 1986.

52 P.A. Steudler, R.D. Bowden und andere, „Influence of Nitrogen fertilisation on methane uptake in temperate forest soils“, *Nature*, September 1989, Bd. 341, S. 314f.

53 John Ashton und Ron Laura, „The Perils of Progress“, Zed Books, London 1999.

54 Fred Pearce, „Sea Life Sickened by Urban Pollution“, *The Scientist*, 17. Juni 1995, S. 4, zitiert bei Ashton und Laura, ebenda, S. 38.

55 Ashton und Laura, ebenda.

56 H.D. Junge und S. Handke, „Nitrate in Vegetables – Unavoidable Risk?“, Industrielle Obst- und Gemüseverwertung 1987, Bd. 71, Nr. 8, S. 346–348.

57 „Fertiliser Risks in the Developing Countries“, *Nature*, 21. Juli 1988, S. 207f.

58 Soil Association, „Organic Farming Food Quality and Human Health: A review of evidence“, 2001.

59 Mudiyense Tennakoon, persönliches Gespräch.

Peter Bunyard

Das Klima und der Amazonas

Wenn wir uns mit der Zukunft des Erdklimas befassen, dürfen wir nicht den schweren Fehler begehen, nur die Mengen an Kohlendioxid zu messen, die durch die Verbrennung fossiler Brennstoffe in die Atmosphäre gelangen, während wir die Mengen vernachlässigen, die sich aus Veränderungen der Vegetationsdichte ergeben. Doch es gibt noch eine weitere entscheidende Dimension: die Rolle natürlicher Ökosysteme bei der Gestaltung eines Klimas, in dem wir leben können. In diesem Zusammenhang ist die Zukunft des Regenwalds am Amazonas von zentraler Bedeutung.

Insgesamt bedeckt das Amazonasbecken rund sieben Millionen Quadratkilometer, von denen der Löwenanteil, rund fünf Millionen Quadratkilometer, in Brasilien liegt. Die restliche Fläche verteilt sich auf sieben unabhängige Nationen und die französische Kolonie Cayenne. Mindestens 60 Prozent der noch verbliebenen tropischen Regenwälder mit ihrer unübertroffenen biologischen Vielfalt, darunter geschätzten 55.000 verschiedenen Pflanzenarten, findet man im Amazonasbecken. Darüber hinaus enthalten die Wälder des Amazonasbeckens mindestens ein Fünftel des Äquivalents an Kohlenstoff, der gegenwärtig in der Atmosphäre zu finden ist, und kürzlich veröffentlichte Studien legen die Vermutung nahe, dass die intakten Wälder Amazoniens als produktive Kohlenstoffsenke von globaler Bedeutung sind, da sie einen Teil des Kohlendioxids aufnehmen, das durch Industrieabgase in die Atmosphäre gelangt.

Andererseits wird jede „zusätzliche“ Aufnahme von Kohlenstoff, die der intakte Wald leistet, bereits durch den Ausstoß von Kohlenstoff infolge von Entwaldung mehr als ausgeglichen. Philip Fearnside vom National Institute of Amazonian Research (INPA) in Manaus hat jahrelang Informationen über das brasilianische Amazonasgebiet zusammengetragen. Seine Forschungsarbeit weist darauf hin, dass im Jahre 1998 im brasilianischen Amazonien 549.000 Quadratkilometer Regenwald gerodet worden sind, das entspricht etwa der Größe Frankreichs im Verhältnis zu einem Gesamtgebiet, das so groß ist wie Westeuropa. Brasilien hat es also in wenigen Jahrzehnten geschafft, ein Gebiet zu entwalden, das größer ist als das, das in den vorhergehenden fünf Jahrhunderten durch die europäische Kolonisation verloren gegangen war.

Darüber hinaus setzt sich die Zerstörung fort. Im Jahre 2003 wurden rund 23.750 Quadratkilometer gerodet, ein Gebiet von der Größe Belgiens, zwei Prozent mehr als 2002. 2004 spürten Satelliten mehr als 35.000 verschiedene Brände im brasilianischen Amazonasgebiet auf, und im Jahre 2005 war die Situation nur unwesentlich besser.

Umweltschutzverbände wie etwa der World Wildlife Fund (WWF) und Conservation International haben sich verständlicherweise auf den dringend nötigen Schutz der Regionen im Amazonasbecken konzentriert, deren biologische Vielfalt bekannt ist. Man hofft, dass ein Netz solcher Regionen, die durch ökologische Korridore miteinander verbunden sind, das Überleben von bis zu 80 Prozent der biologischen Vielfalt garantieren würde. Solche Umweltschutzmaßnahmen werden jedoch versagen, wenn nicht zugleich eine umfassendere Umweltschutzstrategie verfolgt wird, welche die hydrologischen Zyklen der Region berücksichtigt. Die Unversehrtheit der Wälder im westlichen Amazonien sorgt für die Sicherheit der Wälder im Osten. Selbst Urwaldreserven von einer Million Hektar oder mehr können schnell zerstört werden, wenn der hydrologische Zyklus infolge von Entwaldung in den Grenzregionen gestört wird.

Der gesunde Wald stellt nicht nur den Feuchtigkeitskreislauf sicher, sondern akkumuliert auch Kohlenstoff aus der Atmosphäre in Form von organischer Materie und Biomasse. John Grace von der Edinburgh University und anderen zufolge, die am großangelegten, experimentellen Biosphären-Atmosphären Programm in Amazonien (LBA) beteiligt sind, kann die durchschnittliche Aufnahme von Kohlendioxid im gesamten Amazonasbecken in Jahren, in denen der kalte Meeresstrom El Niño nicht eintritt, bis zu 0,56 GtC pro Jahr betragen (10^9 Tonnen Kohlenstoff pro Jahr), was 8 Prozent der gesamten jährlichen Emissionsmenge aller menschlichen Aktivitäten entspricht. Allein wegen ihrer Aufnahme von Kohlenstoff, sagt Grace, leisten solche Regenwälder für die weltweite Umwelt einen unschätzbaren Dienst.

Kohlenstoffemissionen

Dem gegenüber steht der Ausstoß von Kohlenstoff infolge von Entwaldung. Fearnside schätzt die Höhe dieser Kohlenstoffemissionen, wobei er sowohl verrottendes Material aus den großflächigen Waldbränden als auch die künftige Kohlenstoffassimilation durch die neue, modifizierte Landschaft miteinberechnet. Während der 1980er Jahre betrugen die durchschnittlichen jährlichen Emissionen infolge bewusster Landumnutzung in Brasilien 0,556 Milliarden Tonnen Kohlenstoff oder etwa ein Elftel der 6,4 Gigatonnen Kohlenstoff-Emissionen, die weltweit durch das Verbrennen fossiler Brennstoffe anfallen, und knapp ein Viertel der 2,4 Gigatonnen der Emissionen in den Tropen. Tatsächlich führt die Entwaldung im brasilianischen Amazonasgebiet dazu, dass die Pro-Kopf-Emissionsrate von Kohlenstoff im Land genauso hoch ist wie in Großbritannien oder Deutschland.

Optimistische Bekundungen – dass, was immer an Vegetation den Wald ersetzt (etwa Weideland), irgendwann den gesamten verlorenen Kohlenstoff zurückgewinnen werde – haben sich als Wunschdenken erwiesen: Feldforschungen zeigen, dass bestenfalls 7 Prozent der ursprünglichen Kohlenstoffmenge durch die Ersatzlandschaft im

Lauf der Zeit absorbiert werden. Ein weiterer Fehler ist es, die Freisetzung von Kohlenstoff durch Zerfall und Verrotten der nach dem Verbrennen verbliebenen Biomasse zu ignorieren. Fearnside zufolge ist die wirkliche Gesamthöhe der Kohlenstoffemissionen infolge des Verbrennens gefällter Bäume mindestens dreimal höher, als wenn man nur zur Zeit des Brandes misst. D.h. die Emissionen jedes einzelnen Jahres können noch erhöht werden durch Emissionen der Brandrodungen, die in einem vorhergehenden Jahr stattgefunden haben.

Sollten sämtliche noch verbliebenen Regenwälder Amazoniens in Brasilien verloren gehen, würden die potenziellen Emissionen sich auf 77 Gigatonnen belaufen, eine Menge, die in etwa den Vorhersagen von Richard Betts vom britischen Wetterdienst entspricht. Diese Menge wäre um 10 Prozent höher als die 70 Gigatonnen, die man durch die vollständige Umsetzung des Kyoto-Protokolls einschließlich einer jährlichen Gesamtreduktion der Emissionen aus fossilen Brennstoffträgern um 1 Prozent in den Industriestaaten zwischen 2010 und 2100 gewönne.

Holzeinschlag

Unterdessen beschleunigt sich der Holzeinschlag im Amazonasgebiet. Multinationale Holzunternehmen, besonders aus Malaysia und Indonesien, haben sich in Amazonien in großem Umfang engagiert. Allein 1996 haben asiatische Unternehmen mehr als 500 Millionen US-Dollar in die brasilianische Holzindustrie investiert. Heute kontrollieren sie etwa 4,5 Millionen Hektar des brasilianischen Amazonasgebiets, wie Brasiliens nationale Umweltbehörde IBAMA mitteilt. 1997 untersuchte Greenpeace International den brasilianischen Handel mit Mahagoni und entdeckte, dass mindestens 80 Prozent illegal gefällt worden waren. Ein großer Teil dieses Holzes war für Japan bestimmt. Die Regierung akzeptierte die Erkenntnisse von Greenpeace, und um die schlechten Forstwirtschaftspraktiken zu bekämpfen, die mit dem illegalen Holzeinschlag verbunden sind, verkündete sie, sie werde zusätzlich 14 Millionen Hektar Wald in 39 Nationalforsten für vertrauenswürdige Holzunternehmen öffnen – mit der Begründung, die Regierung wäre dann in der Lage, den Holzeinschlag besser zu kontrollieren und zu regulieren. Greenpeace schätzt, dass beim gegenwärtigen Tempo des Holzeinschlags so gut wie das gesamte Mahagoniholz, das überhaupt den Einschlag lohnt, in nur acht Jahren verschwunden sein wird. Jüngste Forschungsarbeiten deuten darauf hin, dass ein selektiver Holzeinschlag selbst dann, wenn legal gearbeitet wird, viel mehr Bäume in Mitleidenschaft zieht als nur den einen, der entnommen wird. Für jeden gefällten Baum werden 30 weitere beschädigt – die dadurch anfällig für Waldbrände werden.

Avança Brasil

Avança Brasil entstand unter der Regierung von Fernando Henrique in den 1990er Jahren. Das Programm sollte den Handel durch den Ausbau der industriellen Landwirtschaft und des Bergbaus im brasilianischen Amazonasgebiet steigern. Kritiker aus den Reihen der Umweltschutzverbände und Wissenschaftler äußerten jedoch schon bald besorgt, dass sich dieses Programm auf die verbleibenden Waldgebiete verheerend auswirken würde. 2001 warnte Bill Laurence vom Smithsonian Tropical Research Institute in Barro Colorado in Panama, das Programm *Avança Brasil* werde in den nächsten 15 bis 20 Jahren den Prozess der Umweltzerstörung so sehr beschleunigen, dass mehr als 40 Prozent des Regenwalds verschwunden sein würden. Überdies wären die verbliebenen Wälder stark fragmentiert und dadurch anfällig für weiteren Raubbau, aber auch für eine weitere Umweltschädigung durch sogenannte „Randeffekte". Dazu gehören eine höhere Anfälligkeit für Brände und einfallende Winde.

Avança Brasil hat es sich zum Ziel gesetzt, 7500 Kilometer Straßen zu pflastern, von denen einige neu sind und andere gegenwärtig nur Schotterstraßen. Diese Straßen wurden dann als Autobahnen angelegt, was, wie Laurence betont, „zur Mühelosigkeit beiträgt, mit der Holzfäller, Siedler, Rancher und Landspekulanten ganzjährigen Zugang zu den Wäldern erhalten. Außerdem senken sie die Transportkosten von Holz und anderen Waldprodukten zu den städtischen Märkten beträchtlich. Überdies führen Autobahnen im Amazonasgebiet häufig dazu, dass spontan ganze Netze zusätzlicher Straßen entstehen. So ist beispielsweise die Autostraße Belém-Brasilia – die in den 1960er Jahren gebaut wurde – heute von einem 300 bis 400 Kilometer breiten Streifen staatlicher und lokaler Straßen ebenso wie von Holzeinschlagpfaden umgeben, was zu einem drastischen Anstieg der Entwaldung geführt hat. Ähnliche Netze lassen sich in weiten Teilen des südlichen und östlichen Amazonasgebiets nachweisen."

Avança Brasil ist inzwischen um neue Pläne erweitert worden. Im Anschluss an den Besuch des brasilianischen Präsidenten Luiz Inàcio Lula da Silva in Beijing im Jahr 2004 und den Gegenbesuch des chinesischen Präsidenten Hu Jintao in Brasilien wurden zwischen den beiden Ländern Handelsvereinbarungen geschlossen, wonach China Infrastrukturinvestitionen in Höhe von rund zehn Milliarden US-Dollar, besonders für die Amazonasregion Brasiliens, gewährt. Im Gegenzug erhält China Zugang zu Rohstoffen, etwa zu Holz, Eisen und Soja. Die daraus folgenden Zahlen sprechen für sich: Regierungsangaben zufolge stiegen die brasilianischen Exporte von Gütern nach China, vor allem von Soja und Eisenerz, von 676 Millionen US-Dollar im Jahr 1999 auf 5,4 Milliarden Dollar im Jahr 2004, und dieser Anstieg geht ungebremst weiter. Um die Exporte aus dem Amazonasgebiet zu beschleunigen, hat China mit Brasilien ein Abkommen unterzeichnet, mit dem die notwendige Infrastruktur für den Export von Produkten Amazoniens über die Anden und im Pazifik entwickelt werden soll.

Die Konsequenz dieses Handels mit China, aber auch mit Europa, ist ein ungehemmter Raubbau an den Regenwäldern gewesen, vor allem in Mato Grosso und Rondônia. Die gesamte Sojaerzeugung in Brasilien beansprucht jetzt eine Fläche von mehr als 20 Millionen Hektar (fast die Größe Großbritanniens), das Land exportiert 36 Millionen Tonnen für rund acht Milliarden US-Dollar. Im Jahr 2004 wurden in der Provinz Mato Grosso – vorwiegend auf Initiative des „Soja-Königs", des Staatsgouverneurs Blairo Maggi – fünf Millionen Hektar Wald für den Sojaanbau geopfert, was einem Wachstum von 12,4 Prozent im Vergleich zum Jahr davor entspricht.

Zwischen August 2002 und 2003 verlor die Provinz Mato Grosso 10.416 Quadratkilometer Regenwald, das sind 43,8 Prozent des totalen Waldverlusts in diesem Zeitraum im Restgebiet Amazoniens und Brasiliens insgesamt. Wenn man dem noch den Verlust an Wäldern in der Cerrado-Region von Mato Grosso hinzurechnet – höchstwahrscheinlich ein größeres Areal als der Verlust feuchter tropischer Regenwälder –, können wir erkennen, dass die für China und Europa bestimmte Sojaproduktion zu einer wichtigen Antriebskraft der Zerstörung des amazonischen Ökosystems geworden ist.

Seit 1999 besteht ein Dialog zwischen der brasilianischen Bundesregierung und den Staatsregierungen, um eine Strategie einer nachhaltigen Entwicklung der legal bewirtschafteten Amazonasregion Brasiliens zu entwickeln, in der Absicht, die Geschwindigkeit des Waldverlusts zu verringern und gleichzeitig der lokalen Bevölkerung in ihrem Kampf für das wirtschaftliche Überleben zu helfen. Zu diesem Zweck ist vor kurzem eine brasilianische Forstbehörde gegründet worden. 2004 verabschiedete die Regierung ihren Plan zur Kontrolle und Prävention von Entwaldung und ordnete zusätzlich an, dass 19 Millionen Hektar einen Schutzstatus erhalten sollen.

Mary Helena Allegretti zufolge, einer früheren Staatsekretärin und Koordinatorin für Amazonien im Umweltministerium, haben solche Initiativen vielleicht dazu beigetragen, die alljährliche Brandrodung um 30 Prozent auf geschätzte 13.100 Quadratkilometer zwischen August 2005 und 2006 zu verringern. Diese Schätzung beruhte auf minderen Satellitendaten und muss vor dem Hintergrund einer Zunahme an Rauchkontamination betrachtet werden, die bis ins kolumbianische Putumayo und das kolumbianische Amazonasgebiet reichte. Das Austrocknen von Regenwäldern in der Nachbarschaft entwaldeter Gebiete hat unter Umständen zum Ausmaß der Waldbrände im Verlauf des Jahres 2005 beigetragen.

Und wenn die Brandrodungen in Mato Grosso 2006 zurückgingen, könnte das ebenso sehr an den gesunkenen Sojapreisen gelegen haben wie an den jüngsten Aufklärungsversuchen in Sachen Umweltschutz, wie Philip Fearnside vom Nationalen Forschungsinstitut für Amazonien meint. Er bleibt weiterhin besorgt über die Absicht der Regierung, die Pläne zur Wiederherstellung der BR-319 zu verwirklichen. Damit wäre das Herz Amazoniens für Raubbau an Land und Wald offen.

Soja und seine ökologischen und sozialen Folgen

Wie Philip Fearnside betont, hat sich der Sojaanbau in Brasilien von den Staaten Paraná und Rio Grande do Sul im Süden zur *cerrado*-(Savannen-)Region in Mato Grosso ausgedehnt. Unterdessen sind überall die Bauern vertrieben worden, einerseits diejenigen im Süden, die als Subsistenzbauern Mais, Bohnen und Kaffee angebaut haben, andererseits diejenigen, die schon in der *cerrado*-Region und Teilen Amazoniens wie etwa in Rondônia Land gerodet hatten. Da der Sojaanbau nur eine Person auf dem Grund beschäftigt, auf dem zuvor elf Subsistenzbauern leben konnten, haben die Kleinbauern kaum eine Wahl. Entweder sie ziehen in die Stadt oder verlegen die Siedlungsgrenze immer weiter in die Waldgebiete. 1996 beispielsweise hatte Rondônia 1.800 Hektar für den Sojaanbau freigegeben. 1998 war die Fläche auf 4.700 Hektar gewachsen, ein Jahr später auf

14.000 Hektar. In Maranhão hat sich die mit Soja bepflanzte Fläche im gleichen Zeitraum von 89.100 auf 140.000 Hektar erhöht.

Die vorrückende Front der industriellen Sojabohnenproduktion ist die wichtigste Triebkraft aller neuen Verkehrsprojekte, darunter die Schaffung neuer Autostraßen, die Kanalisierung von Flüssen für den Schiffstransport und der Bau neuer Bahnlinien, die sich von der Mitte Brasiliens ins Herz des Amazonasgebiets erstrecken werden. Es handelt sich daher um eine massive Regierungssubventionierung, die darauf abzielt, billige Sojabohnen per Schiff nach Europa und besonders nach Holland zu transportieren, wo Soja bei der Schweinemast und der Milchproduktion eingesetzt wird, sowie nach China, wo ein großer Teil der importierten Sojabohnen zu Öl gepresst wird.

Doch die Vernichtung des Regenwalds beschränkt sich nicht auf den Sojaanbau und die Notwendigkeit, Soja als Exportware außer Landes zu bekommen. Jedes Eindringen in das Amazonasgebiet führt zu weiteren „Nebeneffekten“: Viel größere Waldgebiete werden für die Viehzucht und illegalen Holzraubbau gerodet, als es sonst der Fall wäre. Inzwischen spricht ein holländisches Agrarunternehmen von dem Bau einer riesigen industriellen Schweinezuchtanlage in Mato Grosso, in der lokal angebaute Sojabohnen verfüttert werden sollen. Es ist auch davon die Rede, Schweinedung von den Niederlanden in den gleichen Schiffen nach Brasilien zu verfrachten, die jetzt für den Export von Soja eingesetzt werden.

Zwischen 1970 und 1996 stieg das Bruttosozialprodukt im brasilianischen Amazonasgebiet von 8,5 Milliarden US-Dollar auf 53,5 Milliarden Dollar, während die Bevölkerungszahl in der Region von 7,7 Millionen auf 18,7 Millionen stieg. Der „Reichtum“ versechsfachte sich also, während die Bevölkerungszahl nur um das 2,4-fache stieg; aber um welchen Preis? In Bezug auf die Indizes der „menschlichen Entwicklung“ wiesen alle Staaten Amazoniens ein weit schlechteres Bild auf als im Rest des Landes. Ein großer Teil der lokalen Bevölkerung verdiente weniger als den Mindestlohn. All das kann nur eins bedeuten: Der im brasilianischen Amazonien erzeugte Reichtum war überwiegend exportiert worden, und zwar auf Kosten von Umwelt und Menschen.

Die „Entwicklung" des Amazonasgebiets ist ebenfalls eng mit den Plänen zur Gewinnung von Wasserkraft verbunden. Projekte wie die Staudämme von Tucuruí und Balbina sind stark kritisiert worden, weil sie die Erwartungen nicht erfüllt haben und sich überdies katastrophal auf ihre Umgebung auswirken. Balbina beispielsweise ist trotz der Überflutung und Vernichtung von rund 3.000 Quadratkilometern Regenwald nicht in der Lage, den Strombedarf der nahe gelegenen Stadt Manaus zu decken. Diese Wasserkraftwerke sind weit davon entfernt, emissionsvermeidende Energiequellen zu sein; sie erzeugen im Verlauf ihrer Lebensspanne mindestens ebenso viele Treibhausgase – hauptsächlich in Form von Methangas – wie ein Kohlekraftwerk der gleichen Kapazität.

Ein Jahr ohne Beispiel

Für das gesamte Amazonasbecken war 2005 ein Jahr ohne Beispiel. Nie zuvor hat die Region, besonders der brasilianische Teil, unter einer derart ausgedehnten und verheerenden Dürre gelitten, nicht einmal in den Jahren starker El Niño-Ereignisse, wenn die tropischen Pazifikströmungen ihre Richtung ändern und die Passatwinde, die von Afrika nach Südamerika wehen, schwächer werden oder ganz aufhören. 2005 hätte ein normales Jahr ohne El Niño sein sollen, mit starken Passatwinden, die gewaltige Mengen an Wasserdampf vom warmen tropischen Ozean aufnehmen und ihre Last über den feuchten tropischen Regenwäldern des brasilianischen Amazonasgebiets abregnen lassen.

Doch genau das geschah nicht. Stattdessen hatten sich die Wettersysteme des Nordatlantiks dramatisch verändert. Die Azoren, normalerweise eine Region mit hohem Luftdruck und sinkender Luft, wurde zu einer Tiefdruckregion mit warmer, feuchter Luft, die nach oben strömte. Eine solche Umkehrung könnte erklären, warum der Südwesten Spaniens seinen ersten Tropensturm überhaupt erlebte; weshalb der Hurrikan weiter südlich verlief als normal, den Golf von Mexiko traf und New Orleans dabei zerstörte; sie könnte auch erklären, weshalb die Karibikküste Kolumbiens im November beispiellose Regenfälle erlebte, was zu weit verbreiteten Überschwemmungen und Todesfällen führte, und vor allem, weshalb das zentrale und westliche Amazonasbecken trocken blieb.

Während der Dürre im Amazonasgebiet fielen die Flüsse auf ihren niedrigsten je gemessenen Wasserstand, und die brasilianischen Behörden erklärten vier Städte zu „Katastrophengebieten", weitere 14 wurden in einen „Alarmzustand" versetzt. Nahe über dem Erdboden hatte sich eine schwere Schicht aus kalter, trockener Luft gebildet, die Hunderttausende von Quadratkilometern umfasste, bis hoch ins kolumbianische Putumayo reichte und den Konvektionsprozess, der zu Gewittern und Regen führt, wirksam verhinderte. Der Rauch von mehr als 30.000 Waldrodungsbränden in Brasilien wurde von dieser Schicht am Boden gehalten und konnte nirgends entweichen. Er machte das Leben für die Menschen in Brasilien, Peru und Kolumbien äußerst unangenehm, denn sie mussten wochenlang eine brennende Kehle und schmerzende Augen ertragen. In Leticia und Tabatinga konnten Flugzeuge nicht landen. Tabatinga liegt direkt an der Grenze zu Kolumbien, und als der Smog am dichtesten war, wagte niemand den Amazonas zu überqueren, aus Furcht, mit einem treibenden Baumstamm oder – schlimmer noch – einem anderen Boot zusammenzustoßen.

War der Klimawandel die Ursache von all dem? Zwar waren die Oberflächentemperaturen des Meeres in der gesamten Karibik die höchsten, die jemals gemessen worden waren, womit nicht nur mehr Hurrikane erzeugt wurden als jemals zuvor, sondern auch Korallenriffe wurden ihrer Algen beraubt und starben. Der Verlust der Korallenriffe und Mangrovensümpfe führte dazu, dass die Küsten immer verwundbarer gegenüber einem Anstieg des Meeresspiegels und Stürmen wurden.

Aber was ist mit der Entwaldung in den lateinamerikanischen Tropen und besonders im Amazonasbecken? Könnte die Entwaldung und die sich anschließenden Veränderungen im Transport latenter Wärme in Form von Wasserdampf aus den Tropen eine Rolle gespielt haben? Wir wissen es nicht mit Sicherheit, doch uns wird zunehmend bewusst, dass selbst kleine Veränderungen des Wärmetransports vom Äquator in die hohen Breitengrade einen einschneidenden Effekt auf Wettersysteme haben können. Was uns besonders Sorgen machen sollte, ist, dass die Veränderungen, die sich 2005 im tropischen Atlantik bemerkbar machten, zu einer regelmäßigen Erscheinung werden könnten. Sollte das der Fall sein, könnten wir das Ende der großen tropischen Regenwälder im gesamten Amazonasbecken erleben.

Seit einiger Zeit ist zu beobachten, dass Teile des Amazonasbeckens austrocknen und eine Savanne bilden mit ihrer Mischung aus dürreresistenten Sträuchern und Gräsern. Das könnte sehr wohl der Beginn einer weiteren Savannenbildung sein, eines Prozesses, der am Ende zur Wüstenbildung führen könnte. Dieser Wandel ist ein Hinweis darauf, dass das natürliche Bewässerungssystem in ganz Südamerika dabei ist, zusammenzubrechen; große Waldgebiete sind nicht mehr in der Lage, sich zu erhalten. Und ohne die Regenwälder würden alle Länder Südamerikas dramatische Veränderungen in Klima und Niederschlägen erleben. Die Konsequenzen wären katastrophal. Große Teile unseres Planeten wären von solchen Veränderungen betroffen.

Die Ökosysteme und das Klima

Klimaforscher haben die Dynamik der Interaktion des Lebens mit dem Klima bisher weitgehend ignoriert, wenn wir einmal von der vom Menschen verursachten Zunahme der Treibhausgase absehen. Und indem sie in ihren Computermodellen „das Leben" ignorieren, haben die Klimaforscher nur halbgare Modelle entwickelt. Das Problem, vor das sich Klimaforscher gestellt sehen, besteht darin, alle primären Faktoren einzuschließen, die das Klima bestimmen, und genau diese Faktoren dann in Wärmehaushalte umzusetzen, die Massenzirkulationssysteme antreiben, wie etwa die Hadley-Zellen und den Golfstrom. Der Wärmehaushalt wird auch durch die Verdunstung von Wasser und durch Veränderungen der Albedo der Erdoberfläche beeinflusst, und zwar infolge von Variationen bei der Wolkenbildung, von Schnee und Eisdecken und in den Niederschlagsmustern.

Es ist keinesfalls leicht, Vorhersagen über die globalen Klimamodelle (GCMs) zu machen. Abgesehen von der Frage nach dem Einfluss des Lebens auf die Klimabildung bleiben große Fragezeichen, was die Stichhaltigkeit solcher Vorhersagen betrifft. Um den Klimawandel in den Griff zu bekommen, müssen wir genau zeigen, inwiefern die jährliche Klimafluktuation und die Veränderungen der Oberflächentemperatur das Ergebnis einer natürlichen Variabilität sind – das alles innerhalb eines extrem komplexen Systems von nicht-linearen Gleichungen, das Chaos zu seinen Grundprinzipien zählt.

In dieser Hinsicht sind Makarieva und Gorshkov aus St. Petersburg dabei, uns über die immense Bedeutung der Wahrung natürlicher Waldgebiete über ganze Kontinente hinweg aufzuklären. Ohne große binnenländische Wälder, mit denen Wasserdampf in die Atmosphäre zurückgepumpt werden kann, wird der vom Ozean aufgenommene und als Regen abgeladene Wasserdampf exponentiell abnehmen, wenn die Luftströme sich landeinwärts bewegen. Der natürliche Laubwald transpiriert durch die Spaltöffnungen seiner Blätter, mit einer Rate, die den exponentiellen Rückgang des Niederschlags vollständig kompensiert. Der Wald ist somit in der Lage, die Bodenfeuchtigkeit und die Raten der Verdunstungstranspiration in einem hochselektiven und sich selbst erneuernden System aufrechtzuerhalten. Eine alternative Vegetation kann nicht das gleiche bewirken, und wenn natürliche Wälder im Inland durch agroindustrielle Unternehmen in einem entsprechend großen Umfang ersetzt werden, muss die Folge ein Austrocknen des gesamten Systems sein. Den russischen Wissenschaftlern zufolge hängt der Luftstrom der Hadley-Zelle über den Tropen im Wesentlichen davon ab, dass die Wälder das notwendige Konvektionsgefälle zur Verfügung stellen. Eine bis zu mehreren Hundert Kilometern breite Schneise der Waldvernichtung am Atlantischen Ozean könnte den weiter im Landesinneren gelegenen Wäldern schaden und zu dramatischen Veränderungen des Hadley-Kreislaufs führen. Die Konsequenz wäre eine zunehmende Wüstenbildung, wie sie in Australien bereits erfolgte – infolge einer mehr als tausendjährigen Geschichte menschlicher Besiedlung.

Klimaforscher haben sich schon seit langem darauf geeinigt, aus alljährlichen Daten einen jeweils dreißigjährigen Durchschnitt zu errechnen, um statistische Irrtümer, die vielleicht auf ein einmaliges Ergebnis zurückzuführen sind, bei der Zuschreibung von Klimaveränderungen zu vermeiden. Das birgt jedoch die Gefahr, prognostizierte Veränderungen zu unterschätzen, indem man ihnen das statistische Gewicht früherer Jahre beimisst – mit dem Effekt, dass wir den Klimawandel unter Umständen nur dann wirklich verstehen können, wenn wir uns mitten in ihm befinden und es deshalb zu spät ist, rechtzeitig zu handeln. So hat sich beispielsweise ein großer Teil des Temperaturanstiegs von 0,7° Celsius, der im Verlauf des vergangenen Jahrhunderts erfolgte, erst in den letzten Jahrzehnten des Jahrhunderts ergeben. Es sollten die Alarmglocken läuten, da wir möglicherweise am Beginn eines steilen Aufwärtstrends bei den Oberflächentemperaturen stehen, ohne jede Chance, einen einfachen Weg zurück zu finden. Die Modelle des Hadley Centre zeigen uns, dass ein allgemeiner Temperaturanstieg über dem Amazonasbecken von 4° Celsius einen großen Teil der tropischen Regenwälder vernichten würde.

Man darf auch nicht vergessen, dass der Temperaturanstieg von 0,7° Celsius seit der Zeit der Industrialisierung, von dem sich der größte Teil erst seit Ende des Zweiten Weltkriegs ergeben hat, schon jetzt die Ursache beträchtlicher Schäden ist. Die Hitzewellen in Europa während des Sommers 2004, der Hurrikan, der die Südostküste Brasiliens traf, der Tropensturm, der 2005 bis nach Spanien gelangte, das alles sind besorgniserregende Anzeichen dafür, dass die globale Erwärmung nicht zu linearen Veränderungen, sondern zu abrupten, sogar unvorhergesehenen Auswirkungen führen kann.

Die globale Erwärmung verursacht auch grundlegende Probleme in der Landwirtschaft, dort, wo es besonders ins Gewicht fällt. Der FAO zufolge, der Food and Agricultural Organization der UNO, fiel die weltweite Getreideproduktion pro Person im Jahr 2002 auf das niedrigste Niveau seit 1970. Wir haben jetzt eine Reihe von Jahren hinter uns, in denen die weltweite Getreideernte geringer ausfiel als die Nachfrage. In den USA wird das Defizit durch private und staatliche Vorräte ausgeglichen. Wenn relativ geringe Klimaschwankungen so große Auswirkungen auf die Getreideernte haben können, sind das keine gute Aussichten für eine Weltbevölkerung, die nicht nur zahlenmäßig zunimmt, sondern deren Nachfrage nach tierischen Proteinen ebenfalls steigt. Ein großer Teil dieser tierischen Proteine wird durch Verfütterung von Getreide wie etwa Mais gewonnen. Ergänzt wird das Futter durch Proteine aus Sojabohnen, die in zunehmendem Maße aus dem brasilianischen Amazonasgebiet stammen.

Da das Klima im Wesentlichen ein Ergebnis des Zusammenspiels des Lebens mit seiner unmittelbaren Umgebung ist, können wir diejenigen allgemeinen Klimamodelle nicht kritiklos hinnehmen, für die das Leben kaum mehr ist als eine „Black box", die sozusagen als etablierte, unveränderliche Konstante fungiert – unabhängig von Klimaereignissen und Temperaturveränderungen, die tatsächlich stattfinden. Auf der Grundlage solcher Modelle sind Vorhersagen des IPCC bestenfalls mangelhaft; sie können sogar gefährlich irreführend sein – wenn sie uns zu der Annahme verleiten, wir hätten mehr Zeit, als uns tatsächlich zur Verfügung steht.

Wir müssen deshalb den Klimaforschungsinstituten gratulieren, die eine Möglichkeit gefunden haben, einen dynamischen Kohlendioxidkreislauf in ihre Klimamodelle einzubauen. Diese Beziehung funktioniert in beide Richtungen: Das Klima wirkt sich auf die Vegetation aus, etwa durch Veränderungen bei Temperatur und Niederschlagsmengen, und Veränderungen der Vegetation wirken dann zurück auf die Prozesse, die den Klimawandel beeinflussen, etwa durch eine Steigerung der Kohlendioxidmenge in der Atmosphäre aus dem Abbau von Biomasse in Böden und durch Veränderungen des Wasserhaushalts und somit durch die Veränderung der Menge latenter Wärme aufgrund von Wasserdampf in der Atmosphäre.

Peter Cox, Inhaber des Lehrstuhls für Klimasystemdynamik der Universität von Exeter, sowie Richard Betts und seine Kollegen beim britischen Wetterdienst sind jetzt dabei, Klimamodelle vorzulegen, die einen ernsthaften Versuch darstellen, relevante Lebensprozesse wie die Biomassenerzeugung und -verrottung in verschiedenen Ökosystemen einzubeziehen. Ihre unerwarteten Ergebnisse deuten darauf hin, dass ein „Business as usual“-Verhalten in Bezug auf die Treibhausgaskonzentration in der Atmosphäre zu einem plötzlichen Übergang führen wird, von einer Welt, in der primär die Photosyntheseleistung befördert wird, hin zu einer Welt, in der stattdessen Fäulnisprozesse, insbesondere im Boden, überhandnehmen, was vermutlich die Akkumulation von Biomasse der vorhergehenden 200 Jahre (und wahrscheinlich noch sehr viel längerer Zeit) zunichtemacht.

Wenn die Modelle einigermaßen richtig sind, werden wir noch vor dem Ende dieses Jahrhunderts anstelle von Böden, terrestrischer Vegetation und von Weltmeeren, die mehr Kohlendioxid aufnehmen, als sich in der Atmosphäre befindet, nämlich 1.000 Gigatonnen, und die das gesamte potenzielle Kohlendioxid aus der Atmosphäre heraushalten, das genaue Gegenteil erleben, nämlich was passiert, wenn die Atmosphäre mehr als 600 Gigatonnen Kohlendioxid über dem gegenwärtigen Niveau enthält.

Wenn das so ist, werden wir fast eine Verdoppelung des gegenwärtigen Niveaus von Treibhausgasen in der Atmosphäre erleben – und dabei sind gegenwärtige und künftige Emissionen nicht miteinberechnet. Eine folgenschwere Veränderung in nur wenigen Jahren. Es ist vorstellbar, dass die Konzentration von Treibhausgasen in der Atmosphäre auf das Vierfache der vorindustriellen Zeit steigen könnte – ein Zustand, den es auf der Erde seit Millionen von Jahren nicht gegeben hat.

Bei jedem Klimamodell gibt es Wenns und Abers, auch bei den Modellen des Hadley Centre. Gleichwohl müssen wir ihre Vorhersagen ernst nehmen, besonders da sie eine Welt prognostizieren, die erheblich wärmer ist als die, die vom IPCC bei dessen drittem Statusbericht von 2000 angedeutet wird. Das Hadley Centre spricht von Oberflächentemperaturen auf der Erde, die im Durchschnitt fast neun Grad über denen liegen werden, die Ende des 18. Jahrhunderts herrschten.

Natürlich gibt es viele Dinge, die wir nicht verstehen, etwa die Rolle, welche die Wolken in einer wärmeren Welt wahrscheinlich spielen werden. James Lovelock, der Autor der Gaia-Theorie, hat gemeint, dass selbst dann, wenn die Atmosphäre über den Weltmeeren infolge der wärmeren Temperaturen mehr Feuchtigkeit enthält, die Wolkenbildung sich faktisch verringern kann, vor allem die Bildung von Schichtwolken über dem Meer. Der Grund dafür, meint er, liegt in einem wahrscheinlich starken Rückgang der Populationen bestimmter Algenarten, etwa von Coccolithophoren. Es sind diese Algen, die Dimethylsulfit produzieren, das bei der Oxidation zu Schwefeldioxid wird und bei der Wolkenbildung die Kondensationskerne bildet.

Wenn Lovelock Recht hat und die Wolken über dem Ozean in erster Linie aufgrund der Bildung von Wolkenkondensationskernen durch lebende Organismen erzeugt werden, dann wird ein wärmeres Klima zu einem Rückgang an Phytoplankton führen, und zwar infolge der Ausbreitung von Zonen mit Nährstoffmangel in den Ozeanen, und außerdem zu einem Rückgang der Schichtwolken über den Meeren und daher zu einer stärkeren Erwärmung, da die Ozeane dann mehr Licht absorbieren. Wenn sich zusätzlich Wolken bilden, werden es aufgrund einer wärmeren tieferen Atmosphäre mit hoher Wahrscheinlichkeit höhere Wolken sein, die paradoxerweise auch kühler sind. Solche Wolken strahlen weniger Wärme in den Weltraum ab, und das Ergebnis würde eher eine Erwärmung der Erdoberfläche als eine Abkühlung sein.

Der Amazonas als Klimasystem

Das Amazonasbecken ist ein bemerkenswertes Klimasystem, das aus einer engen Verbindung von Luftmassenbewegungen und Evapo-Transpiration (Verdunstungstranspiration) der Regenwälder entstanden ist. Die feuchten tropischen Regenwälder des Beckens laden die Luft, die über dem Blätterdach dahinströmt, ständig mit Wasserdampf auf. Das hat zur Folge, dass mehrere Millionen Quadratkilometer Regenwald für ihr Überleben genügend Niederschlag erhalten.

Zusätzlich geschieht noch Folgendes: Genau wie Coccolithophoren Substanzen freisetzen, aus denen über den fruchtbaren Teilen des Ozeans wie im Nordatlantik Wolken entstehen, so setzen die feuchten tropischen Regenwälder des Amazonas Terpene und Isoprene frei, die bei der Oxidation Kondensationskerne bilden, aus denen später Wolken werden. Ohne ein solches sich selbst regenerierendes System aus Wasserdampf und Wolken würden die üppigen Regenwälder im Westen des Amazonasbeckens mit hoher Wahrscheinlichkeit verschwinden.

Das Wasser transportierende Massenzirkulationssystem der sogenannten Hadley-Zelle beginnt im tropischen Atlantik vor der Küste

Afrikas, wo trockene, sinkende Luftmassen auf beiden Seiten des Äquators nach Westen in Richtung der brasilianischen Küste ziehen. Unterwegs nehmen sie immer mehr Feuchtigkeit auf. Diese Passatwinde (*vientos alisios*) aus den beiden Hemisphären kommen am Äquator zusammen und ziehen am Ende praktisch als ein Wind über die atlantischen Wälder Brasiliens hinweg. Durch einen als „Konvektion" bekannten Prozess bilden sie riesige Cumulonimbus-Gewitterwolken, die sich jeweils über mehrere Hundert Kilometer erstrecken können.

Beim Messen der Veränderung im Sauerstoff-16/18-Verhältnis (das weniger häufige Isotop Sauerstoff-18 ist ein Achtel schwerer als der gewöhnliche Sauerstoff-16) entdeckte der brasilianische Physiker Eneas Salati, dass der Anteil des schweren Sauerstoffs-18 nicht so schnell zurückging, wie man bei den weiter westlich fallenden Niederschlägen erwartet hätte. Das war ein Hinweis darauf, dass in der Atmosphäre ein Prozess der Wiederaufladung erfolgte. Dies konnte nur bedeuten, dass Wolken über dem Amazonasbecken sich aus verdunstetem Regen entwickelt hatten, der von einem früheren Regenguss stammte. Somit wurde ein viel größerer Teil des schwereren Sauerstoffisotops an die Atmosphäre zurückgegeben, von wo es dann wieder abregnen konnte.

Salatis Arbeit ist seitdem bestätigt und erweitert worden. Tatsächlich findet der Prozess von Regenfall und anschließender Wiederaufladung bis zu sechsmal statt, während die Luftmasse sich über das Amazonasbecken bewegt, und zwar vom Atlantischen Ozean bis hin zu den Anden. Überdies werden bis zu drei Viertel des Gesamtvolumens an Wasser, das ursprünglich von den Passatwinden vom Atlantik mitgenommen wurde, in die Atmosphäre zurückgepumpt, was das Amazonasbecken doch insgesamt in dem Luftmassenkreislauf belässt, der von Klimaforschern nach dem berühmten englischen Astronomen des 18. Jahrhunderts die Hadley-Zelle genannt wird. Die brasilianischen Klimaforscher Carlos Molion, Antonio Nobre, Jose Marengo und andere haben Beweise dafür, dass bis zu 50 Prozent der ursprünglichen Niederschläge aus dem Amazonasbecken exportiert werden.

Zur Verdunstung braucht Wasser erhebliche Mengen an Energie, rund 600 Kalorien pro Gramm; wenn es kondensiert und als Regen fällt, wird die gleiche Energie als Wärme wieder freigesetzt und treibt die weitere Ausdehnung der Wolken an, so dass sie sich noch höher erheben und damit noch mehr Wasser regnen lassen. Unterdessen zieht die Erddrehung – die Corioliskraft – die Luftmasse der Hadley-Zelle in Richtung Nordosten in die nördliche Hemisphäre und ihr Spiegelbild somit nach Südosten in die südliche Hemisphäre. Wenn die Luftmasse ihr Wasser verliert, kühlt sie sich ab, wird dichter und sinkt über Ostafrika als trockene Luft ab. Anders ausgedrückt: Die Wüsten der Sahara und Kalahari sind die Kehrseite der feuchten und warmen Luft des Amazonas. Und jetzt, mit der bahnbrechenden Arbeit von Makarieva und Gorshkov, haben wir Beweise für den ungewöhnlichen Mechanismus, mit dem natürlich gewachsene Wälder durch hohe Evapo-Transpirationsraten selbst während relativ kurzer Trockenzeiten die gesamte Hadley-Zellenzirkulation vom Äquator zu den höheren Breitengraden der Tropen antreiben und dabei die gesamte Luftmassenzirkulationssysteme des Planeten beeinflussen. Die logische Folge: Ohne die natürlichen Wälder in Äquatorialkontinenten wie Südamerika und Afrika wird das Weltklima sich dramatisch verändern, und zwar mit drastischen Konsequenzen für die Menschheit, vom Planeten insgesamt ganz zu schweigen. Das sollte uns ähnliche Sorgen bereiten wie die Wirkung unserer Treibhausgasemissionen.

Der kombinierte Prozess von Verdunstung und Transpiration nur über dem legal bewirtschafteten Teil Amazoniens in Brasilien entlässt jedes Jahr mehr als sechs Billionen Tonnen Wasserdampf in die Atmosphäre (10^{12} t oder Teratonnen) – in Energie gemessen übersteigt das um ein Vielfaches die gegenwärtig von allen Menschen für all ihre Tätigkeiten verbrauchte Energiemenge. Tatsächlich werden mehr als drei Viertel der Sonnenenergie über dem Amazonasbecken beim

Evapo-Transpirationsprozess aufgenommen, und da die Sonne jeden Tag über dem brasilianischen Amazonasgebiet so viel Sonnenenergie liefert, wie sechs Millionen Atombomben enthalten, sprechen wir hier von immensen Energiemengen. Der brasilianische Ökologe Antonio Nobre schätzt, dass 20 Milliarden Tonnen Wasser über dem fünf Millionen Quadratmeter großen Gebiet des legal bewirtschafteten Amazoniens verdunsten. Das ist eine Menge, die größer ist als die 17 Milliarden Tonnen Wasser, die der Amazonas jeden Tag in den Atlantischen Ozean entlässt. Um das aus einer anderen Perspektive zu beleuchten: Die Energie, die nötig ist, um diese Verdunstungstranspiration zu bewirken, entspricht dem gesamten Ausstoß von Itaipu, dem größten hydroelektrischen Staudamm der Welt, über einen Zeitraum von 135 Jahren.

Der Wald als gigantische und unersetzliche Wasserpumpe ist derzeit ein wesentlicher Teil des Luftzirkulationssystems der Hadley-Luftmasse. Und es ist dieses System, das Energie in Gestalt von Massen feuchter Luft aus dem Amazonasbecken in höhere Breitengrade trägt, und zwar in die gemäßigteren Zonen unseres Planeten. Das Tausende Kilometer vom Amazonasbecken entfernte Argentinien bekommt nicht weniger als die Hälfte seines Regens aus dem Regenwald, eine Tatsache, der sich nur wenige, falls überhaupt irgendwelche argentinischen Grundeigentümer bewusst sind. Und in ähnlicher Unwissenheit erhalten auch die USA ihren Anteil an der Wasserfülle, besonders der Mittlere Westen.

Das System von Wald und Regen mag als unverwüstlich und daher als wenig anfällig gegenüber Störungen erscheinen, doch das Hadley Centre des britischen Wetterdienstes ist da anderer Ansicht. Seinen Modellen zufolge wird die globale Erwärmung, wenn nichts gegen sie unternommen wird, zu einem dramatischen Wandel in der Luftmassenbewegung führen, und zwar dergestalt, dass die Luft nicht mehr von den Passatwinden über den Atlantik und damit über das Amazonasbecken hinweg zu den Anden getrieben wird, sondern vielmehr zu einem El Niño-ähnlichen Muster gerät, bei dem die Luftmassen nach Osten den Pazifik überqueren, um dann von den Anden abgeleitet zu werden. Das Nettoergebnis ist eine stark verringerte Niederschlagsmenge über dem Amazonasbecken. Die Konsequenzen bestehen den Modellen zufolge darin, dass die Wälder absterben und verschwinden angesichts der Verwundbarkeit der Bäume gegenüber dürreähnlichen Wetterbedingungen in mehreren aufeinanderfolgenden Jahren. In nur wenigen Jahrzehnten könnte die Zersetzung von Biomasse über dem Amazonasbecken durchaus dazu führen, dass mehr als 70 Gigatonnen Kohlenstoff als Kohlendioxid in die Atmosphäre entweichen.

Die Weite Amazoniens ist kein Schutz vor Entwaldung

Die Waldvernichtung im Amazonasbecken wird in relativen Begriffen von nur einer Handvoll Brasilianern bewirkt, und das gleiche gilt für andere Länder, wo die Tropenwälder ebenfalls rapide schwinden, etwa in Indonesien oder auch in anderen lateinamerikanischen Ländern. In Kolumbien beispielsweise ist jetzt eine im Vergleich zur Gesamtbevölkerung kleine Zahl von Menschen dabei, tropischen Regenwald zu vernichten, in erster Linie für den Kokaanbau. Eins der Probleme dort besteht darin, dass die Vernichtung illegal angebauter Pflanzen und anliegender legaler Nahrungsmittelernten durch Ausräucherung die unkontrollierte Vernichtung weiterer Wälder beschleunigt. Der Kokaanbau in Kolumbien hat sogar zugenommen, trotz einer intensivierten Vernichtungskampagne durch den *Plan Colombia*, bei dem immer neue Felder aufgespürt und zerstört werden.

Die Regenwälder Amazoniens spielen beim globalen Klima und dem weltweiten Niederschlag eine so bedeutsame Rolle, dass der brasilianische Klimaforscher Pedro Silva Dias behauptet, er könne nach dem Niederschlagsmuster über dem Amazonas die Regenmengen in Südafrika sechs Monate im Voraus berechnen. Seine Arbeit und die von Roni Avissar von der Duke University in den USA deuten darauf hin, dass das, was über dem Amazonasbecken als Regen fällt, drei bis vier Monate später im Frühling und im Sommer als Regen über dem sogenannten „Maisgürtel" (*corn belt*) der USA niedergeht.

Über dem Amazonasgebiet Brasiliens nimmt die Verdunstungstranspiration 1,63 x 10^{22} Joule der Sonnenenergie pro Jahr auf, was annähernd 520 Terawatt entspricht – das ist vierzigmal mehr als die gesamte von der Menschheit verbrauchte Energie. Ein erheblicher Anteil dieser Energiemenge steht unter Fernwirkung (*Teleconnection*), infolgedessen ist das Amazonasbecken für einen natürlichen und wesentlichen Prozess des Energietransfers auf unserem Planeten verantwortlich, der etwa der Hälfte der in der Atmosphäre akkumulierten Treibhausgasemissionen entspricht, die in den letzten 150 Jahren durch den Menschen in die Atmosphäre entlassen wurden. Gleichzeitig wären Wasser- und Energietransport nicht gleich Null, selbst wenn es keinen Wald mehr gäbe, weil beide weitgehend durch den Unterschied im weltweiten Energieausgleich zwischen Äquator und den Polen getrieben werden. Trotzdem ist deutlich geworden, dass die Funktion des Amazonasbeckens als Wasserkraftmaschine eine entscheidende Komponente des gegenwärtigen Weltklimas ist.

Meteorologische Fernwirkung (Teleconnection)

Teleconnection ist der Name, den man solchen Energietransfers in Form von Niederschlägen vom Amazonasgebiet aus in die USA, nach Südafrika und Europa gegeben hat – darunter werden relativ langsam dahintreibende feuchte Luftmassen gefasst, die sich wie ein langsam fahrender Zug aus dem Amazonasbecken nach Norden und nach Süden bewegen und ihre kostbare Ladung von Wasser in Form von Wasserdampf mit sich führen. Tatsächlich sprechen wir von Wasser, das für den Getreideanbau absolut lebensnotwendig ist und auf das die Vereinigten Staaten unbedingt angewiesen sind. Wenn die Wälder Amazoniens verschwinden oder wenn man die Bäume fällt und verbrennt, wie es Viehzüchter und Sojabohnenfarmer gegenwärtig tun, dann werden die USA so leiden, wie man es sich kaum vorstellen kann.

Gewitter sind der Schlüssel zur Fernwirkung. Die meisten Gewitter finden in einem schmalen Band um den Äquator herum statt, rund 1.500 bis 5.000 pro Tag. Sie erheben sich in eine beträchtliche Höhe, wenn abregnendes Wasser die Aufwärtsbewegung durch Freisetzung latenter Energie antreibt. Vielleicht bis zu zwei Drittel des Niederschlags auf dem ganzen Planeten wird durch die Bildung von Cumulonimbus- und Schichtwolkensystemen beeinflusst, die in den Tropen erzeugt werden. Wissenschaftler sind heute der Meinung, dass die Hitze, Feuchtigkeit und kinetische Energie, die von den Tropen in die mittleren und höheren Breitengrade innerhalb des Massenzirkulationssystems getragen werden, einen maßgeblichen Einfluss auf den polaren Jetstream mit seinem mäandernden Muster hat.

Veränderungen in der Landnutzung und in der Vegetationsdecke in den feuchten Tropen beeinflussen deshalb das Klima, weil sie die Dynamik der Wolkenbildung verändern und transformieren. Professor Roger Pielke von der Colorado State University betont: „Diese Veränderungen der Cumulus-Konvektion sind per Fernwirkung mit den mittleren und höheren Breitengraden verbunden, was das Wetter in diesen Regionen verändert. Dieser Effekt scheint sich am klarsten in der winterlichen Hemisphäre bemerkbar zu machen."

Roni Avissar und Pedro Silva Dias betonen, dass die *Teleconnection*-Prozesse zwischen dem Amazonasgebiet und den Vereinigten Staaten davon abhängen, ob die feuchten tropischen Regenwälder auf den sieben Millionen Quadratkilometern des Amazonasbeckens weitgehend intakt bleiben.

Das andere Thema führt zurück auf die gegenwärtige rasante Vernichtung des Regenwalds und daraus resultierenden möglichen Folgen für das Klima. Gewitter sind für das Überleben des Walds von zentraler Bedeutung, weil sie lebensnotwendigen Regen bringen. In manchen Teilen Amazoniens ebenso wie in Kolumbien sind das fünf oder mehr Meter Niederschlag im Jahr. Wenn man den Wald großflächig beseitigt, verringert sich auch der Niederschlag. Das bringt noch mehr Wald zum Absterben, reduziert den Niederschlag weiter und löst einen Teufelskreis zunehmender Schädigungen aus, wenn es erst zu Bränden kommt, die außer Kontrolle geraten.

Während der Dürre von 1988, die durch ein starkes El Niño-Ereignis im tropischen Pazifik verursacht wurde, als die normalen Meeresströmungen sich umkehrten, erhielten die Vereinigten Staaten einen Vorgeschmack davon, was geschehen würde, falls die Regenwälder Amazoniens verschwinden sollten. Die Maisernte verringterte sich um mehr als ein Viertel, verschlang die Überschüsse früherer Jahre und ließ die Produktion zum ersten Mal hinter den Verbrauch der USA zurückfallen. Die amerikanische Bundesregierung war genötigt, den Farmern drei Milliarden Dollar als Schuldenhilfe zu zahlen.

Bis heute gehen Klimaforscher davon aus, dass die Niederschlagsmenge von der Waldmenge abhängig sei, und je mehr Wald verschwinde, desto stärker werde der Niederschlag proportional abnehmen. Indem sie sich auf eine eng umgrenzte Region konzentrierten – in diesem Fall auf Rondônia –, haben Roni Avissar und Pedro Silva Dias ein ganz anderes Bild gezeichnet. Tatsächlich nimmt der Niederschlag nicht ab, sondern zu, wenn die gerodeten Flächen nicht zu groß sind. Aber wenn eine kritische Fläche überschritten wird, verschwinden die Regenfälle plötzlich und lassen dann den restlichen Wald zusammenbrechen.

Wenn eine Lichtung einen Durchmesser von nur einigen Kilometern hat und wenn der umgebende Wald relativ intakt ist, wird die Masse warmer Luft, die über der gerodeten Fläche aufsteigt, kühlere und feuchtere Luft von dem umgebenden Wald ansaugen. Dieser Konvektionsprozess führt zur Bildung von Gewittern. Unter diesen Umständen wird der Niederschlag zunehmen, vielleicht um bis zu zehn Prozent. Wenn andererseits die gerodete Fläche relativ groß ist und der umliegende Wald nicht mehr großflächig oder nahe genug ist, um die nach oben drängenden Luftmassen zu befeuchten, geht dem Konvektionsprozess buchstäblich der Dampf aus. Der Niederschlag nimmt dann rapide ab.

Ein Ergebnis des Austrocknens besteht darin, dass der Wald für Brände zunehmend anfällig wird, besonders in Dürrejahren, wie sie mit starken El Niños verbunden sind, wie etwa 1998, als weite Teile des Staats Roraima in Flammen standen.

Entwaldung und Feuer

Wie Bill Laurence es ausdrückt, „fegten damals von Kleinbauern angelegte Brände durch geschätzte 3,4 Millionen Hektar fragmentierten und natürlichen Walds, Savanne, nachwachsende Vegetation und Farmland im nordamazonischen Staat Roraima. Selbst wenn es keine Dürre gibt", fährt er fort, „steigt in den Waldresten Amazoniens die Baumsterblichkeit und die Schäden nehmen zu, anscheinend als Ergebnis einer höheren Austrocknung und infolge von Windturbulenzen in der Nähe der Waldränder. Diese Veränderungen führen zu einem beträchtlichen Verlust an Wald-Biomasse, von der man geschätzt hat, dass sie allein im brasilianischen Amazonien 3 bis 16 Millionen Tonnen Kohlenstoffemissionen freisetzt. In Dürrejahren könnten sich die negativen Auswirkungen der Fragmentarisierung des Waldes noch stärker bemerkbar machen."

Bisher hat man gemeint, Gewitter und Blitzschläge seien schuld an der Entstehung von Bränden. Mark Cochrane von der South Dakota State University und Daniel Nepstad vom Woods Hole Research Center zufolge sind die Risiken, dass es in den natürlichen Wäldern infolge von Blitzeinschlägen zu Bränden kommt, minimal. Brände in der Amazonasregion sind eine Folge der Entwaldung und der veränderten Landnutzung. Stattdessen sind Nepstad und seine

Kollegen der Meinung, dass Wälder, die mindestens einmal Bränden ausgesetzt gewesen sind, gegenüber nachfolgenden Bränden weit anfälliger sind, was die Baumsterblichkeit betrifft. Erste Feuer können zu einer Sterblichkeit bei Bäumen von bis zu 45 Prozent führen (bei Bäumen, die mehr als 20 Zentimeter Durchmesser in Brusthöhe haben), und anschließende Brände können zu einer Sterblichkeitsrate von bis zu 98 Prozent führen. Brandbeobachtungen im Dezember 1997 ergaben, dass erste Brände im östlichen Teil Amazoniens in Tailândia zur unmittelbaren Freisetzung von 15 Tonnen Kohlenstoff pro Hektar führten, während bei wiederauftretenden Bränden bis zu 140 Tonnen Kohlenstoff pro Hektar freigesetzt wurden.

Studien über Holzkohle in tiefliegenden tropischen Regenwäldern deuten darauf hin, dass natürliche Brände seltene Ereignisse sind, die vielleicht alle paar Hundert, wenn nicht alle paar Tausend Jahre vorkommen. Jüngsten Forschungsarbeiten von Cochrane und Laurence zufolge „können Brandintervalle von weniger als 90 Jahren bestimmte Baumarten des Regenwalds vernichten, während Intervalle von weniger als 20 Jahren die Bäume komplett vernichten können… Fragmentierte Wälder im östlichen Amazonien erleben gegenwärtig Brandrotationen, die zwischen 7 und 14 Jahren liegen. Kürzlich abgebrannte Wälder sind für weitere Brände stärker empfänglich, mit berechneten Brandrotationen von weniger als fünf Jahren".

Mehrere Dürrejahre in Folge wie etwa bei einer Reihe von El Niño-Jahren werden den Wald ebenfalls extrem anfällig für Brände und Austrocknung machen. Während des übermäßig starken El Niño von 1998, so Nepstad, erlebte ein Drittel von Brasiliens Regenwald am Amazonas, dass der Erdboden bis in eine Tiefe von fünf Metern austrocknete, was der Grenze der Wasseraufnahme durch die Wurzeln nahe kommt. Infolgedessen gerieten 3,5 Millionen Quadratkilometer in Gefahr, da einige Bäume Wasser aus einer Tiefe von bis zu acht Metern emporholen mussten. In diesen Stressperioden bemerkte Nepstad, dass das Baumwachstum praktisch auf

Null sank, was sich eher am Ausdünnen des Blätterdachs als durch den Abwurf von Laub bemerkbar machte.

Wie nahe sind wir dem kritischen Punkt, an dem die Wälder nicht mehr groß genug sind, ihre und die Feuchtigkeit der umgebenden Luft zu erhalten? Es könnte sein, dass wir in einigen Regionen des brasilianischen Amazonasgebiets dem schon gefährlich nahe sind, etwa im Südwesten an der Grenze zwischen Brasilien und Bolivien.

Lucy Hutrya und Steven Wofsy von der Harvard University haben vor kurzem entdeckt, dass der Niederschlag auf einer Strecke zwischen Tocantins und Guyana infolge der Entwaldung zurückgeht, die inzwischen 11 Prozent der Region umfasst. Dieser Rückgang deutet darauf hin, dass die Modelle der Regenwälder des Amazonasgebiets eine entscheidende Rolle in der Hydrologie des Amazonasbeckens spielen und im Wesentlichen besorgniserregend korrekt sind. Eine Studie über die Rolle von Regenwäldern bei der Aufladung der Luft mit Wasserdampf über Costa Rica deutet darauf hin, dass die Entwaldung zu bedeutenden Rückgängen der Niederschläge über den Bergen führt, was die Bergökologie der Region massiv beeinflussen wird. Veränderungen der Hydrologie infolge der Entwaldung innerhalb des Amazonasbeckens werden massive Auswirkungen auf die Niederschlagsmuster in den gesamten tropischen Anden haben.

Tatsächlich ist der schnelle Verlust von Gletschern in den kolumbianischen Anden eher auf Veränderungen der Niederschläge infolge der Entwaldung zurückzuführen als auf die globale Erwärmung an sich. Es kommt dann zur Austrocknung der Böden. Wenn überdies Gletscher erst einmal abschmelzen, legen sie einen dunklen felsigen Untergrund frei, der eine geringere Albedo aufweist als Eis und Schnee. Die von der Sonne aufgenommene Energie erwärmt die Region infolgedessen schneller, was zu einem beschleunigten Abschmelzen der Gletscher führt. Tatsächlich ist erheblich mehr Niederschlag über den tropischen Anden erforderlich, um die Gletscherbildung hier aufrechtzuerhalten, als es tatsächlich in höheren Breitengraden der Fall ist. Der Grund: Die tropischen Anden erhalten doppelt so viel oder mehr an Kurzwellenstrahlung von der Sonne als die Pole.

Internationale Getreidelieferanten wie die Vereinigten Staaten sind in zweierlei Hinsicht bedroht. Erstens dann, wenn das Amazonasgebiet sich selbst zerstört, indem es von der Agrarindustrie trocken gelegt wird. Zweitens weil die akkumulierte Wirkung von Treibhausgasen in der Atmosphäre innerhalb weniger Jahrzehnte zu einem plötzlichen Umschwenken der Luftmassenbewegungen über dem Pazifik und Nord- und Südamerika führen könnte. Diese El Niño-ähnlichen Veränderungen werden sich mit der Auswirkung der massiven agroindustriellen Rodungen vereinen und bis an den Punkt führen, an dem die feuchten Regenwälder des Amazonasgebiets sich nicht länger erhalten können. Und das ist eine Klimakatastrophe … wenn es je eine gegeben hat, und zwar ganz gewiss von der Größenordnung eines Films wie *The Day after Tomorrow.*

Niederschlag und Entwaldung

Ein Klimawandel, der zu weniger Niederschlag bei höheren Temperaturen und gestiegenen atmosphärischen Kohlendioxidwerten führte, würde dem Wald wahrscheinlich massiven Schaden zufügen. Es würden verstärkende Feedbackeffekte, die zu einem allmählichen Absterben der Wälder führen würden, in Gang gesetzt werden. Herkömmliche Theorien legen dar, dass der Wald auf dem Höhepunkt der letzten Eiszeit infolge der kälteren Temperaturen und des verringerten Niederschlags weitgehend verschwand. Die Reste der Wälder, die infolge lokaler, immer noch geeigneter Bedingungen überlebten wie etwa im Nordwesten des Amazonasbeckens, bewahrten eine reiche biologische Vielfalt, die gemeinsam mit der schnellen Erwärmung, die dem Ende der Eiszeit folgte, den Grundstein für die Wiederbewaldung der umgebenden Region legte. Die noch vorhandenen biologischen Refugien legten dann die Basis für die außergewöhnliche biologische Vielfalt von heute.

Eine solche Vorstellung ist durch eine sorgfältige Analyse auf den Kopf gestellt worden. Die Sedimente, die mit dem Amazonas in den Atlantik gespült werden und das Kontinentalschelf bedecken, zeigen bei genauer Analyse, dass die Beweise dafür, dass der Wald mit Ausnahme von kleinen Refugien verschwindet, nicht stichhaltig ist. Im Gegenteil: Sharon Cowling, Mark Maslin und anderen zufolge hat der Wald überlebt, allerdings in einer substanziell anderen Zusammensetzung als der, die wir heute kennen. Es steht nun fest, dass die Bergwälder der Anden infolge der allgemein vorherrschenden kälteren und trockeneren Wetterbedingungen einige Teile des Amazonasbeckens besiedeln konnten.

Nun haben Cowling, Maslin und Martin Sykes die Wirkung von drei wichtigen Kriterien – der Kohlendioxidkonzentration in der Atmosphäre, der Niederschlagsmenge und der Temperatur – darauf untersucht, ob die Vegetation dieser Zeit eher einem Wald mit einem geschlossenen Blätterdach entsprach oder eher einer Art Savanne. Diese Form der Modellrechnung bestätigt eindeutig die paläontologischen Daten, die an der Amazonasmündung gewonnen wurden. Es stellte sich heraus, dass der Wald niedrigen Kohlendioxidmengen und geringerem Niederschlag nur dann widerstehen kann, wenn die Temperaturen viel niedriger sind als heute.

Der Haupteffekt der kühleren Temperaturen besteht darin, dass sie die photosynthetischen Verluste verringern, die durch Photorespiration bewirkt werden, bei der Sauerstoff mit Kohlendioxid in einen Wettbewerb um Rubisco tritt, das Kohlenstoff bindende Enzym in C_3-Pflanzen. Zusätzlich verringern niedrige Temperaturen die Verdunstungstranspiration mit dem Ergebnis, dass die Vegetation das für die Kohlenstoffaufnahme in die Blätter zur Verfügung stehende Wasser besser nutzen kann. Wie Sharon Cowling und ihre Kollegen betonen: „Kühlere Temperaturen zur Zeit des Höhepunkts der letzten Eiszeit haben vielleicht mitgeholfen, das Gleichgewicht von Kohlenstoff und Wasser in den tropischen Regenwäldern der Eiszeit zu verbessern, was ihnen erlaubte, sich gegenüber dem Grasbewuchs durchzusetzen und im größten Teil des Amazonasbeckens eine Dominanz zu behaupten."

Wie Antonio Nobre betont, lässt der relative Mangel an großen natürlichen Pflanzenfressern in Amazonien im Vergleich mit Afrika und dessen großen Savannen vermuten, dass die Regenwälder des Amazonasbeckens selbst in den letzten Eiszeiten intakt geblieben sind. Wenn die Wälder überdies tatsächlich aus weiten Gebieten des Amazonasbeckens verschwunden wären, hätten sie sich wahrscheinlich nie erholen können – angesichts der entscheidenden Rolle, welche die Verdunstungstranspiration bei der Wässerung von Wäldern im zentralen und westlichen Teil der Region spielt.

Aber was geschieht in Zukunft, wenn die Temperaturen über dem Wald ansteigen und der Niederschlag abnimmt? Die höheren Kohlendioxidanteile von heute werden mit Sicherheit einige der Verluste durch Photorespiration wettmachen, die sich infolge der höheren Temperaturen ergeben, doch alle Belege deuten darauf hin, dass der Wald unwiederbringlich durch die Aufwärmung im Innern geschädigt werden könnte, die durch die geringere Verfügbarkeit von Wasser für die Transpiration bedingt ist. Die Ausdünnung des Blätterdachs, die Nepstad während schwerer El Niño-Episoden feststellte, deutet darauf hin, dass die feuchten Regenwälder des Amazonas physiologisch dicht an ihrer Toleranzgrenze angekommen sind. Sie leben jetzt bereits am äußersten Rand; somit ist zu befürchten, dass wärmere Temperaturen und ein geringerer Niederschlag ihnen den Gnadenstoß versetzen werden.

Die Fernwirkung durch Rossby-Wellen gerät durch Entwaldung in Gefahr

Nicola Gedney und Paul Valdes vom Department of Meteorology von der University of Reading und der Bristol University zeigen anhand ihrer Modelle, dass die Entwaldung Amazoniens unabhängig von der globalen Erwärmung zu beträchtlichen Klimastörungen über dem Nordostatlantik und Westeuropa führen wird, aber auch an der Ostküste der Vereinigten Staaten, besonders während der Wintermonate der nördlichen Hemisphäre, die in der Folge erheblich feuchter werden würden.

Normalerweise ist die Konvektion während der Wintermonate über dem Amazonasbecken am stärksten. Diese Konvektion, die auf der Aufnahme erheblicher Mengen von Wasserdampf beruht, treibt dann starke Rossby-Wellen an, von denen einige in einer nordwestlichen Richtung quer über den Atlantik in Richtung Westeuropa treiben. Die aus dem Amazonasgebiet hervorgehenden Rossby-Wellen neigen dazu, von starken Ostwinden in der Höhe niedergedrückt zu werden; gleichwohl ist die latente Wärmequelle für die Rossby-Wellen unter normalen Umständen stark genug, die Ostwinde zu überwinden. Diese Situation kehrt sich um, wenn der Wald infolge geringerer Niederschlagsmengen über dem Becken durch Weideland ersetzt wird, was an sich schon zu einer allgemeinen Schwächung der Luftmassenzirkulation in den Tropen führt. Unter diesen Umständen bewirken die Ostwinde in der Höhe eine Unterdrückung der jetzt geschwächten Rossby-Wellen.

Wie Gedney und Valdes betonen: „Unsere Ergebnisse legen die Vermutung sehr nahe, dass es eine relativ direkte physikalische Verbindung zwischen Veränderungen über der entwaldeten Region und dem Klima des Nordatlantiks und des westlichen Europas gibt. Veränderungen in der Vegetationsdecke Amazoniens führen zu einer geringeren Erwärmung der Atmosphäre darüber. Dies schwächt dann die lokale Hadley-Zirkulation, was zu einer geringeren Absenkung und zunehmendem Niederschlag über den südöstlichen USA führt. Das Ergebnis hiervon ist eine Modifizierung der Quelle der Rossby-Wellen, was weitere Veränderungen in der Zirkulation mittlerer und höher Breitengrade im Winter der nördlichen Hemisphäre nach sich zieht. Dies löst wiederum Veränderungen des Niederschlagsmusters aus, vor allem eine Zunahme über dem Nordatlantik, und man geht auch von Veränderungen über Westeuropa aus."

Entwaldung und steigende Temperaturen

Viele Studien haben die starken Unterschiede der Tagestemperaturen zwischen natürlichen Waldgebieten und gerodetem Land gezeigt. In Nigeria beispielsweise lag die Tagestemperatur direkt über dem Erdboden auf einem gerodeten Stück Land um fünf Grad Celsius höher als im nahegelegenen Wald, und die Feuchtigkeit betrug nur 49 Prozent verglichen mit den 87 Prozent des Waldes. Gerodete Gebiete werden auch weit eher überflutet und unterliegen anschließend der Erosion. Carlos Molion von der State University in Alagoas betont, dass das Blätterdach in Amazonien etwa 15 Prozent des Regens abfängt, von dem ein großer Teil dann direkt in die Atmosphäre verdunstet. Wenn das Blätterdach nicht mehr da ist, führt das dazu, dass bis zu 4.000 Tonnen Wasser pro Hektar auf den Erdboden treffen, was eine selektive Erosion feinerer Tonpartikel auslöst und zunehmend unfruchtbaren Sand zurücklässt. Boden unter intakten Wäldern absorbiert zehnmal mehr Wasser im Vergleich mit Weideland, wo die Erosionsraten tausendmal größer sein können.

Daraus wird zunehmend klar, dass wir das Klima stören, und zwar nicht nur durch die Emission von Treibhausgasen beim Verbrennen fossiler Brennstoffe, sondern auch weil Ökosysteme wie die des Amazonasbeckens beim Transport von Energie vom Äquator zu den gemäßigteren Regionen unseres Planeten eine so bedeutsame

Rolle spielen. Unser Klimasystem mit seinen besonderen Wettermustern ist auf diese Energietransfers angewiesen.

Folglich müssen wir alles in unserer Macht Stehende tun, um agroindustrielle Unternehmen daran zu hindern, weitere Teile der tropischen Regenwälder des Amazonasgebiets zu zerstören, ob nun für die Produktion von Sojabohnen oder die Viehzucht.

Während wir unsere gesamte Energie dafür aufwenden müssen, eine weitere Zerstörung der Tropenwälder zu verhindern, müssen wir uns gleichzeitig der Tatsache bewusst sein, dass die feuchten tropischen Regenwälder überall auf der Welt durch die globale Erwärmung bedroht sind. Das wird zu einer drastischen Änderung der Meeresströmungen und der Luftmassenbewegungen führen. Es ist eine gewaltige Aufgabe, jedoch eine, die wir dringend angehen müssen, während wir gleichzeitig alles in unseren Kräften Stehende tun, um die tropischen Regenwälder zu erhalten und die Treibhausgasemissionen weltweit zu verringern. Und sollten wir uns als unfähig erweisen, unsere Treibhausgasemissionen zu reduzieren, könnte es sein, dass die Wälder Amazoniens schließlich doch zum Untergang verdammt sind.

Umweltschützer müssen sich dieser Themen annehmen, denn wenn sie es nicht schaffen, die Beziehung zwischen amazonischen Wäldern und dem Klima zu berücksichtigen, werden all die verdienstvollen Projekte, bei denen es gelang, isolierte Waldteile zu bewahren und sie durch ökologische Korridore miteinander zu verbinden, umsonst gewesen sein. Aus Avissars Arbeit wissen wird, dass wir wahrscheinlich mindestens 60 Prozent des feuchten tropischen Regenwalds intakt bewahren müssen – sicherlich nicht weniger.

Aber wird irgendeine Regierung auf die schnelle Rendite verzichten, die eine Ausbeutung der natürlichen Ressourcen eines so großen Gebietes wie Amazonien bietet? Wie Bill Laurence, Philip Fearnside und brasilianische Umweltschützer betonen, würde ein Weg, die Regierungen zu überzeugen, den Wald in Ruhe zu lassen, darin bestehen, ein Kohlenstoffkreditsystem zu schaffen, das den Wert einer *vermiedenen* Entwaldung realisiert statt nur den Wert für neue Waldprojekte. In der ersten Verpflichtungsperiode des Kyoto-Protokolls ist vorgesehen, dass nur dann eine Veränderung der Landnutzung honoriert wird, wenn das nachweislich zu einer Kohlendioxidassimilation führt – was vor allem der nachhaltigen Lobbyarbeit von Umweltschützern gegen die Idee von Krediten für vorhandene Wälder zu verdanken ist. Vielleicht werden diese Lobbyisten beim Erreichen der zweiten Verpflichtungsperiode des Kyoto-Protokolls nach dem Jahr 2010 ebenso wie die Regierungen erkannt haben, wie entscheidend es ist, Wege zur *Vermeidung* der Entwaldung zu finden, wenn das Ziel darin besteht, das Klima zu stabilisieren.

Das Kyoto-Protokoll gibt falsche Ziele vor

Tatsächlich besteht das Problem mit dem Kyoto-Protokoll darin, dass Artikel 2 zwar fordert, dass Industriestaaten „Senken und Speicher schützen und verstärken, nachhaltige Waldbewirtschaftungsmethoden, Aufforstung und Wiederaufforstung fördern sollen". Artikel 12 aber versichert, dass existierende Wälder nicht vom Protokoll erfasst werden. Es spiegelt daher die Wünsche von Umweltschützern wider, und gerade derer aus Westeuropa und den Vereinigten Staaten, die sich bisher vehement der Vorstellung widersetzt haben, zu den CDMs (Clean Development Mechanisms des Kyoto-Protokolls) gehöre *die Vermeidung von Entwaldung* – und dies aus dem verständlichen Grund, dass der Kohlenstoff schon im Wald und im Erdboden enthalten ist.

Jene Umweltschützer machten sich mit Recht Sorgen, Industriestaaten wie etwa die USA würden sich aus ihrer Verantwortung zur Verringerung von Treibhausgasemissionen davonstehlen – und zwar indem sie sich darauf berufen, der Bestand und die Erweiterung natürlicher Wälder innerhalb der Staatsgrenzen würden für sie diese Arbeit erledigen. Folglich haben die Umweltschützer argumentiert, wenn *vermiedene Entwaldung* in den CDMs sanktioniert wäre, brauchten diese Länder (und Unternehmen), die von jedem Handel mit Kohlenstoffrechten profitieren, kaum mehr zu tun, als sich nach den preiswertesten Ausgleichsmöglichkeiten für Kohlendioxid umzusehen und diese mit ihren eigenen Emissionen zu verrechnen.

Bis heute hat auch die brasilianische Regierung sich gegen den Einschluss von Forsterhaltung und seiner logischen Konsequenz, der Verringerung der Geschwindigkeit bei der Entwaldung, als einer legitimen Möglichkeit für CDMs ausgesprochen. Die brasilianische Regierung ist offenkundig der Ansicht, dass sie mehr verdienen kann, wenn sie ausländische Investoren dazu auffordert, das Land, auf dem die Regenwälder stehen, auszubeuten, als sie je gewinnen könnte, wenn sie Kohlenstoffrechte zu Geld macht. Dieser Ansicht kann man nur sein, wenn man die wahren ökologischen und klimatologischen Dienste des Amazonasbeckens ignoriert.

Es geht hier nicht einfach nur um biologische Vielfalt. Die Beziehung zwischen tropischen Regenwäldern und dem Klima muss unsere erste Überlegung sein, wenn wir die Notwendigkeit von Wahrung und Schutz erörtern. Die Bewahrung der biologischen Vielfalt ergibt sich dann ganz natürlich als das Mittel, mit dem ein tropischer Regenwald sich erhalten kann. Die Mittel zur Erhaltung der verbleibenden tropischen Regenwälder und zur Rehabilitation derer, die schon zerstört worden sind, genießen daher Vorrang. Man sollte diesen Bemühungen den gleichen Status einräumen wie den Anstrengungen um eine Reduktion der Emission von Treibhausgasen, wie sie sich in den Überlegungen und Empfehlungen von Körperschaften wie etwa dem Intergovernmental Panel on Climate Change (IPCC) ausdrücken.

Es ist deshalb dringend geboten, dass wir den Regenwald in erster Linie wegen seiner ökologischen und klimatologischen Dienste wertschätzen, und aus diesem Grund muss ein Mechanismus wie etwa CDMs entwickelt werden, mit dem anerkannt wird, dass der

Wert des Waldes als natürlicher Kohlenstoffsenke nur eine Seite der entscheidenden Rolle darstellt, die der Wald bei der Bestimmung von Klimaprozessen spielt, während er nur sich selbst erhält.

Trotz aller bestehenden Besorgnis um die Zukunft des Amazonasgebiets muss ein internationaler Prozess, der die Bedeutung des Waldes als natürlicher Kohlenstoffsenke und aufgrund seiner Klimadienste würdigt, erst noch entwickelt werden. Zum Glück beginnen die Länder am Amazonas zu erkennen, dass der weitere Verlust dieser ungeheuren Feuchtigkeitsreserve für die Landwirtschaft in weiten Teilen Südamerikas großen Schaden bedeuten würde. Vertrauen wir darauf, dass diese Anliegen bei der Entscheidungsfindung in allen Ländern der Welt Vorrang erhalten werden, ob sie tropische Wälder besitzen oder nicht, wenn wir irreversible Klimaveränderungen verhindern wollen. Aber besonders die Länder, die riesige Regenwälder haben, sind aufgefordert, die Initiative bei der Erreichung globaler Vereinbarungen zu ergreifen, die zum Schutz genau dieser Wälder führen können. Es liegt auf der Hand, dass Kompensationsprozesse für die Aufrechterhaltung der unschätzbaren ökologischen Dienste solcher Wälder ausgehandelt werden müssen.

Literaturverzeichnis

Peter J. Barrett, „Antarctic Palaeoenvironment through Cenozoic Times", *Terra Antarctica,* Bd. 3, Nr. 2, 1996, S. 103–119.

Peter J. Barrett, „Cooling a Continent", *Nature,* Bd. 421, 16. Januar 2003, S. 221f.

Richard A. Betts, Peter M. Cox, Matthew Collins, John H.C. Gash, Philip P. Harris, Chris Huntingford, Chris D. Jones und Keith D. Williams, *Amazonian Forest Die-Back in the Hadley Centre Coupled Climate-Vegetation Model,* UK Met Office, Hadley Centre, 2002.

Mark A. Cochrane, Ane Alencar, Mark D. Schulze, Carlos M. Souza Jr., Daniel C. Nepstad, Paul Lefebvre und Eric A. Davidson, „Positive Feedbacks in the Fire Dynamic of Closed Canopy Tropical Forests", *Science,* 284, 11. Juni 1999, S. 1832–1835.

Peter M. Cox, Richard A. Betts, Chris Jones, Steven A. Spall und Ian J. Totterdell, „Acceleration of Global Warming Due to Carbon-Cycle Feedbacks in a Coupled Climate Model", *Nature Letters,* 408, 9. November 2000.

Philip Fearnside, „Greenhouse Gases from Deforestation in Brazilian Amazonia: Net Committed Emissions“, *Climatic Change,* 35, (3), 1997, S. 321–360.

Philip M. Fearnside, „Global Warming and Tropical Land-Use Change: Greenhouse Gas Emissions From Biomass Burning, Decomposition and Soils in Forest Conversion, Shifting Cultivation and Secondary Vegetation“, *Climate Change,* 46, 2000, S. 115–158.

Nicola Gedney und Paul J. Valdes, „The Effect of Amazonian Deforestation on the Northern Hemisphere Circulation and Climate“, *Geophysical Research Letters* 19, 2000. S. 3053–3056.

John Grace, „Forests and the Global Carbon Cycle“, S. It. E. *Atti,* 17, 7.11.1996.

Lucy Hutrya und Wofsy Steven, *Geophysical Research Letters,* www.agu.org/pubs/crossref/2005/2005GL024981.shtml.

W.F. Laurence, M.A. Cochrane, S. Bergen, P.M. Fearnside, P. Delamonica, C. Barber, S. D'Angelo und T. Fernandes, „The Future of the Brazilian Amazon“, *Science,* Bd. 291, Ausgabe 5503, 2001, S 438–439.

A.M. Makarieva, V.G. Gorshkov, „Biotic Pump of Atmospheric Moisture as Driver of the Hydrological Cycle on Land“, *Hydrology and Earth System Sciences Discussions,* 3, 2006, S. 2621–2673.

R.A. Pielke „Mesoscale Meteorological Modelling“, 2. Auflage, Academic Press, San Diego 2002.

E. Salati, „The Forest and the Hydrological Cycle“, in: *The Geophysiology of Amazonia,* hg. von R.E. Dickinson, Wiley Interscience, New York 1987.

P. Silva Dias und R. Avissar, *The Future of the Amazon: Impacts of Deforestation and Climate,* Konferenz, unveröffentlichte Protokolle. Smithsonian Tropical Research Institute, Panama 2002.

M.A.F. Silva Dias, W. Petersen, P. Silva Dias, A.K. Betts, A.M. Gomes, G.F. Fisch, M.A. Lima, M. Longo, M.A. Antonio, „A Case Study of the Process of Organization of Convection into Precipitating Convective Lines in Southwest Amazon“, *Journal of Geophysical Research,* 107, 2002.

Deepak K. Ray u.a., „Impact of Land Use on Costa Rica Tropical Montane Cloud Forests: Sensitivity of Orographic Cloud Formation to Deforestation in the Plains“, *Journal of Geophysical Research,* 111, 2006.

Harald Sioli, „The Effects of Deforestation in Amazonia“, *The Ecologist,* 17, Nr. 4/5, 1987.

D. Werth und R. Avissar, „The Effects of Deforestation in Amazonia on the Climate of Other Regions“, *Journal of Geophysical Research,* 2002.

Herbert Girardet

Die Schaffung lebenswerter und nachhaltiger Städte

> „Die Schlacht für eine nachhaltige Entwicklung – in der es darum geht, eine ökologisch stabilere, gerechtere und gesündere Welt zu schaffen – wird vor allem in unseren Städten gewonnen und verloren."
>
> *Klaus Töpfer, Geschäftsführender Direktor der UN-Umweltbehörde UNEP, San Francisco, Juni 2005*

I. Wo stehen wir?

In den letzten hundert Jahren hat es auf dem Planeten Erde einen beispiellosen Wandel gegeben: Städte werden zu unserem primären Lebensraum. Im Jahre 1900 lebten 15 Prozent der 1,5 Milliarden Menschen auf der Welt in Städten. Von 1900 bis 2000 vervierfachte sich die Weltbevölkerung von 1,5 auf 6,2 Milliarden – gleichzeitig verdreizehnfachte sich die urbane Bevölkerung von 225 Millionen auf 2,9 Milliarden Menschen. Im Jahre 2000 lebten 47 Prozent der sechs Milliarden Menschen auf der Welt in Städten. In den Industrienationen waren etwa 76 Prozent, in den Entwicklungsländern 40 Prozent urbanisiert. Man erwartet, dass diese Zahl bis 2030 auf 60 Prozent ansteigen wird.[1]

Das Tempo der Verstädterung wird noch augenfälliger, wenn man die Zahl der Städte betrachtet, die rund um den Globus entstanden sind:

- Im Jahr 1800 zählten vier Städte mit jeweils etwa einer Million Einwohnern – Beijing, Tokio, Delhi und London – zu den größten Städten auf der Erde.

- Im Jahr 2000 gab es 200 Städte mit rund einer Million Einwohnern, hundert Städte zwischen einer und zehn Millionen und rund zwanzig Megastädte mit mehr als zehn Millionen Einwohnern.[2]

Die Schlüsselfrage, die sich hier stellt, ist, ob eine überwiegend *urbane* Zukunft für die Menschheit auch eine *nachhaltige* Zukunft sein kann. Eine umfassende Urbanisierung verändert nicht nur die Lebensbedingungen der Menschheit dramatisch, sondern auch deren Beziehungen zur Erde:

- Während wir früher in einer Welt der Bauernhöfe, Dörfer und Kleinstädte lebten, sind wir jetzt dabei, uns in eine Großstadtspezies zu verwandeln.
- Während wir früher als lokale Selbstversorger lebten, werden heute immer mehr von uns Bürger einer vernetzten Welt, in der sich alles um den Menschen dreht.
- Während wir früher hauptsächlich von der alljährlichen lokalen Ernte abhingen, greifen heute immer mehr von uns auf weltweite Lebensmittel- und Holzvorräte zurück.
- Während wir früher lokale Energiequellen nutzten, verbrauchen wir heute nicht erneuerbare Vorräte fossiler Brennstoffe aus aller Welt.

Heute leben zwei Drittel aller Stadtbewohner in Städten von einer halben Million Einwohnern oder weniger, und nur ein Drittel in noch größeren Städten. Nur einige wenige Prozent aller Menschen leben in Megastädten von zehn Millionen Einwohnern oder mehr. Trotzdem ist das beispiellose Wachstum von Megastädten ein sehr wichtiger Trend. Sie stellen die größten und komplexesten künstlichen Strukturen dar, die je geschaffen wurden. In einer sich globalisierenden Welt sind sie die zentralen Knotenpunkte moderner Volkswirtschaften und ihrer Kommunikations- und Transportsysteme.[3]

Bis vor kurzem ging es bei der Diskussion über die Zukunft von Städten in erster Linie um Fragen der Städteplanung – um die Verbesserung von Transportsystemen, eine dichtere Bebauung im Gegensatz zu dünn besiedelten Stadtgebieten, eine bessere Integration zwischen verschiedenen Stadtteilen, etc. Dies sind offenkundig entscheidende Fragen, und es ist sehr wichtig, Städte mit einer hohen Umweltqualität zu schaffen, mit einem guten Verkehrsfluss und interessanter Stadtlandschaft.

In den letzten Jahren haben auch soziale Fragen wie etwa Spannungen zwischen ethnischen Gruppen, soziale Unruhen, Arbeitslosigkeit und Gesundheitsfragen wie etwa das epidemische Potenzial ebenfalls viel Aufmerksamkeit erlangt. Auch ist mehr über die Risiken, die vom Terrorismus ausgehen, in den Medien berichtet worden.

In den folgenden Ausführungen werde ich mich jedoch hauptsächlich auf die dauerhafte Lebensfähigkeit von Städten als menschlichem Lebensraum konzentrieren. Die Lebensqualität in Städten ist ebenfalls Gegenstand meiner Erörterungen. In erster Linie werde ich aber versuchen, einige grundsätzliche Fragen nach der Dynamik des städtischen Wachstums sowie nach der Entwicklung der Beziehung zwischen Städten und der globalen Umwelt anzusprechen. In dieser sich urbanisierenden Welt muss uns noch klarer werden, als es heute der Fall ist, wie wir die *ökologische Nachhaltigkeit* unseres neuen urbanen Lebensraums sichern können.

Es stellen sich drei Fragen:

- Stellt uns die globale Urbanisierung eine Umweltkatastrophe in Aussicht oder verspricht sie, im Gegenteil, die effiziente Nutzung der Erdressourcen?
- Ist es möglich, eine Welt *nachhaltiger Städte* zu schaffen?
- Oder alternativ: Gibt es plausible Möglichkeiten, die Urbanisierung zu verlangsamen, anzuhalten oder sogar umzukehren?

a. Entwicklung und Urbanisierung

Das Wachstum großer Städte – besonders seit dem frühen 19. Jahrhundert – stand in direktem Zusammenhang mit den neuen technischen Errungenschaften der Industriellen Revolution. Denken wir an den Verbrennungsmotor, die Stahlproduktion, den motorisierten Nahverkehr, zentralisierte Abwassersysteme sowie Ferntransport und Tele-Kommunikation. Die neuen Einrichtungen, die für die städtischen Transport- und Energiesysteme sowie für die Versorgung mit Rohstoffen, Wasser und Lebensmitteln geschaffen wurden, lassen moderne Städte ganz anders funktionieren als frühere Städte.

Die Städte, die aus der Industriellen Revolution hervorgingen, ihren beispiellosen technischen Fortschritt und großartige neue Gebäude vorzeigen konnten – die die Konzentration neuen Reichtums widerspiegelten –, waren auch Orte einer beispiellosen Umweltverschmutzung, von Gesundheitsproblemen und Übervölkerung. Reformbewegungen bemühten sich darum, diese oft schockierenden Lebensbedingungen öffentlich zu machen, und im Lauf der Zeit gelang es ihnen auch, bedeutsame Verbesserungen zu bewirken.

Die immer stärkere Ausbeutung der natürlichen Ressourcen verursachte wiederum eigene lokale Probleme. Die Städte in den sich entwickelnden Industrieländern mussten lernen, mit den Auswirkungen von drei verschiedenen Arten der Umweltverschmutzung umzugehen: mit dem Smog von Kohlefeuern, der Boden- und Wasser-Kontamination durch Industrietätigkeit und der Akkumulation menschlicher Exkremente. Das letztgenannte Problem war besonders dringend: Die Versickerung von Abwässern in den Grundwasserspiegel und ihre Einleitung in die Flüsse löste in vielen Städten Cholera- und Typhusepidemien aus. Diese Probleme wurden nur zum Teil durch neue Gesetze und Verbesserungen der Infrastruktur überwunden.

Ein großer Teil der jüngsten Diskussion über eine globale urbane Zukunft befasst sich mit ähnlichen, aktuellen Umweltproblemen in den Städten der Entwicklungsländer. Der Mangel an Abwasser- und Abfallsystemen und sauberem Wasser hat eine starke Beachtung gefunden. Illegale Siedlungen, unerträgliche Armut und eine endemische Arbeitslosigkeit von Millionen ergeben ein düsteres Bild. Tatsächlich beschäftigen sich die Ziele der UNO für das neue Jahrtausend hauptsächlich mit genau diesen Themen. Sie konzentrieren sich in erster Linie auf die Verbesserung der Lebensbedingungen, aber sie vernachlässigen die ökologische Nachhaltigkeit sich entwickelnder Städte.

In den letzten Jahren hat die wirtschaftliche Globalisierung die Migration von Menschen aus ländlichen Regionen in Städte, in denen die Aussicht auf gut bezahlte Arbeit lockte, massiv beschleunigt. In vielen Gegenden ist es den Städten jedoch nicht gelungen, diese Hoffnungen zu erfüllen und mit dem anscheinend endlosen Zustrom von Menschen fertig zu werden, weder kräftetechnisch noch organisatorisch. Infolgedessen sind viele Städte heute keine Orte, an denen es sich angenehm leben lässt, von ihrer Umweltverträglichkeit ganz zu schweigen.

Die Probleme der Urbanisierung in Afrika sind besonders auffallend. Von 1990 bis 2025 erwartet man im Afrika südlich der Sahara ein Wachstum der Großstädte von fast 500 Prozent. Dann wird annähernd die Hälfte der Gesamtbevölkerung wahrscheinlich in städtischen Regionen leben. Es wird erwartet, dass die Stadtbevölkerung im Verlauf des kommenden Vierteljahrhunderts fast doppelt so schnell wachsen wird wie die Bevölkerung allgemein und gegenüber dem Niveau von 1990 um mehr als eine halbe Milliarde Menschen zunehmen wird.[4]

Doch gleichzeitig werden für viele afrikanische Länder nur geringe wirtschaftliche Wachstumsraten vorhergesagt. Dies führt unweigerlich zu einer immer stärker anwachsenden städtischen Unterschicht und dementsprechend hohen Verbrechensraten und Gewalt.

Schon heute leben in den Städten Afrikas, Indiens und Teilen Südamerikas beinahe die Hälfte der Einwohner in illegalen Siedlungen (squatter camps), oft in einem Zustand extremer existentieller Unsicherheit. Sie haben meist keinen sicheren Platz, und überdies fehlen ihnen noch die einfachsten Annehmlichkeiten. Und dennoch sind die illegalen Siedlercamps oft Orte von großer Vitalität. Die Unterkünfte sind meist selbst gebaut und mit sehr begrenzten Mitteln selbst organisiert, dennoch wird dort für die Bedürfnisse ihrer Bewohner oft besser gesorgt als in staatlichen Wohnungsbauprogrammen, weil die Großfamilien, die Nachbarschaft und religiöse Institutionen ihr Möglichstes tun, um eine aktive Unterstützung zu bieten.

Globale Folgen

Was mit den Menschen in den rasch anwachsenden illegalen Siedlercamps in den Städten der Dritten Welt geschieht, ist von entscheidender Bedeutung, weil es das Leben von bis zu einem Fünftel der Menschheit betrifft. Doch im Gesamtzusammenhang sind die ökologischen Auswirkungen dieser sich urbanisierenden Welt auf den Rest des Planeten vielleicht noch wichtiger. Städtische Ballungsräume und ihr Konsumverhalten sind zum vorherrschenden Merkmal der Anwesenheit des Menschen auf der Erde geworden. Sie haben die Beziehung der Menschheit zu unserem Planeten und seinen Ökosystemen grundlegend verändert. Die Konzentration intensiver Wirtschaftstätigkeit und ein hohes Konsumniveau in Städten regen die globale Nachfrage nach Ressourcen an. So hatten beispielsweise die Stadtbewohner in China im Jahre 2003 verfügbare Einkommen, die viermal so hoch waren wie die von Landbewohnern – 8.000 gegenüber 2.000 Dollar, mit entsprechenden Konsequenzen für den individuellen Ressourcenverbrauch.[5] Da sowohl das Bevölkerungswachstum als auch das Wirtschaftswachstum in städtischen Regionen in den kommenden Jahrzehnten ohne Zweifel anhalten wird, ist zu befürchten, dass die Nachfrage nach natürlichen Ressourcen enorm zunehmen wird.

Bis vor kurzem sind der Verbrauch von Ressourcen und die Abfallbeseitigung in den großen modernen Städten kein wichtiges Thema gewesen. Wie jedoch das Zitat von Klaus Töpfer nahe legt, beginnt sich das zu ändern. Städte, die nur drei bis vier Prozent der Landfläche der Erde ausmachen, verbrauchen mindestens 80 Prozent ihrer Ressourcen und entlassen ähnlich hohe Abfallmengen in die globale Umwelt. Die Hälfte der Weltbevölkerung lebt jetzt in Städten, und der überwiegende Teil der anderen Hälfte ist zum eigenen wirtschaftlichen Überleben zunehmend von den Stadtbewohnern abhängig. Die dringend gebotene Notwendigkeit, diese Situation zu verbessern, steht im Mittelpunkt dieser Ausführungen.

Natürlich ist es wichtig zu betonen, dass die Urbanisierung nicht isoliert stattfindet. Städte sind Subsysteme globaler Wirtschafts-, Finanz-, Technik- und Kommunikationssysteme. Nationale Volkswirtschaften sind in sie eingebettet und werden durch sie kontrolliert. Um nachhaltig zu werden, müssen ihre *ökologischen Fußabdrücke* insgesamt drastisch verringert werden. Doch all dies erfordert in Politik und Wirtschaft eine neue Entschlossenheit und neuen Einfallsreichtum sowie den Einsatz von politischen Werkzeugen, die weit über die gegenwärtige Bandbreite lokaler Behördenplanung hinausgehen.

Städte werden immer Zentren des Konsums sein. Wir können jedoch die Art und Weise, wie sie Ressourcen nutzen, grundlegend ändern. *Energieeffizienz, erneuerbare Energie, Ressourcenproduktivität, städtische* und *industrielle Ökologie* sind in diesem Zusammenhang die Schlüsselbegriffe.

b. Städte und Energieverbrauch

Der größte Teil weltweiter Energie wird von den Städten und ihren Transportsystemen verbraucht, von denen die meisten in Städten beginnen und dort enden. Eine ungeheure und unaufhörliche Nachfrage nach Energie aus fossilen Brennstoffen definiert die Städte von heute mehr als jeder andere einzelne Faktor – sie werden benötigt, um Transportsysteme und Kraftwerke zu betreiben, die den Strom für Fahrstühle, Wasserpumpen, Beleuchtung, Klimaanlagen und eine unübersehbare Vielzahl von Haushalts- und Bürogeräten liefern. Während wir uns einem globalen Gipfelpunkt des Öl- und Gasverbrauchs nähern, wird die Lage unserer Städte durch die Abhängigkeit von fossilen Brennstoffen noch prekärer.

Anlass zur Sorge gibt nicht nur der Energieverbrauch an sich, sondern auch seine Auswirkungen auf das Weltklima. Der überwiegende Teil der weltweiten Zunahme an Kohlendioxidemissionen in der Atmosphäre ist auf die Verbrennung fossiler Brennstoffe in und für unsere Städte zurückzuführen. Die weltweiten CO_2-Emissionen sind von etwa 2,5 Milliarden Tonnen im Jahr 1960 auf 6,2 Milliarden Tonnen im Jahr 2000 gestiegen – analog zu der weltweiten Industrialisierung und Urbanisierung. Vor allem die Städte tragen zum Klimawandel bei, werden aber auch dessen Hauptopfer sein. Die Systeme der Nahrungsmittelproduktion, die unsere Städte versorgen, sind hochgradig energieintensiv. Überdies leben rund 40 Prozent der Weltbevölkerung maximal 40 Kilometer vom Meer entfernt, d.h. in den kommenden Jahrzehnten werden viele Städte unter der zunehmenden Häufigkeit von Sturmfluten und einem höheren Meeresspiegel zu leiden haben. Es bleibt abzuwarten, ob ein wachsendes Bewusstsein für diese Dinge die Städte veranlassen wird, bei den Bemühungen, die schlimmsten Auswirkungen des Klimawandels zu vermeiden, die Führung zu übernehmen. Man darf nicht vergessen, dass die Städte gegenwärtig die Hauptverursacher des Klimawandels sind.

Wohlstand und die Zersiedelung des Stadtraums

Ein vorherrschender Trend der jüngsten Jahrzehnte ist der Drang in die Vororte gewesen, der durch den alltäglichen Gebrauch des Autos ermöglicht wurde. Die schleichende Ausdehnung der städtischen Siedlungsräume (urban sprawl) hat die Landschaften vieler

Länder dramatisch verändert. Sie haben Ackerland und Waldgebiete verschlungen, auf denen Einfamilienhäuser auf Grundstücken von tausend oder zweitausend Quadratmetern errichtet wurden. Ohne entscheidende Weiterentwicklungen in der Transporttechnologie bedeutete dieser Drang in die Vororte, der maßgeblich vom privaten Autoverkehr abhängig ist, eine weitere beunruhigende Abhängigkeit von den schwindenden Vorräten an fossilen Brennstoffen.

Zersiedelung ist typisch für Städte mit wachsendem Wohlstand, in denen die Menschen die Großzügigkeit der Vororte gegenüber dem Leben in den dichter besiedelten Stadtzentren vorziehen. Die räumliche Ausdehnung von Städten übertrifft oft deutlich ihr Bevölkerungswachstum. Die Bevölkerung von New York zum Beispiel ist in den letzten 25 Jahren nur um rund fünf Prozent gewachsen, die Fläche aber um 61 Prozent. Mehr als 50 Prozent des Treibstoffs, der in dem gesamten Stadtgebiet verbraucht wird, wird für Autos benötigt.

Los Angeles ist dafür berühmt, wie es sich entlang seines unüberschaubar komplexen Freeway-System ausbreitet. 90 Prozent der Stadtbevölkerung fahren mit dem Auto zur Arbeit, und viele Menschen leben in Einfamilienhäusern, die von großen Gärten umgeben sind. Als Stadt mit elf Millionen Bewohnern bedeckt Los Angeles ein Gebiet, das dreimal so groß ist wie London mit seinen sieben Millionen Einwohnern. London selbst, in dem Doppel- und Reihenhäuser in den Vororten die Regel sind, ist mehrere Male größer als Hongkong, dessen sechs Millionen Einwohner zumeist in Hochhäusern wohnen. Da überrascht es nicht, dass Hongkong weit effizienter Raum (und Treibstoff) nutzt als Los Angeles oder London.[6]

In Europa hat sich nicht die starke Zersiedelung durchgesetzt, wie sie in den USA und Australien üblich ist, aber es gibt auch viele Europäer, die ein Haus mit einem Garten möchten, der groß genug ist, um zumindest einen kleinen Swimmingpool unterzubringen. In vielen Teilen Europas haben sich die Menschen auch daran gewöhnt, zwischen ihren Wohnorten in den Vorstädten und ihren

Arbeitsplätzen in der Stadt zu pendeln, auf einem immer größer werdenden Autobahnnetz.

Die Verwundbarkeit von Städten angesichts potenzieller Treibstoff- und Ressourcenknappheiten und der globale Bumerang des Klimawandels haben nun dazu beigetragen, dass sich eine urbane Nachhaltigkeits-Revolution entwickelt. In vielen Ländern werden Versuche unternommen, die Städte energieeffizienter zu machen, erneuerbare Energie-Technologien einzuführen und die Null-Abfallsysteme der Natur nachzuahmen. Diese Investitionen in den effizienten Gebrauch von Energie und Ressourcen sind sowohl für die Ökologie als auch für die Ökonomie von Städten – und besonders für die Schaffung neuer lokaler Arbeitsplätze – von entscheidender Bedeutung.

c. Städte und das Netz des Lebens

Die Abhängigkeit der Städte von Bauernhöfen und Wäldern in ihrem Hinterland ist so alt wie die Stadt selbst. Die Dimensionen dieser Abhängigkeit änderten sich jedoch grundlegend mit den Transporttechnologien, die sich seit dem 19. Jahrhundert entwickelt haben. Der Fall London ist besonders gut dokumentiert. Schon in den 1850er Jahren hatte London – damals mit rund vier Millionen Menschen die größte je gebaute Stadt – einen globalen *Fußabdruck*, der in der Geschichte beispiellos war. In seinem Buch *The Coal Question* gab William Stanley Jevons folgende Beschreibung:

> „Die Ebenen Nordamerikas und Russlands sind unsere Getreidefelder, Chicago und Odessa unsere Kornkammern, Kanada und der Ostseeraum unsere Holzlieferanten, Australasien hält unsere Schafherden, und in Argentinien und auf den westlichen Prärien Nordamerikas weiden unsere Rinderherden; Peru schickt sein Silber, und das Gold Südafrikas und Australiens strömt nach London. Die Hindus und die Chinesen bauen für uns Tee an. Und unsere Kaffee-, Zucker- und Gewürzplantagen liegen in Westindien. Spanien und Frankreich sind unsere Weinanbaugebiete, und unsere Obstgärten liegen im Mittelmeerraum. Unsere Baumwollfelder, die lange Zeit im Süden der Vereinigten Staa-

ten gelegen haben, dehnen sich jetzt überall in den warmen Regionen der Erde aus."[7]

Im Verlauf der letzten hundert Jahre hat sich die Weltbevölkerung vervierfacht, während sowohl die Weltwirtschaft als auch die Stadtbevölkerung sich versechzehnfacht haben. Am Beginn des 21. Jahrhunderts, in einer Zeit beispielloser wirtschaftlicher Globalisierung, haben sich die ökologischen Fußabdrücke von Städten auf alle Teile des Planeten ausgebreitet. Ihr verschwenderischer Verbrauch von Ressourcen beherrscht inzwischen das Leben auf der Erde und untergräbt zunehmend die Integrität der globalen Umwelt.[8]

Eine sich urbanisierende und industrialisierende Menschheit ist dabei, die Funktionsweise des „Lebensnetzes" zu verändern. Bis vor kurzem bestand das Leben auf der Erde aus der *geografisch verstreuten Interaktion* unzähliger lebender Arten, mit denen lokale menschliche Kulturen in enger Verbindung stehen. In den letzten Jahrzehnten hat die sich urbanisierende Menschheit mit ihrem enormen Ressourcenbedarf begonnen, alles Leben auf der Erde zu dominieren. Wir halten es inzwischen für selbstverständlich, Ressourcen aus der gesamten Biosphäre in unsere Städte abzutransportieren.

In diesem Zusammenhang ist es von entscheidender Bedeutung, dass man sich klar macht, dass Städte die Motoren wirtschaftlicher Stärke sind. Sie sind die Orte, an denen sich die Produktion konzentriert, wo großer Reichtum erzeugt wird und wo der meiste Konsum stattfindet. Sie sind die Schaltzentralen aller ökonomischen, politischen sowie medialen Aktivität. Die nationalen Volkswirtschaften werden von hier aus kontrolliert. „... die stetige Zunahme des Urbanisierungsniveaus seit 1950 spiegelt die Tatsache wider, dass der Umfang der Weltwirtschaft seitdem viele Male gewachsen ist ..."[9] Das ständige Wachstum der Weltwirtschaft hat gewiss dazu beigetragen, den Lebensstandard der Menschen zu verbessern. Doch das hat seinen Preis: So schrumpfen beispielsweise in vielen Teilen der Welt die Wälder in dem gleichen Maße, wie der Wert des weltweiten Handels von Forstprodukten gestiegen ist, von 29 Milliarden Dollar im Jahr 1961 auf 139 Milliarden Dollar 1998. Und die Fischgründe drohen zusammenzubrechen, während die Nachfrage nach Fisch immer weiter steigt. Zwischen 1970 und 1997 hat sie sich auf 52 Milliarden Dollar verfünffacht.[10]

An der Wende zum 21. Jahrhundert verbraucht die Menschheit – nur eine von Millionen von Arten – schon jetzt rund 50 Prozent der gesamten jährlichen Produktion der Natur. Wenn die weltweite Urbanisierung wie bisher vonstattengeht, ist zu erwarten, dass die Nachfrage nach Ressourcen ständig weiterwachsen wird. Aber um wie viel höher könnte sie noch steigen? Was wird von der natürlichen Welt noch übrig sein, wenn die Ansprüche der Städte immer weiter wachsen?

Die Herausforderung, die vor uns liegt, ist klar: Wir müssen eine nachhaltige Beziehung zwischen Stadtbewohnern und ihrem Planeten herstellen. Das ist eine der wichtigsten Aufgaben der Menschheit in dem neuen Jahrtausend.

II. Wohin gehen wir?

Sich die Städte der Zukunft vorzustellen, ist seit langem eine Lieblingsbeschäftigung von Schriftstellern und Filmemachern gewesen, vor allem der Filmindustrie Hollywoods. Man führt uns gegensätzliche, einander jedoch auf seltsame Weise ergänzende Visionen vor: riesige Bauten aus Glas und Metall, die in den Himmel ragen, fliegende Autos und Scooter und eine Unzahl anderer neuer Apparate auf der einen Seite, auf der anderen eine Unterwelt aus Verbrechen und Umweltverschmutzung, eine Dystopie. Dies ist eine extreme Darstellung einer Welt, von der schon heute Merkmale deutlich erkennbar sind.

In den letzten Jahren hat sich das Wachstum der Städte in den Entwicklungsländern in zwei Regionen beschleunigt: In der asiatisch-pazifischen Region liegt das Wachstum bei etwa vier Prozent im Jahr, während es in Teilen Afrikas mit fünf Prozent im Jahr sogar noch höher ist. Während es in Ländern wie China in erster Linie wirtschaftliche Chancen sind, die in die Städte locken, wird das Städtewachstum in Afrika oft durch akute Krisen in ländlichen Regionen ausgelöst. Viele Städte der Dritten Welt weisen extreme Reichtumsunterschiede auf – versinnbildlicht durch hoch aufragende und glitzernde Geschäftshäuser in den Innenstädten und trostlose Landbesetzersiedlungen an der Peripherie. Im Jahr 2005 gab es eine Milliarde städtische Landbesetzer (Squatter), und man erwartet, dass sich diese Zahl um 2050 verdreifacht haben wird.

Hier nun einige der globalen Prognosen:

- Im Jahr 2015 wird es rund 23 Megastädte geben, von denen 15 in Asien liegen werden.
- Für das Jahr 2030 wird erwartet, dass 60 Prozent der Weltbevölkerung (4,9 Milliarden Menschen) in städtischen Regionen leben werden – mehr als dreimal so viel wie die gesamte Weltbevölkerung des Jahres 1900.
- In den kommenden Jahrzehnten wird fast das gesamte Bevölkerungswachstum der Welt in Städten erfolgen, und 90 Prozent davon in Städten der Entwicklungsländer.
- Es wird erwartet, dass im Jahr 2030 zwei Drittel der Menschheit Stadtbewohner sein werden, und von diesen könnten deutlich mehr als 50 Prozent in Landbesetzercamps leben.

Der weltweit anhaltende Zustrom von Menschen aus ländlichen Regionen wird auch weiterhin das Wachstum der Städte stark erhöhen. Die Menschen werden von Bauernhöfen und Dörfern „vertrieben“. Gründe hierfür sind:

- arbeitskraftsparende landwirtschaftliche Technologie;
- Entwaldung, Bodenerosion;
- Aufteilung von Bauernhöfen oder Wassermangel;
- Flutung von Ackerland infolge des Baus von großen Staudämmen;

- Krankheitsprobleme auf dem Land;
- Konkurrenz durch billige, subventionierte, importierte Agrarprodukte.

Es gibt jedoch auch Dinge, die Landbewohner in die Städte „ziehen“, zum Beispiel:

- die Aussicht auf neue Arbeitsplätze und Geschäftsmöglichkeiten;
- Bildungschancen in der Stadt sowie Gesundheits- und andere Dienstleistungen;
- preiswerte und leicht verfügbare Energie- und Lebensmittelvorräte;
- die Aussicht auf einen höheren Lebensstandard.

Das Beispiel China

Ein höchst bemerkenswertes Beispiel eines schnellen, von neuen Möglichkeiten angetriebenen Wachstums der Städte ist China. Das bevölkerungsreichste Land der Erde erlebt einen Urbanisierungsprozess, an dem mehr Menschen beteiligt sind als je zuvor in der Geschichte. Diese Entwicklung hängt eng mit dem alle Rekorde brechenden Wirtschaftswachstum des Landes zusammen. Von 1978 bis 2000 wuchs das Bruttoinlandsprodukt Chinas pro Jahr um durchschnittlich 9,5 Prozent – gegenüber fünf Prozent in anderen Entwicklungsländern und 2,5 Prozent in den Industriestaaten. Die Zahl chinesischer Kleinstädte mit weniger als 20.000 Einwohnern verzehnfachte sich fast von 2.176 auf 20.312; die Zahl der Städte stieg von 190 auf 663, und die städtische Bevölkerung insgesamt stieg von 18 auf 39 Prozent der Gesamtbevölkerung, das heißt sie stieg in diesem Zeitraum von 170 Millionen auf 456 Millionen Menschen, ein Anstieg, der fast ausschließlich auf den Zustrom von Menschen aus ländlichen Gebieten zurückzuführen ist.[11]

Das Verlangen der Menschen, in die Städte zu ziehen, ist in Chen Guidi und Wu Chuntaos Buch *The Chinese Peasant Study*, das 2004 veröffentlicht wurde, gut dokumentiert. Es beschreibt die Lebensbedingungen in Bauerndörfern der Provinz Anhui. Das Leben in diesem Dorf ist repräsentativ für Hunderttausende von anderen in ganz China:

> „Die Bauern arbeiteten das ganze Jahr, um ein durchschnittliches Einkommen von 700 Yuan zu verdienen. Viele Bauern lebten in dunklen, feuchten, kleinen und schäbigen Lehmhäusern. [...] Wurde jemand krank, war er aus Armut gezwungen durchzuhalten, wenn es eine leichte Krankheit war, andernfalls wartete er einfach auf den Tod. [...] Obwohl das Dorf sehr arm war, neigten die leitenden Männer des Dorfs zur Prahlerei und zur Übertreibung, was ihre Leistung betraf, deshalb strich die Regierung das Dorf von der Liste verarmter Dörfer. Folglich wurden die Dorfbewohner mit exorbitanten Steuern und Abgaben belastet."

Der *Asia Times Online* zufolge ist die Ungleichheit in China viel akuter als selbst in Indien.[12] Im Vergleich mit den Dörfern liegt das Pro-Kopf-Einkommen in den größeren Städten Chinas sehr viel höher, was sie für Migranten aus ländlichen Regionen so attraktiv macht. Die städtische Wirtschaft trägt zu mehr als 70 Prozent des chinesischen Bruttoinlandsprodukts bei. Das jährliche Bruttoinlandsprodukt pro Kopf reicht von 4.000 US-Dollar (32.000 Yuan) in Tianjin, 4.500 US-Dollar (36.000 Yuan) in Beijing bis hin zu 7.000 US-Dollar (56.000 Yuan) in Shanghai. Das sind Beträge, die 10- bis 80-mal höher liegen als die Einkommen chinesischer Dorfbewohner, obwohl die Durchschnittseinkommen von ehemaligen Bauern, die in der Stadt Fabrik- oder Bauarbeiter geworden sind, natürlich weit niedriger sind als die Gehälter von Leuten in qualifizierten Berufen.

Die Zahl mittelgroßer Städte mit einer Bevölkerung von 200.000 bis 500.000 Menschen beträgt 217; die Zahl der Städte mit einer Bevölkerung von 500.000 bis zu einer Million Einwohnern beträgt 54, und es gibt 40 Großstädte mit einer Einwohnerzahl von mehr als einer Million Menschen. Wenn der gegenwärtige Trend anhält, wird die Zahl der Städte in den kommenden Jahrzehnten weiter dramatisch zunehmen.[13]

Das Wachstum der Städte muss natürlich irgendwo stattfinden – meist auf Ackerland. In den vergangenen sieben Jahren sind 6,7 Millionen Hektar landwirtschaftlich nutzbaren Landes (fünf Prozent der Gesamtfläche Chinas) an das Wachstum der Städte, die Entwicklung von Industrien sowie den Bau von Straßen und Schienenwegen verloren worden. Dabei besitzt China nur 123,4 Millionen Hektar landwirtschaftlich nutzbare Fläche oder eben 0,095 Hektar pro Kopf, was weniger als 40 Prozent des weltweiten Pro-Kopf-Durchschnittswerts ist.[14]

Die Not der Menschen in den ländlichen Regionen hat in den letzten Jahren starke Aufmerksamkeit bei den politischen Entscheidungsträgern gefunden. Nach der Sitzung des nationalen Volkskongresses von 2005 betonte Chinas Ministerpräsident Wen Jiabao, dass die Bekämpfung der ländlichen Armut für die Regierung oberste Priorität haben müsse. Man sieht die Lösung in einer urbanen Entwicklung ländlicher Gebiete.

> „Um das effektiv zu tun, muss die Regierung Landarbeiter in nichtlandwirtschaftliche Berufe umlenken und gleichzeitig die Urbanisierung stetig fördern. Das wird mithelfen, die Einkommen der Landbewohner zu steigern, und wird auch die Bauern von der wirtschaftlichen Prosperität des Landes profitieren lassen. Die Urbanisierung wird sehr viele Landbewohner in die Städte und Kleinstädte bringen."[15]

Was in China geschieht, wird Auswirkungen auf die ganze Welt haben – allein schon wegen der enormen Zahl der Menschen, um die es geht. In den Entwicklungsländern führt die Urbanisierung zu einer erheblichen Steigerung des Ressourcenverbrauchs. Wenn Menschen von einem kleinbäuerlichen zu einem städtischen Lebensstil übergehen, steigert sich sprunghaft der Pro-Kopf-Verbrauch von fossilen Brennstoffen, Metallen, Bauholz, Fleisch und Industrieprodukten.

Städte und nachhaltige Entwicklung

Über nachhaltige Entwicklung zu sprechen, ohne dabei eine nachhaltige *urbane* Entwicklung in den Blick zu nehmen, wäre illusorisch. Wir brauchen weltweit ein radikales Umdenken, um unsere Städte „zukunftssicher“ zu machen.
Wir müssen Methoden dafür entwickeln –

- wie der Prozess der ungebremsten Urbanisierung gestoppt werden kann;
- wie Städte Möglichkeiten finden können, gleichberechtigte Beziehungen zu ländlichen Regionen aufzubauen;
- wie urbane Strukturen und Systeme so neu ausgerichtet werden können, dass sie nachhaltig funktionieren;
- wie urbane Kommunikationssysteme aussehen können, um eine nachhaltige Entwicklung zu fördern.

Wenn Nachhaltigkeit der Hauptansatzpunkt für die Planung städtischer *Räume, Strukturen und Prozesse* ist – wie könnten wir künftig anders handeln?

Urbane Fußabdrücke

In einer Welt von Städten kommt es ganz entscheidend darauf an, die Funktionsweise urbaner Systeme neu zu durchdenken. Wir müssen verstehen, woher ihre Ressourcen kommen und wo ihr Abfall am Ende landet. Wir müssen Wege finden, um alle Auswirkungen auf Wälder, Ackerland, die Wasserräume der Umgebung und die Atmosphäre zu minimieren. Wie können wir den Verbrauch riesiger Mengen natürlicher Ressourcen durch die Städte verringern und den riesigen Ausstoß von Abfällen reduzieren? Vernünftige Methoden zur Schaffung einer nachhaltigen Beziehung zwischen Städten und der globalen Umwelt sind dringend erforderlich.[16]

1995 habe ich in einer Studie einen ersten Versuch unternommen, Londons ökologischen Fußabdruck zu quantifizieren.[17] Ausgehend von den Zahlen für Londons Ressourcenverbrauch, die ich zusammenstellte, kam ich zu dem Ergebnis, dass der Fußabdruck der Stadt 125-mal größer war, als ihre eigentliche Fläche von 159.000 Hektar ausmacht, also fast zwanzig Millionen Hektar betrug. Ich errechnete, dass London mit sieben Millionen Menschen (12 Prozent der Bevölkerung Großbritanniens) so viel wie Großbritanniens gesamtes nutzbares Land in Anspruch nahm. In Wirklichkeit erstreckt sich dieses Areal natürlich auf Nutzflächen überall auf dem Globus. Meinen Zahlen zufolge hatte jeder Londoner einen Fußabdruck von rund drei Hektar.

London ist eine der am gründlichsten erforschten Städte der Welt, und eine jüngere Studie aus dem Jahr 2000 mit dem Titel „City Limits" ging sehr viel mehr ins Detail als ich in meiner Arbeit. Diese Studie berechnete auch den Energieverbrauch in landwirtschaftlicher Produktion, Transport und Verarbeitung, die Landfläche, die nötig ist, um Nahrung für Londons Haustiere zu erzeugen, und die Seeflächen, die für die Fischerei erforderlich sind. Wenn man diese zusätzlichen Faktoren einschließt, ist der tatsächliche Fußabdruck Londons mehr als doppelt so groß wie der von mir errechnete. Am Ende kommt die doppelte Fläche Großbritanniens dabei heraus, oder eben 6,63 Hektar pro Londoner.[18]

Wenn alle Menschen auf der Welt das in London übliche Konsumverhalten annehmen würden, würden wir drei Planeten statt des einen brauchen, der tatsächlich für unser Leben zur Verfügung steht. Es wäre also ein unrealistischer Vorschlag an den Rest der Welt, den Londoner Lebensstil zu kopieren. Er würde mehr als sechs Hektar pro Person erfordern statt der 1,8 Hektar Nutzfläche, die tatsächlich pro Kopf der Weltbevölkerung zur Verfügung stehen. Im Zuge der weltweiten Industrialisierung und Urbanisierung entsteht ein zunehmendes Ungleichgewicht zwischen menschlichen Konsummustern und der Fähigkeit des Planeten, dem Bedarf nachzukommen. Daher müssen wir Wege finden, unsere urbanen, ökonomischen und technischen Systeme zu reorganisieren. Dies erfordert einschneidende Veränderungen in der Steuer- und Subventionspolitik, aber auch im Verbrauch von Ressourcen und in der Verwaltung unserer Städte.

Mein Interesse an urbaner Nachhaltigkeit wurde geweckt, weil ich mich für das Schicksal der Wälder der Welt interessierte. Die Wälder, vor allem in den Tropen, werden in den Städten schnell verbraucht, da diese immer mehr Bauholz und Papier erfordern. Die Regenwälder, besonders in Südamerika, werden niedergebrannt, um Platz zu machen für Viehzucht oder den Anbau von Tierfutter, um den globalen Fleischbedarf zu befriedigen. Während die Städte immer weiter wachsen und ihre Nachfrage steigern, gehen die Wälder weiter zurück – und mit ihnen ihre Pflanzen-, Tier- und indigenen Menschenpopulationen. Oft werden diese Wälder nicht wieder aufgeforstet. In Ländern wie Schweden, Finnland oder Kanada werden gemäßigte Nutzwälder zwar wieder aufgeforstet, doch ihre ursprüngliche Biovielfalt ist dann meist stark reduziert.

Die Städte haben jedoch nicht nur Auswirkungen auf den Erdboden. Auch die Erdatmosphäre ist zum Abladeplatz für Abgase geworden – mit besorgniserregenden Konsequenzen. Seit dem Beginn der Industriellen Revolution hat sich der CO_2-Anteil in der Atmosphäre von rund 30 Prozent von 280 auf mehr als 382 Teile pro Million erhöht (ppm, parts per million). Der globale Klimawandel wird zu einer unwiderlegbaren Realität, und damit hängt das immer häufigere Auftreten von Stürmen, Überschwemmungen und extremen Wettermustern eng zusammen. Alles in allem bedeutet das, dass die durch die globale Urbanisierung ausgelösten Umweltprobleme mit einer Vielzahl unkonventioneller Gegenmaßnahmen bekämpft werden müssen.

Städte sind auch Kommunikationszentren, und neue elektronische Systeme haben diese Rolle noch entscheidend verstärkt. Informationstechnologien haben den Städten eine nie zuvor gekannte globale Reichweite beschert – und das gilt besonders für die Ausdehnung ihrer finanziellen Macht. Der täglich rotierende Geldkreislauf, von Tokio nach London und weiter nach New York und Los Angeles, ist der schlagendste Beweis dafür. „... die neue Ökonomie ist um globale Netzwerke aus Kapital, Management und Informationen herum organisiert, deren Zugang zu technologischem Know-how an der Wurzel von Produktivität und Wettbewerbsfähigkeit liegt.“[19] Wird diese Macht aber auch mit dem Verantwortungsbewusstsein ausgeübt, wie sie einem *urbanen Zeitalter* angemessen ist? Wenn dies die globale Netzwerkgesellschaft ist – wer kontrolliert ihre ständig wachsende Macht?

III. Wo wollen wir hin?

Die Schaffung nachhaltiger Städte ist eine der größten Herausforderungen der Menschheit für das neue Jahrtausend. Die Erkenntnis, dass Städte auf lange Sicht nicht existieren können, wenn sie weiterhin eine Dauerversorgung mit nicht erneuerbaren Ressourcen für selbstverständlich halten – insbesondere von Energieressourcen – geht den Entscheidungsträgern auf der ganzen Welt allmählich auf: Um unsere Städte in Gang zu halten, verbrennen wir gegenwärtig den Wert von einer Millionen Jahre Erdöl, Erdgas und Kohle pro Jahr. Es hat 300 Millionen Jahre gedauert, bis die fossilen Brennstoffe sich in der Erdkruste abgelagert hatten, und so wie die Dinge stehen, verbrennen wir sie in nur 300 Jahren.

Können wir die Städte der Welt in weniger rohstoffhungrige und umweltschädliche Orte verwandeln, als sie es heute sind?

Ein Hauptproblem bei Städten in Industriestaaten ist, dass ihr Stoffwechsel im Grunde *linear* funktioniert – Ressourcen werden von irgendwo hergeholt, und ihr Abfall wird irgendwo in der Biosphäre oder Atmosphäre abgekippt, gleichgültig wo. Fester Abfall wird im Boden vergraben, flüssiger Abfall endet in den Weltmeeren, Abgase in der Atmosphäre. Im Gegensatz dazu haben die Ökosysteme der Natur einen im Wesentlichen *zirkulären* Stoffwechsel. In der natürlichen Welt wird der gesamte Abfall auf nützliche Weise in das lebende Gewebe resorbiert und trägt so zu neuem Wachstum und der dauerhaften Lebensfähigkeit des gesamten Systems bei.

Angesichts der ungeheuren Auswirkungen der heutigen Urbanisierung wären Städte gut beraten, nach neuen Möglichkeiten zu suchen, um die Ökosysteme der Natur wie etwa Wälder oder Korallenriffe zu kopieren. Wenn wir nachhaltige Städte wollen, sollten wir sorgfältig untersuchen, wie es den komplexen natürlichen Ökosystemen gelingt, allein auf der Grundlage von Sonnenlicht kontinuierlich und dauerhaft zu existieren. Jeder Output eines individuellen *Organismus* ist zugleich ein Input, der die gesamte lebende Umwelt erneuert, von der er Teil ist: Das Netz des Lebens bildet sich aus einer Kette *wechselseitigen Nutzens.*

Und Nachhaltigkeit schließt kybernetische Feedbacksysteme mit ein, die uns dabei helfen, unsere Beziehungen zueinander und zur Außenwelt fortlaufend anzupassen. Es ist vielleicht hilfreich, sich die Stadt als einen dynamischen und sich stetig weiter entwickelnden *Super-Organismus* vorzustellen – und mit Hilfe dieses Konzepts Strategien für die Entwicklung neuer Kommunikationssysteme zu formulieren, die uns dabei helfen, die Stadt von Grund auf *neu zu erfinden.*

Man könnte argumentieren, dass es im Sinne der Umwelt ist, dass Menschen sich in Städten sammeln: So ergibt sich die Möglichkeit einer hoch effizienten Ressourcennutzung. Der ökonomische Wohlstand von Stadtbewohnern muss nicht unbedingt ein Wachstum des Ressourcenverbrauchs bedeuten. Eine nachhaltige Entwicklung erfordert neue technische und organisatorische Lösungen zur Minimierung von Abfällen und Umweltverschmutzung. Dies kann auch große soziale und wirtschaftliche Vorteile haben: Neue regenerative Energiesysteme beispielsweise können fossile Brennstoffe ersetzen, die von außerhalb angeliefert werden müssen, und dabei viele neue lokale Arbeitsplätze schaffen.

Wenn wir eine günstigere Interaktion unserer Städte mit natürlichen Systemen entwickeln wollen, wird sich das stark auf ihr äußeres Erscheinungsbild und auf ihre Funktionsweise auswirken. In einer sich urbanisierenden Welt sind geeignete Maßnahmen zur Transformation der Funktionsweise von Städten ein Schlüsselthema. Dies wird in wichtigen UNO-Dokumenten wie etwa der Agenda 21 anerkannt, wie sie beim UNO-Gipfel in Rio de Janeiro 1992 zum Thema Erde entworfen wurde, sowie in der Habitat-Agenda, die beim Städtegipfel der UNO in Istanbul 1996 von den Nationen der Welt verabschiedet wurde.[20]

Wir möchten nachhaltige Städte schaffen. Aber was ist eine nachhaltige Stadt? Ich benutze die folgende Definition:

> „Eine nachhaltige Stadt, eine ‚Öko-Polis', versetzt alle ihre Bürger in die Lage, ihre Bedürfnisse zu erfüllen und ihr Wohlergehen zu steigern, ohne die Natur zu schädigen oder die Lebensbedingungen anderer Menschen jetzt oder in der Zukunft zu gefährden."

Der Begriff Öko-Polis, Öko-Stadt, wird weltweit von verschiedenen Organisationen benutzt. Ich verwende ihn hier als einen Gattungsbegriff für die nachhaltigen Städte der Zukunft. Stellen Sie sich das folgende Szenario für die Umwandlung existierender Städte vor, das durchaus im Bereich des Möglichen liegt, vorausgesetzt wir haben den Willen, einen wirklichen Wandel zu bewirken:

Bis zum Jahr 2025 werden wir bei der ökologischen Umgestaltung der Öko-Polis ungeheure praktische Fortschritte erzielt haben. Ihre Bewohner werden auf ihre lokale Lebenssituation eine vielfältige und globale Perspektive gewonnen haben. Es wird ein Ort sein, an dem sich Menschen, die von überall her zusammengekommen sind, einander gegenseitig mit ihren Geschichten inspirieren sowie durch ihre Kreativität und ihre Entschlossenheit, Toleranz und Respekt zu fördern.

Die Schaffung einer gewählten, strategischen Behörde, die eine aktive Teilnahme der Allgemeinheit an der Entscheidungsfindung sicherstellt, wird sich als ungeheuer segensreich erweisen. Die öffentliche Apathie ist einer lebendigen, partizipativen Kultur gewichen.

Die Menschen feiern eine neue Morgendämmerung und machen sich über die „gute alte Zeit" mit Graffiti, Smog, Verkehrsstauungen und schmutzigen Flüssen lustig.

Die Öko-Polis macht sich das aktuellste Wissen um nachhaltige Stadtentwicklung aus der ganzen Welt zunutze. Sie ist aktives Mitglied der verschiedenen nationalen und internationalen Städteorganisationen, die einen regelmäßigen Informationsaustausch pflegen, wenn es um die besten Verfahren und Praktiken in Sachen Verkehr, Energie und Recycling, Gesundheitsfürsorge, Bildung, Wohnungsbau sowie Strategien für ein nachhaltiges Wirtschaftsleben geht.

Null-Energiegebäude sind inzwischen eher die Norm als die Ausnahme, was den Gesamtenergieverbrauch der Stadt stark verringert, gleichwohl aber einen hohen Lebensstandard sichert. Lange Debatten über Architekturstile haben eine ästhetisch angenehme Architektur hervorgebracht, die auch zu optimalen Lebens- und Arbeitsbedingungen führt. Architekturbüros und Ingenieurfirmen der Öko-Polis beziehen jetzt aus dem Export ihres Know-hows in die ganze Welt beträchtliche Einnahmen.

Regeneration und nachhaltige Entwicklung

Eine partizipative Kultur hat der Öko-Polis dabei geholfen, eine Stadt mit hoher Lebensqualität zu werden, die durch die Schaffung vieler neuer kleiner Parks noch gesteigert wird. Nachdem sie Jahrzehnte lang vernachlässigt und ignoriert wurden, sind Flüsse und Kanäle wieder in das Leben der Stadt integriert worden – als Verkehrswege und Wasserparks, die für die Freizeitgestaltung der Bewohner leicht zugänglich sind.

Die strategische Raumplanung hat wichtige neue Impulse erhalten. Bei der Vorbereitung ihres Nachhaltigkeitsplans haben die Bewohner der Öko-Polis sehr vom Reichtum und der Vielfalt an Fachwissen in der Stadt profitiert. Die Raumplanung sorgt auch für die Umnutzung des Brachlands, so konnten neuer Wohnraum, Parks,

Arbeits- und Kulturzentren entstehen. Diese Strategie hat auch dafür gesorgt, dass die Öko-Polis sich trotz wachsender Bevölkerung nicht in den die Stadt umgebenden Grüngürtel ausdehnt.

Im Jahre 2025 ist die Öko-Polis eine Stadt geworden, die ganz anders ist als die hypermodernen urbanen Visionen aus Chrom und Plastik, die nach dem Zweiten Weltkrieg auftauchten. Die vielen neuen Gebäude, die in den letzten zwanzig Jahren errichtet wurden, sind von der Vision des nachhaltigen Designs inspiriert worden. Anreize der Zentralregierung haben zum Bau von Gebäuden mit höchsten ökologischen und energetischen Effizienzstandards ermutigt. Da ein großer Teil der überkommenen Bausubstanz eine regelmäßige Renovierung erfährt, ist die ökologische Aufwertung zur Norm geworden. Stark verbesserte Isolierungsstandards bei Gebäuden haben dafür gesorgt, dass immer mehr Häuser selbst an den kältesten Wintertagen nicht mehr oder nur wenig geheizt werden müssen.

Eine Stadt, die das Produkt der fossilen Brennstoff-Technologie war, ist jetzt auf dem besten Weg, eine solare Stadt zu werden. Überall sieht man jetzt Gebäude, die, mit Sonnenkollektoren ausgestattet, zu Nettoerzeugern von Strom geworden sind, indem sie neue, kosteneffektive Sonnenenergie und Brennstoffzellensysteme nutzen. Gruppen von Gebäuden teilen sich kombinierte Heizungs- und Stromversorgungssysteme, die mit Brennstoffzellen betrieben werden.

Die Wirtschaft

In der Öko-Polis ist der Unternehmergeist wiedererweckt worden, weil aus ihr sowohl ein Markt als auch Produktionszentrum für Umwelttechnologie geworden ist. Dort sind viele neue Fabriken für grüne Technologien entstanden. Unternehmen, die Photovoltaik-Module, Windräder, Brennstoffzellensysteme und umweltfreundliche Baumaterialien herstellen, beschäftigen zahlreiche Menschen, was dazu beiträgt, den Anteil der Öko-Polis sowohl an der Herstellung als auch am Export von Produkten und Know-how zu steigern.

Der Sektor der Finanzdienstleistungen hat ebenfalls einen großen Wandel erfahren. Statt in aller Welt nach neuen Investitionsmöglichkeiten zu suchen, werden mehr lokale Unternehmen gefördert. Die Öko-Polis hat auch anderweitig eine führende Rolle bei der Finanzierung und Unterstützung einer nachhaltigen Entwicklung übernommen.

Viele Unternehmer haben neue, ethisch geprägte oder grüne Unternehmen gegründet. Die neue Betonung des fairen Handels garantiert Erzeugern und Produzenten einen fairen Preis für ihre Waren und Produkte. Biobauern und Hersteller von Bio-Lebensmitteln haben ihre Marktanteile erheblich gesteigert.

Verkehr

Die Luft ist viel sauberer als früher, und das aus einer Reihe von Gründen: Es hat große Veränderungen in nachhaltiger Verkehrstechnologie gegeben. Fahrzeuge, die durch Elektromotoren und Brennstoffzellen angetrieben werden, herrschen jetzt auf den Straßen vor. Die optimale Integration von privatem und öffentlichem Verkehrswesen ist zu einem zentralen Merkmal der Verkehrspolitik geworden. Auch das regionale Leben und lokale Beschäftigung haben eine Aufwertung erfahren, Spazierengehen und Radfahren sind als Formen des privaten Transports wieder in die Stadt zurückgekehrt.

Infolge einer guten Verkehrsplanung ist es jetzt viel leichter, den Verkehr um die Stadt herum zu leiten. Straßengebühren in der Innenstadt haben mehr und mehr Menschen dazu ermutigt, auf öffentliche Verkehrsmittel umzusteigen. Gemeinschaftstaxis, die mit Brennstoffzellen betrieben werden und halbwegs festgelegte Routen durch die Stadt haben, sind von der Allgemeinheit freudig begrüßt worden. Radfahrer können auf ein umfassendes Netz von Fahrradwegen zurückgreifen, und neu entstandene Fußgängerzonen haben die Entstehung lokaler Entwicklungszentren befördert.

Abfall-Management

Die Öko-Polis hat auch ihr Abfall-Management umstrukturiert und ein wegweisendes Null-Abfallsystem eingeführt. Aus dem früheren Weltmarktführer im Bereich Abfallbeseitigung ist jetzt ein Weltmarktführer in Wiederverwendung, Recycling und Wiederaufbereitung geworden. Unternehmen, die Glasflaschen in neue Fußbodenmaterialien verwandeln, Kunststoffabfall in Parkbänke oder in synthetische Fasern für die Textilindustrie haben Tausende neuer, „grüner" Arbeitsplätze geschaffen.

Wiederbelebung der Kommunen

Mit der Betonung lokaler Produktion für lokale Bedürfnisse hat die Öko-Polis auch neue lokale Markthallen mit einer großen Anzahl von Werkstätten und Läden geschaffen, die alle unter einem Dach versammelt sind. Diese Zentren stellen auch Wahlkabinen bereit, in denen die Menschen ihre Stimme zu wichtigen Themen abgeben können, die ihre Stadt betreffen. Wann immer Entscheidungen die Zukunft junger Leute direkt betreffen, werden auch sie dazu eingeladen, ihre Stimme abzugeben und ihre Ansichten offen zu äußern.

Die Bewohner der Öko-Polis können auch von neuen Blumen- und Naturgärten profitieren. Es wird mehr Obst und Gemüse in der Stadt angebaut, aber auch am Stadtrand. Die städtische Landwirtschaft, die viele Jahre lang vernachlässigt wurde, ist zu neuem Leben erweckt worden. Neue Gartenbaubetriebe am Stadtrand beliefern Dutzende von Bauernmärkten überall in der Stadt. Kommunale Gärten haben eine neue Popularität gewonnen mit gemeinsam genutzten Gewächshäusern und den ebenfalls zur Szene gehörenden Cafés. Auch der Gemüseanbau ist wiederbelebt worden, da die Luft der Stadt jetzt sauberer ist als früher und die Menschen sicherer sein können, dass sie gesunde Produkte ernten.

So weit ein kurzer Blick in eine nachhaltige städtische Zukunft. Vor allem anderen steht ein neues Gemeinschaftsgefühl im Mittelpunkt des Lebens der Öko-Polis. Während die Wiederbelebung von Gemeinden und Stadtvierteln den entscheidenden Rahmen für soziale Zugehörigkeit und nachhaltige Entwicklung liefert, wird auch das internationale Networking zum Thema nachhaltige Entwicklung immer wichtiger. Dies sorgt dafür, dass die Verbesserungen des lokalen Lebens ergänzt und verstärkt werden durch ein wachsendes globales Bewusstsein.

IV. Wie kommen wir von hier nach dort?

Die Schaffung urbaner Lebensstile, die bequem, aber dennoch nachhaltig sind, ist ein durchaus realistisches Unterfangen. Eine ganze Bandbreite neuer Optionen für Stadtplanung und Ressourcenmanagement steht uns heute zur Verfügung, und um sie umzusetzen, brauchen wir neue, lebendige Partnerschaften zwischen allen Sektoren der Gesellschaft – nationalen Regierungen, lokalen Behörden, Gemeindegruppen, NGOs und dem privaten Sektor. In Städten überall auf der Welt wurde bereits ein Anfang gemacht – lassen Sie uns jetzt das volle Ausmaß dieser Möglichkeiten verwirklichen.

In diesem Zusammenhang ist die Zunahme der Landwirtschaft in und am Rande der Stadt weltweit ein signifikanter Trend. In Havanna auf Kuba beispielsweise kam es nach dem Zusammenbruch der Sowjetunion und dem Rückgang der Zuckerumsätze zu einer wirtschaftlichen Notlage. Die Behörden haben darauf sehr erfinderisch reagiert. Sie schufen sogenannte „organoponicos", ein Anbausystem auf Tiefbeeten, die sich quer durch die ganze Stadt ziehen. Havanna ist eine weitläufige Stadt und inzwischen nutzen die Menschen dort Zehntausende von Morgen, auf denen eine große Vielfalt an Obst und Gemüse wächst. Die neuen Gärten durchziehen die Stadt, und die Gärtner vermarkten ihre Erzeugnisse in eigenen Kooperativen-Läden.

In Shanghai andererseits ist die „innerstädtische" Landwirtschaft in den letzten Jahren durch eine „peri-urbane" ersetzt worden: Die städtische Landwirtschaft wird an den Rand der Stadt verlegt. Die Stadtverwaltung Shanghais verwaltet insgesamt 600.000 Hektar Land, von denen die Hälfte bebaut ist, während die andere Hälfte Ackerland ist, das dazu genutzt wird, einen großen Teil des Lebensmittelbedarfs der Stadt zu decken. Ähnliche Systeme werden in vielen anderen chinesischen Städten betrieben. Allein in Shanghai beschäftigt die städtische Landwirtschaft 270.000 Menschen von einer Gesamtbevölkerung von rund 15 Millionen.

Städtische Landwirtschaft ist aber nicht nur ein Phänomen von Entwicklungsländern. Auch in den USA expandiert die peri-urbane Landwirtschaft schnell und versorgt eine immer größer werdenden Zahl lokaler Verbraucher. In den letzten zehn Jahren sind in amerikanischen Städten mehr als 4.000 neue Bauernmärkte entstanden, da immer mehr Verbraucher Nahrungsmittel essen möchten, die sie bei lokalen Bauern gekauft haben, die sie kennen und denen sie vertrauen können.

Weltweit sind viele Initiativen entstanden, um die Versorgung lokal zu gestalten und ressourceneffiziente Kreislaufsysteme in den Städten zu schaffen. In Europa oder den USA neigen wir dazu, kapitalintensive Methoden des Abfallrecyclings anzuwenden. In Städten der Dritten Welt, wo der meiste Abfall am Ende wiedergenutzt, recycelt und wiederhergestellt wird, sind Abfallsammler mit kleinen Karren die Regel – sie nutzen *arbeits*intensive Methoden des Abfallrecyclings.

Viele dieser Entwicklungen werden vom Markt diktiert, doch sie können durch Maßnahmen der Regierung weiter beschleunigt werden. So kann beispielsweise ein Wechsel der Besteuerung von Arbeitskraft zur Besteuerung von Ressourcen dazu beitragen, eine verschwenderische „Wegwerfgesellschaft" in eine zu verwandeln, die Wiedernutzung und Recycling praktiziert.

Die Öko-Stadt Dongtan

In China gibt es klare Hinweise darauf, dass große Schritte in Richtung einer nachhaltigen Stadtentwicklung unternommen werden können. Das wahrscheinlich bedeutendste nachhaltige Entwicklungsprojekt wird momentan dort verwirklicht. Die Öko-Stadt Dongtan hat die Shanghai Industrial Investment Corporation (SIIC) bei Arup in Auftrag gegeben, einer weltweit tätigen Konstruktions- und Projektberatungsfirma. Ich selbst bin ein leitender Berater dieses Projekts.

Anders als die „Öko-Polis" – Gattungsbegriff für eine Stadt, die nach dem Grundsatz der Nachhaltigkeit aufgerüstet worden ist – ist Dongtan eine vollkommen neue Stadt, die auf einer 15 Kilometer nördlich von Shanghai gelegenen Insel gebaut wird. Die Insel Chongming liegt im Delta des Yangtse-Flusses, und Dongtan soll dort auf einer Landfläche errichtet werden, die fast die Größe der Insel Manhattan hat – 86 Quadratkilometer. Sie soll die erste Stadt der Welt sein, die daraufhin angelegt ist, Kohlenstoff-neutral (carbon neutral) zu sein und einen minimalen ökologischen Fußabdruck von rund 2,3 Hektar pro Person zu haben. Im Jahr 2010 wird Dongtan eine Stadt von 30.000 Einwohnern sein, und bis 2040 wird sie auf rund 500.000 Menschen anwachsen. Das Ziel ist, eine schöne, innovative und wirklich nachhaltige Stadt zu erschaffen. Es gibt schon jetzt Hinweise darauf, dass die für Dongtan erstellten Konzepte zu einem Muster für die Entwicklung neuer Städte in anderen Gegenden in China werden.

Das Dongtan-Projekt ist hoch ambitioniert. Sein Hauptzweck besteht darin, Lebensbedingungen auf dem Niveau des 21. Jahrhunderts für bis zu 500.000 Menschen zu bieten, ohne die Umwelt spürbar zu schädigen. Dongtan zielt darauf ab, sowohl ökologisch als auch sozial und ökonomisch eine nachhaltige Entwicklung zu erreichen und sicherzustellen, dass die Verbesserung eines Ziels nicht zum Nachteil eines anderen wird.

Dongtan wird als „Null-Abfall"-Stadt geplant. Abfall wird hier als wichtige Ressource betrachtet. Der größte Teil der festen Abfallstoffe von Dongtan werden recycelt und zu anderen Produkten verarbeitet. Der Großteil der organischen Abfälle wird kompostiert und dem Ackerland der Gegend zurückgegeben, um so dessen langfristige Fruchtbarkeit und seine Fähigkeit zu sichern, den Lebensmittelbedarf der Stadt zu decken.

Der Dongtan-Gesamtplan

Dongtan ist darauf angelegt, ein pulsierender, bunter, urbaner Ort zu sein, der für eine gemischte Nutzung gedacht ist und alle Möglichkeiten städtischen Lebens bietet. Dongtan wird von Parkgeländen, Kanälen und Seen durchzogen sein. Die Stadt wird ihren Bewohnern gute wirtschaftliche Möglichkeiten, Dienstleistungen und ein gesundes Leben bieten. Sie wird einen effizienten Gebrauch von Energie und Ressourcen sowie den Schutz der natürlichen Umwelt sicherstellen. Sie zielt darauf ab, neue Maßstäbe zu setzen in Bezug auf nachhaltige, Kohlenstoff-neutrale Stadtentwicklung.

Dongtan wird eine Stadt sein, die aus Dörfern und Kleinstädten für Fußgänger besteht, die untereinander durch Radwege und neue, brennstoffeffiziente öffentliche Transportmittel verbunden sein werden. Seine Gebäude werden äußerst energieeffizient sein, und der Strom der Stadt wird weitgehend durch erneuerbare Energien geliefert – Wind, Sonne und Biomasse. Dongtan wird sowohl dem Erscheinungsbild nach eine grüne Stadt sein als auch durch die Art und Weise, wie sie funktioniert. Erdwälle, die gleichzeitig als Naturparks dienen, werden um die Dörfer herum angelegt werden, die Dongtan ausmachen.

Es ist jedoch wichtig zu betonen, dass Dongtan keine Stadt in „splendid isolation" sein wird. Ein wichtiger Aspekt dieser Stadt ist die Tatsache, dass sie für Shanghai zu einer Gartenstadt werden wird, die die urbane Qualität und internationale Wettbewerbsfähigkeit der Millionenstadt steigern wird. Dongtan wird durch eine Brücke und einen Tunnel mit Shanghais Pudong-Distrikt verbunden sein. Das Straßensystem auf der Insel Chongming wird Shanghai dann mit der Nachbarprovinz Jiangsu verbinden und damit eine städtische Verbindung schaffen, die zum wichtigsten Finanz- und Handelszentrum Chinas werden könnte.

Die Insel Chongming

Ironischerweise wird Dongtan auf einer Insel im Yangtse-Delta errichtet, die selbst ein Produkt einer Umweltkatastrophe ist. In den letzten fünfzig Jahren hat die Insel Chongming ihre Größe verdoppelt und ist zur größten Schwemmlandinsel der Welt geworden – aufgrund von Entwaldungen, die im Quellgebiet des Yangtse zu Bodenerosionen geführt haben. Die Erdkrume wird mit dem Yangtse ins Meer gespült. Aus ursprünglich 600 Quadratkilometern im Jahre 1950 ist Chongming heute auf 1.290 Quadratkilometer gewachsen!

Ein Grund für die Entscheidung, auf der Insel Chongming eine Stadt mit minimalen Auswirkungen auf die Umwelt zu schaffen, ist das Vorhandensein eines riesigen Feuchtgebiets im Südteil der Insel, ein Reservat für Zugvögel, das größte seiner Art in China, und ein Ramsar-Standort. Eine konventionelle Stadtentwicklung, die keine Sorge für die Umwelt trägt, kam lange Zeit nicht in Frage.

Stattdessen werden die Feuchtgebiete ein Besuchermagnet sein. Außerdem wird Vegetation aus dem Feuchtgebietreservat Dongtan durchdringen und so sicherstellen, dass die Stadt eher Teil des natürlichen Lebensraums der Insel ist statt eine Barriere gegen die Natur. Das Vogelschutzgebiet, eine Vielzahl verschiedener Freizeitaktivitäten und Ausstellungen ebenso wie hochwertige, regional erzeugte Lebensmittel in den Hotels und Restaurants werden Dongtan für Menschen aus Shanghai und auch aus ferneren Regionen attraktiv machen.

Architektur, Energie und Verkehr

Dongtan wird keine Hochhauswohnblocks besitzen: Nur wenige Wohnhäuser werden mehr als sechs Stockwerke haben. Viele Gebäude sind für einen gemischten Gebrauch vorgesehen, um Arbeits- und Wohnmöglichkeiten zu kombinieren, damit es möglichst wenig Pendler gibt. Jedes Stadtviertel wird überdies Cafés, Schulen, Krankenhäuser, Werkstätten und Bürogebäude erhalten. Alle Bauwerke werden darauf angelegt sein, eine hohe ästhetische Qualität mit geringem Energieverbrauch zu verbinden.

Die meisten Gebäude werden auch eigene Photovoltaik-Sonnenkollektoren haben. Große Windräder außerhalb der Stadt und kleinere in der Stadt werden mindestens 20 Prozent von Dongtans Energiebedarf decken. Energieproduktion aus Biomasse, die jetzt noch als Abfall weggeworfen wird, wird einen großen Teil des Stroms in Dongtan liefern. Dongtans Energiesystem wird von einem Energiezentrum aus kontrolliert werden, das daneben noch als Zentrum für wissenschaftliche Forschung und Umwelterziehung dient.

Als Reihe von Fußgängerdörfern angelegt wird es in Dongtan zahlreiche Fußwege, Radwege und Kanäle geben. Die Anlage der Stadt wird den Bedarf an mechanisierten Verkehrsmitteln auf ein Minimum reduzieren. Autos, Straßenbahnen, Busse und Boote, die eine Stadt braucht, werden entweder von Elektromotoren oder Wasserstoff-Brennstoffzellen angetrieben werden. Das Verkehrssystem insgesamt wird eine hohe Energieeffizienz ebenso sicherstellen wie eine gute Luftqualität und minimale Lärmbelästigung.

Die Wirtschaft

Es wird erwartet, dass Dongtan ein pulsierendes und vielseitiges Wirtschaftszentrum sein wird, das eine große Anzahl von Arbeitsmöglichkeiten bietet. Es soll Menschen eines breiten sozio-ökonomischen Spektrums anziehen, die innerhalb der Stadt in den verschiedensten Unternehmen eine Rolle spielen werden. Dongtan wird zum nachhaltigen Wohlstand der Region beitragen, indem die Stadt Wirtschaftsentwicklung und Umweltschutz integriert.

Ein großer Teil der Menschen, die in Dongtan leben, wird auch dort arbeiten – in zahlreichen Dienstleistungszentren. Es wird erwartet, dass sich in Dongtan auch eine Reihe von Forschungsinstituten ansiedelt, die ihr Hauptaugenmerk auf eine nachhaltige Entwicklung legen. Öko-Industrien werden ein wichtiger Bestandteil von Dongtans Wirtschaft sein. Die Solar- und Windtechnologie wird viele Arbeitsplätze bieten, ebenso das innovative Abfallmanagement.

Landwirtschaft

Rund 40 Prozent der Fläche von Dongtan werden bebaut sein, während 60 Prozent für landwirtschaftliche Nutzung verbleiben. Ausgeklügelte Techniken der biologischen Landwirtschaft, die mit dem Recyclingsystem von Abfall und Abwässern verbunden sind, werden einen nachhaltigen Zyklus der regionalen Lebensmittelproduktion sicherstellen. Ein großer Teil der Lebensmittel wird in neuen städtischen Produktionszentren erzeugt werden, und zwar genauso viel wie das Ackerland hervorbringt, auf dem die Stadt gerade erbaut wird.

Der integrierte Ansatz bei der Entwicklung Dongtans wird sicherstellen, dass die heimischen Bauern- und Fischergemeinden Chongmings neue Geschäftsmöglichkeiten dazu gewinnen, während sie zugleich die langfristige Nachhaltigkeit der Umwelt der Insel steigern. Lebensmittel werden zur größeren Wertschöpfung auf der Insel weiterverarbeitet werden, ebenso werden Restaurants zu einem ein markanten Merkmal der lokalen Wirtschaft.

Wasser und Grünflächen

Dongtan wird eine von Kanälen und Seen durchzogene Stadt sein, wodurch eine Beherrschung der Überschwemmungsgefahr möglich wird. Grüne Hausdächer werden Wasser sammeln, filtern und speichern und den Wassersystemen der Stadt zur Verfügung stellen. Abwässer werden durch den Einsatz dezentralisierter biologischer Systeme gereinigt werden, die auch den Zweck haben, die im Abwasser enthaltenen Nährstoffe herauszufiltern.

Während Dongtan eine kompakte Stadt sein wird, wird sie genauso viele Grünflächen haben wie die grünsten Städte der Welt-zum Beispiel Berlin. Als Öko-Stadt wird sie auch sicherstellen, dass ihre Parks eine reiche biologische Vielfalt aufweisen. Es wird in Dongtan viel mehr Bäume geben, als man heute auf der Insel findet.

Die erste Phase von Dongtan

Dongtan ist kein ferner Traum, sondern eine Vision, die tatsächlich verwirklicht wird. Die Stadt soll in mehreren Phasen in den nächsten 30–40 Jahren erbaut werden. In der ersten Phase, die 2010 abgeschlossen sein soll, wird eine Stadt von rund 30.000 Einwohnern am Südende der Insel entstehen. Der Tunnel und die Brücke, welche die Insel Chongming mit Pudong verbinden werden, sind schon im Bau. 2010 wird Shanghai Gastgeber der Weltausstellung sein, und Dongtan soll demonstrieren, dass eine ökologische Nachhaltigkeit im modernen China sehr ernst genommen wird.

In der ersten Phase wird in Dongtan der Öko-Tourismus florieren – mit vielen regelmäßigen Besuchern aus Shanghai und anderswo. Dongtan wird allmählich weiterwachsen, als Ansammlung von Kleinstädten, die durch Radwege und Korridore für öffentliche Verkehrsmittel miteinander verbunden sind. Der Gesamtplan wird dafür sorgen, dass die Menschen von keinem Teil der Stadt mehr als sieben Minuten brauchen, um zu einer Bus- oder Straßenbahnhaltestelle zu gelangen.

Zukunftsaussichten

Dongtan ist ein lokales Projekt mit einer globalen Perspektive, das einen Beitrag zur Entstehung einer Welt ökologisch nachhaltiger und ökonomisch florierender menschlicher Siedlungen sein soll. Durch Dongtan erhält China die Chance, als Schöpfer einer bahnbrechenden Öko-Stadt ohne Schadstoffemissionen wahrgenommen zu werden, die zu einem Vorbild für eine nachhaltige Stadtentwicklung werden könnte, in China und auch anderswo in der Welt. Dongtan verspricht, eine attraktive, hocheffiziente Stadtanlage mit kleinem ökologischem Fußabdruck zu sein. Schon jetzt gibt es mehrere andere ähnliche Projekte – für China und für andere Entwicklungsländer.

Letztlich ist Dongtan ein Ergebnis des Bestrebens der neuen chinesischen Regierung, neue Maßstäbe der Stadtentwicklung zu setzen. Dongtan wird eine post-industrielle umweltfreundliche Stadt von hoher Lebensqualität sein und könnte als Vorbild für künftige Entwicklungen in ganz China und Ostasien dienen. Dongtan soll den Nachweis erbringen, dass ein neues Paradigma einer nachhaltigen Stadtentwicklung kommerziell attraktiv und ökonomisch lebensfähig sein kann, während sie gleichzeitig Maßstäbe für eine sehr hohe Lebensqualität setzt. Die Welt verfügt schon heute über die Technologien, eine Stadt wie Dongtan zu errichten, doch die Chinesen sind die ersten, die sie an einer Stelle zusammenbringen und umsetzen.

Die große Herausforderung, die vor uns liegt

Dongtan ist ein faszinierendes Beispiel dafür, was bei der Schaffung einer modernen nachhaltigen Stadt erreicht werden kann, wenn der Wille dazu vorhanden ist. Ein vielleicht noch wichtigeres Ziel stellt die Rekonfigurierung vorhandener Städte in der ganzen Welt dar. Eine der wichtigsten Triebkräfte bei der Initiierung dieses Wandels ist die zunehmende Erkenntnis, dass Städte einerseits Hauptverursacher des Klimawandels sind, andererseits aber auch viele zu dessen Hauptopfern werden, wenn – sollten die gegenwärtigen Trends sich fortsetzen – Temperaturen und Meeresspiegel überall auf der Welt steigen.

Viele Veränderungen müssen durch nationale Politik angestoßen werden. Doch auch in den Städten findet sich eine ungeheure aufgestaute Kreativität. Techniken wie etwa Nachbarschaftsforen und Konsensbildung bei Aktionsplanung sollten weithin genutzt werden, um diese Kreativität freizusetzen. Der aktive Dialog zwischen den Stadtbewohnern über gemeinsame Anliegen stärkt die demokratischen Prozesse und erweitert den Horizont der Menschen. Das ist von entscheidender Bedeutung, da sich zahlreiche Belege dafür finden, dass es *ohne aktive Teilnahme keine Nachhaltigkeit* geben kann.

Wenn wir in den kommenden Jahren und Jahrzehnten die richtigen Entscheidungen treffen, werden die Städte zu Leuchtfeuern einer Kultur der Nachhaltigkeit werden. Sie werden energie- und ressourceneffizient sein und werden Menschenfreundlichkeit sowie ethnische und kulturelle Vielfalt zelebrieren. In den großen Städten der Nordhalbkugel wird die gesteigerte Nachhaltigkeit erheblich zur Beschäftigung beitragen. In den Städten der Südhalbkugel werden bedeutende Investitionen in die Infrastruktur die Gesundheits- und Lebensbedingungen spürbar verbessern.

Die größte Energie der Städte sollte *nach innen* strömen, um Meisterwerke menschlicher Kreativität zu schaffen, nicht *nach außen*, um noch mehr Produkte und Ressourcen von immer entfernteren

Orten heranzuholen. Die Zukunft der Städte hängt entscheidend von der Nutzung des reichen Wissens ihrer Bewohner ab, und das schließt das Wissen um die globale Umwelt ein. Städte sind letztlich das, was ihre Menschen sind. Wenn wir uns entschließen, nachhaltige Städte zu schaffen, müssen wir für sie einen kulturellen Kontext schaffen. Letztlich kann nur ein umfassender Wandel der Einstellungen, ein profunder spiritueller und ethischer Wandel die notwendigen Veränderungen herbeiführen.

Es hat sich ergeben, dass Städte den Zustand des menschlichen Bewusstseins definieren. Es ist daher von entscheidender Bedeutung, dass Stadtbewohner begreifen, dass der sich verschlechternde Zustand der globalen Umwelt in erster Linie auf den Ressourcenverbrauch der Städte zurückzuführen ist. Es wird immer klarer, dass es eine *nachhaltige* Entwicklung ohne eine *nachhaltige Stadt*entwicklung nicht geben kann.

Viele Menschen werden sich zunehmend der Tatsache bewusst, dass Bemühungen zur Verbesserung der Lebensumwelt sich auf die Städte und den städtischen Lebensstil konzentrieren müssen. Auf der ganzen Welt werden es Städte nicht vermeiden können, sich an einer globalisierenden Wirtschaft zu beteiligen, aber wir können gleichwohl mithelfen, urbane Systeme zu schaffen, die hochgradig ressourceneffizient sind und weniger von der Zufuhr nicht regenerativer globaler Vorräte abhängen. Eine umweltfreundliche, eigenständigere städtische Entwicklung ist in der Tat eine der größten Herausforderungen des 21. Jahrhunderts. Die Instrumente, die wir dazu haben, heißen Politik, Technologie und aktive Teilhabe.

Ich bin mir natürlich der vielen weiteren Probleme bewusst, vor die sich die Städte an der Wende des neuen Jahrtausends gestellt sehen: tiefreichende soziale Ungleichheit, drückende Armut und ein Leben in illegalen Siedlungen für Millionen, Obdachlosigkeit, Arbeitslosigkeit und Verschmutzung von Wasser, Luft und Boden. Wie schon beschrieben, sind diese Probleme in den schnell wachsenden Städten der Entwicklungsländer besonders akut. Ich habe diese Themen an anderer Stelle recht eingehend erörtert.[21] Es ist viel Mühe darauf verwandt worden, diese Probleme mit Hilfe zahlreicher Initiativen auf lokaler, nationaler und weltweiter Ebene anzugehen.

In diesem Text habe ich mich absichtlich auf die Frage der ökologischen Nachhaltigkeit von Städten konzentriert, weil dieses dringende Thema in der Debatte über die Zukunft der Städte bislang vernachlässigt worden ist. Es wird natürlich in einem Zeitalter des schnellen Klimawandels besonders akut. Ich hoffe, dass es mir gelungen ist zu zeigen, dass ein Anfang gemacht ist. Der World Future Council wird alles in seiner Macht Stehende tun, um sicherzustellen, dass die ökologische Nachhaltigkeit von Städten im Mittelpunkt der Entwicklung einer weltweiten Nachhaltigkeitspolitik stehen wird.

Anmerkungen

1 UN World Urbanisation Prospects, New York 1999.
2 World Watch Institute, *State of the World 2000*, Washington 2000.
3 Resources Institute Washington, Urban growth, www.wri.org/wr-98-99/citiy-grow.htm
4 http:/web.mit.edu/urbanupgrading/upgrading/case-examples/overview-africa/regional-
5 Britische Botschaft Beijing, Chinese Economy, in: Brief, Informationsblatt, November 2003.
6 Sprawlcity, www.sprawlcity.org
7 William Stanley Jevons, The Coal Question [1865], Augustus M. Kelley, New York 1965.
8 Worldwatch Institute, State of the World 1999, Washington 1999.
9 Wie unter Fn. 3.
10 Worldwatch Institute, Washington, www.worldwatch.org/press/news/2000/03/25/
11 www2.chinadaily.com.cn/chinagate/doc/2004-07/02/content_344998.htm
12 www.atimes.com/atines/china/GA22Ad01.html
13 http://english.people.com.cn/200505/12/eng20050512_1847776.html
14 http://English.people.com.cb/200407/09/eng20040709_149100.html
15 www.chinadaily.com.cn/chinagate/doc/2005-03/30/content_429478.htm

16 William Rees und Mathis Wackernagel, *Unser ökologischer Fußabdruck – Wie der Mensch Einfluss auf die Umwelt nimmt,* Birkhäuser Verlag 1997.

17 Herbert Girardet, *Creating Sustainable Cities,* Schumacher Briefing 2, Green Books, Dartington 1999.

18 City Limits, www.citylimitslondon.com

19 Manuel Castells, *Das Informationszeitalter – Wirtschaft. Gesellschaft. Kultur.* Bd. 1: Die Netzwerkgesellschaft, Leske + Budrich Verlag, 2001.

20 Habitat Agenda, www.unescap.org/huset/habitat.html

21 Herbert Girardet, Das Zeitalter *der Städte. Neue Wege für eine nachhaltige Stadtentwicklung,* Deukalion Verlag 1996; Herbert Girardet, *Cities, People, Planet – Liveable Cities for a Sustainable World,* Wiley-Academy, London und New York 2004.

Michael Braungart

Die nächste Industrielle Revolution – „Cradle to Cradle"

Im Jahre 1805 entwickelte Richard Trevithick, ein englischer Bergbauingenieur, die erste dampfbetriebene Lokomotive. Unglücklicherweise war dieser schweren Maschine nur begrenzter Erfolg beschieden, da sie mit ihrem Gewicht die Gleise zerstörte, auf denen sie fuhr. Trotz ihres Versagens war die Lokomotive ein Sprungbrett für andere Fortbewegungsmittel. Die Industrielle Revolution hat im Verlauf der letzten zwei Jahrhunderte Tausende neuer Erfindungen hervorgebracht; Trevithicks Dampflokomotive kann in diesem Zusammenhang jedoch als Metapher für die Ära insgesamt dienen; für ein System, das den Naturgesetzen zuwiderläuft.

Zweihundert Jahre nach Trevithicks Fehlschlag erkennen wir heute die Bedeutung einer auf gegenseitigem Nutzen aufbauenden, symbiotischen Beziehung mit der Natur. Statt wertvolle natürliche Ressourcen verschwenderisch zu verbrauchen und unsere Luft, unser Wasser und den Erdboden achtlos mit toxischen Stoffen zu verseuchen, können wir eine Welt natürlicher Produktionszyklen entwickeln, deren Energiequelle die Sonne ist, in der Wachstum positiv konnotiert ist, Abfälle Nährstoffe sind und wirtschaftliche Produktivität menschliche und natürliche Gemeinschaften bereichert, nicht zerstört.

Wo stehen wir?

Die erste Industrielle Revolution

Die Industrielle Revolution setzte Ende des 18. Jahrhunderts mit der Einführung der Dampfmaschine ein, welche die menschliche Arbeitskraft nach und nach in der maschinellen Herstellung als ökonomische Basis ersetzte. Seither wurden neue Technologien eingeführt, die das Leben vieler Menschen in der Welt verbessert haben. Ihr Lebensstandard hat sich infolge des Einfallsreichtums von Industriellen verbessert, die Systeme geschaffen haben, die noch heute die Weltwirtschaft antreiben.

Das Vertrauen auf Maschinen und Unternehmen hat eine Vielzahl technologischer Fortschritte mit sich gebracht. So hat beispielsweise die Industrie viele äußere Widerstände durch massiven Energieeinsatz überwunden, was erst nach der Entdeckung neuer preiswerter Energiequellen wie Kohle, Erdöl und Gas möglich war. Ebenso hat erst der Bau von Eisenbahnen, Straßen und der Flugverkehr den preiswerten Transport von Materialien, Produkten, Abfall und Menschen über große Entfernungen ermöglicht. Überdies erlaubten es neue Produktionsverfahren den Unternehmen, erweiterte Märkte zu nutzen und sich mit Hilfe von Massenproduktion und Mechanisierung den Anforderungen eines weltweiten Vertriebs zu stellen, ohne deswegen die Zahl der Arbeitskräfte erhöhen zu müssen. Hinzu kam, dass der weltweite Austausch von Informationen sowie die Möglichkeit der Datenanalysen im Zuge der Entwicklung neuer Kommunikationsformen, neuer Elektronik und dem Fortschritt der Computertechnik zunahm. Alle diese technologischen Fortschritte haben gesellschaftlich viel Gutes bewirkt, in einigen Ländern etwa eine Steigerung des Lebensstandards, sie führten zur Entwicklung von Impfstoffen und Behandlungsmöglichkeiten für eine Vielzahl von Krankheiten, zu mehr Lebensmittelsicherheit und Hygiene, zu einem breiteren Zugang zu Bildungsmöglichkeiten, zu besseren persönlichen Wahlmöglichkeiten und Berufschancen und nicht zuletzt zu mehr Freizeit.

Die Industrielle Revolution hat jedoch auch bedeutende Risiken für die Gesundheit von Mensch und Umwelt mit sich gebracht, und auch weitere grundlegende Probleme aufgeworfen. Sie ist ein komplexes, zerstörerisches System, das:

- jedes Jahr ungeheure Mengen toxischen Materials freisetzt und Luft, Wasser und Erdboden verunreinigt;
- Wohlstand allein nach der Aktivität bemisst und nicht danach, was wir der Nachwelt hinterlassen;
- Tausende komplexer Bestimmungen und Vorschriften erfordert, um zu verhindern, dass Menschen und natürliche Systeme zu schnell vergiftet werden;
- Materialien erzeugt, die so gefährlich sind, dass sie eine ständige Überwachung durch künftige Generationen erfordern;
- gigantische Müllmengen zur Folge hat und wertvolle Materialien oft in irgendwelchen Deponien überall auf dem Planeten verschwinden lässt, wo sie für immer verloren sind; und
- biologische und kulturelle Vielfalt systematisch zerstört.[1]

Diese Industriellen hatten keinen allem zugrunde liegenden Plan, dem sie folgen konnten, sondern machten sich stattdessen die verfügbaren Möglichkeiten zunutze, die ihnen diese Periode massiver und schneller Veränderung bot. Nur wenige verstanden die Wechselwirkungen zwischen Mensch und Natur und die Destruktivität des vom Menschen geschaffenen Systems. Nur wenige konnten es überhaupt analysieren und einschätzen.

Von der Wiege bis zur Bahre

Die Industrielle Revolution hat ein lineares Modell von Materialströmen etabliert, eine Art Einbahnstraße, die als Materialfluss von der Wiege bis zur Bahre bekannt ist – ein System, das nimmt, produziert und wegwirft. Unternehmen gewinnen Ressourcen entweder durch Bergbau oder Landwirtschaft, typischerweise auf eine zerstörerische Weise, welche natürliche Lebensräume vernichtet und Abfall in Luft, Wasser und die Umwelt entlässt. Diese Ressourcen werden dann verfeinert und zu Materialien und Produkten verarbeitet, während Nebenprodukte und Herstellungsabfall in Luft, Wasser und Erdboden „entsorgt" werden. In der Phase der Nutzung werden diese Materialien und Produkte oft in der ganzen Umwelt verteilt. Nach der Gebrauchsphase verschwinden sie auf Deponien, wo die darin enthaltenen Nährstoffe für immer verloren sind. Toxische Materialien sickern in die Natursysteme ein. Mit der Müllverbrennung erzeugt man zwar Energie, aber sie setzt auch noch mehr Toxine frei, die in die Luft, ins Wasser und in den Erdboden gelangen. In diesem System ist die Produktentwicklung ausschließlich darauf konzentriert, die Verkäufe zu steigern. Ein Recycling-Programm für das Produkt, das ihm ein zweites Leben ermöglicht, ist meist nur ein nachgeschobener Gedanke, der sich aus der Nutzungs- oder Verbrauchsphase ergibt. Dieses Produktionsmodell ist weder vernünftig noch nachhaltig und führt zur Vergeudung natürlicher Ressourcen sowie zu einer Ausbreitung der Umweltverschmutzung.

Worauf steuern wir zu?

Zum Ende des 20. Jahrhunderts begannen der Verlust natürlicher Lebensräume, Rohstoffknappheit, Luft- und Wasserverschmutzung, Klimaveränderungen und eine Reihe anderer Faktoren die Destruktivität und die Grenzen der vorhandenen Beziehung des Menschen zur Natur für jeden erkennbar zu machen. Zwei bedeutende Texte, die diese Grenzen aufzeigen, waren Rachel Carsons *Der stumme Frühling*, ein Werk, das 1962 erschien, sowie *Die Grenzen des Wachstums – Bericht des Club of Rome zur Lage der Menschheit,* das zehn

Jahre später geschrieben wurde. Diese Veröffentlichungen betonen die endliche Natur der verfügbaren natürlichen Ressourcen sowie die Gefahren der von Menschen erzeugten Materialien. Diese Stoffe gefährden die Artenvielfalt in der Natur, schädigen das Immunsystem sowie Fruchtbarkeit und Gesundheit der Menschen. Überdies führten zahlreiche Umweltkatastrophen in der zweiten Hälfte des 20. Jahrhundert zu der Schlussfolgerung, dass die Industrie strenger kontrolliert werden müsse, um sicherzustellen, dass negative Konsequenzen auf ein Minimum reduziert werden. Zu nennen sind hier der Giftunfall von Seveso 1976, von Love Canal 1978, der Unfall im Kernkraftwerk von Three Mile Island 1980, die Chemiekatastrophe von Bhopal 1984, die Kernschmelze in Tschernobyl 1986 sowie der Unfall des Öltankers Exxon Valdez 1989 und so weiter und so fort.

Angesichts dieser äußerst negativen Implikationen der Beziehung zwischen Wissenschaft und Umwelt hat sich eine ganze Generation junger Akademiker von Wissenschafts- und Ingenieursstudiengängen abgewandt und sich stattdessen den Wirtschaftswissenschaften und dem Jurastudium zugewandt. In Tschernobyl flüchteten sogar zahlreiche Experten vor Scham. Sie ließen das Kernkraftwerk noch verwundbarer zurück, als es vor der Katastrophe gewesen war. Viele von denen, die noch immer Chemie, Physik, Biologie und Ingenieurwissenschaften studierten, fühlten sich schuldig und bemühten sich nach Kräften um Verfahren zur Verringerung der schädlichen Auswirkungen, die mit ihrer Arbeit verbunden waren.

Öko-Effizienz

Der Wunsch, die Wirkungen menschlichen Handelns auf den Planeten zu verringern – den sogenannten „ökologischen Fußabdruck“ –, hat dazu geführt, dass heute besonderes Gewicht auf Öko-Effizienz gelegt wird. Dabei wird betont, wie wichtig es ist, mit weniger mehr zu erreichen. Unter Beibehaltung des Systems „Von der Wiege bis zur Bahre" bemüht sich die Öko-Effizienz darum:

- jedes Jahr geringere Mengen toxischen Materials in Luft, Wasser und Erdboden freizusetzen;
- die Bedingungen von Tausenden komplexer Vorschriften zu erfüllen oder gar über sie hinauszugehen, Vorschriften, die darauf abzielen, Menschen und natürliche Systeme vor einer zu schnellen Vergiftung zu bewahren;
- weniger gefährliche Materialien zu produzieren, die eine beständige Überwachung durch künftige Generationen erfordern;
- geringere Müllmengen zu erzeugen;
- weniger wertvolle Materialien überall auf dem Planeten auf Deponien verschwinden zu lassen, wo sie nie wieder nutzbar gemacht werden können, und
- biologische Arten und kulturelle Aktivitäten zu standardisieren und aufeinander abzustimmen, um Erträge zu steigern.[2]

Diese Vorgehensweise hat jedoch einen fatalen Nachteil: Sie lässt das Grundkonzept der Industrieproduktion unverändert. Obwohl die Reformen der Öko-Effizienz die Industrieanlagen immer mehr verfeinert haben, beruht das System immer noch auf dem Prinzip „Von der Wiege bis zur Bahre". Reduktion, Wiederverwendung und Vorschriften verringern die Umweltbelastung und verlangsamen den Verlust natürlicher Ressourcen; allerdings greifen diese Prozesse nicht die konzeptionellen Fehler an ihrer Quelle an – sie sind Sackgassen-Lösungen. In Anbetracht aller Umstände verstärkt die Öko-Effizienz lediglich den Antagonismus von Natur und Industrie.

Das Recycling in Haushalt und Industrie wird oft ebenfalls als zentrales Anliegen im Bemühen um eine Schonung der Umwelt angesehen. Die heute in weiten Teilen der industrialisierten Welt angewandten Recycling-Systeme sind jedoch auch Beispiele für den Versuch, eher die negativen Auswirkungen von Produktion und Konsum auf die Umwelt zu reduzieren, als wahrhaft umweltgerechte

Lösungen zu finden. Überdies haben diese Systeme einen grundlegenden Mangel – die Materialien werden nicht wirklich recycelt, sondern im Wert heruntergestuft („downcycling“). Während Materialien solche Recyclingprozesse durchlaufen, verlieren sie technologische Fähigkeiten, sie verlieren an „Intelligenz“. Dieser Verlust an materieller Intelligenz bedeutet, dass die aus Recyclingsystemen hervorgehenden Materialien nur dazu benutzt werden können, um im Vergleich zu den ursprünglichen geringerwertige Gegenstände herzustellen. So lassen sich beispielsweise Kunststoffflaschen nur in die kürzeren Fasern von Polypropylen-Gewebe umwandeln, während verschiedene andere Kunststoffe in „Lowtech“-Gegenständen enden wie etwa Bodenschwellen oder Parkbänken. Metallgegenstände wie etwa Getränkedosen enthalten oft mehrere verschiedene Legierungen, die beim Recyceln gemischt werden, was am Ende zu Materialien führt, die nur für weniger komplexe Zwecke geeignet sind. Obwohl Rohstoffe anfänglich durch Nutzung dieser recycelten Teile gerettet worden sind, befinden sich solche Materialien in einem unvermeidlichen Abstieg in Richtung auf die Nutzlosigkeit. Im besten Fall hat man den Materialien vor der Entsorgung nur einen oder zwei Lebenszyklen hinzugefügt, da jede weitere Vermischung ihre Nutzbarkeit weiter reduziert. Den gleichen Problemen begegnet man auch in der Industrie, etwa beim Recycling von Automobilen oder industriellen Rohstoffen.

Ein Hauptgrund für das Versagen von Recyclingsystemen ist die Tatsache, dass die in diesen Systemen recycelten Materialien ursprünglich nicht für ein Recycling vorgesehen waren. Ebenso wenig sind die Recyclingprozesse selbst für die Materialien gut geeignet. Konventionelle Recycling-Bemühungen sind unbeholfene Lösungen bei Materialien, die sich nicht dafür eignen. Das hat unzählige negative Auswirkungen zur Folge: Es führt nicht nur zur Abwertung der Materialien, sondern erzeugt oft auch recycelte Bestandteile mit ungünstigen Folgen für Gesundheit und Umwelt. So lassen sich beispielsweise nach dem Recycling von PET zu Textilien für den menschlichen Gebrauch (wie etwa synthetischen Fleece-Stoffen) Spuren von Antimon nachweisen, eines toxischen Halbmetalls, das in dem Material konserviert wird und dann mit der Haut des Menschen in Berührung kommt, der das Kleidungsstück trägt. Die durch diese Prozesse entstehenden Materialien von geringerer Qualität sind nicht so wünschenswert wie die am Anfang stehenden Rohstoffe. Dies bedeutet, dass viel von dem Wert des Materials vergeudet wird, was der Wirtschaftlichkeit der Prozesse abkömmlich ist. Erforderlich sind Systeme, bei denen das Material seine Nutzbarkeit durch anschließende und möglichst unendliche Lebenszyklen aufrechterhalten oder steigern kann („upcycling"), womit der Weg von der Wiege zur Bahre unterbrochen würde.

Nachhaltigkeit

Das Modewort der Öko-Effizienz ist Nachhaltigkeit. Eine nachhaltige Entwicklung ist in dem 1987 veröffentlichten Brundtland-Report als eine Entwicklung definiert worden, die „die Bedürfnisse der Gegenwart erfüllt, ohne die Fähigkeit künftiger Generationen zu gefährden, deren Bedürfnisse zu erfüllen". Viele vorausschauende Unternehmen, welche die Grenzen der herkömmlichen Praktiken in Industrie und Handel erkannt haben, haben begonnen nach Möglichkeiten zu suchen, die Industrie „nachhaltig" zu machen. Viele dieser Unternehmen, die Nachhaltigkeit anstreben, haben öko-effiziente Strategien angewandt, um die Auswirkungen der industriellen Produktion zu verringern, indem sie den Ausstoß schädlicher Stoffe verringern, die Abfallmengen reduzieren und mehr mit weniger tun – was es den Unternehmen erlaubt, wegen ihrer Tätigkeit nicht mehr ein so schlechtes Gewissen zu haben.

Viele glauben, die industrielle Infrastruktur könne mit diesen Änderungen eine sichere und wirtschaftlich prosperierende Zukunft ermöglichen. In einer Welt mit einer stetig wachsenden Bevölkerung und einem explodierenden Konsumniveau ist der gegenwär-

tige Wohlstand nicht aufrechtzuerhalten, wenn man der Industrie Beschränkungen auferlegt und ein Wachstum behindert. Letztlich besteht das Ziel von nachhaltigen Öko-Effizienz-Strategien darin, die Zahl Null zu erreichen, d.h. keinerlei Fußabdruck zu hinterlassen. Das aber ist nicht nur ein unrealistisches Ziel, sondern überdies für ein Unternehmen in ökonomischen und sozialen Begriffen ein schlechtes. Weniger schlecht ist nicht gleich gut! Wenn man den Schaden minimiert, ist das keine Hilfe für die Umwelt; wenn man weniger schlecht ist, zögert das den unvermeidlichen Zusammenbruch lediglich hinaus. Nachhaltigkeit, wie sie gemeinhin verstanden wird, ist langweilig. Sie ist im Kern zu bescheiden und defätistisch, da sie sich mehr auf erträgliche Auswirkungen konzentriert als auf das, was sich in positiven Begriffen gedacht erreichen lässt, was eine weitere Entwicklung in Begriffen von Wirtschaftlichkeit, Ökologie und in den sozialen Aspekten des Lebens fördern kann. Somit erzeugt die Nachhaltigkeit weder Innovationen noch qualitätvolles Design; stattdessen schränkt sie die Kreativität ein, weil sie sich ausschließlich auf die Effizienz konzentriert.

Wo wollen wir stehen?

Mit der Wiedervereinigung von DDR und Bundesrepublik im Jahre 1990 wurde deutlich, dass die Umweltsituation in der DDR weitaus besser war als die in der alten Bundesrepublik. Obwohl es in der DDR keine nennenswerten Vorschriften zum Schutz der Umwelt gab, waren dort der Artenrückgang und die Dezimierung von Populationen, die Vergiftung des Erdbodens und die übliche Umweltschädigung weit geringer als in den alten Bundesländern. Es gab tatsächlich auch stark kontaminierte Regionen mit einer lokalen Umweltzerstörung, aber im Großen und Ganzen war die Umwelt weit intakter als in den alten Bundesländern. Dies hatte jedoch nichts mit der sozialistischen Sicht auf öffentliches Eigentum zu tun, es war vielmehr so, dass das Wirtschaftssystem der DDR nicht effizient genug war, die Natur auszubeuten und zu zerstören.

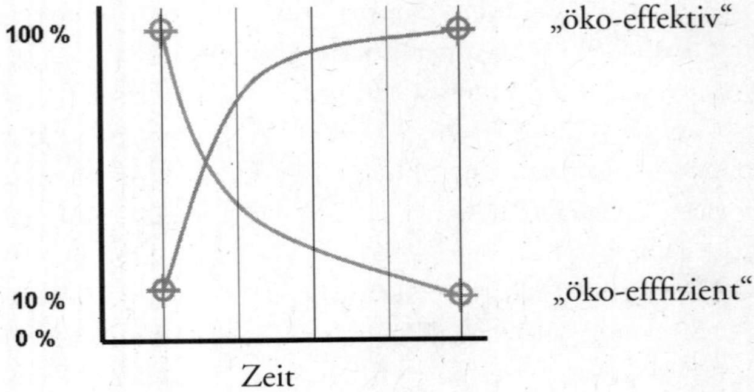

Öko-Effektivität

Wenn ein System zerstörerisch ist, sollte man nicht den Versuch machen, es effizienter zu gestalten. Stattdessen sollte man Möglichkeiten finden, es vollständig umzukrempeln, so dass es effektiv wird. Anders als bei der Effizienz, der zufolge es darum geht, „die Dinge richtig zu machen", geht es bei der Effektivität darum, „die richtigen Dinge zu machen". Die Idee der Öko-Effektivität bietet eine positive Alternative zu den traditionellen Ansätzen der Öko-Effizienz, was die Entwicklung gesunder und ökologisch unbedenklicher Produkte und Systeme angeht. Im Gegensatz zur Minimierung und Auflösung schlägt die Idee der Öko-Effektivität die Umwandlung von Produkten und der damit zusammenhängenden Materialströme vor. Damit wird eine tragfähige Beziehung zwischen ökologischen Systemen und dem Wirtschaftswachstum ermöglicht. Das Ziel besteht nicht darin, den Materialstrom „von der Wiege bis zur Bahre" zu verringern oder zu verzögern, sondern darin, zyklische „Metabolismen" (Stoffwechselkreisläufe) zu erzeugen, die eine naturnahe Produktionsweise ermöglichen und Materialien immer wieder neu nutzen. Dieses regenerative System ermöglicht im Kern einen positiven Neubeginn der Beziehung von Ökonomie und Ökologie.

Um diese Idee besser zu verstehen, sollte man sich einen Kirschbaum vorstellen. In jedem Frühjahr bringt er Tausende von Blüten hervor, die irgendwann zur Erde fallen. Die Blüten lösen sich dann auf und werden zu Nährstoffen für den Boden und tragen zur Gesamtgesundheit des lokalen Ökosystems bei. Der Überfluss des Baums ist also nicht Verschwendung, sondern nützlich, sicher und schön. Überdies bereichert der Kirschbaum noch weit mehr als nur den Boden. Indem er mit Hilfe der Sonne durch die Photosynthese Nahrungsmittel herstellt, liefert er auch Nahrung für Tiere und Insekten. Der Kirschbaum bindet Kohlenstoff, erzeugt Sauerstoff und unterstützt gesunde Wasserzyklen. Äste und Blätter des Baums sind zudem ein großartiger Lebensraum, der eine große Vielfalt von Mikroben und Insekten beherbergt. Selbst im Tod liefert der Baum Nahrung, indem er sich allmählich auflöst und Mineralien freisetzt, die wiederum neues Leben ermöglichen. Von der Blüte über das Stadium des jungen Baums bis ins majestätische Alter löst der Baum vielerlei positive Effekte aus und liefert auch nach seinem nützlichen Leben noch Nahrung für etwas Neues.

Die nächste Industrielle Revolution

Anders als die erste Industrielle Revolution, die bei der Herstellung eines Produkts oder der Entwicklung eines Systems nur Kriterien von Kosten, Funktion und Ästhetik kannte, fügt die nächste Industrielle Revolution der Gleichung noch ökologische Intelligenz, Gerechtigkeit und Spaß hinzu. Die nächste Industrielle Revolution greift die Idee der Öko-Effektivität und die folgenden sechs Entwicklungskriterien auf, kehrt das System damit vollständig um und macht es nutzbringend.

Im Gegensatz zur Destruktivität der ersten Industriellen Revolution wird die nächste:

- keine gesundheitsschädlichen Stoffe in Luft, Wasser und Erdboden entlassen;
- den Wohlstand daran messen, wie viel natürliches Kapital wir auf produktive Weise ansammeln können;
- Produktivität daran messen, wie viele Menschen gewinnbringend und sinnvoll beschäftigt werden;
- den Fortschritt daran messen, wie viele Gebäude keine gefährlichen Stoffe mehr aus dem Schornstein entlassen; keine Vorschriften erfordern, deren Ziel es ist, uns davon abzuhalten, uns zu schnell umzubringen; nichts produzieren, was künftige Generationen in ungerechtem Maße belastet; und
- die Fülle der biologischen und kulturellen Vielfalt und das, was die Sonnenenergie uns bietet, feiern.[3]

Mit einem ständig sich erweiternden Wissen über die Natursysteme kann die Entwicklung jetzt auf jeder Ebene menschlichen Handelns umweltbewusst vonstattengehen. Heute lassen sich Systeme errichten, die der Intelligenz, der Fülle und der Effektivität der Natur nachgebildet sind, etwa deren Energieströmen und ihren natürlichen Ressourcen. Diese natürlichen Systeme bieten eine Fülle von Möglichkeiten zur Bildung innovativer, effektiver Ansätze, in denen sich die menschliche Kreativität voll entfalten kann.

Von der Wiege zur Wiege – Cradle to Cradle

Das Konzept „Von der Wiege zur Wiege" ist ein begrifflicher Rahmen für die Restrukturierung der Grundbeziehung zwischen menschlicher Tätigkeit und der den Menschen umgebenden Umwelt. Diese Idee, zu deren Grundlagen eine intelligent angewandte Wissenschaft und qualitätvolles Design gehören, geht über das Bemühen um „Nachhaltigkeit" hinaus, hin zu einem neuen, positiven Paradigma, bei dem

Wachstum positiv konnotiert ist. Während die Wissenschaft die physikalischen Gesetze und Gestaltungsprinzipien liefert, die die menschlichen Absichten erkennbar werden lassen, ist die Produktionsweise „Von der Wiege zur Wiege“ ein Spiegelbild der gesunden, regenerativen Produktivität der Natur. Sie bringt eine Industrie hervor, die sich beständig weiter verbessert und Leben und Wachstum ermöglicht.[4]

Den Prinzipien der Natur entsprechend, die wir beim Kirschbaum kennen gelernt haben, hat die Idee der naturnahen Produktion drei grundlegende Prinzipien: Abfall bedeutet Nahrung, Nutzung der fortlaufenden Zufuhr von Sonnenenergie und Förderung von Vielfalt. Diese Grundsätze erlauben es, industrielle Systeme zu entwickeln, die der gesunden Fülle der Natur nachgebildet sind.

Abfall ist gleich Nahrung. Die Prozesse jedes an einem lebenden System beteiligten Organismus tragen etwas zur Gesundheit des Ganzen bei. Die Blüten des Baums, seine Abfälle, fallen zur Erde, wo sie abgebaut werden und so zur Nahrung für andere Organismen werden. Mikroben etwa ernähren sich von dem organischen „Abfall“ und deponieren Nährstoffe im Erdboden, und zwar in einer Form, die der Baum aufnehmen und in Wachstum umsetzen kann. Vögel, welche die Früchte von Bäumen fressen, tragen die Samen in ihrem Kot über weite Entfernungen und schaffen so die Möglichkeit zu neuem Leben. Der „Abfall“ eines Geschöpfs ist Nahrung für ein anderes. Menschliche Pläne, die diesen Nährstoffzyklen nachgebildet sind – Zyklen, in denen Müll in dem Sinn nicht mehr vorkommt –, sind die Grundlage der Materialflusssysteme, die ein integraler Bestandteil der „Cradle-to-Cradle“-Produktionsweise sind.

Die Nutzung der Sonnenenergie. Ein Kirschbaum erzeugt Nahrung unter Ausnutzung von Sonnenlicht. Das ist ein elegantes, effektives System, das die einzige dauerhafte Energiequelle der Erde nutzt. Die erste Industrielle Revolution schöpfte ihre Energie vorwiegend aus dem Reservoir der Vergangenheit; sie nutzte fossile Brennstoffe, die Millionen von Jahren zuvor entstanden waren. Die Atomenergie belastet die Zukunft mit Hypotheken und schafft für viele künftige

Generationen hochgefährliche Verpflichtungen. Systeme, die durch Sonnenenergie angetrieben werden, nutzen jedoch die Energie von heute, ohne die Zukunft unserer Kinder mit Hypotheken zu belasten. Die Konstruktion von Produkten und Systemen kann die natürliche Energie der Sonne auf vielerlei Weise gewinnbringend und produktiv einsetzen. Das direkte Auffangen der Sonnenenergie ist eine Möglichkeit. Die Windkraft, die durch Thermik in Folge des Sonnenlichts erzeugt wird, ist eine weitere Quelle, ebenso wie Biomasse (in Pflanzen gespeicherte Sonnenenergie) und andere lokale Energiequellen.

Förderung der Vielfalt. Natürliche Systeme funktionieren und gedeihen durch Komplexität. Im Gegensatz zu den Standard-Lösungen der Industriellen Revolution und die in der Globalisierung so geschätzte Einförmigkeit fördert die Natur eine unendliche Vielfalt. Statt Darwins Ideen als das „Überleben der Tüchtigsten" zusammenzufassen, sieht die naturnahe Produktionsweise eine größere Bedeutung in Darwins Entdeckung der ungeheuren Vielfalt an Nischen (Überleben der am besten „Angepassten"). Als Reaktion auf einzigartige lokale Lebensbedingungen haben sich fast 10.000 verschiedene Ameisenarten entwickelt, von denen sich mehrere Hundert allein in der Krone eines einzigen Urwaldbaums am Amazonas finden lassen. Designer können von dieser verblüffenden biologischen Vielfalt lernen, indem sie immer neue Nischen für wunderbar vielfältige Lösungen von Designproblemen schaffen.

Wenn die Industrie sich bei der Herstellung von Dingen der Effektivität natürlicher Systeme bedient, kann sie einen gesunden Überfluss erzeugen und ermöglicht so die Erschaffung uneingeschränkt nützlicher Industriesysteme, die von einem positiven Synergieeffekt bei der Verfolgung ökonomischer, ökologischer und sozialer Ziele ausgehen. Aus der Perspektive des Industriedesigns bedeutet dies, Versorgungsketten, Herstellungsprozesse und Materialstromsysteme zu entwickeln, die wie der Kirschbaum vielfältige positive Effekte hervorbringen. Es bedeutet ferner, dass Designer, statt Produkte zu entwickeln, die benutzt und anschließend weggeworfen werden, damit beginnen können, Güter und Dienstleistungen zu entwerfen, die sich innerhalb von naturnahen Produktionssystemen effektiv bewegen und nach jedem Leben in Gebrauch entweder zu Nährstoffen in der Natur werden oder zu qualitativ hochwertigen Materialien für neue Produkte. Letztlich macht der Übergang von herkömmlichen Industriesystemen auf solche, die den Kreislauf der Natur nicht unterbrechen, die Idee des Abfalls überflüssig und schafft so dauerhaften Wohlstand und soziale Werte – das ist das Design der naturnahen Produktion nach dem Prinzip „Von der Wiege zur Wiege“.

Ein praktischer, strategischer Ausdruck der Philosophie der Öko-Effektivität ist, dass das Design „Von der Wiege zur Wiege“ den Rahmen für die Entwicklung von Produkten und industriellen Abläufen definiert, in denen Materialien zu Nährstoffen werden, und zwar indem sie ihren ständigen Umlauf in einem von zwei bestimmten Stoffwechselkreisläufen (Metabolismen) sicherstellen. Einer davon ist der biologische Kreislauf – der die zyklischen Prozesse der Natur darstellt. Der zweite, der technische Stoffwechsel ist ein Modell für Industriesysteme, die wertvolle Materialien in geschlossenen Produktionskreisläufen von Nutzung, Wiedergewinnung und Reproduktion zirkulieren lassen. In beiden dieser Stoffwechsel, dem biologischen wie dem technischen, bringt der Nährstoffstrom (von Materialien) während der gesamten Zyklen gesunde Produktivität mit sich. Die naturnahe Produktionsweise verwendet Materialien, die in einem dieser beiden eigenständigen Metabolismen sicher umlaufen.

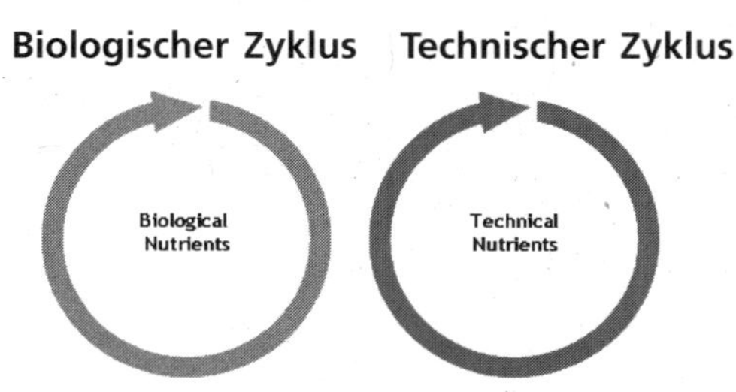

Biologischer Stoffwechsel. Wie wir gesehen haben, ist der biologische Stoffwechsel ein Netzwerk aus wechselseitig von einander abhängigen Organismen und natürlichen Prozessen. Er besteht zum einen aus dem Bedarf an Nährstoffen und zum andern aus Nebenprodukten des Stoffwechsels und lässt Nährstoffe in immer neuen Kreisläufen durch ein System zirkulieren. Als Mitglieder des Ökosystems können sich Menschen produktiv an dem biologischen Stoffwechsel beteiligen. Stoffe, die den biologischen Stoffwechsel optimal durchlaufen, nennt man *biologische Nährstoffe* (ein Beispiel hierfür ist der Stickstoffkreislauf). Biologische Nährstoffe, wie sie für naturnah gefertigte Produkte definiert sind, sind biologisch abbaubar (oder sonstwie auf natürliche Weise abbaubar); sie sind Materialien, die weder unmittelbar noch später für lebende Systeme eine Gefahr darstellen. Sie lassen sich durch den Menschen nutzen und sicher an die Umwelt zurückgeben, um sie Zersetzungsprozessen zuzuführen.

Produkte, die als biologische Nährstoffe konzipiert worden sind, werden *Verbrauchsgüter* genannt. Sie sind für eine sichere und vollständige Rückkehr in die Umwelt angelegt, wo sie in gesunden, lebenden Systemen zu Nährstoffen werden sollen. Reinigungsmittel, „Wegwerfverpackungen", Produkte, die durch die Verwendung biologisch, chemisch oder physikalisch verändert werden (Schuhsohlen, Bremsbeläge etc.), sind typische Verbrauchsprodukte, die sich auch als biologische Nährstoffe entwickeln ließen. Unter Zugrundelegung der naturnahen Produktionsweise des Modells „Cradle to Cradle" haben die in Hamburg ansässige Environmental Protection Encouragement Agency (EPEA) und die in Charlottesville in den USA ansässige McDonough Braungart Design Chemistry (MBDC) gemeinsam mit der Schweizer Textilfirma Rohner Textil und dem Möbelbezugsstoffhersteller DesignTex einen Stoff namens Climatex® Lifecycle™ entwickelt, der als biologischer Nährstoff gefahrlos in die Erde zurückkehren kann.

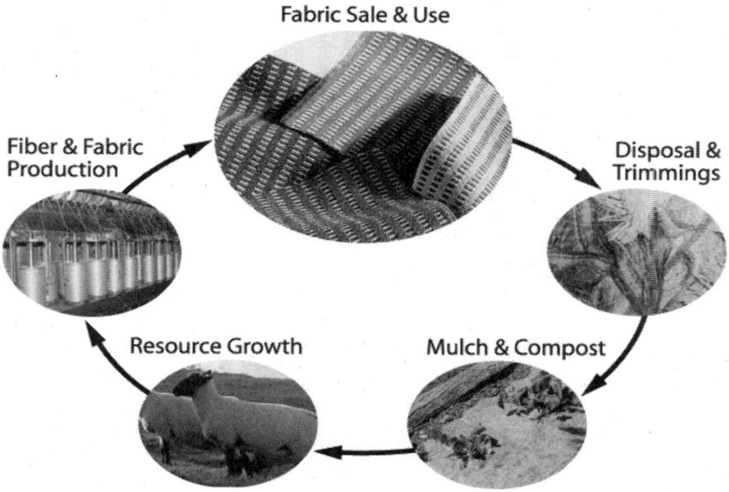

[a. Gewebeverkauf und Nutzung (oben), b. Entsorgung und Abfälle, c. Mulch und Kompost, d. Rohstoffwachstum, e. Faser- und Gewebeproduktion]

Der Bezugsstoff wird aus Naturfasern hergestellt, darunter Wolle von freilebenden und auf humane Weise geschorenen, neuseeländischen Schafen sowie Ramie, eine hoch wachsende Faserpflanze, die in Asien angebaut wird. Bei der Suche nach geeigneten Farbstoffen für das Gewebe wurden sechzig Farbstoffhersteller gebeten, die notwendigen Informationen über ihre besten Farbstoffe zur Verfügung zu stellen. Damit sollte eine Einschätzung ihrer Eignung als biologische Nährstoffe ermöglicht werden. Aus 1.600 Farbstoffformeln wählte die EPEA nach eigener Methode sechzehn Farbstoffe aus, die sowohl die erwünschten technischen als auch ökologischen Anforderungen erfüllten. Nach einer Produktionsumstellung gemäß den Standards des „Cradle to Cradle“ können jetzt die Abfälle der Textilfirma zu Filz verarbeitet werden, der sich als Gartenmulch und zum Anbau von Erdbeeren, Gurken und einer Vielzahl anderer Pflanzen verwenden lässt.

Technischer Kreislauf. Der technische Stoffwechsel entspricht dem „Cradle to Cradle"-System in der industriellen Produktion von hauptsächlich komplexen Gebrauchsgütern und mineralischen Ressourcen. Er ist dem biologischen Stoffwechsel nachgebildet; in diesem Stoffwechselkreislauf entstehen keine Abfälle, sondern nur Nährstoffe, die in geschlossenen Kreisläufen dauerhaft zirkulieren. Ein *technischer Nährstoff* ist ein Material, das sicher in einem geschlossenen Kreislauf der Herstellung verbleibt, um später wiedergewonnen und wieder benutzt zu werden (technischer Metabolismus). Damit erhält das Material seinen Wert während der Lebenszyklen als Produkt aufrecht – das ist, was man wahre Aufwertung von Materialien („upcycling") nennt.

Technische Nährstoffe werden in *Gebrauchsgütern* verwendet, Gütern, die für den langfristigen Gebrauch hergestellt werden. Das Produkt wird zwar vom Kunden als Besitzer genutzt, verbleibt aber im Besitz des Herstellers. Waschmaschinen, Automobile und Fernsehgeräte sind solche Gebrauchsprodukte, die für den endlosen Umlauf, Wiederaufbereitung und erneute Nutzung entwickelt werden können. In der Teppichindustrie beispielsweise hat die Firma Shaw das Konzept der Produktdienstleistung aufgegriffen. Die Firma Shaw hat ihren Teppichboden EcoWorx nach einem System entwickelt, bei dem alte Teppichfasern aus Nylon 6 wiedergewonnen und zu Garn höchster Qualität umgewandelt werden, ohne dass es zu signifikanten Materialverlusten kommt. Dieser Prozess führt dem alten Nylon 6 durch seine Lebenszyklen neuen Wert zu. Das steht im Gegensatz zu herkömmlichen Recyclingprozessen, bei denen Material geringerer Qualität entsteht, weil die Polymerlänge des synthetischen Materials abnimmt und anorganisches Material mit anderem Material kontaminiert wird, was Nutzen und Anwendungsmöglichkeiten für die daraus gewonnenen Produkte begrenzt.

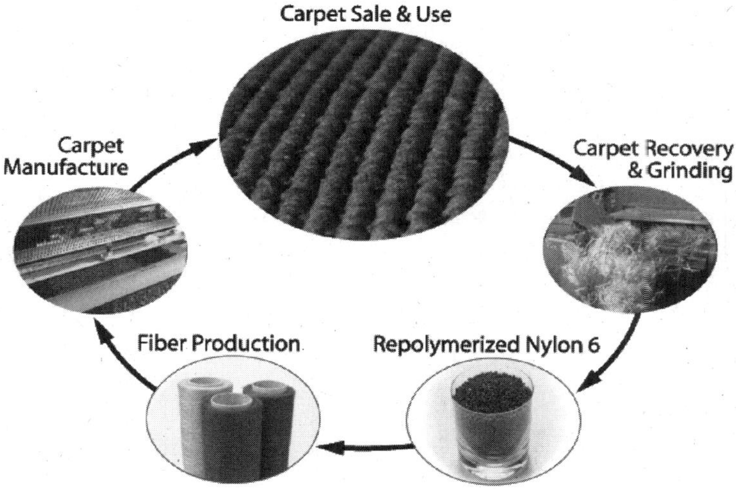

[a. Teppichverkauf und Nutzung (oben), b. Wiedergewinnung des Teppichs und Zermahlung, c. Repolymerisiertes Nylon 6, d. Faserproduktion, e. Teppichherstellung]

Die Strategie des Dienstleistungsprodukts ist sowohl für den Hersteller als auch für den Kunden nützlich. Der Hersteller bleibt weiterhin Eigentümer des wertvollen Materials für die ständige Wiederverwendung, während die Kunden die Dienstleistung des Produkts in Anspruch nehmen, ohne damit eine materielle Verpflichtung zu übernehmen – ein Modell, das wir „Öko-Leasing" nennen. Der Hersteller oder Handelsvertreter des Produkts pflegt überdies langfristige Beziehungen mit den Kunden über viele Lebenszyklen des Produkts hinweg, da die Kunden immer zurückkommen.

Komplexe Produkte. Es ist nicht ungewöhnlich, biologische und technische Nährstoffe in einem Produkt zu kombinieren, und zwar aus Gründen der Leistungsfähigkeit oder dort, wo durch die Produktnutzung eine Materialdispersion in die Umwelt zu erwarten ist. Damit komplexe Produkte mit einem „Cradle to Cradle"-Szenario in Einklang gebracht werden können, wird der Lebenszyklus jedes Bestandteils genau geplant. Überdies werden Strategien für die Materialtrennung nach dem Gebrauch des Produkts entwickelt. Komplexe Produkte, die für die Wiedergewinnung ihrer biologischen und technischen Nährstoffe ungeeignet sind, sind Hybride ohne echtes Kreislaufpotenzial.

Nicht vermarktungsfähige Produkte. Materialien oder Produkte, die ihren kommerziellen Wert verloren haben und gefährlicher Abfall sind, sind nichts anderes als unverkäufliche Produkte. Sie sind weder für eine Wiederverwertung noch einen technischen oder biologischen Stoffwechsel angelegt und können auch nicht ohne Umweltrisiken gelagert werden. Abgebrannte Brennstäbe aus Atomkraftwerken sind ein augenfälliges Beispiel, aber auch die modernen Computer enthalten wertvolle Materialien, die nach nur wenigen Jahren in Gebrauch eher zu Sondermüll als zu wiederherstellbaren Werten werden. Die meisten Produkte, die heute auf dem Markt sind, sind nach ihrem Gebrauch nicht mehr wiederverwertbar. Wenn man sie als öko-effektive Produkte entwerfen will, muss man sie als biologische oder technische Nährstoffe völlig neu erfinden.

Triple Top-Produkte

Sobald Produkte und Systeme nach den Grundsätzen der naturnahen Produktion entwickelt worden sind, können Unternehmen nach einem Wachstum der Triple Top-Line (s. Glossar) streben, was sowohl das Wohlergehen der Natur als auch der Kultur steigert, während gleichzeitig eine ökonomische Wertschöpfung stattfindet. Ein Design für die Triple Top-Linie folgt den Naturgesetzen, um der Industrie die Werkzeuge zur Entwicklung von Systemen an die Hand zu geben, die auf sichere Weise Wohlstand erzeugen. Die Triple Top-Linie gibt jedoch nicht die Idee des Wirtschaftswachstums auf; sie baut auf ihm auf und liefert die Grundlage für weiteres Wachstum. Sie ist jedoch nicht bloß Werkzeug, mit dem sich Nachhaltigkeit in dem Sinn sichern lässt, dass sie etwas definiert, was lediglich „akzeptabel“ ist, sondern sie liefert uns die Grundlage, die uns in unserer weiteren Entwicklung tragen wird. Anders als das Wachstum nach der Triple Bottom-Linie, bei dem die ökologischen und sozialen Aspekte aller Operationen des Unternehmens quantifiziert werden, liefert die Triple Top-Linie einen dreidimensionalen Raum ökonomischer Profitabilität, sozialer Gleichheit und von Umweltgesundheit. Dabei ist jeder Aspekt gleichermaßen wichtig und ein integraler Bestandteil der Planung für eine Entwicklung, die weiteres Wachstum sichert. In der nächsten Industriellen Revolution sollte alles Wachstum nach der Triple Top-Linie ausgerichtet sein.[5]

Wie sehen die Schritte aus?

Um die nächste Industrielle Revolution in vollem Umfang zu ermöglichen, müssen sich auf drei Ebenen Veränderungen ergeben. Erstens müssen Unternehmen Bewertungen aller von ihnen genutzten Materialien durchführen, positive Bestandteile auswählen und im Grunde ihre Produkte neu erfinden, damit sie in das Muster der „Von der Wiege zur Wiege“-Produktion passen, was sich mit einem Programm von fünf Schritten erreichen lässt. Zweitens müssen Unternehmen das Wachstum nach der Triple Top-Linie zur Grundlage all ihrer Produktions- und Investitionsentscheidungen machen. Drittens sollte es ein industrieweites Kommunikations- und Support-Netzwerk geben, das sich durch „Intelligent Materials Pooling“, eine Art Datenbank zu „intelligenten Materialien“ erreichen lässt.

Fünf Schritte

Als Teil eines umfassenderen Plans haben wir fünf klare Schritte entwickelt, mit deren Hilfe Unternehmen Produkte als „Cradle to Cradle“-Produkte herstellen können. Diese Schritte helfen einem

Unternehmen bei der Neubewertung seiner Produkte und dem Erreichen neuer Ziele der Öko-Effektivität. Diese fünf Schritte sind:

1. „frei von …"
2. Persönliche Präferenz (aufgrund wissenschaftlicher Erfahrung)
3. Die passive Positivliste
4. Die aktive Positivliste
5. Neu-Erfindung

1. *„frei von …"* Obwohl diese „frei von"-Strategie bei Marketing-Bemühungen manchmal verzerrt wird (wenn beispielsweise gesagt wird, Reinigungsmittel seien „phosphatfrei", wenn man Phosphat durch einen anderen gefährlichen Grundstoff ersetzt hat), ist diese Strategie ein wichtiger erster Schritt, um die Produktion von Dingen zu verändern. Ein PVC-freies Produkt beispielsweise ist im Allgemeinen weniger schlecht als eins, das PVC enthält. Wenn etwas Substanzen enthält, die potenziellen Schaden verursachen können und bio-akkumulativ sind (was wir „X-Substanzen" nennen) – Dinge wie PVC, Kadmium, Quecksilber und Blei –, ist es definitiv ein Schritt in die richtige Richtung, diese Bestandteile zu eliminieren. Wenn man die Herstellung eines Produkts mit der Zubereitung eines Festmahls vergleicht, würde es bedeuten, dass man die Zutaten weglässt, gegen die die Gäste allergisch sind oder die sie krank machen könnten. So wie ein guter Gastgeber seine Gäste nicht krank zu machen wünscht, sollte auch ein Unternehmen seine Kunden nicht durch die Benutzung seiner Produkte krank machen wollen.[6]

2. *Persönliche Präferenz.* Da die meisten Produkte auf dem Markt nicht öko-effektiv sind, laufen viele Entscheidungen darauf hinaus, dass man Produkte miteinander vergleicht, die alle nicht ideal sind. Wenn man beispielsweise die Abfallmenge verringern möchte, kauft man recyceltes Papier. Wobei man sich nicht klar macht, dass dieses Papier Chlor und Dioxine enthalten könnte. Damit wird die Kaufentscheidung zu einer Wahl zwischen zwei Übeln, von denen man

sich für das geringere entscheidet (auf der einen Seite hat man neues chlorfreies Papier, auf der anderen recyceltes Papier). Man sollte sich vergewissern, dass ein Produkt oder eine Substanz keine Materialien enthält oder Praktiken unterstützt, die für die Gesundheit von Mensch und Umwelt schädlich sind oder sie missachten. Ausgehend von den unvollkommenen Angeboten des Markts kann dieser Schritt bei der Entscheidung helfen, das Produkt oder die Substanz zu bestimmen, die die „beste“ oder „am wenigsten schlimme“ ist. Grundlage dieser Festlegung sind das Wissen und Urteil von Wissenschaftlern und Industrieexperten.[7]

3. *Die passive Positivliste.* Dieser Schritt erleichtert die Umwandlung eines vorhandenen Produkts in ein optimales – während man mit der vorhandenen Infrastruktur, dem vorhandenen Marketing und den vorhandenen Marken arbeitet. Im Wesentlichen werden alle Bedingungen verändert, die mit dem Produkt etwas zu tun haben. Anders als beim Schritt des „frei von ...“, der sich auf die Eliminierung einer oft so weit verbreiteten wie besorgniserregenden Substanz konzentriert, entfernt die passive Positivliste sämtliche Substanzen auf der X-Liste. Dazu gehören karzinogene und mutagene Substanzen sowie alles, was die spätere Stofftrennung stört. Dieser Schritt ist besonders dann anzuraten, wenn Hersteller schon mit der Produktion eines Erzeugnisses auf dem Markt sind und das, was sie tun, nicht sofort ändern können, weil wirtschaftliche Zwänge und der Druck des Markts dies verhindern.[8]

4. *Die aktive Positivliste.* Dieser Schritt macht ein Produkt aktiv „gut“ statt „weniger schlecht“. Damit bringt man es so weit in den Bereich der Öko-Effektivität, wie es innerhalb der vorhandenen Möglichkeiten gelangen kann. Jeder Bestandteil eines Produkts wird als Nährstoff für entweder biologische oder technische Stoffwechsel geplant. Die Bestandteile werden untersucht und in Kategorien eingeteilt. A bedeutet ideal, B im Prinzip ideal, aber optimierbar, C problematisch, aber nicht unmittelbar gefährlich, und X muss dringend entfernt werden. Dieser Schritt hat ein Produkt von um-

fassender Qualität zum Ergebnis, das durch ein schrittweises Vorgehen erreicht wird.[9]

5. *Neu-Erfindung.* Der letzte Schritt besteht darin, das gesamte Produkt neu zu überdenken und alle Veränderungen vorzunehmen, die nötig sind. Wahre Innovation kann ein breites Spektrum positiver Effekte mit sich bringen. Das würde sowohl der Industrie als auch den Menschen und der Natur ein gesundes Wachstum ermöglichen. Mit Innovationen und sinnvollem Design kann man einen hoffnungsvollen Weg zum Wohlstand für alle beschreiten.[10]

Diese fünf Schritte sind entscheidend, wenn Unternehmen Produkte für die Kunden öko-effektiv und gesund gestalten wollen. Sie haben beispielsweise dem Unternehmen Herman Miller dabei geholfen, aus den Armlehnen seines Mirra-Stuhls das PVC zu entfernen und durch ein anderes Material zu ersetzen. Die Ford Motor Company hat das Modell „Model U"-Konzeptfahrzeug entwickelt. Damit soll das Autofahren zu einer nützlichen Angelegenheit sowohl für die Passagiere als auch die Umwelt werden. Unternehmen können ein Fraktal-Dreieck dazu nutzen, um die Öko-Effektivität von einem einzelnen Produkt auf das gesamte Unternehmen zu übertragen.

Das Fraktal-Dreieck

Das Fraktal-Dreieck ist ein visuelles Werkzeug, mit dessen Hilfe sämtliche Aspekte demonstriert werden können, die ein Unternehmen braucht, um ein Triple Top-Linien-Wachstum wirkungsvoll anzustreben und zu verfolgen. Die Bedeutung des Fraktals besteht darin, dass es Unternehmen ein Werkzeug an die Hand gibt, mit dem sie vollständig neue Ideen entwickeln können, und zwar innerhalb eines dreidimensionalen Raums, in dem alle Dimensionen gleichwertig sind. Es versteht sich von selbst, dass sich die meisten neuen Ideen in einiger Entfernung von den äußersten Ecken des Dreiecks finden: Das Unternehmen hat keine Möglichkeit, einen

Beitrag zur Nachhaltigkeit zu leisten, wenn es sich finanziell nicht selbst erhalten kann.[11]

Das Dreieck ist in neun Sektoren aufgeteilt, wobei die Schwerpunkte Ökonomie, soziale Gerechtigkeit und Ökonomie in den drei Ecken angesiedelt sind. In der Ökonomie-Ecke liegt das Hauptgewicht allein auf der Rentabilität. Wenn wir uns auf dem Dreieck in Richtung auf die Ecke der sozialen Gerechtigkeit zubewegen, liegt die Betonung mehr auf Fairness und deren Einfluss auf die Rentabilität. Der Schwerpunkt in der Ecke der sozialen Gerechtigkeit ist ausschließlich sozialer Natur. Wenn wir auf dem Dreieck in Richtung Ökologie weitergehen, werden Gesundheit und Sicherheit im Vordergrund stehen. Der Schwerpunkt der Ökologie-Ecke liegt auf der Gesundheit der natürlichen Umwelt, wobei die Frage im Zentrum steht, wie der Mensch ein „Werkzeug für die Natur“ sein kann. Wenn wir uns weiter in Richtung auf die Ökonomie-Ecke bewegen, werden die Öko-Effektivität und die Öko-Effizienz zu zentralen Begriffen. Sie entscheiden darüber, wie natürliches Kapital verwendet wird. Damit die Triple Top-Linie erreicht wird, müssen sämtliche neun Sektoren des Fraktals erfüllt sein.

Bei der Auswahl von Projekten oder der Entscheidung über Investitionen sollten sich Unternehmen die folgenden Fragen stellen:

Ökonomie/Ökonomie. Der Fokus liegt ausschließlich auf der Rentabilität. Ist dieses Projekt auf lange Sicht profitabel? Wird es die künftigen höheren Produktionskosten tragen können, die in Folge des Wirtschaftswachstums auftreten werden? Wird es nachhaltig im Wettbewerb mit anderen – gegenwärtigen und künftigen – Technologien sein? Wird es flexibel genug sein, um sich künftigen Herausforderungen auf dem Markt anzupassen?

Ökonomie/Soziale Gerechtigkeit. Die Betonung liegt auf der Rentabilität, mit Bezug auf Fairness und Sozio-Effizienz. Wird dieses Projekt bei seiner Verwirklichung den Beschäftigten ein Einkommen ermöglichen, von dem man leben kann? Wird es zu einer positiven sozialen Entwicklung beitragen, zu einem Anstieg an Fähigkeiten und Bildung führen? Kann das Unternehmen bei seinen Beschäftigten und seinen Kunden in diesem Prozess auf Loyalität bauen? Wird der kritische Ansatz des Unternehmens, was den Gebrauch von Chemikalien im Produktionsprozess betrifft, die Gesundheit der Arbeiter verbessern und die Fehlzeiten verringern? Werden die von dem Unternehmen ergriffenen positiven Maßnahmen der eigenen Kommune in Form von Demonstrationsprojekten vorgestellt, kann es vielleicht zur Gründung von Partnerschaften zwischen öffentlicher Hand und Privatfirmen kommen?

Soziale Gerechtigkeit/Ökonomie. Das Hauptgewicht verlagert sich auf Fairness. Werden alle in der Lage sein, an dem Projekt teilzunehmen, unabhängig von Rasse, Geschlecht, Nationalität oder Religion? Wird das Unternehmen die möglicherweise in der Gemeinschaft existierenden Vorurteile herausfordern, indem es grundsätzlich alle qualifizierten Kandidaten berücksichtigt? Wird das Unternehmen Menschen anstellen, die gegenwärtig noch nicht verfügbar sind, weil es an öffentlichen Dienstleistungen fehlt, etwa was Kindertagesstätten, Transportmöglichkeiten, etc. angeht?

Soziale Gerechtigkeit/Soziale Gerechtigkeit. Das Hauptgewicht liegt ausschließlich auf sozialen Gesichtspunkten. Wird dieses Projekt die Lebensqualität aller Teilnehmer verbessern? Wird das Projekt die Gemeinde positiv beeinflussen und die Gesundheit, Fähigkeiten, Gerechtigkeit und soziale Interaktion der durch das Projekt betroffenen Menschen fördern?

Soziale Gerechtigkeit/Ökologie. Der Schwerpunkt liegt im sozialen Bereich, im Hinblick auf die Gesundheit der Menschen. Wird dieses Projekt die Gesundheit aller Teilnehmer verbessern? Wird es die Lebensqualität der lokalen Gemeinde gefährden oder verbessern, was z. B. Luftreinheit, Lärm, etc. betrifft?

Ökologie/Soziale Gerechtigkeit. Das Hauptgewicht liegt auf der Sicherheit des gesamten Ökosystems. Wird dieses Projekt zur Gesundheit bestimmter Aspekte der Umwelt beitragen, die für die Menschen lebensnotwendig sind (sauberes und reichlich vorhandenes Trinkwasser, fruchtbarer, unvergifteter Erdboden, saubere Luft ohne Lärmverschmutzung, etc.)?

Ökologie/Ökologie. Das Hauptgewicht liegt darauf, wie der Mensch ein „Werkzeug für die Natur“ sein kann. Wird dieses Projekt den natürlichen Gegebenheiten gehorchen? Wird es natürliche Lebensräume schaffen oder fördern, statt sie zu zerstören? Wird es die biologische Vielfalt wahren und stärken, statt sie zu beschränken? Wird es die natürliche Wasserwirtschaft und damit das Grundwasser schützen oder gefährden?

Ökologie/Ökonomie. Der Fokus liegt auf Öko-Effektivität. Wird die ökologische Strategie des Projekts lang- und kurzfristig ökonomisch lebensfähig sein? Wird das Projekt die Ressourcen effektiv nutzen? Wird es die Rohstoffe kontinuierlich und in einem geschlossenen Kreislauf so verarbeiten und veredeln, dass keine Abfälle mehr auftreten? Wird es die Umwelt so erhalten, dass die industrielle Produktion eher positive als negative Auswirkungen hat und einen wertvollen Beitrag zur Gemeinschaft leistet? Wird es mit anderen Worten ein guter Verwalter der Ressourcen sein?

Ökonomie/Ökologie. Das Hauptgewicht liegt auf Öko-Effizienz. Wird das Projekt angesichts des angestrebten Zwecks die Ressourcen effizient nutzen? Wird es die Abfallmengen verringern? Wird es die Abfallproduktion für die menschliche Gesundheit und die Umwelt weniger schädlich machen?

Das „Pooling" intelligenter Materialien

Um die naturnahe Produktionsweise im großen Maßstab erfolgreich umzusetzen, müssen das Wissen um die (technischen) Nährstoffkreisläufe besser organisiert und die industrieweite Zusammenarbeit stärker gefördert werden. Ein Weg dazu ist das Pooling von intelligenten Materialien – dies bietet einen Rahmen für die Zusammenarbeit aller Teilnehmer am Wirtschaftsgeschehen innerhalb des technischen Stoffwechsels. Es wird Unternehmen ermöglicht, materielle Ressourcen im Pool zu nutzen, ferner spezialisiertes Wissen und Kaufkraft in Bezug auf Erwerb, Umwandlung und Verkauf technischer Nährstoffe und anderer damit verbundener Produkte. Das Ergebnis ist ein für alle Beteiligten nutzbringendes Kooperationssystem, an dem die Akteure entlang der Versorgungskette zusammenarbeiten. Die Bildung schlüssiger technischer Stoffwechselkreisläufe wird ebenso unterstützt wie Strategien zur Förderung von Produktdienstleistungen bereitgestellt werden.

Herzstück einer solchen Zusammenarbeit ist eine Materialbank, die das Eigentum an technischen Chemikalien, an „Nährstoffen" und Materialien behält. Diese Materialbank reicht die Substanzen im Leasingverfahren an teilnehmende Unternehmen weiter, die sie wiederum in Produkte umwandeln und diese dann Verbrauchern in Gestalt eines Dienstleistungsplans zur Verfügung stellen. Nach einem festgelegten Nutzungszeitraum wird das Material eingesammelt und an die Materialbank zurückgegeben. Die Materialbank verwaltet auch die mit diesen Materialien verbundenen Informationen. Sie sammelt und verteilt die entsprechenden Informationen unter den beteiligten Interessenten. Auf diese Weise stellt sie die Akkumulation von Wissen über ein bestimmtes Material langfristig sicher und ermöglicht so ein wahres „Upcycling“ des Materials.[12]

Nachdem man Jahrzehnte mit Versuchen zugebracht hat, die mit der ersten Industriellen Revolution verbundenen Probleme einseitig zu lösen, ist es an der Zeit, die nächste Industrielle Revolution anzugehen. Künftig werden engagierte Lösungen gefordert sein, wenn wir unsere Umwelt verbessern wollen. Die „Cradle to Cradle“-Produktionsweise schafft neue Geschäftsmöglichkeiten, indem sie neue Qualitätsstandards setzt und den typischen Designkriterien wie Kosten, Leistung und Ästhetik noch ökologische Intelligenz, soziale Gerechtigkeit und ein hohes Maß an Kreativität hinzufügt. Ein diesen Maßgaben folgendes Design könnte den Grundstein für eine Ära der Aufbruchstimmung legen, in der es unternommen wird, die Industrie umzubauen, nämlich indem wir die Produktsweise von Gütern ändern.

Dieser positive Wandel ist nur dann möglich, wenn wir eine wahre Partnerschaft mit der Natur eingehen. Wenn sich diese neue Partnerschaft in Designs ausdrückt, die mit Natursystemen im Einklang stehen, kann sie uns über die Nachhaltigkeit – eine Mindestanforderung für das Überleben – in Richtung auf einen Handel führen, der die Beziehung des Menschen zur lebendigen Umwelt neu gestaltet. Es werden Fabriken gebaut, die ihre Mitarbeiter mit sonnendurchfluteten Räumen, frischer Luft, der Aussicht auf die Umgebung und kulturellen Angeboten anregen. Es werden Stoffe produziert, die der Erde wieder Nahrung zuführen, die uns sowohl als Kleidungsstücke als auch als Nahrungsquellen für unsere Gärten dienen. Energie- und Nährstoffströme in der natürlichen Welt werden nachgebildet und ermöglichen so die Entwicklung erstaunlich positiver Systeme, die Sauerstoff erzeugen, Energie anreichern, Wasser filtern und für Mensch und Natur gesunde Lebensräume bieten.

Diese Vorstellung ist nicht weit hergeholt. Eine Reihe von Großunternehmen haben schon solche „von der Wiege zur Wiege" hergestellten Produkte entwickelt oder sind gerade dabei, diesen Gedanken umzusetzen. Darunter sind auch einige Fortune 500-Unternehmen wie etwa Ford Motor, Nike, PepsiCo, Herman Miller, BASF, Steelcase und Shaw Industries.[13]

Der Mirra-Stuhl: Fallstudie eines Gebrauchsprodukts

Herman Miller ist ein in Michigan, USA, beheimateter großer Möbelhersteller, der Möbel für Büro und Wohnung produziert. Innovation steht für das Unternehmen im Vordergrund – so gehörten Charles und Ray Eames zu den Designern der Firma, deren Produkte sich im New Yorker Museum of Modern Art finden. Das Unternehmen kann auf eine lange Reihe fortschrittlicher Umweltinitiativen verweisen. Sein Gründer machte das Eintreten für den Umweltschutz schon in den 1950er Jahren zu einem vorrangigen Unternehmensprinzip, und im Jahre 1993 errichtete das Unternehmen „The Greenhouse" – einen 30.000 Quadratmeter großen Fabrik- und Bürokomplex, der von MBDC-Mitbegründer Bill McDonough entworfen wurde. Das „Greenhouse" sollte eine positive Innen-Umwelt schaffen, die den dort tätigen Arbeitnehmern ein naturnahes Arbeitsumfeld bietet.

Als sich Herman Miller entschloss, die Bemühungen um Nachhaltigkeit auf die Materialien für Unternehmensprodukte auszudehnen, ging es um weltumspannende Materialströme. Herman Miller nahm Verbindung zu MBDC auf, um eine naturnahe Produktionsweise in Planungs- und Produktionsprozesse des Unternehmens zu integrieren und vollständige Materialbewertungen für die Komponenten durchführen zu lassen. Das erste Ergebnis dieser Zusammenarbeit war die Gründung eines Teams, das umweltgerechtes Design zum Ziel hatte. Dieses Team hatte die Aufgabe, bei Herman Miller die Neuausrichtung der verschiedenen Aspekte der Produktentwicklung zu orchestrieren, um die Designphilosophie des „Von der Wiege zur Wiege“ zu verwirklichen.

Das erste Produkt, das aus dieser umweltfreundlichen Unternehmensphilosophie hervorging, war der Mirra-Bürostuhl, ein im Jahr 2003 vorgestelltes Pioniermodell. Der Mirra-Stuhl ist als Gebrauchsprodukt konzipiert – die Kunden sind in erster Linie an funktionalem, attraktivem und angenehmem Sitzen interessiert und nicht an der Ansammlung von Materialien, aus denen der Stuhl besteht. Das „Cradle to Cradle“-Designprotokoll schrieb vor, dass der Stuhl so gebaut wird, dass die bei seiner Konstruktion verwendeten Materialien technische Nährstoffe sind: immer wieder recycelbar, und zwar ohne jeden Verlust an Materialwert bzw. Materialintelligenz. Dies bedeutet, dass die Komponenten des Stuhls im Verlauf ihrer vielen Lebenszyklen nach wie vor Stuhlkomponenten sein werden oder zu anderen Produkten von ähnlichem technologischem Wert umgewandelt werden können, ohne dass etwas von den wertvollen Materialien auf Deponien verloren geht.

Bei der Materialbewertung gab es für MBDC verschiedene Eigenschaften, denen ein Vorrang eingeräumt wurde. Die technische Vereinbarkeit mit dem beabsichtigten Gebrauch stand an erster Stelle – neue Materialien durften die Funktion nicht beeinträchtigen. Von gleicher Bedeutung war jedoch, bei der Materialwahl darauf zu achten, dass alle Bestandteile immer wieder verwendbar und für die Benutzer unschädlich sind. So sind alle Materialien auf ein späteres Recycling hin angelegt. Jedoch hatte die Dauerhaftigkeit des Stuhls und seiner Materialien beim Design oberste Priorität. Das spiegelt sich in der zwölfjährigen Garantie für den Mirra-Stuhl wider.

Das von Grund auf neue Design des Produkts hatte einen Stuhl zum Ergebnis, der vollständig zerlegbar ist, zu 96 Prozent recycelbar, der keine toxischen oder nicht recyclingfähige Materialien (wie etwa PVC) enthält und überdies zu einem wettbewerbsfähigen Preis angeboten wird. Der Erfolg des Mirra-Stuhls spiegelt sich in einer Fülle von Auszeichnungen wider, unter anderem für das Design

(*IDEA, Good Design*), für das beste Möbelstück (*Best of NeoCon 2003*) und für andere ökonomische Bereiche (*Best Products 2003* der Zeitschrift *Fortune*).

Und Herman Miller schreibt den Erfolg des Mirra-Stuhls fort. Inzwischen wird die Philosophie der naturnahen Produktion auch auf die Entwicklung künftiger Produkte übertragen. Der 2005 vorgestellte Celle-Stuhl weist die gleichen Konstruktionsprinzipien auf und folgt dem Vorbild des Mirra-Stuhls. Der Celle-Stuhl ist zu 99 Prozent recycelbar, besteht zu 33 Prozent aus recyceltem Material und lässt sich in fünf Minuten mühelos zerlegen.

Das kompostierbare T-Shirt

Während der Mirra-Stuhl ein Beispiel für einen technischen Nährstoff darstellt, lassen sich nicht alle Produkte für den immerwährenden Neugebrauch von Materialien konzipieren. Es wäre übertrieben und unnötig, ein Produkt zu entwerfen, das im Verlauf seines auf Wiederverwertung angelegten Lebens zunehmend abgewertet wird. Güter, die im Verlauf ihres Gebrauchs an Wert verlieren (Verbrauchsgüter), werden am besten so angelegt, dass man ihre spätere Entsorgung in die Kalkulation mit einbezieht. Dies bedeutet, dass man die Bestandteile dieser Produkte als biologische Nährstoffe definiert, die sich ohne schädliche Auswirkungen an die natürliche Umwelt abgeben lassen.

Ein solcher biologischer Nährstoff ist das kompostierbare T-Shirt der Firma Trigema. Trigema ist ein Bekleidungshersteller in Süddeutschland. Das Unternehmen produziert große Mengen an Kleidung für Beruf, Sport und Freizeit und ist der führende Hersteller von T-Shirts in Deutschland. Was den sozialen Aspekt der firmeneigenen Beschäftigungspolitik angeht, hält Trigema einen eindrucksvollen Rekord: Das Unternehmen produziert sämtliche Kleidungsstücke in seiner Textilfabrik in Burladingen. Es hat keinen seiner 1.200 Beschäftigten je entlassen und garantiert die Beschäftigung nicht nur für die derzeitigen Angestellten, sondern auch für deren Kinder. Trigema unterscheidet sich von den Mitbewerbern durch seine ausschließlich heimische Belegschaft, was es dem Unternehmen durchaus erlaubt, mit anderen Marktführern in Wettbewerb zu treten, die ihre Kleidungsstücke zu geringeren Kosten in Entwicklungsländern fertigen lassen. Die Entwicklung und Produktion umweltverträglicher Produkte ist ein weiteres wichtiges Merkmal, das Trigema-Produkte vor anderen auszeichnet.

Die EPEA ist mit Trigema eine Partnerschaft eingegangen, um umweltfreundliche Kleidung zu entwerfen und herzustellen. Das erste Ziel dieser Zusammenarbeit war ein einfaches Produkt: ein T-Shirt mit einem positiven Umwelt-Profil. Sämtliche Bestandteile des T-Shirts sollten umweltverträglich sein. Das Endprodukt sollte durch und durch gesund sein, und nach seinem Leben in Gebrauch sollte man es im Garten auf einen Komposthaufen werfen können. Dieses Produkt hatte dann vier Komponenten: Garn für das Grundmaterial, Faden für die Nähte, ein Etikett und Farbstoffe für den Stoff. Die Materialien der Bestandteile wurden anhand mehrerer erforderlicher Kriterien ausgewählt: i. mindestens gleichwertige oder überlegene Materialfunktion gegenüber konventionellen Produkten, ii. keine (Öko-)Toxizität, iii. klar definierte und sichere Wege des biologischen Abbaus.

Die Voraussetzungen für die Materialfunktion der Bestandteile waren:

- Haltbarkeit der Baumwolle,
- Stärke der Nähte,
- Farbechtheit der Farbstoffe,
- Ästhetik,
- Tragekomfort.

Um das T-Shirt zu produzieren, musste die EPEA zwei Hauptaufgaben bewältigen: erstens eine Wissensplattform der erforderlichen Materialien definieren, die für die Herstellung des T-Shirts notwendig waren und den erforderlichen Eigenschaften entsprachen, und zweitens ein Netz von Herstellern aufbauen, die fähig waren, die erforderlichen Bestandteile zu produzieren. Der erste Schritt war Forschungsarbeit, um die spezifischen Materialien zu finden, die benutzt werden könnten. Es wurde herkömmlich angebaute Baumwolle ausgewählt, weil sie ein gutes Abbauprofil aufweist und aufgrund der mit der Verwendung organischer Baumwolle verbundenen ethischen Probleme. Farbstoffe waren schon problematischer. Viele herkömmliche Farbstoffe enthalten Schwermetalle oder andere Toxine. Manche werden entweder auf der Haut oder in der Umwelt zu problematischen Substanzen. Nach einem Studium der auf dem Markt verfügbaren Möglichkeiten wurde eine Reihe von Farbstoffen ausgewählt, die nicht nur in technischer und ästhetischer Hinsicht optimal waren, sondern auch im Hinblick auf die Umwelt.

Der Schweizer Farbstoffhersteller Ciba SC eröffnete der EPEA die Möglichkeit, Farbstoffe und Nebenprodukte zu prüfen, die für das T-Shirt geeignet waren. Das T-Shirt wird heute in einer großen Bandbreite von Farben produziert, die genauso dauerhaft sind wie konventionell gefärbte Produkte. Müller Strengelbach, ein ebenfalls in der Schweiz beheimateter Hersteller, liefert die Nähgarne für dieses Projekt. Die Garne werden auf der gleichen Materialbasis hergestellt wie die T-Shirts.

Da die Zusammensetzung des T-Shirts bis auf den letzten Faden festgelegt wurde, gelang es Trigema und der EPEA, ihr Ziel zu erreichen – ein erstes Beispiel eines einfachen und vollkommen umweltfreundlichen Hightech-Bekleidungsstücks zu schaffen. Das kompostierbare T-Shirt entspricht auf optimale Weise der Konzeption und der Entwicklung eines Produkts für seinen geplanten Gebrauch und Lebenszyklus. Obwohl die spätere Entsorgung des Produkts Grundlage des Designs ist, ist dieses T-Shirt darauf angelegt, eine ebenso lange, wenn nicht längere Nutz- bzw. Lebenszeit zu haben als konventionelle Produkte. Das bedeutet, dass der besseren Umweltverträglichkeit beim Gebrauch keine Opfer gebracht werden müssen.

EPEA, Trigema und Zulieferfirmen sind dabei, die Entwicklung anderer, noch komplexerer Produkte voranzutreiben, um die Produktlinie zu erweitern. Die EPEA ist dabei, die Plattform von Materialien für Textilprodukte auszubauen, die für solche biologischen Lebenszyklen geeignet sind. Es werden Komponenten wie Reißverschlüsse, Knöpfe und andere Verschlüsse entwickelt, und künftige Produkte werden auf ähnliche Weise eine hervorragende Materialfunktion mit großer Umweltfreundlichkeit verbinden.

Wie wir gesehen haben, dient solches Design auch der ökonomischen Wertschöpfung. Wenn die ihnen zugrunde liegenden Prinzipien allgemein angewandt werden, und zwar auf industrieller Ebene, werden Produktivität und Gewinne nicht mehr im Widerspruch zu den Anliegen der Allgemeinheit stehen. Stattdessen werden wir in einer Welt nachhaltigen Wohlstands leben, einer Welt, in der die Natur ebenso gedeihen und wachsen kann wie der Handel. Kein Unternehmen müsste wegen seiner Produktion noch ein schlechtes Gewissen haben und versuchen, seinen „ökologischen Fußabdruck“ zu verringern. In der nächsten Industriellen Revolution können Unternehmen, die eine naturnahe Produktion („von der Wiege zur Wiege“) praktizieren, sowohl auf ihr Geschäft als auch auf ihren gesunden „Fußabdruck“ stolz sein!

Anmerkungen

1 William McDonough, Michael Braungart, „The NEXT Industrial Revolution“, *The Atlantic Monthly*, Oktober 1998.

2 Ebd.

3 Ebd.

4 Michael Braungart, William McDonough, *Einfach intelligent produzieren – Cradle to Cradle: Die Natur zeigt, wie wir die Dinge besser machen können*, Berlin 2003.

5 W. McDonough, M. Braungart, „Design for the Triple Top Line: New Tools for Sustainable Commerce“, *Corporate Environmental Strategy*, 2002; 9 (3): S. 251–258.
6 W. McDonough, M. Braungart, „Reinventing the World: Step 1“, Green@Work Magazine, März/April 2001.
7 W. McDonough, M. Braungart, „Reinventing the World: Step 1“, Green@Work Magazine, Mai/Juni 2001.
8 W. McDonough, M. Braungart, „Reinventing the World: Step 1“, Green@Work Magazine, Juli/August 2001.
9 W. McDonough, M. Braungart, „Reinventing the World: Step 1“, Green@Work Magazine, September/Oktober 2001.
10 W. McDonough, M. Braungart, „Reinventing the World: Step 1“, Green@Work Magazine, November/Dezember 2001.
11 W. McDonough, M. Braungart, „Design for the Triple Top Line: New Tools for Sustainable Commerce“, *Corporate Environmental Strategy*, 2002; 9 (3): S. 251–258.
12 W. McDonough, M. Braungart, „Intelligente Materials Pooling: Evolving a Profitable Technical Metabolism Through a Supportive Business Community“, Green@Work Magazine, 2003.
13 R. Smith, „Beyond Recycling: Manufaturers Embrace ‚C2C‘ Design“, *The Wall Street Journal*, 3. März 2005, B1.

Stewart Wallis

Eine grundlegend neue Vision für den Welthandel

Einführung

Der Handel ist so alt wie die Menschheit. Der Handel zwischen Völkern, Stämmen und Nationen ist in der Geschichte eine wichtige zivilisatorische Kraft gewesen, indem er neue Ideen, Spiritualität und Reichtum zu verbreiten half. Daneben hat er sich jedoch auch als bedeutende zerstörerische Kraft erwiesen, die Krieg, Vergewaltigung, Plünderung, Krankheiten und Umweltzerstörung mit sich brachte. Der Reichtum der Städte an der Seidenstraße war dem Handel zu verdanken, doch im Verlauf der Jahrhunderte wurden diese Städte auch von zahlreichen Armeen unterschiedlicher Nationen geplündert. Die Frühgeschichte des Islam lässt sich unmöglich verstehen, wenn man nicht auch die Geschichte des Handels versteht. Wie der Islamwissenschaftler Shaban über Mekka zur Zeit der Geburt des Propheten Mohammed schreibt: „Es ist unmöglich, sich Mekka in anderen als Begriffen des Handels vorzustellen; der einzige Daseinszweck der Stadt ist der Handel.“[1]

Francis Drake wird von den Briten als großer Seemann und Kaufmann angesehen; für die Völker, deren Gold er nahm, war er vor allem ein Dieb und Pirat. Die East India Company war sowohl ein Handelsunternehmen als auch eine Armee und half mit, den indischen Subkontinent für Großbritannien zu sichern.

Die Ausbreitung des HIV-Virus im südlichen Afrika ist heute entlang der Routen am größten, die von den LKW-Fahrern benutzt werden. Der Regenwald des Amazonas wird mit besorgniserregender

Geschwindigkeit gefällt, um die Nachfrage der Amerikaner nach Hamburgern und der Chinesen nach Soja zu befriedigen.

Handel kann jegliche Transaktion auf einem Markt bezeichnen. In diesem Kapitel werde ich mich auf den engeren Wortgebrauch konzentrieren und den Handel unter Nationen untersuchen. Ich werde auch auf den Handel mit Gütern eingehen und in geringerem Umfang auf den mit Dienstleistungen. Dagegen werde ich zum Beispiel nicht den Handel mit Geld, Kultur oder gar Menschen berühren.

Amartya Sen hat vor kurzem geschrieben: „Generell gegen Märkte zu sein, wäre fast so seltsam, als wäre man generell gegen Konversation.“[2] Es kann deshalb also nicht darum gehen, für oder gegen den Handel zwischen Nationen zu argumentieren – das wäre sinnlos –, sondern darum, zu untersuchen, was „guten“ von „schlechtem“ Handel unterscheidet und warum.

Dazu müssen wir uns zunächst ein wenig der Ökonomie zuwenden. Allzu oft sind ökonomische Grundprinzipien und die notwendigen Bedingungen, von denen sie ausgehen, längst vergessen – komfortable Mythen sind an ihre Stelle getreten. Aus diesem Grund werden Märkte von vielen Menschen als eine Art von „Black box“-Mechanismus angesehen, der den Teilnehmern sowohl individuell als auch kollektiv die bestmöglichen Ergebnisse garantiert. Daher kommt auch der Mythos des sogenannten „freien Markts“: Zum einen sind diese Märkte nicht frei, und zum zweiten sind oft gigantische Regierungsinterventionen nötig, um sie zustande zu bringen. Um Märkte zu verstehen, muss man Macht verstehen – die „vollkommenen“ Märkte der „Economics 101“* beruhen darauf, dass kein einzelner Teilnehmer die Macht hat, das Ergebnis zu beeinflus-

---

* Dieser Ausdruck leitet sich ab von den in den USA üblichen Bezeichungen für Kurse an der Universität: Economics 101 bezeichnet damit den Einführungs- oder Grundlagenkurs in die Volkswirtschaftslehre. (Anm. d. Red.)

sen. Hier ist eine große Anzahl von Käufern mit etwa der gleichen Kaufkraft nötig sowie eine große Anzahl von Anbietern, von denen kein einzelner groß genug ist, den Preis zu beeinflussen. Dann und nur dann sind die Bedingungen des Ökonomen für ein Maximum an Nutzen erfüllt. Die meisten Märkte sehen jedoch ganz und gar nicht so aus. Die brutale Wirklichkeit sieht vielmehr so aus, dass diejenigen mit der größten Macht mehr bekommen, während die Machtlosesten am Ende mit noch weniger dastehen, wenn nicht eingegriffen wird. Es ist kein Zufall, dass die Ungleichheit im Verlauf der letzten paar Jahrzehnte weltweit und innerhalb der meisten Länder zugenommen hat.

Ein weiterer wesentlicher Aspekt von Märkten ist die Tatsache, dass sie soziale und politische Konstrukte sind; sie werden von Menschen gemacht und können von Menschen verändert werden. In ihnen spiegeln sich Werte und sie transportieren Werte. Um zu funktionieren, erfordern sie sowohl Zusammenarbeit als auch Wettbewerb. Sie brauchen Vertrauen, Regeln und Normen. Sie brauchen Vorschriften und ein Management. Sie lassen sich nach bestimmten Prinzipien gestalten.

Dieses Kapitel untersucht zunächst die gegenwärtige Situation. Dann legt es die Grundsätze dar, die nötig sind, um einen völlig neuen Ansatz zum Welthandel zu untermauern, der darauf abzielt, das kollektive Wohlergehen ebenso zu steigern wie das individuelle. Dieser Ansatz soll mithelfen, soziale und ökonomische Rechte für alle auf eine für die Umwelt nachhaltige Weise zu erreichen. Dann geht dieses Kapitel der Frage nach, *wie* ein grundlegend neuer Ansatz sich erreichen ließe, untersucht aber auch gegenwärtige Beispiele eines solchen Ansatzes.

Die gegenwärtige Situation

Die gegenwärtigen Regeln des Welthandels stützen ein System, das die Vorzüge der Globalisierung zugunsten von reichen Ländern und mächtigen transnationalen Unternehmen verzerrt – auf Kosten der Armen. Es ist dieser Prozess, der zu zunehmender Ungleichheit in der Welt führt. Was allein schon durch die schlichte Tatsache belegt wird, dass die ärmsten fünf Prozent der Weltbevölkerung im Verlauf der letzten zehn Jahre einen Rückgang ihres Realeinkommens um 25 Prozent hinnehmen mussten, während das Realeinkommen der reichsten fünf Prozent um 12 Prozent stieg. Die Ungleichheit nimmt sowohl innerhalb von als auch zwischen Nationen zu. Und die Welt insgesamt ist heute (nach dem Gini-Koeffizienten gemessen) ein Ort, der von größerer Ungleichheit geprägt ist als das Land der Welt, das bei den Einkommen die größten Unterschiede aufweist – Brasilien.

Ich werde mit der Darlegung der strukturellen wirtschaftlichen Ungleichheiten des gegenwärtigen Systems beginnen. Anschließend werde ich die Auswirkungen auf die Armut erörtern. Schließlich werde ich die Rolle untersuchen, die der Handel bei dem beispiellosen Ausmaß der Umweltzerstörung spielt, die unser Planet gegenwärtig erlebt.

a. Ökonomische Ungleichheiten

Die massiven Ungleichheiten, die in das Welthandelssystem eingebaut sind, werden durch eine Reihe von Faktoren verursacht:

1. bedeutende Barrieren für die Exporte aus Entwicklungsländern in die Industriestaaten.
2. die Subventionierung von Landwirtschaftsprodukten der Industrieländer mit entsprechenden Auswirkungen auf die Weltmarktpreise. Am Ende führt es zu Dumpingpreisen auf den Märkten der Entwicklungsländer.

3. die gewaltsame Öffnung von Märkten in Entwicklungsländern, die somit weit offener sind als die Märkte der Industriestaaten.
4. die massive Krise der Rohstoffpreise, die oft auf eine viel zu schnelle Liberalisierung dieser Märkte und die Beseitigung von Kontrollen und Vorschriften zurückzuführen ist.
5. den Skandal des Abkommens über Urheberrechte (Trade Related Aspects of Intellectual Property Rights, TRIPS). Damit werden Medikamente, von denen einige der ärmsten Völker der Erde höchst abhängig sind, völlig unbezahlbar.
6. den Versuch, Abkommen über Investitionen und Dienstleistungen durchzusetzen, die reiche Unternehmen und reiche Länder begünstigen.
7. die Dominanz großer internationaler Unternehmen auf den Märkten und das Fehlen sowohl von internationalen als auch lokalen Wettbewerbsvorschriften.
8. die massiven Ungleichheiten in Wissen, Ausbildung und beim Zugang zu Kapital sowohl zwischen Nationen als auch innerhalb von Nationen.
9. ein Währungs- und internationales Finanzsystem, das sich nur mit Handelsdefiziten beschäftigt und nicht mit Handelsüberschüssen.

Ich werde jeden dieser Punkte kurz abhandeln und seine Konsequenzen für die Armen darlegen sowie Beispiele nennen.

Lassen Sie mich mit den Handelsschranken der Industriestaaten beginnen. Der Durchschnittszoll für die meisten Güter, die zwischen einzelnen Ländern gehandelt werden, liegt bei zwei bis drei Prozent. Wenn jedoch ein Entwicklungsland die gleichen Güter in ein Industrieland exportiert, steigen diese Zölle um mindestens das Vierfache und verringern entsprechend die Nachfrage. Für einige Güter sind diese Zölle noch sehr viel höher. So belegt etwa Japan Schuhe aus Kenia mit einem Zollsatz von 26 Prozent. Bei einzelnen Agrarprodukten sieht das wie folgt aus: Reis, Zucker sowie

Obst und Nüsse werden mit Zöllen von über 100 Prozent belegt, wenn sie von einigen Entwicklungsländern entweder in die Europäische Union oder in die USA exportiert werden. Damit wird dieser Zoll zu einer perversen Steuer, die mit der Fähigkeit eines Landes, sie auch zu zahlen, in keinerlei Verhältnis steht. So zahlt beispielsweise Vietnam für Exporte in die USA in einem Gesamtwert von 4,7 Milliarden Pfund 470 Millionen US-Dollar an Steuern, während Großbritannien etwa das gleiche für Exporte zahlt, die ein Volumen von 50 Milliarden US-Dollar ausmachen.[3]

Ein weiteres Problem besteht darin, dass die höheren Zollsätze oft für arbeitsintensive Güter einbehalten werden. Dazu gehören landwirtschaftliche Rohstoffe, Kleidung und Schuhe. Um ein Beispiel zu nennen: Im Jahre 2002 waren die Zolleinnahmen der USA auf Importe von Kleidung aus Bangladesch zwölfmal höher als die Einnahmen von Importen von Kleidung aus Frankreich. Dies stellt faktisch eine Steuer auf Beschäftigung in einem Wirtschaftssektor dar, der in Bangladesch mehr als eine Million überwiegend sehr schlecht entlohnter Frauen beschäftigt.[4]

Textilien und Fertigprodukte illustrieren nur zu deutlich die Unzulänglichkeiten der Welthandelsorganisation. Bei der letzten Handelsrunde kam man überein, Höchstquoten nach dem Textilabkommen vollständig auslaufen zu lassen. Im Jahre 2003 waren in den USA jedoch noch 80 Prozent dieser Quoten in Kraft, in der Europäischen Union 70 Prozent. Was tatsächlich geschieht, ist Folgendes: Es werden Quoten auf Güter liberalisiert, die anfänglich überhaupt keinen Importkontrollen unterworfen waren – somit „hält man sich an den Wortlaut des Gesetzes, verstößt dabei aber total gegen dessen Geist“. Dem Internationalen Währungsfonds zufolge würde die Beseitigung von Kontrollen für Textilien und Kleidungsstücke in den Entwicklungsländern rund 27 Millionen neue Arbeitsplätze schaffen.[5]

Genauso nachteilig wirkt sich die Eskalation des Zolltarifs aus – dabei geht es um Zölle, die mit dem Grad der Verarbeitung steigen. So können beispielsweise Farmer in Lateinamerika Tomaten mit einem Zollsatz von nur zwei Prozent in die USA exportieren. Wenn sie diese Tomaten in ein „hochentwickeltes" Produkt wie Tomatensauce verwandeln, haben sie einen Zollsatz von 12 Prozent zu leisten. In Japan sind die Zölle auf Lebensmittelkonserven siebenmal so hoch wie bei Produkten der ersten Entwicklungsstufe. In der Europäischen Union steigen die Zölle von null Prozent bei Kakaobohnen auf neun Prozent bei Kakaopaste und auf 50 Prozent bei Schokolade.[6] Somit überlässt man den Entwicklungsländern die unlukrativsten Sektoren, statt ihnen diejenigen zuzubilligen, in denen sie vergleichsweise vorteilhaft dastehen. Insgesamt, so schätzt man für das Jahr 2002, kosteten die Handelsbarrieren der Industriestaaten die Entwicklungsländer 100 Milliarden US-Dollar.[7]

Wenden wir uns jetzt den Handels- und Exportsubventionen zu. Hier sieht es für die Entwicklungsländer noch schlimmer aus. Die Subventionen der Industriestaaten beliefen sich im Jahre 2002 auf eine Milliarde US-Dollar pro Tag.[8] Beginnen wir mit Zucker. Wie nicht anders zu erwarten, ist die Europäische Union mit ihrem reichlichen Sonnenschein und den geringen Arbeits- und Grundstückskosten aus nahe liegenden Gründen der preiswerteste Produzent für Zucker der Welt. Natürlich scherze ich. Europa ist aufgrund höherer Arbeits- und Grundstückskosten sowie weniger Sonne als in vielen anderen Teilen der Welt einer der teuersten Produzenten überhaupt. Man sollte also erwarten, dass die Europäische Union ein Nettoimporteur von Zucker ist. Das jedenfalls würde die herkömmliche Handelstheorie lehren. Doch stattdessen ist die Europäische Union der größte Zucker*ex*porteur der Welt. Wie um alles in der Welt ist das möglich? Der Grund ist leider einfach, aber die Kosten für die armen Länder sind alles andere als einfach. Im Jahre 2002 erhielten die Zuckerproduzenten innerhalb der Europäischen Union Subventionen von mehr als 1,6 Milliarden US-Dollar, was Staaten wie Malawi und Thailand ihrer Märkte beraubte und ein Land wie Mosambik, welches ein hocheffizienter Erzeuger ist, wegen Zollsätzen von über 70 Prozent davon abhielt, Zucker in die Europäische Union zu exportieren.[9] Im Jahre 2005 getroffene Vereinbarungen werden mithelfen, das Subventionsniveau zu senken, doch europäische Produzenten werden für ihren Zucker auch danach noch mehr erhalten als die Weltmarktpreise. Das gleiche gilt für Milchprodukte und Getreide aus der Europäischen Union.

Doch die EU ist nicht die alleinige Ursache des Problems; die USA machen sich ebenfalls schuldig, besonders bei Produkten wie Mais, Reis und Baumwolle. Nehmen wir Baumwolle als ein Beispiel. 2002 erhielten in den USA rund 25.000 Farmer vier Milliarden US-Dollar Subventionen. Das ist ein durchschnittlicher Betrag von 150.000 US-Dollar und dreimal mehr als die gesamte Entwicklungshilfe der USA für ganz Afrika. Im Jahr 2005 waren die Subventionen auf insgesamt 4,7 Milliarden US-Dollar für 20.000 Farmer gestiegen.[10] Da überrascht es nicht, wenn wir sehen, dass westafrikanische Baumwollpflanzer durch die US-amerikanischen Dumpingpreise und den Tiefstand der Weltmarktpreise in den Ruin getrieben werden. Lassen Sie mich nur ein Beispiel nennen. 2002 war Brahima Outtara ein 25 Jahre alter Baumwollpflanzer in einem der ärmsten Teile von Burkina Faso, das selbst eins der ärmsten Länder der Welt ist. Brahima besaß einen halben Morgen Land, auf dem er Baumwolle anbaute, und beobachtete ängstlich die Entwicklung der Weltmarktpreise, um zu erfahren, welchen Preis er im Jahr nach der Baumwollernte erzielen würde. Davon hing nicht nur ab, ob seine Kinder die Schule würden besuchen können, ob er in der Lage sein würde, Medikamente für seine Familie zu kaufen, falls einer von ihnen krank würde, sondern auch, ob die Familie buchstäblich genug zu essen haben würde. Wir können dies also der Tatsache gegenüberstellen, dass einzelne Farmer in wohlhabenden Teilen der USA Subventionen von 150.000 US-Dollar erhalten. Wie um alles in der Welt kann dies ein gerechtes und faires System sein? Und wie ist es vorstellbar, dass so eine Entwicklungsrunde aussieht, mit der die Armen unterstützt werden sollen? Eine Schätzung geht davon aus, dass die US-Subventionen westafrikanische Baumwollpflanzer allein rund 200 Millionen US-Dollar im Jahr an verlorenem Geschäft und niedrigen Preisen kosten.[11]

Die Aussichten auf einen Wandel dieser Subventionspolitik sehen leider nicht gut aus. Nach der jüngsten Reform der Common Agricultural Policy (CAP) wird es zwölf Jahre dauern, bevor die Subventionen signifikant reduziert werden. Die Gesamtausgaben für Subventionen werden bis zum Jahr 2012 sogar noch steigen. Es wird viel über die verschiedenen Kisten des Landwirtschaftsabkommens gesprochen, doch das sind meist nur Beschwörungsformeln. Manchmal sieht man bestimmte Produkte in bestimmten Kisten, und manchmal wieder nicht! Aber was passiert? Das Kaninchen – oder die Subvention – wird von der bernsteinfarbenen Kiste in die blaue verschoben oder von der blauen in die grüne – mal sieht man sie, mal sieht man sie nicht. In Wahrheit passiert nicht sehr viel. Es wird auf clevere Art und Weise nur so getan, als würde man Fortschritte machen, aber in Wahrheit arbeitet man nur mit Rauchvorhängen, Spiegeln und Magie. Das vor kurzem erzielte EU-Abkommen für Zucker hilft ein wenig, aber die Aussichten auf einen Wandel beim Treffen in Hongkong im Dezember 2005 sind eher düster, ebenso die Aussichten auf eine durchgreifende Reform der Agrarpolitik der Europäischen Gemeinschaft.

Somit haben wir große Handelshemmnisse bei den Märkten der Industriestaaten und hohe Subventionen für landwirtschaftliche Produkte der Industriestaaten, was zum Dumping von Produkten in den Entwicklungsländern führt. Viele Bauern in Entwicklungsländern sehen sich nicht einem „ebenen Spielfeld“ gegenüber, sondern einer „steilen und unbezwingbaren Klippe“. Überdies wird das Spielfeld nicht planiert, sondern sogar in die falsche Richtung gekippt, indem man einfach die Entwicklungsländer zwingt, ihre Märkte schneller zu öffnen, als es die Industriestaaten tun. Nehmen wir beispielsweise Haiti. Haiti ist in Bezug auf seine Zölle viermal offener als die USA – mit dem Ergebnis, dass die USA Haiti mit

Reis überschwemmen. Jetzt haben wir die verrückte Situation, dass im Reisanbaugebiet von Haiti Kinder Hunger leiden.

Im Jahr 2002 waren die Märkte 16 afrikanischer Staaten südlich der Sahara offener als die Europäische Union.[12] Für die Ernährungssicherung ist dies purer Unsinn. Kleinbauern sollten Anspruch auf Schutz haben – sie gehören zu den (unter Umständen) produktivsten Bauern überhaupt, aber angesichts dessen, was auf den Weltmärkten geschieht, sind sie höchst verwundbar und brauchen Schutz, bis sie weitaus besser organisiert sind und in den von ihnen erwählten Märkten stärker integriert sind. Was wir als Ergebnis brauchen, ist kein ebenes Spielfeld, sondern eins, das sich in die andere Richtung neigt und die Kleinbauern in den Entwicklungsländern begünstigt und nicht die reichen Bauern in den Industriestaaten.

Zu all dem kommt noch hinzu, dass viele Entwicklungsländer sich fallenden Preisen für ihre Agrarprodukte gegenübersehen. So sind beispielsweise die realen Preise für Kaffee auf dem tiefsten Stand seit hundert Jahren angelangt. Dies ist weitgehend ein Ergebnis einer zu schnellen und übermäßigen Liberalisierung des Kaffeemarkts. Viele der früheren Kontrollen und Puffer sind inzwischen weggefallen. Ende der 1980er Jahre erhielten die Kaffeeexporteure etwa zwölf Milliarden US-Dollar für ihre Exporte. 2003 exportierten sie mehr Kaffee, erzielten dafür aber weniger als halb so viel Erlöse – 5,5 Milliarden US-Dollar.[13] Die Auswirkungen, die das auf die Kaffeepflanzer und ihre Familien hatte, sind verheerend gewesen. Dies ist nur ein weiterer Beleg für die Notwendigkeit, dass die Warenmärkte im Interesse der verwundbarsten Völker, der Erzeuger dieser Waren, geregelt werden müssen. Während meiner Zeit bei Oxfam, dem Oxford Committee for Famine Relief, einer Organisation zur Bekämpfung des Welthungers, lernte ich zwei Farmer aus Kenia und Honduras kennen – beide bauten Kaffee und Mais an. Sie sahen sich nicht allein den aus den von mir erörterten Gründen eklatant niedrigen Preisen für Kaffee ausgesetzt, auch für ihren Mais erzielten sie sehr geringe Preise. Eine Folge der Weltmärkte, und im

Fall des honduranischen Farmers ein Ergebnis der Dumpingpolitik der USA. Die Farmer der Dritten Welt müssen sich offensichtlich anderen Produkten zuwenden – darauf können wir uns alle verständigen. Aber welchen? Zucker? Wohl kaum – wie wir schon gesehen haben, gibt es in der Europäischen Union massive Handelsschranken für Zucker, und die EU selbst kippt ihren Zucker zu Dumpingpreisen auf den Weltmarkt. Dann vielleicht Erdnüsse? Man würde meinen, dass diese Farmer es mit Erdnüssen versuchen könnten, aber nein, auch das ist nicht der Fall! Für Erdnüsse gibt es große Handelsbarrieren in den USA. So haben wir die verheerende Situation, dass diese Menschen einfach keine Optionen haben. Niemand sieht sich systematisch an, wie die Situation für Kleinbauern in vielen Entwicklungsländern tatsächlich aussieht!

Wenn man zurücktritt und sich die Lage ansieht, kann man erkennen, dass Märkte von Produkten, die sowohl in den Industriestaaten als auch in den Entwicklungsländern angebaut werden, reguliert sind, reguliert jedoch zugunsten der reichen Länder. Bei Dingen jedoch, die nur in den Entwicklungsländern angebaut werden, ist der „freie Markt" offenkundig genau das, was die Welt braucht! Diese Heuchelei macht einen sprachlos, sagt einem aber auch, dass dort, wo ein Wille zur Regulierung der Märkte besteht, diese auch reguliert werden können. Genau das müssen wir auch tun, doch wir müssen sie zugunsten der Armen, und nicht der Reichen regulieren.

Jetzt werde ich mich TRIPS zuwenden. TRIPS schreibt das US-amerikanische Patentrecht in dem multilateralen System fest. Man schätzt, dass es schon jetzt den Inhabern von Patenten in den USA zusätzliches Geld in Höhe von 19 Milliarden US-Dollar pro Jahr eingebracht hat. Nicht-Regierungsorganisationen in Südafrika haben sich mit Erfolg gerichtlich dagegen gewehrt. Darüber hinaus hat man große Anstrengungen unternommen, um in vielen Ländern preiswertere Generika anti-retroviraler Medikamente zu erhalten, mit denen Aids-Patienten behandelt werden können. Im Jahr

2003 kostete ein patentiertes Aids-Medikament einen Patienten 30 US-Dollar pro Tag, während ein generisches Medikament nur 55 Cent kostet oder rund einen halben US-Dollar. Damit ist es etwa fünfzigmal preiswerter. Die meisten der 28 Millionen Afrikaner, die damals an Aids litten, hatten nur Zugang zu patentierten Medikamenten. Aber auf starken internationalen Druck hin haben pharmazeutische Unternehmen ihre Preise für Medikamente zur Behandlung von Aids auf Selbstkostenniveau gesenkt. Dies ist ein fantastischer Schritt nach vorn und zeigt, was man durch internationale Gemeinschaftsaktionen erreichen kann. Wie der UNDP-Report festhält, bleibt unklar, ob dieses Vorgehen den geistigen Eigentumsschutz auf patentierte Produkte bei der Behandlung weniger profilierter Gesundheitsprobleme ebenfalls schwächen wird, etwa des Diabetes (von dem in Entwicklungsländern rund 400.000 Frauen betroffen sind).[14]

Dann sind da noch die sogenannten Singapur-Themen, der Wunsch vor allem der Europäischen Union, der Doha-Handelsrunde neue Vereinbarungen über Investitionen, Wettbewerb, Beschaffungswesen und technischen Beistand hinzuzufügen. Dieser Wunsch ist zum Glück inzwischen vertagt worden, jedoch erst nach einem hohen Aufwand an (vertaner) Zeit. Gegenwärtig ist das akuteste Thema das General Agreement on Trade and Services, GATS (Allgemeines Abkommen über den Handel mit Dienstleistungen). Ursprünglich hieß es, dieses Abkommen werde sich kaum auf die Entwicklungsländer auswirken, doch gegenwärtig bemühen sich Unternehmen aus den Industriestaaten in verstärktem Maße in Entwicklungsländern tätig zu werden, in Gebieten wie Wasserversorgung, Bankwesen und Stromerzeugung. Wenn die Industriestaaten ihren Willen durchsetzen, wird es für ein Entwicklungsland bald unmöglich sein, ein ausländisches Unternehmen anders zu behandeln als einheimische Firmen – auch das ergibt keinen Sinn und muss um jeden Preis verhindert werden.

Das Wettbewerbsrecht hat es nicht geschafft, sich an die verändernden Zeiten anzupassen; es bleibt vorwiegend national ausgerichtet (mit der einen großen Ausnahme der Europäischen Union), während wir andererseits in einer Ära weltweit operierender Unternehmen leben, welche die Weltmärkte beherrschen. Auf vielen nationalen Märkten hat man überdies zugelassen, dass die Durchsetzung von wettbewerbsbeschränkenden Gesetzen in vielen Fällen nur noch ein Schatten der früheren Verhältnisse ist. Action Aid hat in einer Studie über weltweit tätige Unternehmen herausgefunden, dass:

- die 30 umsatzstärksten Nahrungsmittelproduzenten etwa ein Drittel der weltweiten Lebensmittelverkäufe auf sich vereinen;
- fünf Unternehmen 90 Prozent des Getreidehandels der Welt kontrollieren;
- sechs Unternehmen drei Viertel des weltweiten Pestizidmarkts kontrollieren.[15]

Diese Art von Beherrschung durch Großunternehmen (wie sie in dem Action Aid-Report und anderen Untersuchungen einleuchtend dargelegt wird) hat oft noch niedrigere Preise für die Erzeuger zur Folge. Ferner werden armen Gemeinden Ressourcen entzogen, und es besteht die reale Gefahr, dass der Druck auf die Lieferanten zu noch größeren Menschenrechtsverletzungen und noch mehr Umweltzerstörung führt.

Überdies – als wären all die oben genannten Ungleichheiten nicht genug – ist schon die Armut allein eine sich selbst verstärkende Ungleichheit auf einer vom Welthandel beherrschten Erde. Arme Menschen und arme Nationen haben weniger Kapital, weniger Ausbildung, weniger Wissen und weniger Zugang zu Technologie als reichere Menschen und reichere Nationen. Dies wird in Jeffrey Sachs' Buch *Das Ende der Armut*[16] vorzüglich dargelegt. Selbst wenn wir alle Handelsschranken und Ungleichheiten beseitigen und ein rigoroses internationales Wettbewerbsrecht etablieren könnten, hätten wir immer noch ein massiv ungleiches „Spielfeld". Innerhalb der Europäischen Union beispielsweise ist man solchen Ungleichheiten schon seit längerem mit größeren Mitteltransfers an ärmere Nationen und Regionen begegnet. Das gegenwärtige globale Beihilfensystem bietet jedoch noch nicht einmal ansatzweise die notwendigen Ressourcentransfers. Solche Ungleichheiten werden durch geografische Faktoren weiter verschlimmert. Jeffrey Sachs hält ferner fest, dass viele der ärmsten Länder der Welt durch hohe Transportkosten noch zusätzlich behindert werden, weil es Binnenstaaten sind, die entweder in Hochgebirgsregionen liegen oder denen schiffbare Flüsse, lange Küstenlinien oder gute Häfen fehlen.

Wir haben ein globales Finanzsystem, das Nationen mit chronischen Handelsdefiziten streng bestraft (es sei denn, man ist zufällig die USA mit der Leitwährung der Welt), während die davon profitierenden Länder chronisch Überschüsse erwirtschaften. Länder mit chronischen Defiziten sind oft gezwungen worden, die vom Internationalen Währungsfonds vorgeschriebenen „starken Medikamente" einzunehmen. Das hatte eine Verringerung der Wirtschaftstätigkeit im Land und oft genug eine Zunahme der Armut zur Folge.

Somit haben wir ein strukturell ungleiches Handelssystem in einer Welt mit einem schwachen oder nicht existenten Wettbewerbsrecht und einem wettbewerbsfeindlichen Schutz des geistigen Eigentums, was die vorhandene Ungleichheit noch verstärkt oder verschlimmert und das Armutsgefälle vergrößert, statt es zu bekämpfen. Selbst Medikamente können alles schlimmer machen!

b. Auswirkungen der Armut

Die Gesamtfolgen dieser Situation werden in dem jüngsten Entwicklungsbericht der UNDP deutlich dargelegt.[17] Dieser Bericht stellt fest, dass der Handel sowohl die weltweite Ungleichheit fördert als auch den Wohlstand. Für die Mehrheit der Länder ist die Globalisierung jedoch eine Geschichte der Ausgrenzung und Marginalisierung.

Die erfolgreichen Länder sind diejenigen, die den Zugang zu den höherwertigen Märkten für Industriegüter erreicht haben, während es mit Ländern, die von Agrarexporten abhängig sind, stetig bergab geht. Der Anstieg des Marktanteils der Entwicklungsländer am Industriegütermarkt in den letzten zwanzig Jahren entfiel im Wesentlichen auf eine Region – auf Ostasien – und eine Handvoll weiterer Länder. In dem Zeitraum von 1960 bis 2002 ist der Anteil an Weltexporten der Länder im südlichen Afrika von etwa 1,0 Prozent auf 0,3 Prozent gefallen. Der Anteil der Staaten in Afrika südlich der Sahara an den Weltexporten, immerhin eine Region mit 689 Millionen Menschen, beträgt weniger als die Hälfte des Anteils von Belgien (mit rund zehn Millionen Menschen). Wenn die afrikanischen Länder südlich der Sahara heute den gleichen Anteil an den Weltexporten hätten wie noch 1980 (0,6 Prozent), hätten diese Staaten einen jährlichen Mittelzufluss, der fünfmal so hoch wäre wie der Betrag der gegenwärtigen Entwicklungshilfegelder und Schuldenerlasse! Wie dieses letzte Beispiel zeigt, kann Handel einem Land oder einem Kontinent unter Umständen Vorteile bieten, die Entwicklungshilfeleistungen und Schuldenerlasse bei weitem übersteigen würden. Wenn man diese Vorteile jedoch überhaupt erst nutzbar machen will, um sie für die menschliche Entwicklung und Verringerung von Armut einzusetzen, brauchen wir nicht nur ein gerechteres Welthandelssystem, sondern auch eine Binnenpolitik, die menschliche Entwicklung, soziale Gerechtigkeit und die richtige Ausrichtung der heimischen Handelspolitik begünstigt.

Der Entwicklungsbericht 2005 der UNDP vergleicht Mexiko und Vietnam:

Wie man Marktoffenheit steuert

Wenn die Offenheit eines Markts, wie sie sich im Zahlenverhältnis des Handels zum Bruttoinlandsprodukt darstellt, ein Indikator für den Fortschritt menschlicher Entwicklung wäre, wäre Lateinamerika eine reine Erfolgsgeschichte. Die Region steht bei der Liberalisierung des Handels in der Welt an erster Stelle.

Die Ergebnisse sind jedoch enttäuschend. Nach einem Jahrzehnt mit fallenden Einkommen in den 1980er Jahren lag das Wirtschaftswachstum pro Kopf in den 1990er Jahren bei knapp über einem Prozent. Eine größere Offenheit des Marktes in Mexiko ging Hand in Hand mit einem kaum spürbaren Rückgang der Armut und einem hohen Maß an Ungleichheit. Eine schnelle Liberalisierung des Imports von Agrarprodukten hat die arme Landbevölkerung weiter an den Rand gedrängt, was teilweise auf das hohe Ausmaß anfänglicher Ungleichheit zurückzuführen ist. Der Gegensatz zu Vietnam ist auffallend. Von einem weit geringeren durchschnittlichen Einkommensniveau aus hat die Offenheit in Vietnam zu einer beschleunigten Entwicklung beigetragen [...]. Vietnam hat zum Teil deshalb Erfolg gehabt, weil die gestiegenen Exporte auf heimischen Reformen beruhen, die Wirtschaftswachstum mit sozialer Gleichheit erzeugt haben, teilweise aber auch, weil das Land eine größere Offenheit nicht durch eine schnelle Liberalisierung der Importe verfolgt hat. Wichtiger noch ist, dass Vietnam die Integration in die Weltmärkte auf eine solide Grundlage gestellt hat – die Ausbildung der eigenen Bevölkerung. Diese gegensätzlichen Fälle unterstreichen die Bedeutung der Handelspolitik. Besonders die Liberalisierung der Importe muss als ein wesentlicher Bestandteil einer Strategie zur Bekämpfung der nationalen Armut angesehen werden und nicht als einmaliges Vorhaben.
UNDP Human Development Report 2005
(Kapitel 4: International trade – unlocking the potential for human development)

c. Auswirkungen auf die Umwelt

Wie wirkt sich der Welthandel auf die Umwelt aus? Hier muss man sorgfältig die Handelskosten an sich von den Kosten der gestiegenen globalen Produktion und des Konsums trennen. Ein schnelles Wachstum in einem großen Land wie China bringt ganz eigene massive Konsequenzen für die Umwelt mit sich.

Auswirkungen des Handels zeigen sich sowohl in Bezug auf die Produktionssysteme als auch beim Transport. Zum einen nehmen die mit dem Transport verbundenen Kosten für die Umwelt weiterhin rasant zu – die Kosten der Verschiffung verderblicher Güter wie etwa Gemüse oder Fleisch um die ganze Welt sind in Hinsicht auf die globale Erwärmung enorm. Und die Nachfrage vieler Länder der nördlichen Halbkugel nach tropischen und außersaisonalen Produkten steigt weiterhin rapide. In der Beilage einer Sonntagszeitschrift wurde vor kurzem errechnet, dass ein durchschnittlicher britischer Sonntagslunch mindestens 30.000 Kilometer zurücklegt.

Zum anderen nehmen solche Kosten für die Umwelt schnell zu, die damit verbunden sind, dass Produkte nur für den Export angebaut oder dem Markt anderer Länder entnommen werden. Heute wird weitgehend anerkannt, dass die Shrimpzucht in Süd- und Südostasien zur Befriedigung der Exportnachfrage empfindliche Ökosysteme wie etwa die Mangrovenwälder massiv geschädigt hat – und damit auch ihre Funktionen innerhalb des Ökosystems (beispielsweise als Laichgründe von Fischen) störte. Man vermutet, dass diese Tatsache beim südasiatischen Tsunami zu weit mehr Todesfällen geführt hat, als sonst zu beklagen gewesen wären. In ähnlicher Weise wird vermutet, dass die Vernichtung des Regenwalds am Amazonas, um die Nachfrage nach Rindfleisch auf den nordamerikanischen Märkten zu befriedigen, negative Auswirkungen von womöglich weltweitem Umfang haben wird. Solche Produkte werden also ganz offensichtlich nicht mit ihren wahren Kosten berechnet, und in vielen Fällen werden Praktiken erlaubt, die besser völlig verboten sein sollten.

d. Wohlbefinden

Während das Wachstum des Bruttoinlandsprodukts weiterhin der Standardmaßstab für den Erfolg einer Nation ist, ist die Beziehung zwischen ökonomischem Wohlstand und individuellem wie sozialem Wohlbefinden in Industriestaaten alles andere als klar. Wie Hetan Shah und Nic Marks in ihrem *Well-being Manifesto* geschrieben haben, scheinen Steigerungen des materiellen Wohlstands jenseits eines bestimmten Punkts keine weitere Zunahme an Lebenszufriedenheit mit sich zu bringen und den Menschen auch nicht dabei zu helfen, ein erfüllteres Leben zu führen. Während beispielsweise die Wirtschaftsleistung in Großbritannien sich in den letzten dreißig Jahren fast verdoppelt hat, ist die Lebenszufriedenheit gleich geblieben. Etwas allgemeiner haben einige Forschungsarbeiten gezeigt, dass Depressionen in den letzten fünfzig Jahren in den Industriestaaten bemerkenswert zugenommen haben, während Studien in den USA vermuten lassen, dass weniger als 20 Prozent der Bevölkerung ein Leben führen, das man als „erfüllt" bezeichnen könnte.[18] Gleichzeitig steigen weiterhin die Kosten von Umweltschäden und die sozialen Kosten eines nicht nachhaltigen Wirtschaftswachstums ungebremst. Auf lange Sicht werden sie die ökonomische Stabilität bedrohen.

Eine grundlegend neue Vision

a. Hauptgrundsätze

Ein radikales neues Handelssystem müsste allen Menschen soziale und ökonomische Rechte bieten, für die Umwelt nachhaltig sein und zu einem erhöhten Wohlbefinden aller Menschen beitragen, sowohl dem kollektiven als auch individuellen.

Das International Institute for Environment and Development (IIED) liefert in dem Bericht über „The Reality of Sustainable Trade"[19] eine sehr gute Definition:

Was ist nachhaltiger Handel?

Nachhaltiger Handel findet statt, wenn der internationale Austausch von Gütern und Dienstleistungen sich sozial, ökonomisch und ökologisch nicht negativ auswirkt, indem er die folgenden vier Kernkriterien einer nachhaltigen Entwicklung berücksichtigt:

- Er bewirkt eine ökonomische Wertschöpfung.
- Er verringert Armut und Ungleichheit.
- Er regeneriert die Rohstoffgrundlage der Umwelt und
- findet in einem offenen und verantwortungsbewussten Regulierungssystem statt.

Dem würde ich noch gern hinzufügen, dass ein gerechtes und nachhaltiges Handelssystem ebenfalls zur Summe menschlichen Wohlergehens beitragen sollte.

b. Wichtige Bausteine

Um diese Vision zu erreichen, kommt es entscheidend auf die folgenden Veränderungen an:

- Erreichen eines Grundniveaus sozialer und ökonomischer Rechte für alle Menschen auf der Erde;
- Berücksichtigung der Kosten für die Umwelt und Schutz der Umwelt;
- Beseitigung ökonomischer Ungerechtigkeiten;
- Vorschriften für Unternehmen;
- Herstellung einer globalen Regulierungsstruktur, um sicherzustellen, dass dies alles geschieht;
- ein radikales Umdenken bezüglich des Eigentums und der Vermarktung der „natürlichen Ressourcen“.

1. Das Erreichen eines Grundniveaus sozialer und ökonomischer Rechte für alle Menschen auf der Erde

Der unbedingte Ausgangspunkt eines gerechten und nachhaltigen Handelssystems sieht so aus, dass jeder einzelne Mensch der Welt genug zu essen hat und dass die Agrarmärkte der südlichen Halbkugel so geschützt und reguliert werden, dass sie das ermöglichen. Es kommt entscheidend darauf an, dass das weltweite Handelssystem eine eingebaute Asymmetrie erhält. Es muss klar anerkannt werden, dass die Länder der Südhalbkugel das Recht haben, ihre Märkte und ihre Produktion zu schützen, da dies für ihre Lebensmittelsouveränität unerlässlich ist.

Damit hängt eng die Forderung zusammen, dass ein gerechtes Handelssystem allen Bürgern mindestens ein Grundniveau an sozialen und ökonomischen Rechten zugesteht. Und das meint nicht nur genug zu essen, sondern gerechte Löhne, Gesundheitsfürsorge, Bildung, etc. Sonst können sie nicht mit einer echten Aussicht auf gerechte Ergebnisse als Marktteilnehmer agieren. Das erfordert jedoch eine radikale Umverteilung und Investitionen auf sowohl nationaler als auch globaler Ebene. Wir müssen uns auf ein globales System der Besteuerung und Umverteilung zubewegen, das gerecht und fortschrittlich zugleich ist. Dieses System muss auch die richtigen Anreize für ökologische und soziale Ziele liefern.

2. Berücksichtigung der Umweltkosten und Schutz der Umwelt

Der gesamte Handel muss seine umweltbedingten Kosten tragen, sowohl für die Produktion als auch für den Transport. Folglich würde ein internationaler Handel mit Lebensmitteln nur dort entwickelt werden, wo a) die Ernährungssicherung im Exportland schon stark ist und b) wo dieses Produkt die wahren Kosten trägt, sowohl die der Produktion als auch die tatsächlichen Kosten jeder Art von Transport.

In einer von fossilen Brennstoffen abhängigen Welt, einer Welt, in der die Ölpreise irgendwann um ein Vielfaches höher sein werden als heute, wird ein Transport per Flugzeug bei den meisten Gütern nicht rentabel sein. Die meisten Transporte werden per Schiff erfolgen (möglicherweise mit Schiffen, die teilweise oder ganz mit erneuerbaren Energien betrieben werden). Bei großen Distanzen auf dem Land sind auch Bahntransporte denkbar. Diese Bedingungen werden zu einer unerhörten Wiederbelebung lokaler Märkte führen, und der Handel innerhalb von Bezirken und Ländern wird die Norm sein. Es kommt entscheidend darauf an, dass schon jetzt Preissignale und Anreize geschaffen werden, um zur Entwicklung solcher Märkte zu ermutigen, denn sonst werden die Anpassungskosten großen Schaden anrichten. So importiert Großbritannien heute mehr Äpfel, als es selbst erntet, oft aus Ländern wie Neuseeland und Südafrika. Apfelgärten in Großbritannien dagegen werden täglich vernichtet! Beschränkungen der Monopolmacht von Supermarktketten, Steuern, welche die wahren umweltbedingten Kosten des Transports widerspiegeln sowie Anreize zur Entwicklung regionaler Märkte müssen dringend durchgesetzt werden.

Der größte Teil des internationalen Fernhandels sollte auf zwei Prinzipien beruhen – entweder Export von Gütern, die es nur in bestimmten Regionen oder einem bestimmten Klima gibt (z. B. Bananen, Kaffee oder Tee) oder es sollte um Handel von Waren gehen, deren Herstellung tatsächlich so große Volkswirtschaften erfordert, dass es unwirtschaftlich wäre, sie in den meisten Staaten oder Staatenverbänden herzustellen (z. B. Flugzeuge). Dies geschieht, nachdem die wahren Transportkosten eingerechnet worden sind – siehe das Kapitel von John Zimon in „Return to Scale“.[20]

Ein weiterer Punkt ist, dass fossile Brennstoffe in irgendeiner Form rationiert werden müssen, wenn wir noch darauf hoffen sollen, einen unkontrollierbaren Klimawandel aufzuhalten und zu verhindern. Der bisher fairste Vorschlag dazu nennt sich „Contraction and Convergence“ (Aubrey Meyer, Global Commons Institute).

C&C ist ein vom Global Commons Institute entwickeltes System, das einen auf „weltweiter Gleichberechtigung beruhenden

Rahmen bildet, um die weitere Emission von Treibhausgasen zu beenden". „Kontraktion" bedeutet, dass die globale Emission von Treibhausgasen reduziert wird, bis deren Konzentrationen in der Atmosphäre auf anerkannt „sicherem" Niveau stabilisiert sind. Damit würde eine Obergrenze oder ein „globaler Haushaltsplan" für die Emission von Treibhausgasen festgelegt.

„Konvergenz" bezeichnet die Art und Weise, wie Anteile an diesem Budget gerecht auf die Länder verteilt werden. Das Ziel besteht darin, dass sich die nationalen Emissionen nach und nach Zielvorgaben annähern (konvergieren), die auf der jeweiligen Bevölkerungsgröße basieren. Mit anderen Worten: Emissions-„Rechte" beruhen auf gleichen Anteilen pro Person. Die Welt würde sich über einen Zeitraum von mehreren Jahrzehnten auf dieses System zubewegen (das GCI schlägt einen 30 Jahre umfassenden Zeitraum von 2020 bis 2050 vor).

Bei der Verwirklichung eines solchen Plans wäre ein Bund aus vielen Entwicklungsländern relativ reich an erneuerbaren Energiequellen (beispielsweise Sonnenenergie). Zusammen mit niedrigeren Lohnkosten und einem größeren Anteil an dem kleiner werdenden „Emissionskuchen" und dem daraus resultierenden Transportvorteil würde das bedeuten, dass die Ökonomie von Produktion und Verteilung mancher Güter für sie vorteilhaft bleiben würde. Die Produktion von Automobilen etc. verlagert sich schon jetzt in die Entwicklungsländer, jedoch aus den falschen Gründen – aufgrund eines Wettlaufs um die geringsten Arbeitskosten, den mangelhaftesten Umweltschutz und eines globalen Transportsystems, das nicht seine wirklichen Kosten berücksichtigt. In diesem System von „Kontraktion und Konvergenz" wird es möglich sein, einige Industrieprodukte auf der Südhalbkugel herstellen und auf eine umweltfreundliche Weise auf die Nordhalbkugel transportieren zu lassen. Der nächste entscheidende Schritt besteht darin, sicherzustellen, dass eine solche Produktion auch sozial vernünftig ist und dass die Vorteile den Bewohnern der Region zugutekommen (siehe Punkt 4 unten).

Schließlich muss all das oben Genannte in einer vollkommen anderen Form von Schutz des Ökosystems stattfinden. Der jüngste Report im Rahmen der „Millennium Ecosystem Assessment“[21] der UNO hat gezeigt, dass von 24 wichtigen Ökosystemen weltweit, die untersucht wurden, in 15 Fällen ein Rückgang der „Dienstleistungen“ des Ökosystems festzustellen war, in fünf weiteren Fällen keinerlei Veränderung, und dass Verbesserungen nur in vier Fällen zu konstatieren waren.

3. Beseitigung ökonomischer Ungerechtigkeiten

Es muss anerkannt werden, dass Märkte soziale und politische Einheiten sind, in denen Macht über das Ergebnis entscheidet. Wenn die Marktteilnehmer über ein extrem unterschiedliches Maß an Macht verfügen, werden die mit der größten Macht am Ende mit noch mehr Macht dastehen, als sie zu Beginn hatten – und umgekehrt. Märkte müssen daher gelenkt und reguliert werden. Im internationalen Handelssystem würde dies bedeuten, dass:

I. die Länder der nördlichen Halbkugel ihr Subventionssystem abschaffen müssen;
II. sie die Märkte des Nordens öffnen müssen;
III. sie einen Schutz bestimmter Märkte auf der südlichen Halbkugel zulassen;
IV. eine massive Intervention auf globalen Rohstoffmärkten erlaubt werden muss, um zu ermöglichen, dass an alle Teilnehmer ökonomisch gerechte Ergebnisse ausgeliefert werden. Dies wird ausreichende Geldmittel erfordern, um bei Bedarf Angebot und Nachfrage lenken und in einigen Fällen die Überschüsse auf den internationalen Märkten aufkaufen zu können.
V. das den Handel betreffende Urheberrecht geändert werden muss, so dass in den Ländern der südlichen Halbkugel die Herstellung lebensrettender Medikamente ermöglicht wird. Außerdem sollte es ein Totalverbot der Patentierung von Lebensformen und Samenvarianten geben.

VI. das vorgeschlagene GATS (Global Agreement on Trade and Services) aufzuheben ist, womit den Regierungen ermöglicht würde, bei Bedarf lokale Anbieter zu bevorzugen.

Der Entwicklungsbericht der UNDP von 2005 behandelt umfassend die Veränderungen, die für den Marktzugang und die Beseitigung von Subventionen erforderlich sind.

4. Regulierung transnationaler Unternehmen

Erstens brauchen wir strenge internationale Wettbewerbskontrollen. Auf keiner Ebene (lokal, national und global) sollte ein Teilnehmer mehr als fünf Prozent eines Markts kontrollieren (weniger als ein Prozent wäre vorzuziehen). Gegenwärtig kontrollieren vier britische Supermarktketten 75 Prozent aller Lebensmittelverkäufe; fünf internationale Handelsunternehmen kontrollieren 90 Prozent des weltweiten Getreidehandels.

Zweitens sollten transnationale Unternehmen durch internationales Recht verpflichtet werden, gerechte Löhne zu zahlen (ein internationaler Mindestlohn?). Ferner müssten sie international vereinbarte Leistungen bereitstellen, das Recht zur Organisation ermöglichen etc., am wichtigsten wäre es jedoch, sie zu verpflichten, die Gültigkeit all dieser Dinge entlang der gesamten Lieferantenkette sicherzustellen. Alle Vorstandsmitglieder transnationaler Unternehmen sollten rechtlich und persönlich für die Einhaltung dieser Verpflichtungen verantwortlich gemacht werden können.

Drittens sollten ähnliche Verpflichtungen auch bei internationalen Umweltbestimmungen angewendet werden (wie unter Punkt 2 oben).

Viertens sollten alle Binneninvestitionen in einem Land oder einer Region den Investor strikt dazu verpflichten, den Mehrwert den Arbeitern und lokalen Gemeinden zukommen zu lassen. Es sollte ein bestimmter Prozentsatz an lokaler Auftragsvergabe, lokalen Beschäftigungsanforderungen und lokalen Ausbildungsauflagen erfüllt sein. Die gesamte Arbeit von *nef* (the new economics foundation) in regionalen Wirtschaftssystemen zeigt, dass solche Maßnahmen für die Strukturierung florierender lokaler Ökonomien lebensentscheidend sind. Allzu oft ist der lokalen Wirtschaft so gut wie kein Mehrwert zugeflossen, ob nun in ehemaligen Schiffbauzentren im Nordosten Englands oder in Exportschwerpunkten Mexikos. Die Unternehmen werden durch Steuervorteile angelockt, doch oft genug ziehen sie wieder weg, weil sie woanders noch bessere Bedingungen vorfinden.

Mancher wird argumentieren, solche Maßnahmen seien viel zu drastisch und würden Investoren und Unternehmen abschrecken. In Wahrheit ist vielleicht das Gegenteil der Fall – die besten Unternehmen, die oft die ethischste Grundgesinnung haben, würden eine striktere Regulierung begrüßen und dabei gedeihen – vorausgesetzt, die Maßnahmen sind für alle gültig.

Schließlich könnte man für Unternehmen, die sehr gute sozial- und umweltverträgliche Arbeit leisten, positive Anreize in den nationalen wie internationalen Steuersystemen schaffen. Das gleiche könnte für Pensionsfonds und andere Investoren in solchen Unternehmen gelten. Es wäre durchaus möglich, handfeste Messsysteme zu entwickeln, beispielsweise einen „grünen" Moodies- oder Standard & Poor-Index. Das ließe sich ermöglichen, indem man den Märkten signalisiert, steuerliche Veränderungen könnten sich in etwa fünf Jahren rentieren.

5. Reform der Weltwirtschaftsordnung

Zum einen braucht die Welthandelsorganisation WTO durchgreifende Reformen, um:

- die oben genannten Regeln anzuwenden und TRIPS und die „Singapur"-Themen aus seinem Aufgabengebiet herauszulösen;
- Regierungen auf der südlichen Halbkugel massive technische Hilfe zukommen zu lassen, damit diese als gleichberechtigte Partner teilnehmen können;
- die WTO-Prozesse zu demokratisieren. Das Regime der versteck-

ten Drohungen und des Drucks, den die „mächtigen Nationen" ausüben, muss beendet werden.

Wenn sich solche Reformen nicht durchsetzen lassen, sollte die Welthandelsorganisation aufgelöst werden.

Zum anderen brauchen wir wichtige neue (und demokratischere) globale Führungsgremien wie etwa:

- eine Institution zur Regulierung des internationalen Wettbewerbs, die überdies sicherstellt, dass die Unternehmen sich an vereinbarte globale Umwelt- und Sozialstandards halten;
- eine Umweltagentur, die den weltweiten Umweltschutz lenkt und überwacht;
- einen reformierten Internationalen Währungsfonds oder eine neue Institution, die sowohl die Probleme von Ländern mit anhaltend hohen Handelsüberschüssen als auch mit chronisch hohen Handelsdefiziten behandelt, im Gegensatz zum gegenwärtigen Fonds, der nur letztere berücksichtigt (wie es Keynes vorschwebte);
- eine neue Institution zur Überwachung der globalen Besteuerung und Ausgabenpolitik (in der Art einer globalen Zentralbank). Dies wäre eine Institution, die sich darum zu bemühen hätte, dass für alle grundlegende und soziale ökonomische Rechte gesichert werden – der Grundstein eines gerechten und nachhaltigen Handelssystems;
- eine reformierte und demokratische Weltbank, die sich um internationale Entwicklungsprojekte kümmert, die die reformierten Weltmärkte nicht zur Verfügung stellen.

Dieses Programm erscheint vielleicht als hoffnungslos idealistisch. In ähnlicher Weise wären die Formen nationaler Regierungsmechanismen, wie sie heute etwa in Großbritannien üblich sind, vielen Menschen im 13. oder 14. Jahrhundert als hoffnungslos idealistisch erschienen, in einer Zeit also, in der mächtige Provinzfürsten herrschten.

6. Ein radikales Umdenken beim Eigentumsbegriff und der Vermarktung natürlicher Ressourcen

Wir brauchen eine radikale Neudefinition der Begriffe „öffentlich" und „privat". Wissen ist ein öffentliches Gut und sollte weder gehandelt werden noch zugangsbeschränkt sein. Ähnlich steht es mit der Luft und dem Meer. Inwieweit gilt dies aber auch für Land und, was vielleicht noch kontroverser diskutiert wird, wie sieht es mit Mineralien und Erdöl aus? Sollten diese von der Gemeinschaft treuhänderisch verwaltet werden, wobei im letzteren Fall die betreffende Gemeinschaft die weltweite Völkergemeinschaft wäre? Die Frage nach den Grenzen von Märkten ist entscheidend und betrifft viel mehr als nur die Bereiche Bildung und Gesundheit. In ähnlicher Weise ist das Ausmaß des öffentlichen Interesses an jedem Markt entscheidend. Landwirtschaft ist nicht nur einfach ein Geschäft, Bauern sind auch die Treuhänder des Landes, die den Menschen gesunde Nahrung zur Verfügung stellen (was ein wichtiges Interesse der Allgemeinheit ist), während ein Geschäft in Metallkomponenten beispielsweise die Allgemeinheit weit weniger interessiert. Aus manchen Bereichen müssen die Märkte herausgehalten werden, während sie in anderen stark reguliert, in anderen wiederum nur mit relativ leichter Hand verwaltet werden sollten. Dieses Gebiet ist heute reif für ein radikales Umdenken.

Wie man den Wandel schafft

Das Gebiet, auf dem wir vielleicht am weitesten von einem aktiven Handeln entfernt sind, betrifft paradoxerweise die eben genannte erste Bedingung. Der Gedanke, dass alle Menschen auf der Erde grundlegende soziale und ökonomische Rechte haben und dass es in der Verantwortung nationaler Regierungen liegt oder im Fall von deren Versagen (falls einzelne Regierungen z. B. nicht die nötigen Ressourcen haben) in der Verantwortung der internationalen

Völkergemeinschaft – diese Rechte anzuerkennen, gilt als höchst radikal. Seltsam genug, denn die meisten Länder hatten sich genau dazu vor sechzig Jahren in der allgemeinen Erklärung der Menschenrechte verpflichtet! Dies ist und bleibt Fundament und Basis eines gerechten und nachhaltigen Handelssystems. Meine persönliche Ansicht ist, dass dies die wichtigste Botschaft einer neuen weltweiten Kampagne sein muss.

Die globale Erwärmung und die zunehmende Erdölknappheit („Peak Oil") werden uns zu radikalen Veränderungen im Umgang mit der Umwelt zwingen, sowohl deren Schutz als auch das Abbilden der realen Kosten im Handel werden unzweifelhaft kommen. Die entscheidende Frage ist nur, ob das zu spät kommen wird. Umwelt und Entwicklung müssen als zwei Seiten derselben Medaille gesehen werden, und nicht als unterschiedliche Themenkomplexe.

Angesichts dieser Tatsachen und der Historie, die für einen radikalen Wandel sprechen, sollte es leicht sein, die ökonomischen Ungerechtigkeiten des globalen Handelssystems zu korrigieren. In Wahrheit ist es das jedoch aufgrund der Habgier und aus kurzfristigem Denken nicht. Die jüngste Geschichte Südkoreas gibt ein gutes Beispiel für positive Wirtschaftsplanung und auch ein gutes Beispiel dafür ab, wie ein massiver Rückgang der Armut erreicht werden kann. Der Erfolg Südkoreas ist jedoch kein Ergebnis „freier Märkte" – der Erfolg ist regulierten Märkten und einer umfangreichen Umverteilung zu verdanken. Gleichzeitig hat Südkorea ein massives Landreformprogramm durchgeführt; ferner wurden riesige Geldbeträge in die Bildung investiert (in den späten 1970er Jahren hatte Südkorea viermal so viele Universitätsabsolventen pro Kopf wie Großbritannien); anfänglich kam noch ein Programm der Importsubstitution hinzu (es wurden hohe Zölle auf importierte Güter erhoben mit Ausnahme von technisch hochwertigen Investitionsgütern, die das Land brauchte und kopieren wollte). Dem folgte eine konzentrierte Exportförderung.[22] Ohne jede Scham wurden dabei Siegertypen gefördert! In ähnlicher Weise konnten sich die Volkswirtschaften Großbritanniens und der USA zu Beginn in bestimmten Industrien durch hohe Zollbarrieren schützen.

Was die Unternehmen betrifft, ist die Bewegung für soziale Verantwortung der Unternehmen (CSR: Corporate Social Responsibility) zwar segensreich gewesen, dürfte inzwischen jedoch ihre Grenzen erreicht haben. Was heute nötig ist, sind Vorschriften und Marktdruck bei sozialen Fragen und Umweltthemen. Vor dem Treffen der G8-Staaten in Schottland 2005 unternahmen dreizehn Großunternehmen, zu denen auch die BP und Shell gehörten, den beispiellosen Schritt, den britischen Premierminister zu einer stärkeren Regulierung in Fragen des Klimawandels aufzufordern – mit dem Vorbehalt allerdings, dass solche Vorschriften weltweit Gültigkeit haben sollten. Wir werden von dieser Art Fürsprache noch mehr erleben, da klare Regelungen für die besten der Unternehmen auch ein gutes Geschäft sein können. Eine weitere wichtige Möglichkeit, Druck auszuüben, besteht über die Verbraucher. Im Jahre 2004 beispielsweise nahmen die Verkäufe aus dem „fairen Handel" allein in Großbritannien um 51 Prozent zu. Die Fair Trade Foundation schätzt, dass rund fünf Millionen Menschen weltweit von den Vorteilen des fairen Handels profitiert haben – Bauern, Arbeiter und ihre Familien.[23] Wenn man zu diesem Druck noch die Umweltbewegung hinzurechnet, erkennt man, dass das Potenzial für einen Wandel riesig ist. Die Gefahr liegt in einer Aufspaltung in verschiedene Lager – beispielsweise in lokal erzeugte, biologische und Lebensmittel aus fairem Handel. Dieser Entwicklung muss durch die Art von Rahmen sorgfältig entgegengewirkt werden, wie ich ihn in diesem Kapitel dargestellt habe.

Nebenbei entstehen neue Formen des Handels. Ein großartiges Beispiel dafür ist „Just Change", ein Unternehmen, das von Stan und Mari Thekaekera geführt wird. Hier stehen Teepflanzer in Tamil Nadu in direkter Verbindung mit Verbrauchern in britischen und deutschen Städten. Abgesehen von einer beauftragten Verpackungsfirma sind keine „Zwischenhändler" beteiligt, und der Verkaufspreis wird erst beim Verkauf an die Endabnehmer festgesetzt. Die jeweiligen Gemeinschaften von Pflanzern und Kunden kommen zusammen, um gemeinsam über die Verwendung der Erlöse zu entscheiden.

Die stärksten Argumente überhaupt aber betreffen das Thema Wohlbefinden (Well-being). All die enormen Ungleichheiten und die Umweltzerstörung des gegenwärtigen Welthandels- und Wirtschaftssystems führen nicht einmal bei den reichsten Nationen zu größerem Wohlbefinden. Wir müssen innehalten und uns fragen, wozu all das dienen soll! Wenn wir das tun, können wir vielleicht einen Weg nach vorn erkennen, der zur drastischen Verringerung der weltweiten Armut, zu weniger Ungleichheit, zur ökologischen Nachhaltigkeit und für uns alle zu größerem Wohlbefinden führt.

Anmerkungen

1 M.A. Shaban, *Islamic History: a new interpretation,* Cambridge University Press, Cambridge 1971.
2 Amartya Sen, *Development as Freedom,* Oxford University Press, 1999.
3 UNDP Human Development Report 2005.
4 Siehe A. Watkins und P. Fowler, *Rigged Rules and Double Standards*: Trade, globalisation and the fight against poverty, Oxfam International – sowie damit zusammenhängende Dokumente von Oxfam über das Eintreten für einen gerechteren Handel, 2003.
5 Watkins und Fowler, 2003.
6 UNDP Human Development Report 2005.
7 Watkins und Fowler, 2003.
8 Watkins und Fowler, 2003.
9 Watkins und Fowler, 2003.
10 UNDP Human Development Report 2005.
11 Watkins und Fowler, 2003.
12 Watkins und Fowler, 2003.
13 UNDP Human Development Report 2005.
14 UNDP Human Development Report 2005.
15 Action Aid, *Power Hungry: Six reasons to regulate global food corporations,* 2005.
16 Jeffrey Sachs, *Das Ende der Armut. Ein ökonomisches Programm für eine gerechtere Welt,* Siedler, München 2005.

17I UNDP Human Development Report 2005.
18 H. Shah und N. Marks, *A Well-being Manifesto*, nef (the new economics foundation), 2004.
19 IIED, *The Reality of Sustainable Trade*, hg. von Nick Robins und Sarah Roberts, 2000.
20 John Zimon, „Subsidiarity", in: *Return to Scale: Alternatives to Globalisation,* hg. von David Boyle und Molly Conisbee, *nef* (the new economics foundation), Kapitel 9, S. 63, 2003.
21 Millennium Ecosystem Assessment (MA), *Ecosystems and Human Well-being: Opportunities and Challenges for Business and Industry*, 4. Millennium Ecosystem Assessment Report, 2005.
22 K. Watkins, *Growth with Equity*, Oxfam 1998.
23 „Fair Trade", in: *Geographical Magazine*, Oktober 2005.

Frances Moore Lappé
Unter Mitwirkung von Richard Rowe und Hope Richardson

Was für eine Art von Demokratie? –

Die Gefahr einer Mageren Demokratie (Thin Democracy) und die Aussicht auf eine Gelebte Demokratie (Living Democracy)

Die Demokratie ist im Aufwind ... so scheint es jedenfalls. Verglichen mit dem Jahr 1990 leben fast eineinhalb Milliarden Menschen mehr in Ländern, die sich regelmäßiger, vielfältiger Parteienwahlen erfreuen.[1] Das Recht, diejenigen zu wählen, die einen regieren, scheint inzwischen fast weltweit anerkannt zu sein, zumindest in Form von Lippenbekenntnissen. Viele Menschen – von der Ukraine bis in den Irak – sind sogar bereit, für dieses Recht ihr Leben einzusetzen.

Wie können wir uns dann das Folgende erklären?

Im Jahr 2000 erklärten laut der interamerikanischen Entwicklungsbank zwei Drittel aller befragten Lateinamerikaner, sie seien mit der Demokratie unzufrieden. Fünf Jahre später ergab eine Untersuchung, dass das Vertrauen in die Demokratie in dreizehn lateinamerikanischen Ländern geringer war als noch vor zehn Jahren.[2] In acht Ländern waren weniger als die Hälfte der Befragten der Meinung, die Demokratie „sei jeder anderen Regierungsform vorzuziehen".[3]

Drei Jahre, nachdem die Vereinigten Staaten im Irak einmarschiert waren, „um dem Land Demokratie zu bringen", erklärte ein irakischer Geschäftsmann, der wegen der Morddrohungen seines Nachbarn gezwungen war, aus seinem Haus zu flüchten, einem amerikanischen Rundfunkjournalisten: „Ich will nicht das Recht der Demokratie. Ich will das Recht des Gesetzes."[4] Und in den Vereinigten Staaten selbst, der vermeintlich herausragendsten Demokratie der Welt, verdoppelte sich seit Mitte der 1960er Jahre der Anteil der Amerikaner, die das Gefühl haben, ihre „Regierung werde von den Interessen einiger weniger gesteuert, die nur sich selbst im Blick haben", und erreichte Mitte der 1990er Jahre 76 Prozent.[5]

Um den offenkundigen Widerspruch zwischen einer weltweiten Umarmung und gleichzeitiger Unzufriedenheit mit der Demokratie aufzulösen, könnten wir mit dem Eingeständnis beginnen, dass Demokratie, wie der Philosoph Bernard Crick bestätigte, zu den „promiskuitivsten" aller Wörter zählt, das für viele, miteinander konkurrierende Ziele gebraucht wird.[6] Dann müssen wir uns der irritierenden Möglichkeit stellen, dass wachsende Zweifel an der Demokratie in Wahrheit ein allgemein verbreitetes Grundgefühl widerspiegeln könnte, dass keine der uns überkommenen Definitionen des Begriffs Demokratie den Herausforderungen, vor die wir uns jetzt gestellt sehen, gewachsen ist.

Es fehlt ein Konzept

In seinem Werk *Anatomie der menschlichen Destruktivität* bemerkt Erich Fromm, alle Menschen trügen in sich „Orientierungsrahmen", durch die sie der Welt einen Sinn verliehen. Sie entschieden darüber, was für uns sichtbar sei und was nicht, entschieden darüber, welche Fähigkeiten wir Menschen zuschrieben und was wir deshalb für möglich hielten. Diese Tatsache des menschlichen Bewusstseins ist schön und gut … *wenn* unsere Rahmen dem Leben dienen, aber, warnt Fromm, nicht immer sind sie so beschaffen. Er hat versucht, uns auf die Gefahr aufmerksam zu machen, die in diesem einzigartigen Aspekt des menschlichen Bewusstseins – dass wir die Wirklichkeit durch sozial determinierte Rahmen filtern – liegt. Seine bestürzende Beobachtung: „Es ist die Humanität des Menschen, die ihn so inhuman macht."[7]

Aus dieser Perspektive gesehen leben oder sterben Kulturen nicht durch Gewalt oder Zufall, sondern letztlich durch *Ideen* – dadurch, ob sie die Wirklichkeit widerspiegeln und ob sie dem Leben dienen. Und zum Leidwesen unseres schönen Planeten scheint ein großer Teil der Welt innerhalb bestimmter Ideen und Vorstellungen gefangen zu sein – einschließlich unserer Idee von Demokratie –, die sogar zu unserer „Unmenschlichkeit" beitragen.

Ein wenig anders ausgedrückt, leiden wir Menschen jetzt unter dem, was Linguisten „Hypocognition" nennen, dem Fehlen eines Grundkonzepts, das wir brauchen, um zu gedeihen. Und das ist keine unbedeutende Lücke! Uns fehlt ein Verständnis von Demokratie, das lebendig und zwingend genug ist, unsere Probleme zu lösen. Und wenn das so ist, besteht die Herausforderung des 21. Jahrhunderts nicht darin, die Demokratie, die wir heute haben, aufzupolieren, auch nicht darin, sie auf den Irak, Aserbaidschan oder Kuba auszudehnen – es geht um das Neudenken und Neuschaffen der Idee von Demokratie selbst.

Zum Glück – und gerade noch rechtzeitig – wird diese begriffliche und praktische Leere gefüllt. Überall in der Welt werfen Menschen die vorherrschende, nicht mehr tragende Vorstellung über Bord, dass Demokratie immer auf eine bestimmte Regierungsform plus Marktwirtschaft hinausläuft. Stattdessen sehen immer mehr Menschen Demokratie als eine Sammlung positiver Merkmale – von sozialen Wertvorstellungen, Annahmen und Praktiken –, die innerhalb jedes menschlichen Systems Gültigkeit haben.

Mit dieser neuen Sicht auf die Dinge macht die Verzweiflung einem Vorsatz Platz, und immer mehr Menschen sehen in einem viel versprechenden historischen Übergang eine Möglichkeit für sich zur Teilhabe. Jeden Tag können wir, *wenn* wir danach Ausschau halten, Anzeichen dafür erkennen, wie dieses neue, effektivere Verständnis und diese neue Praxis von Demokratie Gestalt annehmen. Ich nenne dieses sich neu bildende Verständnis *Gelebte Demokratie.*

Im ersten Teil dieses Kapitels wird ganz allgemein die Herausforderung definiert; im zweiten Teil werden Beispiele für eine neue, *Gelebte* Demokratie überall in der Welt gegeben; und im dritten Teil wird darüber reflektiert, weshalb die Menschheit gerade jetzt in diese neue historische Etappe eintritt – und warum davon unsere Zukunft abhängt.

Erster Teil
Für eine stärkere Absicherung der Demokratie

Die Gefahr: Magere Demokratie

In den Vereinigten Staaten wachsen die meisten Menschen damit auf, dass sie lernen, in der Demokratie komme es vor allem auf zwei Dinge an: eine gewählte Regierung und eine Marktwirtschaft. Man ermutigt uns aber nicht zu sehen, dass es hier einen offenkundigen Konflikt gibt: Demokratie soll die Verteilung von Macht bewirken, doch unsere Märkte konzentrieren Macht. Es müsste nicht unbedingt ein Konflikt bestehen, doch infolge unseres eigenen und relativ jungen Begriffs von Marktaustausch wird es zu einem; wir nehmen an, dass ein Markt positive Ergebnisse für alle erbringt, obwohl er allein von einer Regel beherrscht wird: dem vorhandenen Kapital die höchste Rendite zu bescheren – und d. h. den Aktionären.

Diese einzige Regel befolgend, häuft sich Reichtum auf Reichtum, bis wir das unfassbar geringe Maß an Kontrolle erreicht haben, das heute herrscht: Weltweit kontrollieren 691 Einzelpersonen so viel Reichtum, wie fast die Hälfte der Erdbewohner in einem ganzen Jahr verdienen.[8] 80 Prozent von uns leben in Gesellschaften, in denen die Ungleichheit immer ausgeprägter wird[9], und fast eine Milliarde Menschen sind so arm, dass sie noch nicht einmal einen Zugang zum Markt haben, um nur die für das Überleben notwendigen Lebensmittel zu besorgen.[10]

So viel Reichtum in so wenigen Händen ist Gift für die Demokratie. In den Vereinigten Staaten erleben wir, wie die Macht des Reichtums den politischen Prozess entstellt: Insgesamt eine Milliarde Dollar kostete es die Kandidaten und ihre Parteiversammlungen, 2004 für das Präsidentenamt zu kandidieren[11]; und 61 registrierte Lobbyisten, die hauptsächlich dafür bezahlt werden, dass sie einer winzigen Minderheit dienen, spazieren jetzt in den Fluren des US-Kongresses herum, um jeden einzelnen Amtsträger zu bearbeiten, den die amerikanischen Wähler dort hineingebracht haben.[12]

Viele kluge Menschen haben uns vor der Gefahr konzentrierten privaten Reichtums gewarnt. „Die Freiheit einer Demokratie ist nicht sicher", sagte US-Präsident Franklin D. Roosevelt 1938 vor dem Kongress, „wenn das Volk es duldet, dass private Macht so weit anwächst, bis sie stärker wird als der demokratische Staat selbst. Das ist im Kern Faschismus..."[13]

Diese „Zunahme privater Macht" erwächst unausweichlich aus Wirtschaftsformen, die nur der einen Regel folgen; es bedeutet, dass konzentrierter Reichtum die Stimmen der Mehrheit übertönt und damit die ureigene Voraussetzung von Demokratie Lügen straft: die Gleichberechtigung jeder Stimme. Ich nenne diese enge, strukturelle Definition Magere Demokratie (Thin Democracy), doch ihre Unzulänglichkeiten und Gefahren hören damit nicht auf:

Die Machtkonzentration in der Mageren Demokratie vernichtet einen offenen, dem Wettbewerb verpflichteten Markt.

Ironischerweise zerstört die konzentrierte wirtschaftliche Macht – wie sie in einer Mageren Demokratie entsteht – gerade den offenen und fairen Markt, den dessen Verfechter – von Milton Friedman bis Thomas Friedman – als das Bollwerk der Freiheit und ihren Grundwert preisen. Zwei Unternehmen kontrollieren ungefähr drei Viertel des weltweiten Getreidehandels[14]; ein Unternehmen, Monsanto, beherrscht 88 Prozent der Anbaufläche, auf der gentechnisch veränderte Samen und/oder Biotech-Produkte weltweit angebaut werden.[15] Sechs Unternehmen kontrollieren die meisten globalen Medien, angefangen von Buchverlagen bis hin zu Filmen[16]; fünf US-amerikanische Erdölunternehmen kontrollieren fast zwei Drittel der Benzinverkäufe in den USA, u.s.w.[17] So viel zum Thema freier Markt.

Die zentralisierte Entscheidungsfindung der Mageren Demokratie kann die heutigen Probleme nicht lösen, weil sie deren eigentliches Wesen ignoriert.

Angefangen bei der Gewalt gegen Frauen bis hin zur Umweltverschmutzung, von der Vernichtung der Arten bis zum Klimawandel – unsere heutigen Probleme sind komplex, weitreichend und tief verwurzelt; sie sind zwar dezentralisiert, untereinander jedoch miteinander verbunden. Zu ihrer Lösung bedarf es daher Fantasie und ausgedehnter Verhaltensänderungen – beides Dinge, die von Erfahrung, Einfallsreichtum und der Gewinnung der Leute abhängig sind, die den Problemen am nächsten sind. Doch die konzentrierte Macht der Mageren Demokratie, die einer reichen Minderheit verpflichtet ist, schließt genau ein solches aktives Engagement der Bürger auf breiter Basis aus. Überdies hängt die erforderliche Abstimmung, die etwa nötig ist, um die globale Erwärmung zu bekämpfen, von Vertrauen ab, das nur entsteht, wenn alle Beteiligten sich respektiert fühlen und gehört werden.

Die Magere Demokratie leugnet wesentliche menschliche Bedürfnisse und unterdrückt dringend nötige menschliche Fähigkeiten.

Die Magere Demokratie kann keine gesunde Gesellschaft hervorbringen, weil sie die Menschen und ihre Komplexität auf im Wesentlichen egoistische materialistische Triebe reduziert. Die Magere Demokratie leugnet unser grundlegendes Bedürfnis nach Gemeinschaft, nach Fairness und auch Effizienz. Das selbstsüchtige und materialistische Menschenbild der Mageren Demokratie ignoriert z. B. die menschliche Sehnsucht, zu etwas beizutragen, das größer ist als die Sorge um das eigene Überleben. Indem sie diese tiefen Bedürfnisse in uns verschüttet, trägt die Magere Demokratie zu Gefühlen der Entfremdung und Machtlosigkeit bei. Könnte dies helfen, die epidemisch um sich greifende Depression zu erklären – heute die vierthäufigste Todesursache der Welt[18] –, die allein schon viel der zur Problemlösung nötigen Energie entzieht?

Die Magere Demokratie kann den moralischen Extremismen nichts entgegenhalten.

Der herabwürdigende Materialismus, den sie zur Voraussetzung hat, und die Zurückweisung der Stimmen der Bürger machen die

Magere Demokratie unfähig, zu Loyalität und Leidenschaft anzuregen. Wie kann sie mit extremistischen Ideologien – religiösen wie weltlichen – mithalten, die eine moralische Überlegenheit für sich in Anspruch nehmen und transzendente Lösungen anbieten? Ihre leidenschaftlichen Appelle an die Treue vermögen nicht zu verbergen, wie erschreckend schwach und verwundbar die Magere Demokratie ist.

Alles in allem verleiht die Magere Demokratie der Demokratie einen schlechten Ruf! Ihre grundlegenden Mängel helfen zu erklären, warum der demokratische Enthusiasmus in vielen Ländern der Welt immer mehr nachlässt. Wenn wir die Magere Demokratie als letztgültigen Kulminationspunkt menschlicher Geschichte und Erfahrung akzeptieren, befinden wir uns in großen Schwierigkeiten. Wie also könnte eine neue Begriffsbestimmung der Demokratie aussehen, die stark und vital genug ist, den Herausforderungen von heute zu begegnen, und zwingend genug, den Forderungen heutiger Extremisten nach absoluter moralischer Überlegenheit entgegenzutreten?

Wie sieht die nächste historische Etappe der Demokratie aus?

Immer mehr Menschen erkennen, dass eine Gesellschaft zwar das gesamte Drumherum der Demokratie besitzen kann – Wahlen, Märkte, ein unabhängiges Rechtssystem – und trotzdem als solche versagt. Es kann sein, dass eine Gesellschaft alle formalen Merkmale besitzt, diese auch solide verankert sind, dass ihr aber trotzdem Herz und Seele der Demokratie fehlen: das Engagement und die Hingabe der Bürger. Diese Erkenntnis legt eine weitere nahe: Wenn es der Demokratie gelingen will, vitale Gesellschaften zu bilden, sollte man sie besser nicht als *fest gefügtes System,* sondern als eine *Gruppe von System-Eigenschaften* begreifen. Zu diesen gehören:

Sie ist dynamisch: Die Gelebte Demokratie ist kein „-ismus", weder Formel noch Blaupause; sie ist keine utopische Vision, die so etwas wie einen Endzustand darstellt. Sie ist ein sich entwickelndes Ethos, das uns in die Lage versetzt, mehr zu tun, als nur eine bestimmte Ungerechtigkeit zu korrigieren. Sie kultiviert neue, fortlaufende Prozesse für eine umfassendere Entscheidungsfindung. Das Wesen der Gelebten Demokratie wurde von dem ersten afroamerikanischen Bundesrichter der USA, William Hastie, treffend beschrieben: „Sie lässt sich leicht verlieren, wird aber nie voll und ganz gewonnen. Ihr Wesenskern ist ewiger Kampf."[19] Weil sie neue Erfahrungen in sich aufnimmt, ist die Gelebte Demokratie ihrer Natur nach ein synergistischer und generativer Arbeitsprozess. In diesem Sinn und darüber hinaus lässt sich die Gelebte Demokratie am besten als eine soziale Analogie der Ökologie begreifen

Sie ist wertebestimmt: Die Gelebte Demokratie entwickelt sich nicht wahllos; grundlegende Werte leiten sie in ihrer Entfaltung. Dazu gehören Inklusion (das Empfinden der eigenen Zugehörigkeit zur Gemeinschaft und ihrer Einheit), gegenseitige Verantwortung und Fairness. Ich bezeichne diese als „menschliche Werte", weil sie sich im Verlauf unserer langen Evolution in völlig unterschiedlichen Kulturen entwickelt haben, als die Menschen lernten, wie das Zusammenleben am besten funktioniert. Diese und andere Wertvorstellungen der Gelebten Demokratie manifestieren sich in einer Kultur von Wertvorstellungen, Erwartungen und Normen, die das Leben in der Gemeinschaft zunehmend verbessern – das Leben von Menschen sowie das der nicht-menschlichen Mitbewohner unseres Planeten. Auch ein vierter Wert wird zurückverlangt, die Freiheit, die zunehmend auf das Recht reduziert worden ist, unbegrenzt materielle Güter anzuhäufen, oder einfach auf das Recht auf Schutz voreinander. Die Gelebte Demokratie gewinnt ihre historische Bedeutung zurück, die mit den Worten des US-amerikanischen politischen Philosophen Harry Boyte „die Freisetzung von Talenten" bedeutet.[20]

Sie hat einen umfassenden Anspruch: Die Grundwerte der Gelebten Demokratie greifen nicht nur im politischen Leben, sondern auch im ökonomischen und kulturellen Leben. In der Wirtschaft beispielsweise hört der Markt auf, ein absolutes Gesetz zu sein, das unsere Wertvorstellungen *ersetzt*; er wird zu einem Werkzeug zur *Verwirklichung* von Werten wie Fairness und gegenseitiger Verantwortlichkeit. Unternehmen werden immer noch auf Signale des Markts reagieren, aber nicht ohne die formale Verantwortung für die Konsequenzen ihres Handelns zu übernehmen. Bürger stehen in der Verantwortung zu entscheiden, ob der Markt angemessen entscheidet oder nicht, und sind ebenso verantwortlich für die Wirkung ihrer Konsumentscheidungen auf die Gesundheit ihrer Gemeinschaften und des Planeten insgesamt.

Sie basiert auf Kompetenzen: Die Gelebte Demokratie erkennt an, dass Menschen von Natur aus soziale Wesen sind, aber möglicherweise ohne die Fähigkeiten zu *effektiver* Teilhabe geboren werden. So wird in der Gelebten Demokratie die erlernbare Kunst der Demokratie bewusst vermittelt – und praktiziert, ähnlich wie es das Klavierspiel oder das Lesen verlangen. Schulen, Unternehmen und Gemeinschaftseinrichtungen sind für das Unterrichten und Lernen solcher demokratischen Fertigkeiten wie aktives Zuhören, kreative Konfliktlösung durch Verhandeln und Mediation sowie Supervision und Reflexion von Erfahrungen zuständig.

Sie erzeugt Macht: Die Gelebte Demokratie tut noch mehr, als nur Macht zu dezentralisieren. *Sie schafft Macht.* Die Wurzel des englischen Wortes *power,* lat. *posse,* bedeutet „können, fähig sein". In diesem Sinn schafft die Gelebte Demokratie Macht *(power)*, indem sie mehr Menschen in die Lage versetzt, gemäß ihren Wertvorstellungen und Interessen zu handeln. Die Gelebte Demokratie erweitert den Kreis der Problemlöser, so dass er auch diejenigen umfasst und beteiligt, die am direktesten betroffen sind. Dieses Engagement führt zur Fähigkeit, kreativ Probleme zu lösen, indem es wichtige Ressourcen freisetzt:

- Erfahrung und Wissen von Menschen, die dem Problem am nächsten sind;
- Kreativität, die beim Zusammentreffen verschiedener Perspektiven entsteht;
- den Willen zu handeln, den die Menschen immer da wie selbstverständlich entwickeln, wo sie „besitzen“ und ein unentbehrlicher Teil des Ganzen sind.

Um ihre Kreativität und ihr Engagement zu erkennen, müssen die Bürger wirkliche Macht erleben, müssen erkennen, dass sie eine echte *Stimme* haben – was kaum das gleiche ist wie ein Stimmrecht haben. Wie wir gesehen haben, dominiert in der heutigen Marktwirtschaft, in der es allein auf den Gewinn ankommt, der konzentrierte Reichtum – selbst dort, wo das Stimmrecht wohl etabliert ist. Gelebte Demokratie bedeutet, dass an oberster Stelle das Ziel der gleichberechtigten Stimme steht, während alle daran arbeiten, die Macht des Reichtums im Staat abzubauen und stattdessen die Macht einer aktiven Bürgerschaft einfließen zu lassen.

Zweiter Teil
Die Gelebte Demokratie wird sichtbar

All das könnte sich schrecklich naiv anhören – wie eine völlig unrealistische Hoffnung – aber sobald man sich die Demokratie als eine Reihe von System-Eigenschaften vorstellt anstatt als bestimmte und fertige Strukturen, können wir erkennen, dass sie sich schon heute manifestiert – zumindest auf die folgenden sechs Weisen:

Erstens: Sie übt Druck auf herrschende Systeme aus, damit diese eine größere Verantwortung übernehmen. Weltweit ist es Bürgerbewegungen gelungen, Regierungen und Unternehmen für ihre Handlungen stärker zur Rechenschaft zu ziehen. Diese Bürgerbewegungen verändern sowohl Normen als auch Regeln der Entscheidungsfindung.

Zweitens: Sie schafft neben dem herrschenden parallele demokratische Systeme. Systeme, in denen sich Eigenschaften der Gelebten Demokratie ausprägen, entwickeln sich parallel zu Regierungen sowie zu Unternehmen und Märkten, die nur nach Gewinnmaximierung streben. Diese parallelen Entwicklungen schließen die Lücken der dominanten Systeme – und sind potenziell in der Lage, gemeinkulturelle Erwartungen umzuformen.

Drittens: Sie bringt neue demokratische Praktiken in offizielle Entscheidungsstrukturen ein. Praktiken der Gelebten Demokratie verändern die Art und Weise, wie eine Regierung arbeitet.

Viertens: Sie demokratisiert die Unternehmens-DNS. Bürgerbewegungen und bestimmte Regierungen arbeiten direkt daran, „das Betriebssystem" von Unternehmen umzuformen, um sie in den Schoß der Demokratie zurückzubringen.

Fünftens: Sie demokratisiert die Regierungs-DNS. Manche Regierungen sind dabei, die Wahlsysteme umzugestalten, damit sie auf inklusive Weise repräsentativ sind.

Sechstens: Sie erwirkt mehr Mitbestimmung in globalen Entscheidungen. Die Praktiken der Gelebten Demokratie sind dabei, in internationale Entscheidungsprozesse Eingang zu finden.

Wir Menschen sind wie andere Lebewesen auch soziale Imitatoren – wir müssen sehen, um zu glauben und dann zu handeln; wir müssen erst die realen Umrisse eines neuen Orientierungsrahmens erkennen, um unseren alten über Bord werfen zu können. Im Folgenden nun einige Beispiele für die Entstehung der Gelebten Demokratie innerhalb jeder dieser sechs Kategorien.

Erstens: Wie man herrschende Systeme demokratischer macht

Allein in der letzten Hälfte des Jahrhunderts ist es den Bürgerbewegungen nachweislich gelungen, Regierungen viel stärker in die Pflicht zu nehmen, was den Schutz der Menschenrechte und ökologischen Integrität betrifft. In den USA lässt sich ihr Einfluss an den Bürgerrechtsgesetzen der 1960er Jahre, dem Verbot von DDT in den 1970er Jahren bis hin zum „Informationsrecht" aus den 1980er Jahren ablesen, welches von den Unternehmen die Bekanntgabe der in der Produktion verwendeten Chemikalien verlangt. Das Engagement der Bürger hat zur Schaffung völlig neuer Regierungsbehörden geführt wie etwa in den 1970er Jahren zur Schaffung der amerikanischen Umweltschutzbehörde, der Environmental Protection Agency (EPA).

Wie man auf herrschende Systeme Druck ausübt
Beispiel Nummer 1: Wie Bürger lernen, Verwaltungsbehörden zur Verantwortung zu ziehen – USA

Es ist in den USA fast schon zu einem Klischee geworden, große soziale Wohltätigkeitsorganisationen dafür zu kritisieren, dass sie zu hierarchisch strukturiert sind, ausschließlich auf die Mittelklasse bezogen, von Personal beherrscht, unpersönliche Giganten sind, die vielleicht dazu taugen, die Bürger bisweilen dazu zu bringen, einen vorgefertigten Protestbrief an führende Wirtschafts- und Regierungsmänner zu schreiben, dass sie aber wenig wirkliche Partizipation erzeugen. Zum Glück hat sich in den letzten drei Jahrzehnten in den Bürgerbewegungen ein anderer Trend entwickelt: Bürgerinitiativen, die in den Kommunen ihre Basis haben und die keine abgehobenen Reden halten wollen, sondern sich demokratischen sozialen Wandel wünschen.

Den meisten Amerikanern ist nicht bewusst, dass starke bürgerliche Aktionsnetzwerke zum Teil auch als Reaktion auf das Aufkommen extrem rechter Ideologie entstanden sind, die die Regierung dämonisiert und Marktentscheidungen und den damit zusammenhängenden historischen Kapitaltransfer an die reichsten Bürger mystifiziert. (Ein Prozent der amerikanischen Haushalte verfügen heute über genauso viel Reichtum wie die restlichen 95 Prozent zusammen.[21])

Eine erstaunliche Zahl dieser Bürgerbewegungen ist religiös motiviert, die von einer breiten Basis bereits existierender religiöser Institutionen profitieren können. Sie konzentrieren sich nicht auf umstrittene, polarisierende Themen, wie etwa die Kriminalisierung der Abtreibung, sondern auf Themen, die alle betreffen, wie soziale Fairness und Verantwortung. Sie gehen über die Protest-Mode des Amerika von 1960 hinaus, indem sie eine ausgeklügelte Kultur engagierten sozialen Problemlösens entwickeln und einen Schwerpunkt auf das Erlernen der „Kunst der Demokratie“ legen. Zu ihnen gehören viele Amerikaner mit geringen und bescheidenen Einkommen, die sich zuvor nie für öffentliche Belange engagiert haben.

In diesen religiös motivierten Netzwerken sind somit drei Millionen Amerikaner dabei, die Demokratie wiederzubeleben. Ihre Bemühungen werden gestützt durch ein weitreichendes Netz von 3.500 katholischen, protestantischen, jüdischen und einigen evangelikalen und muslimischen Gemeinden, die zusammen aus 133 lokalen Verbänden von Kirchengemeinden mit Beitrag zahlenden Mitgliedern bestehen.[22] Einer Schätzung zufolge gelingt es 24.000 lokalen Führungspersonen innerhalb dieser Netzwerke, jedes Jahr hunderttausend „gewöhnliche Bürger“ dazu zu veranlassen, sich an öffentlichen Aktionen zur Förderung ihrer wertebasierten Anliegen zu beteiligen – es geht dabei um bezahlbaren Wohnraum, bessere öffentliche Schulen, angemessene Löhne und gerechtere Darlehenspraktiken.[23]

„Wir organisieren die Leute nicht einfach um Themen herum, sondern um ihre Werte“, wie Ernesto Cortes erklärte, der Gründer des in San Antonio, Texas, beheimateten Dienstes COPS (Communities Organized for Public Service), ein früher Pionier des religiös motivierten Engagements. „Die Themen treten in den Hintergrund, und die Leute verlieren das Interesse an ihnen. Aber das, was ihnen wirklich am Herzen liegt, bleibt: Familie, Würde, Gerechtigkeit und Hoffnung. Wir brauchen mehr Macht, um zu beschützen, was uns teuer ist.“[24]

COPS begann 1972 damit, sich um die vernachlässigten Bedürfnisse der Armen von San Antonio zu kümmern. Cortes leitete persönlich mehr als 1.000 verschiedene Treffen, hörte seinen Nachbarn in San Antonio zu, hielt fest, was sie bewegte und was sie zornig machte. Als er erkannte, welche Kraft in der Zusammenarbeit mit Menschen liegt, die sich schon in aktiven Institutionen, wie zum Beispiel in Kirchen, zusammengeschlossen haben und durch ihre Werte verbunden sind, schuf er COPS, einen ersten auf Glauben basierenden Ableger der in Chicago beheimateten Industrial Areas

Foundation oder IAF (zugegebenermaßen ein seltsamer Name für eine Organisation, die sich vorgenommen hat, eine Lobby für arme Menschen zu sein).

Cortes griff die Entdeckung auf, dass die meisten Menschen persönlich und direkt von jemandem aufgefordert werden müssen, den sie kennen und dem sie vertrauen, bevor sie sich öffentlich engagieren. Nach nur drei Jahren Befolgung dieses einfachen Ansatzes hatte COPS erreicht, dass mehr als eine Milliarde Dollar für die Verbesserung öffentlicher Einrichtungen bereit gestellt wurde – für Kanalisation, Kliniken und Parks –, und zwar in lang vernachlässigten Stadtvierteln mit überwiegend armer mexikanisch-amerikanischer Bevölkerung. (Vorher, so haben mir Bewohner dieser Viertel erzählt, lag der Schlamm in manchen Straßen bisweilen so hoch, dass man kaum gehen konnte.)

Dies ist kein vereinzelter Erfolg. Die in Baltimore, Maryland, ansässige Niederlassung der IAF, BUILD (Baltimoreans United in Leadership Development), gründete in den frühen 1990er Jahren eine Bewegung zur Durchsetzung von „living wages", Mindestlöhnen, von denen man leben kann. Mit einem der Wirtschaft gegenüber wohlwollend eingestellten Congress war es möglich, die Kaufkraft des vom Bund festgesetzten Mindestlohns in den USA – der jetzt bei 5,15 Dollar liegt – in 25 Jahren um 26 Prozent zu senken. Diese niedrigen Löhne waren dabei, viele amerikanische Familien zu erdrücken.[25] BUILD ließ nicht locker und erkämpfte einen städtischen Erlass, der zum allerersten Mal Unternehmen mit öffentlichen Aufträgen verpflichtete, ihren Arbeitern einen „Lohn zu zahlen, von dem man leben kann". Viertausend Arbeiter des Öffentlichen Dienstes in Baltimore profitieren von diesem Erlass. Im Jahre 2006 war es organisierten Bürgern gelungen, entsprechende Verordnungen in 140 anderen amerikanischen Städten durchzusetzen, und in 80 weiteren finden derzeit Kampagnen statt.

Das Netzwerk der IAF ist inzwischen auf fünfundfünfzig religiös motivierte Organisationen wie COPS oder BUILD angewachsen. Außerdem gehören dazu zweitausend Kirchengemeinden und andere Mitglieder, darunter auch Gewerkschaften. Sie haben sich in 21 US-Staaten etabliert, aber auch in Kanada, Großbritannien und Deutschland. Während diese Art von demokratiefördernden, bürgerschaftlichen Netzwerken in den großen Medien totgeschwiegen wird, ist sie die treibende Kraft hinter einigen der wichtigsten Fortschritte zum Schutze der Bürgerrechte (Mitbestimmung) und der Gerechtigkeit im letzten Vierteljahrhundert gewesen.

In den letzten drei Jahrzehnten haben das Netzwerk der Industrial Areas Foundation und andere, ähnliche Organisationen uns den Weg gewiesen bei der Entwicklung dessen, was ich Praktiken der Gelebten Demokratie nenne. Der folgende Exkurs zur „Bürgermacht" fasst ihre Philosophie und ihre Strategien zusammen.

Bürgermacht: Demokratie als erlernbare Kunst

Neue Konzepte und Praktiken

Relationales Machtkonzept. Macht ist unsere Fähigkeit zu handeln und erwächst aus den Beziehungen, die wir aufbauen. Bei Macht geht es nicht einfach darum zu gewinnen, sondern auch darum, für die Zukunft nachhaltige Beziehungen aufzubauen. Handeln schafft Macht; daher die eiserne Regel der IAF: „Tue nie für andere, was sie selbst tun können."

Eigeninteresse in Beziehungen. Wenn Mitglieder ihre eigenen Interessen als legitim anerkennen und auch die der anderen, werden sie eine Schnittmenge für gemeinschaftliches Handeln finden.

Zuhören. Der Aufbau von Beziehungen beginnt mit persönlichen Bekanntschaften und Einzelgesprächen. Die Mitglieder setzen sich mit Nachbarn zusammen und hören wirklich zu. Es kommt zu Tausenden solcher Einzelgespräche, bevor eine neue

Organisation entsteht. Sie müssen hinterher auch weitergeführt werden, um Vertrauen auszubauen und Interessen in Erfahrung zu bringen. (Man beachte den Unterschied zu dem herkömmlichen Von-Tür-zu-Tür-Gehen, wenn man mit einem Flugblatt in der Hand für eine schon vorher festgelegte Sache Werbung machen will.)

Leidenschaften nutzen. Das Zuhören erlaubt es den Bürgern, den Zorn und das Mitgefühl zu entdecken, die sie aus ihrer Isolation und aus ihrer Behaglichkeit herausreißen können.

Geschichtenerzählen. Bei öffentlichen Treffen erzählen die Mitglieder auch ihre eigenen Geschichten, um politische Debatten mit dem wirklichen Kampf von Menschen in Verbindung zu bringen – sie machen sich Mitgefühl, Zorn und Gerechtigkeitsempfinden von anderen zunutze, um einen Wandel herbeizuführen.

Disziplinierte Vorbereitung. Die Mitglieder stellen sorgfältige Nachforschungen an und proben, bevor sie an die Öffentlichkeit gehen.

Aktionen und beabsichtigte Spannungen. Zu ihren Aktionen zählen öffentliche Zusammenkünfte und Demonstrationen, um öffentlichen Druck aufzubauen, zu verhandeln und Lösungen zu befördern. Manchmal ist Konfrontation ein Werkzeug. (Wenn beispielsweise ein gewählter Vertreter zu einem vereinbarten Treffen zwanzig Minuten zu spät erscheint, sagt das IAF-Mitglied deutlich: „Wir haben Sie um sechs Uhr erwartet.")[26]

Verhandlungen. Das Ziel ist weniger, dass man „seinen Willen durchsetzt", sondern vielmehr, die eigenen Interessen auf dem Verhandlungsweg zu behaupten.

Rechenschaft und Verantwortlichkeit. Die Mitglieder übernehmen Verantwortung für bestimmte Aufgaben, etwa für ein Treffen eine bestimmte Zahl von Personen zu gewinnen. Manchmal beurteilen die Mitglieder auch bei öffentlichen „Rechenschaftssitzungen" die Leistung von Beamten (z. B. auf riesigen Bewertungskarten, wie sie bei Wettbewerben üblich sind!). Ferner wird von dem betreffenden Beamten eine Antwort mit Ja oder Nein auf die Frage eingefordert, ob er die Pläne der Organisation unterstützt.

Training. Führungskräfte und Mitarbeiter schulen die Mitglieder und einander.

Reflexion und Auswertung. Im Anschluss an jedes Treffen und jede Aktion überlegen die Mitglieder gemeinsam, welche Aktionen funktioniert haben und welche nicht, und äußern sich dazu, wie ihre Macht sich entwickelt hat. Das Lernen hört nie auf.

Wie man auf herrschende Systeme Druck ausübt
Beispiel Nummer 2:
Bürger ziehen Unternehmen zur Rechenschaft

Durch neue Normen

„Das große Privatunternehmen passt nur schlecht in die demokratische Theorie", schreibt der an der Yale University lehrende politische Philosoph Charles Lindblom. „Tatsächlich passt es überhaupt nicht dazu."[27] Die politische Theorie hat keinen Platz für Körperschaften, die sich privat nennen und gleichwohl jeden Teil des Lebens der Bürger beeinflussen: die öffentliche Meinung, das Tempo und die Sicherheit unserer Arbeit, unseren Lebensunterhalt, die Luft, die wir atmen, das Wasser, das wir trinken. Diese „privaten Körperschaften" bestimmen ganz offensichtlich mit größerer Macht über unser Wohlergehen als unsere Regierungen. Also sind die Bürger bestrebt, dass diese sich so schlecht einfügenden, mächtigen Unternehmen – die jetzt in vielerlei Hinsicht außerhalb jeder demokratischen Verantwortlichkeit existieren – damit beginnen, sich gemäß demokratischen Grundprinzipien zu verhalten.

Es wird daran gearbeitet, das Betriebssystem von Unternehmen an sich umzuformen – also das, was ich die Unternehmens-DNS nenne –, denn bevor die Verantwortlichkeit von Unternehmen Wirklichkeit werden kann, muss sich erst dieses ändern. Zu den grundsätzlichen Zielen eines Unternehmens gehört es, sich um den Gewinn für die Aktionäre zu kümmern, und das hat laut den Reformern zur Folge, dass es weitergehende Interessen außer Betracht lässt und deshalb mit der Hartherzigkeit eines Soziopathen vorgeht. Andere Bewegungen demonstrieren, dass selbst heute – also schon vor einem grundlegenden Wandel der Unternehmensphilosophie – weltweit tätige Unternehmen dazu gebracht werden können, sich neuen Normen anzupassen, die von den Bürgerbewegungen bestimmt werden.

Der gigantische Riese, der uns zu erdrücken droht, könnte am Ende doch nicht ganz so unbeweglich sein, wie es den Anschein hat.

Druck der Bürger. In den 1990er Jahren konnten Bürgerbewegungen in Europa viele Milliarden Dollar schwere Saatgutunternehmen daran hindern, genetisch veränderte Pflanzensamen auf ihren Märkten durchzusetzen und ihre Produkte in Europa zu verkaufen. Tatsächlich ist solcher Druck der Bürger ein wichtiger Grund, weshalb genetisch verändertes Saatgut bislang weitgehend auf zwei Länder begrenzt gewesen ist: Die USA und Argentinien stellen 90 Prozent der Fläche, die mit solchem Saatgut bepflanzt werden.[28]

In ähnlicher Weise hat Druck der schwedischen Öffentlichkeit seit dem Jahr 2000 dazu geführt, dass McDonald's heute seine Verpackungen recycelt und ökologische Produkte einführt.[29] Auch das Unternehmen Wal-Mart ist aufgrund einer gestiegenen Nachfrage dabei, Öko-Produkte einzuführen. In den Vereinigten Staaten hat das Rainforest Action Network durch direkte Aktionen im Verbund mit Aktionärsresolutionen das Unternehmen Home Depot (eine US-amerikanische Baumarktkette) veranlasst, kein Holz aus den wenigen urwaldähnlichen Waldgebieten mehr zu verwenden und andere, ähnliche Unternehmen dazu zu bewegen, sich genauso zu verhalten.[30] Die Liste, wie Bürgerinitiativen sich auf Unternehmensentscheidungen auswirken, ist lang und wird zunehmend länger.

Druck von Investoren. In den Vereinigten Staaten hat die Bewegung des sozialverantwortlichen Investierens (SRI), bei der Sparer ihren Wertvorstellungen Ausdruck verleihen, indem sie die unverantwortlichsten Unternehmen bei ihren Geldanlagen meiden, sich allein in den letzten zwanzig Jahren verdreiundfünfzigfacht. Jetzt halten diese Investoren mehr als zwei Billionen US-Dollar, eine Summe, die dem Bruttoinlandsprodukt des Jahres 2000 von Kanada, Mexiko und Italien zusammengenommen entspricht.[31] Viele schreiben den Aktivitäten von Aktionären das Verdienst daran zu, dass zum Beispiel General Electric seinen Ausstoß von Treibhausgasen verringert oder dass Unocal in Myanmar seine Arbeitskräfte weniger ausbeutet als früher.[32]

Durch neue Regeln

Statuten machen es leichter, Unternehmen zur Verantwortung zu ziehen. Der Druck von Bürgern hat mehr Regierungen dazu gebracht, von Unternehmen zu verlangen, dass sie die Verantwortung für den gesamten Lebenszyklus von Produkten übernehmen – nicht nur für irgendwelche potenziellen Schäden durch ihren Gebrauch, sondern auch für ihre Beseitigung. Mit Beginn des Jahres 2005 haben die Länder der Europäischen Union Unternehmen auferlegt, alte Elektronikprodukte zurückzunehmen und mindestens die Hälfte des Materials zu recyceln.[33]

In den Vereinigten Staaten haben die Staaten Maine und Washington im Jahre 2006 solche Gesetze verabschiedet. In Maine sind Gemeinden jetzt verpflichtet, ausgediente Computer- und Fernsehbildschirme an Wiederverwertungszentren zu geben, die ausschließlich von den Herstellern finanziert werden. (Die Hersteller können ihre eigenen Produkte aber auch direkt zurücknehmen.) Die Hersteller müssen für den sicheren Transport und das sichere Recycling des elektronischen Abfalls gemäß umweltverträglichen Recyclingrichtlinien sorgen.

1991 wurde in Deutschland ein System eingeführt, dass Unternehmen dazu verpflichtet, für die Entsorgung ihrer Verpackungen zu bezahlen. Unternehmen dürfen gegen eine Gebühr den „Grünen Punkt" auf ihren Verpackungen führen, einen Hinweis auf ihre Beteiligung am dualen Abfallsystem. Die Gebühren decken die Kosten. Da weniger Verpackung mit geringeren Lizenzgebühren belohnt wird, hat das System des Grünen Punkts zur Verringerung der Verpackungsmengen pro Kopf der Bevölkerung geführt.[34] Der Grüne Punkt ist inzwischen in zwanzig europäischen Ländern zugelassen und ist zum meist gebrauchten Markenzeichen der Welt geworden.

Wie man auf herrschende Systeme Druck ausübt
Beispiel Nummer 3: Bürger arbeiten weltweit zusammen

Die Gelebte Demokratie profitiert von der Revolution in der Kommunikationstechnik, die die Bürger jetzt in die Lage versetzt, Grenzen und Rassen, Klassen und politische Traditionen zu überschreiten, um Erfahrungen auszutauschen und Strategien zu entwickeln. Sie machen sich stark für die Werte und Interessen derer, die vorher vom aktiven Wahlrecht ausgeschlossen waren.

Seit 2001 haben fünf ungeheure Massenzusammenkünfte, die Weltsozialforen, Menschen aus allen Bereichen des Lebens unter dem Banner „Eine andere Welt ist möglich" vereint. Die Foren bestehen aus Open-end-Sitzungen und Hunderten von Veranstaltungen, bei denen die Teilnehmer Alternativen zur unternehmensbestimmten Globalisierung erkunden. Beim fünften Weltsozialforum im Jahr 2005 im brasilianischen Porto Alegre nahmen mehr als 150.000 Menschen teil.[35] Inzwischen hat das Weltsozialforum zur Gründung vergleichbarer regionaler Foren angeregt.[36]

Um eine ganze Reihe globaler Probleme in Angriff zu nehmen, arbeiten Bürger jetzt über Ländergrenzen hinweg zusammen, um sowohl Regierungen als auch Unternehmen in den folgenden Bereichen und vielen anderen zur Verantwortung zu ziehen:

Nachhaltige Landwirtschaft. Die Organisation Via Campesina kämpft für eine Landreform und fördert eine nachhaltige und kleinbäuerliche Landwirtschaft. Diese weltweit tätige Bewegung bringt die Bewegung der Landless Workers' mit 141 Gruppen aus 57 Ländern zusammen, die Landarbeiter, Kunsthandwerker, Mitglieder einheimischer Gemeinden vertreten sowie andere, die durch die unternehmerische Globalisierung (corporate globalization) betroffen sind.

Bildung. Die 1999 gegründete Global Campaign for Education (Globale Bildungskampagne) erklärt Bildung zum grundlegenden Menschenrecht, sieht ihn ihr aber auch einen Schlüssel zur Entwicklung. Diese Koalition aus großen Nicht-Regierungsorganisationen und Lehrerverbänden aus mehr als 150 Ländern arbeitet an der Verwirklichung des von 185 Nationen im Jahre 2000 angenommenen UNESCO-Plans „Bildung für alle – Ziele und Strategien".

Wasser. Das erste People's Weltwasserforum fand im Jahre 2003 in Florenz statt, ein Ereignis, zu dem das Weltsozialforum des gleichen Jahres angeregt hatte. Es war als Alternative zum konkurrierenden Weltwasserforum in Tokio gedacht. Die Organisatoren fürchteten, das Weltwasserforum werde sich nicht in genügendem Maße den mit der Privatisierung von Wasser verbundenen Problemen widmen. Vertreter aus 63 Ländern nahmen daran im Jahre 2004 teil.[37]

Klimawandel. Im Oktober 2004 kamen Vertreter aus etwa 18 Bürgerbewegungen und internationalen Nicht-Regierungsorganisationen im südafrikanischen Durban zusammen, um über Fragen des Klimawandels zu diskutieren. Die Gruppe, zu der auch Delegierte aus Samoa, Indien, Brasilien, Großbritannien, den USA und anderen Ländern gehörten, verabschiedeten die Erklärung von Durban. Diese umreißt die Überzeugung der Unterzeichner, dass das Kyoto-Protokoll zur Bekämpfung des Klimawandels nicht genügt, was zum Teil daran liegt, dass es den Handel mit Kohlendioxid-Emissionen erlaubt. Die Gruppen argumentieren, dass dieser Ansatz den Armen der Welt unfaire Lasten aufbürdet und öffentliche Ressourcen meistbietend versteigert.

Schuldenerlass. Jubilee South ist ein Netzwerk, das sich zum Ziel gesetzt hat, die Schuldenlast der Länder der Südhalbkugel aufzuheben. Die zweite weltweite Zusammenkunft von Jubilee South im kubanischen Havanna im September 2005 brachte Vertreter aus 39 Ländern zusammen.

Gesunde Lebensmittel. Das Slow Food-Netzwerk mit 83.000 Mitgliedern in 100 Ländern strebt danach, angesichts der Homogenisierung der Ernährung durch riesige international tätige Lebensmittelkonzerne traditionelle Wein- und Nahrungsmittelkulturen zu bewahren. Seit 1986 setzen sie sich für regionale Rezepte und Produktionsweisen ein und fördern Ernährungssysteme, die die biologische Vielfalt bewahren.

Zweitens: Die Entwicklung paralleler Systeme, die Werte der Gelebten Demokratie verkörpern

Politische und ökonomische Systeme, welche die Werte und Merkmale der Gelebten Demokratie widerspiegeln, entstehen *parallel* zu den offiziellen Regierungsformen, ergänzen deren Mängel und sind so in der Lage, die kulturellen Vorstellungen darüber, was möglich ist, positiv zu erweitern.

Aufbau paralleler Systeme
Beispiel Nummer 1:
Von „Jawohl“ zu „Ich bin der Meinung, dass“ – Brasilien

In Brasilien ist die Kluft zwischen Reich und Arm unfassbar groß. Millionen hungern, obwohl das Land inzwischen einer der weltweit führenden Exporteure für landwirtschaftliche Produkte geworden ist. Die Landnahme des portugiesischen Kolonialismus und anschließende Schenkungen, denen Jahrhunderte der Manipulation durch die Reichen folgten, haben rund zwei Drittel der landwirtschaftlich nutzbaren Fläche im Land in den Händen von nur drei Prozent der Bevölkerung konzentriert[38], während Millionen von Landbewohnern überhaupt kein Land besitzen. Die größten Grundbesitzer Brasiliens haben weite Teile ihres Landes brachliegen lassen, widersetzen sich aber – oft mit Gewalt – allen Versuchen der Landlosen, für ihre Familien Land zu erhalten.

Dieser eiserne Griff hielt bis vor rund zwei Jahrzehnten. Als Brasilien die Diktatur abschüttelte, bildeten religiöse Gruppen, inspiriert von der Befreiungstheologie und politischen Bewegungen, die Bewegung der Landlosen Arbeiter (MST genannt nach ihrer portugiesischen Bezeichnung, Movimiento dos Trabalhadores Rurais Sem Terra). Heute ist die MST mit ihren eineinhalb Millionen Mitgliedern die größte Bewegung, die die Ursachen des Hungers in Lateinamerika bekämpft und wohl auch überhaupt eine der größten der Welt.

Obwohl die 1988 von Brasilien ratifizierte Verfassung die Umverteilung von Land verlangt, das keiner „sozialen Funktion" dient, lässt sich die Regierung, die immer noch vorwiegend die Interessen der Großgrundbesitzer im Auge hat, mit entsprechenden Maßnahmen Zeit. Um das Versprechen der Verfassung einzulösen, hat die MST ausgeklügelte Methoden zivilen Ungehorsams entwickelt, die den ganzen Mut der Mitglieder verlangen. Die Bewegung analysiert, welches brachliegende Land produktiv gemacht werden kann, versammelt dort landlose Menschen und besetzt dann – im Schutz der Nacht – das Land. MST-Mitglieder bauen provisorische Unterkünfte und beginnen mit der Bearbeitung des Landes, während sie die Regierung bedrängen, den Besetzerfamilien offizielle Rechtstitel zu erteilen.

Die MST sieht es als ihre Verantwortung an, ihren Mitgliedern dabei zu helfen, Rechtstitel für 20 Millionen Morgen Land zu erwirken, auf denen die Mitglieder schließlich selbst entscheiden können, ob sie (genossenschaftlich oder selbständig) Unternehmen gründen wollen – von Bauernhöfen bis hin zu Kleiderfabriken. Sie entscheiden auch darüber, wie die Gewinne so verteilt werden können, dass die Gemeinden unterstützt werden.

Der Ansatz, den die Bewegung in Bildungsfragen in ihren neuen Gemeinden verfolgt – die Gemeindeschulen der MST werden gegenwärtig von 160.000 Schülern besucht[39] –, führt direkt ins Herz der Gelebten Demokratie; dieser Ansatz stärkt das Vertrauen der Menschen darin, dass sie auf der Grundlage ihrer Wertvorstellungen Lösungen entwickeln können. „Wir lehren die Kinder, sich umzusehen und das, was sie sehen, nicht als gegeben hinzunehmen", sagte mir Vilmar Dirceau, führendes MST-Mitglied und früherer Theologiestudent, während eines Besuchs im Jahre 2000.[40] „Wir ermutigen sie, Fragen zu stellen. Sie sollen fragen, wie es sein könnte, und sagen, wie sie sich die Verhältnisse wünschen." Jedes Jahr veröffentlicht die MST ein Buch mit Zeichnungen von Kindern aus den Siedlungen. Thema des Jahres 2000 war: „Was für eine Art Brasilien möchtest du?" Mein Lieblingsbild zeigte ein mit brauner Kreide gezeichnetes Brasilien, das mit grüner Kreide eingefärbt war, und eine Sonne, aus deren Strahlen Wörter erschienen: *Justiçia, Igualdade, Paz, Amor, Fraternidade, Dignidade – Gerechtigkeit, Gleichheit, Frieden, Liebe, Brüderlichkeit, Würde.*

João Pedro Stedile, ein Mitbegründer und nationaler Sprecher der MST, schildert den Prozess, wie Arme den Mut aufbringen, für ihre Sache einzutreten – und das in einer Zeit, „in der jede Erwähnung der Landreform zu einer Festnahme führen könnte, obwohl sie von der Verfassung garantiert wurde. Der erste Schritt besteht darin, das naive Bewusstsein abzulegen", betonte Stedile. „Man darf das, was man sieht, nicht länger als etwas akzeptieren, was sich nicht ändern lässt." (Mich amüsiert hier die Ironie, die darin liegt, dass es in den USA genau umgekehrt ist: In Amerika gilt jemand als naiv, der der Meinung ist, Dinge ließen sich ändern.) „Der zweite

Schritt besteht darin, das Bewusstsein dafür zu schärfen, dass man nichts ohne Zusammenarbeit erreicht.

Wenn man diesen Bewusstseinswandel einmal geschafft hat, ist es wie Radfahren. Niemand kann es einem mehr wegnehmen. Man vergisst also zu sagen, ‚Jawohl', und lernt stattdessen zu sagen, ‚Ich bin der Meinung, dass …'. Dies ist der Augenblick, in dem der Staatsbürger geboren ist."

Stedile betont, die größte Leistung der MST liege vielleicht gar nicht in der Landreform, auch nicht in der Verfünffachung der Einkommen der früher landlosen Menschen, oder darin, dass sie den Menschen dabei helfe, sich würdige Lebensumstände zu schaffen, nicht einmal in der drastischen Reduzierung der Säuglingssterblichkeit in den Siedlungen.[41] Es könnte sein, dass es ihr größtes Verdienst ist, Staatsbürger erzogen zu haben, Menschen, die daran glauben, sie könnten etwas schaffen, was es noch nicht gibt.

Die MST wählt eine dezentralisierte Verwaltungsstruktur: MST-„Siedlungen" (die bereits legale Rechtstitel erhielten) und „Lager" (die sich immer noch um die rechtliche Anerkennung bemühen) wählen jeweils zwei Gemeindemitglieder – eine Frau und einen Mann –, die sie bei der Wahl der 120 nationalen Koordinatoren vertreten sollen. Außerdem wählen diese je einen Koordinator für jeden Staat. Die Amtszeit beträgt vier Jahre. Die Gewählten entscheiden auch in regionalen, staatlichen und nationalen Gremien mit. Alle fünf Jahre finden sich Tausende auf Nationalkongressen zusammen; im Jahre 2000 nahmen an einem solchen elftausend Delegierte teil.

Als Brasilien 2002 Inácio da Silva Lula mit 56 Millionen Stimmen zum Präsidenten wählte, der größten Stimmenzahl, die jemals irgendein „linker" Kandidat irgendwo in der Welt auf sich vereinigen konnte, erwartete die MST landesweit eine Zunahme der Unterstützung. Stattdessen sieht sie sich heute einem fortgesetzten Widerstand ausgesetzt – was mich an William Hasties Erkenntnis erinnert, der Wesenskern der Demokratie sei „ewiger Kampf". Die MST lässt sich jedoch nicht entmutigen, sondern setzt ihre Bemühungen um einen Aufbau der Demokratie fort. Ende des Jahres 2005 konnte sie sich einer Bildungskampagne für Erwachsene rühmen, die es 50.000 landlosen Arbeitern ermöglichte, lesen und schreiben zu lernen.

Aufbau paralleler Systeme
Beispiel Nummer 2: Bank-, Gesundheits- und Schulwesen – Bangladesch

Obwohl das Bruttoinlandsprodukt von Bangladesch pro Kopf weniger als zwei Drittel von dem Indiens beträgt, hat das Land seine Kindersterblichkeitsrate gegenüber der Indiens um ein Fünftel gesenkt.[42] Zumindest ein Teil des Erfolgs lässt sich mit Hilfe der Gelebten Demokratie erklären: Aktionsnetzwerke von Bürgern finden sich inzwischen in fast 80 Prozent der Dörfer Bangladeschs, wo sie Basiskurse in Gesundheitsfürsorge und Geburtshilfe abhalten, Schulen gründen und Zugang zu Kapital ermöglichen.

Die beiden größten Netzwerke, die sich weitgehend selbst finanzieren, die Grameen Bank und das Bangladesh Rural Advancement Committee (BRAC), haben Kleinst-Darlehen an etwa neun Millionen Arme vergeben, die in kleinen Gruppen füreinander bürgen. In der Hauptsache werden Frauen begünstigt, was viele in die Lage versetzt, eigene Unternehmen auf Dorfebene zu gründen.[43] Grameen berichtet, mehr als die Hälfte der Familien ihrer Darlehensnehmer habe „die Armutsgrenze hinter sich gelassen". Bezogen auf die vergleichbare Wirkung von BRAC haben die Kleinunternehmen dieser Landbewohner heute mehr als doppelt so viele Menschen aus der Armut befreit wie die für den Export produzierenden multinationalen Textilfabriken, in denen knapp zwei Millionen Menschen für 8 bis 18 Cent pro Stunde[44] arbeiten.[45]

Bedauerlicherweise richten die Medien der Welt ihre Aufmerksamkeit vorwiegend auf multinationale Konzerne, wenn über die Schaffung von Arbeitsplätzen berichtet wird. Dabei ignorieren sie völlig die wegweisende Entwicklung der Dorfbewohner, die in aller Stille ihre eigenen Arbeitsplätze schaffen.

Man beachte: Die Welt hält Grameen zwar für eine „Bank", aber daneben ist das Unternehmen auch eine innovative Alternative zu dem einseitigen Wirtschaftsmodell, bei dem die Gewinne an abwesende und anonyme Aktionäre gehen. Die armen, meist weiblichen Darlehensnehmer sind selbst zu 95 Prozent Eigentümer der Bank. Der Rest gehört der Regierung. Unternehmensziel ist die Gesamtentwicklung, nicht nur die Gewinnmaximierung für die Aktionäre.

Grameen tut mehr, als nur die Regeln des Bankgeschäfts „auf den Kopf zu stellen", wie mir der Gründer Muhammad Yunus erklärte. Das Unternehmen lanciert auch einen sozialen Wandel. Um ein Darlehen zu erhalten, das von den kleinen Gruppen von Darlehensnehmern selbst abgesichert wird, indem sie füreinander bürgen, müssen die Bewerber sich zu „16 Entscheidungen" verpflichten – Zusagen, die von einer kleinen Familiengröße bis hin zu der Zusage reichen, die Kinder zur Schule zu schicken. In ähnlicher Weise verpflichten sich die Darlehensnehmer des BRAC zu „18 Versprechen". „Wir werden niemandem Unrecht tun, noch werden wir anderen erlauben, es zu tun", lautet eine weitere Grameen-Verpflichtung. Dieses Versprechen, sowohl für einen selbst als auch für andere einzustehen, spricht vom Geist der gegenseitigen Verantwortlichkeit, dem Wesenskern der Gelebten Demokratie.

Aufbau paralleler Systeme
Beispiel Nummer 3: Die Zapatista-Bewegung – Mexiko

Das vielleicht dramatischste Beispiel einer parallelen Struktur – in diesem Fall einer, die von der offiziellen Regierung praktisch nicht geduldet wird – ist die Zapatista-Bewegung, die vor etwas mehr als zehn Jahren in der Provinz Chiapas in Mexiko entstand.

Als Reaktion auf das Versäumnis der mexikanischen Regierung, die kommunale Entwicklung in der rohstoffreichen, aber von Armut heimgesuchten südmexikanischen Region Chiapas zu fördern, organisierte die Zapatistische Nationale Befreiungsarmee 1994 einen Aufstand von mehr als 3.000 Einheimischen. (Unmittelbarer Auslöser für den Aufstand war die Tatsache, dass der Lebensunterhalt von Kleinbauern vom Maisverkauf abhing, der kurz darauf von billigen, subventionierten Maisimporten aus den USA unterboten wurde, den das neue nordamerikanische Freihandelsabkommen ermöglichte.)

Seitdem ziehen sich die Verhandlungen zwischen einheimischen Gruppen und der mexikanischen Regierung ergebnislos hin. In Reaktion auf das, was ein Wissenschaftler „Kriegsführung auf niedrigem Niveau“ durch die Regierung nennt – die Vertreibung von fünfzehntausend Menschen[46] –, haben einheimische Bewohner fünf halbautonome Zonen geschaffen. Sie umfassen ein Gebiet von mehr als 12.000 Quadratkilometern, was in etwa der Größe des US-Staates Maryland entspricht.[47] Jede Gemeinde in der Region entsendet „Vertreter in Rotation“ in eine der fünf regionalen „Juntas der Guten Regierung“.[48] Diese Ratsversammlungen folgen weitgehend dem gewohnten indigenen Recht bei der Ausübung ihrer Arbeit, die von der Lehrerausbildung und dem Bau von Kliniken bis hin zur Förderung einer biologischen, nachhaltigen Landwirtschaft reicht.[49]

Interessanterweise hat sich diese sehr lokale demokratische Bewegung nicht auf ihre nationale Verfassung berufen, sondern bezieht sich auf die Konvention 169 der Internationalen Arbeitsorganisation (ILO) – die 1990 auch von Mexiko ratifiziert wurde –, um sie zur Grundlage ihrer Friedensvorschläge an die mexikanische Regierung zu machen. Die ILO Konvention 169 schützt das Recht von Ureinwohnern, sich zu organisieren und eigene Einrichtungen zu schaffen. Hier befördert eine übernationale Zusammenarbeit, wie sie mit der ILO-Konvention besteht, eine lokal begrenzte Gelebte Demokratie.

Aufbau paralleler Systeme
Beispiel Nummer 4:
Demokratische Wirtschaftsunternehmen – Genossenschaften

Genossenschaften dehnen den Geltungsbereich von Werten wie Inklusion (Einbeziehung aller), gegenseitige Verantwortung und Fairness auch auf das Wirtschaftsleben aus. Ihre Zahl wächst, besonders in den Entwicklungsländern. Weltweit hat sich die Zahl der Mitglieder in den letzten dreißig Jahren verdoppelt. Das schnellste Wachstum ist zurzeit in Asien festzustellen. Die internationale Genossenschaftsallianz schätzt, dass etwa 800 Millionen Menschen rund um die Welt Mitglieder von Genossenschaften sind. Das bedeutet der Allianz zufolge, dass mehr Einzelpersonen Anteile an Genossenschaften halten als an börsennotierten Unternehmen über den Aktienmarkt.

In Bolivien beispielsweise wird ein Viertel aller Ersparnisse von einer einzigen Kreditgenossenschaft gehalten. In Kuwait sind 80 Prozent des Einzelhandels in Händen von Verbrauchergenossenschaften. Kolumbiens zweitgrößter Arbeitgeber, die Salud Co-op, ist eine Gesundheitsgenossenschaft, die für vier Millionen Menschen sorgt (das sind zehn Prozent der kolumbianischen Bevölkerung).[50]

In Rechtssystemen, die diese Unternehmensform unterstützen, wie etwa Kanada (vor allem in Québec), Spanien und Frankreich, haben sich Arbeitergenossenschaften stetig ausgebreitet.[51] Zwischen

1993 und 2003 nahm die Zahl von Arbeitergenossenschaften in Québec um 87 Prozent und im restlichen Kanada um 25 Prozent zu.[52]

Europa bietet mindestens zwei bemerkenswerte Beispiele für das Potenzial von Arbeitergenossenschaften. Allein in der italienischen Region Emilia-Romagna werden mehr als 80.000 Menschen von 8.000 Genossenschaften beschäftigt, die 20 bis 35 Prozent des Bruttoinlandsprodukts erwirtschaften.[53] Im spanischen Baskenland beschäftigen 100 miteinander kooperierende arbeitereigene Unternehmen, die unter den Namen Mondragon bekannt sind, mehr als 70.000 Personen; ihre Aktiva machen zusammen mehr als zwölf Milliarden US-Dollar aus. Und in Argentinien ließen nach dem Zusammenbruch der Wirtschaft 2001 mindestens 200 Unternehmensübernahmen durch Arbeiter die Zahl genossenschaftlich organisierter Unternehmen hochschnellen. Diese beschäftigen jetzt mehr als 10.000 Personen und bemühen sich um eine gesetzliche Absicherung.[54]

Selbst im gelobten Land der profitorientierten Wirtschaft, den USA, gibt es 115 Millionen Mitglieder in der ein oder anderen Form von Genossenschaft.[55]

Drittens: Einbringung neuer demokratischer Praktiken in vorhandene Entscheidungsstrukturen

Drei Beispiele aus unterschiedlichen Regionen der Welt zeigen Praktiken der Mitbestimmung und illustrieren das Potenzial der Gelebten Demokratie.

Neue demokratische Praktiken innerhalb der kommunalen Politik
Beispiel Nummer 1: Beteiligung der Bürger an kommunalen Entscheidungen – USA

Die Bürger verlangen, mit am Tisch zu sitzen und mitzuentscheiden. Sie erwarten von der Regierung mehr als nur Hilfe oder Abhilfe – sie arbeiten mit ihr zusammen und übernehmen direkte Verantwortung. Bis 1990 waren in den meisten der US-amerikanischen Städte mit mehr als 100.000 Einwohnern Stadtviertelräte entstanden, die von ihren jeweiligen Stadtverwaltungen auch höchst offizielle Anerkennung erfahren.[56]

In einer Handvoll Städten – Portland in Oregon, Seattle in Washington, Birmingham in Alabama, Dayton in Ohio und Saint Paul in Minnesota – haben Bürger in Bürgerräten eine offizielle und direkte Entscheidungsgewalt über die Verwendung öffentlicher Gelder und Einfluss auf die Setzung von Prioritäten.

Auf den Druck von Bürgern hin schuf Seattle Ende der 1980er Jahre sein Department of Neighborhood (städtisches Amt für Stadtteilentwicklung). Seine verstreuten „kleinen Rathäuser" bringen Verwaltung und Bürger einander näher, und sein Neighborhood Matching Fund (eine Haushaltsstelle für die Stadtteile) vergibt Beihilfen, die Bürgern und Verwaltung eine partnerschaftliche Zusammenarbeit ermöglichen.[57] Die Bürger unterbreiten Vorschläge – angefangen von der Übermalung von Graffitis an Hauswänden, bis hin zur Wiederherstellung von Feuchtbiotopen oder zur Schaffung eines Oral History-Programms – und bieten ihre eigene Arbeitskraft und Geldmittel an. Dreizehn Stadteilräte, die aus Vertretern der Gemeinde und Geschäftsleuten bestehen, suchen die Gewinner aus. Die Stadt „matcht" (bezuschusst) dabei jeden Beitrag der Bürger, sowohl ehrenamtliche Arbeit als auch Material- und Geldspenden. Im Jahr 2004 gingen mehr als zwei Millionen US-Dollar an entsprechenden Beihilfen an 169 Stadtviertelprojekte, während Freiwillige 48.000 kostenlose Arbeitsstunden leisteten.[58] Der Ansatz der gegenseitigen

Bezuschussung (Matching Fund) hat in mindestens fünfzehn Städten des Staats Washington Nachahmer gefunden. Sie entstehen sogar im südafrikanischen Port Elizabeth und im japanischen Kobe.

Neue demokratische Praktiken innerhalb der kommunalen Politik Beispiel Nummer 2: Beteiligung der Bürger an kommunalen Entscheidungen – Brasilien

Wenn es um die Mitwirkung der Bürger bei der Gemeindeplanung geht, liegt Brasilien jedoch weit vorn. Wie in den meisten Ländern haben dort die Reichen die Ausgabenpolitik der Städte fest im Griff. Um diesen Griff zu lockern, führten im Jahr 1990 Mitglieder der brasilianischen Arbeiterpartei, die heute eine der größten des Landes ist, eine neuartige Haushaltspolitik unter Beteiligung der Bürger ein. Bis zu einem Fünftel des Haushalts einer Stadt wird in wohlüberlegten Einzelentscheidungen durch die beteiligte Nachbarschaft verteilt.[59]

In Porto Alegre, wo die Idee der Einbeziehung von Bürgern in die Haushaltspolitik entstand, haben sich bislang rund 100.000 Bürger daran beteiligt. Infolgedessen ist der Anteil der Geldmittel, die in ärmere Stadtteile sowie in Programme fließen, die den Armen zugute kommen, stetig gestiegen. Ein positiver Nebeneffekt dieser neuartigen Haushaltspolitik ist – unter den aufmerksamen Augen so vieler Bürger – der Rückgang der Korruption. Als ich 2003 ein Viertel in der Nähe von Porto Alegre besuchte, bewunderte ich das große, neue Gemeindezentrum und hörte auch von einer neuen Schule und einem neuen Krankenhaus. Als ich fragte, „Wie können Sie sich all dies leisten?“, sagte man mir, dass der Rückgang der Korruption mehr Geldmittel für Verbesserungen in der Gemeinde freigemacht habe.

Eine größere Effizienz der Verwaltung lässt sich ebenfalls verzeichnen: 1988 erbrachte in Porto Alegre ein Dollar der Verwaltung drei Dollar an Dienstleistungen; zehn Jahre später erbrachte ein Dollar bereits Dienstleistungen im Wert von sieben Dollar.[60] Diese Art der bürgerbeteiligten Haushaltspolitik hat sich inzwischen auf mehr als 300 brasilianische Städte ausgedehnt.

Die Erfahrungen Brasiliens haben Dutzende anderer Städte auf der ganzen Welt dazu veranlasst, es ebenfalls mit dieser Art von Haushaltspolitik zu versuchen, von Durban in Südafrika bis zum französischen Saint-Denis.[61] In Europa beteiligen rund zwei Dutzend Städte ihre Bürger an der Haushaltspolitik.[62]

In Belo Horizonte („Schöner Horizont"), der viertgrößten Stadt Brasiliens, habe ich ein bezeichnendes Beispiel dafür erlebt, was geschehen kann, wenn Bürger beim Haushaltsplan und beim Planungsprozess direkt mitwirken können. 1993 erklärte Belo Horizonte Nahrung zu einem Menschenrecht. Um dieses Recht umzusetzen, kombinierte die Stadt Einfallsreichtum der Bürger, Markteffizienz und verwaltungstechnische Koordination und Kontrolle, um den Markt in die Verantwortung zu nehmen.

Die verantwortliche Verwaltungsbehörde setzte eine beratende Körperschaft mit zwanzig Mitgliedern ein, die aus Bürgern, Gewerkschaftern und Kirchengruppen zusammengesetzt war. Deren Programm des Grünen Korbs verbindet jetzt Krankenhäuser, Restaurants und andere Großeinkäufer direkt mit vierzig kleinen, regionalen, biologisch produzierenden Landwirten. Vier „agro-ökologische Zentren" stellen Saatgut und Setzlinge für andere Projekte zur Verfügung und klären die Öffentlichkeit über umweltfreundliche Anbautechniken auf. Die Stadt fördert nicht nur Dutzende von Gemeindegärten, sondern auch vierzig Schulgärten, die für den Unterricht in wissenschaftlichen Fächern und Umweltstudien „lebende Labore" sind.

Die Stadt hilft mit, den Markt für den Wettbewerb offen zu halten, indem sie an Bushaltestellen und über den Rundfunk zweimal in der Woche die Preise von fünfundvierzig Grundnahrungsmitteln und Haushaltswaren in vierzig verschiedenen Supermärkten veröffentlicht. Fünfundzwanzig Wochenmärkte in Belo Horizonte verkaufen regionale Agrarprodukte zu von der Stadt festgelegten Preisen, die fast die Hälfte dessen betragen, was andere Produzenten berechnen. Im Austausch dafür, dass diese Händler die Preise niedrig halten, bietet die Stadt ihnen erstklassige Grundstücke zu Niedrigpreisen an.

„Wir wenden uns gegen die Vorstellung, dass der Staat ein schrecklicher und unfähiger Verwalter ist", erklärte Adriana Aranha, die Verantwortliche in der Koordinationsstelle zur Bekämpfung des Hungers (und die jetzt mithilft, die landesweite „Zero Hunger"-Kampagne zu leiten). „Wir zeigen, dass der Staat nicht alles zur Verfügung stellen muss; er kann aber vieles leichter machen. Er kann den Menschen Wege eröffnen, selber Lösungen zu finden." Das Ergebnis: Die Programme machen nur etwa ein Prozent von Belo Horizontes Haushalt aus. Dennoch haben sie die Säuglingssterblichkeitsrate der Stadt in einem Jahrzehnt um mehr als die Hälfte gesenkt.[63]

Während Umfragen enthüllen, dass das Vertrauen in die Demokratie in Lateinamerika insgesamt schwächer wird, habe ich das Gefühl, dass diejenigen, die sich in solchen bürgernahen Aktivitäten engagieren, eine aussagekräftigere und positivere Meinung darüber haben, was Demokratie – Gelebte Demokratie – für sie bewirken kann.

Neue demokratische Praktiken innerhalb der kommunalen Politik
Beispiel Nummer 3: Dezentralisierte Planung – Kerala, Indien

1996 startete der indische Staat Kerala ein Mitbestimmungsprojekt, das den Namen „Kampagne des Volkes für dezentralisierte Planung" erhielt. Einem kürzlich veröffentlichten Bericht der Weltbank zufolge gewannen die Bürger „ein bis dahin beispielloses Mitbestimmungsrecht, das sie durch Dorfversammlungen und Bürgerkomitees direkt am Planungsprozess beteiligte, um Projekte zu entwerfen und die Haushaltsausgaben für die regionale Entwicklung zu bewilligen".[64]

Zu den Hunderten von Projekten der Initiative gehören die Schaffung von Wohnraum für Arme, kleinere Bewässerungsmaßnahmen, regionale Straßen und Infrastrukturmaßnahmen, landwirtschaftliche Projekte, Gesundheitsdienste und Bildungsdienstleistungen sowie Projekte, die besonders Frauen und den sogenannten „Unberührbaren" („Untouchables") zugute kommen.[65]

Ein Viertel der Haushalte in Kerala beteiligte sich an den Dorfversammlungen in den ersten zwei Jahren, und die Beteiligung ist gleichbleibend hoch. Inzwischen haben bereits Hunderttausende von Bürgern eine Ausbildung in Haushaltsplanung genossen. Dank besonderer Bemühungen um die Teilnahme von Frauen machen diese inzwischen 40 Prozent der Teilnehmer an den Versammlungen aus – eine Quote, die in ganz Indien einzigartig ist.

Keralas lange Geschichte demokratischer Mitbestimmung – angefangen von der Landreform bis zur Durchsetzung der Gleichberechtigung – ist mit ein Grund dafür, dass es in diesem Staat inzwischen eine durchschnittliche Lebenserwartung gibt, die denen der Industriestaaten entspricht – obwohl Kerala nur einen Bruchteil von deren Reichtum besitzt.[66]

Viertens: Demokratisierung der Unternehmens-„DNS"

Weiter oben habe ich neue Verwaltungsregeln und Normen genannt, die dabei sind, weltweit das Verhalten von Unternehmen zu verändern, und zwar *von außen*. Inzwischen gehen Bürgerbewegungen aber auch schon dazu über, die Funktionsweise von Unternehmen so umzugestalten, dass diese selbst demokratisch verantwortlicher arbeiten, das heißt *von innen her*.

Im australischen New South Wales empörte sich 2004 der Generalstaatsanwalt darüber, dass ein Unternehmen seine Verpflichtungen gegenüber den Aktionärsinteressen als Ausrede dafür benutzt hatte, seine Verantwortung gegenüber denen, die durch Benutzung seiner asbesthaltigen Produkte geschädigt worden waren, zu bestreiten. Jetzt hat ein Regierungsausschuss die Frage aufgegriffen, ob das australische Gesellschaftsrecht (Corporations Act) revidiert werden sollte, um Vorstandsmitglieder und Direktoren zu verpflichten, die Interessen der Allgemeinheit in ihre Unternehmensentscheidungen mit einzubeziehen.

Reformer in den USA betonen, dass die Unternehmensgesetzgebung nicht in Stein gemeißelt ist; die meisten US-amerikanischen Staaten haben ihre Gesetzgebung während der letzten zwanzig Jahre angepasst, um die Abwehr der Unternehmen gegen feindliche Übernahmen zu stärken. Der Unternehmensanwalt Robert Hinkley ist einer der bekanntesten Befürworter für die Aufnahme einer Klausel in die gesetzlichen Bestimmungen für Unternehmensgesetze, die im Wesentlichen besagt, dass ein Unternehmen „keinen Schaden anrichten darf": Indem es seinen Aktionären dient, darf ein Unternehmen nicht auf Kosten der Allgemeinheit wirtschaften.[67]

Andere Aktionen, die von Bürgern selbst ausgehen, zielen darauf, den Unternehmen bestimmte verfassungsmäßige Rechte zu nehmen, die ursprünglich dafür bestimmt waren, *Menschen* zu schützen. So haben beispielsweise ein halbes Dutzend US-amerikanischer Städte erklärt, dass Unternehmen nicht den gleichen Schutz genießen wie „Personen".[68]

Fünftens: Demokratisierung der Regierungs-„DNS"

Bürger beteiligen sich auch daran, demokratischere Vorgehensweisen bei Wahlen durchzusetzen. Im Jahr 2004 beispielsweise legte die Regierung im kanadischen British Columbia die Verwaltungsrechtsreform in die Hände ihrer Bürger. Die Provinzregierung wählte nach Zufallsprinzip 160 Bürger – 80 Männer, 80 Frauen – aus, die an einer Bürgerversammlung teilnehmen sollten, um das Wahlverfahren in der Provinz zu untersuchen und Verbesserungen zu empfehlen.

Von Januar bis November trat die Versammlung an den meisten Wochenenden zusammen, um zahlreiche Experten anzuhören, öffentliche Anhörungen zu veranstalten und dann zu entscheiden. Praktisch im Konsens – mit 146 zu 7 Stimmen – kamen die Delegierten überein, ein Bezirkswahlsystem zu beseitigen, bei dem der Sieger allein entscheidet (das „Winner-Takes-All"-System des personalisierten Mehrheitswahlrechts), und ersetzten es durch ein Verhältniswahlrecht, das auch die Bestimmung der Rangfolge einzelner Kandidaten ermöglicht. Das heißt dann „einzelne übertragbare Stimme" (Single Transferable Vote, STV). (Auf der Website der Bürgerversammlung zeigt ein Zeichentrickfilm, wie das funktioniert.[69]) Weil es die Empfehlung gewöhnlicher Bürger war, hatte sie in der Öffentlichkeit ein besonderes Gewicht und erzielte bei einer Volksabstimmung 58 Prozent der Stimmen. „Das nenne ich wirklich Macht in den Händen des Volks", sagte Jack Blaney, der Vorsitzende der Bürgerversammlung.[70]

Die meisten europäischen Ländern nutzen eine Art Verhältniswahlrecht – im Gegensatz zum Mehrheitswahlrecht in den USA. Während die Details variieren – manche Wahlsysteme stellen die Gleichheit der Gruppen in den Vordergrund, andere heben auf die Gleichheit der einzelnen Kandidaten ab –, beruhen alle auf der Voraussetzung, dass alle Wähler im Verhältnis zu ihrer tatsächlichen Zahl repräsentiert sein sollen.

Die Stimmenverteilung nach Parteilisten gibt den politischen Parteien eine Zahl von Parlamentssitzen, die etwa dem Prozentsatz der Stimmen entspricht, die sie erhalten haben. Beim oben erwähnten System des STV bestimmen die Wähler die Rangfolge der einzelnen Kandidaten direkt; die Stimmen für einen Kandidaten, der die Mindestquote nicht erreicht, werden anschließend denen „zugeschlagen", deren Stimmenzahl die Quote erreicht. Diese Art proportionaler Vertretung hat es Gruppen von Minderheiten – die gleichwohl bedeutsam sind –, wie etwa den Grünen, erlaubt, Parlamentssitze zu erringen.

In den Vereinigten Staaten, wo ein Zwei-Parteien-System die Partizipation der Bürger zu verhindern scheint, sind Reformer dabei, neue Formen der Stimmabgabe bei lokalen Wahlen einzuführen, die es auch dritten Parteien ermöglichen würde, Einfluss zu gewinnen, ohne dass Wähler fürchten müssen, ihre Stimme zu „verschwenden". Beim „Cross-Endorsement" zum Beispiel gestattet eine Partei dem Kandidaten einer anderen Partei bei sich anzutreten. Dieses System ist jetzt in sieben Staaten zugelassen. So ist es beispielsweise der Working Families Party in New York in nur acht Jahren gelungen, genügend politische Macht zu gewinnen, um einen höheren staatlichen Mindestlohn durchzusetzen.

Die Unterschiede zwischen existierenden politischen Demokratien sind selbst innerhalb Europas verblüffend: Sie bieten kritischen Anschauungsunterricht darüber, was Vorschriften in Bezug auf Wahlen ermöglichen bzw. nicht ermöglichen, wenn es um Bürgerbeteiligung geht. Bezahlte politische Werbung beispielsweise ist in den meisten skandinavischen Ländern und den Staaten der Europäischen Union verboten. Großbritannien und Irland erlauben keine politische Werbung im Rundfunk oder im Fernsehen. Damit hängt es vielleicht zusammen, dass neun der zwanzig Länder mit der höchsten Wahlbeteiligung europäische Staaten sind. Diese Länder mit einer hohen Wahlbeteiligung erreichten während der Zeit nach dem Zweiten Weltkrieg durchschnittlich mehr als 80 Prozent aller Wahlberechtigten.[71]

Es gibt einige wenige nationale Regierungen, die zu erkennen geben, dass sie eine Kultur engagierter Bürger – jenseits der Stimmabgabe bei Wahlen – zu schätzen wissen und für die Gesundheit der Gesellschaft für wesentlich halten. Im Jahr 1998 zum Beispiel setzte die schwedische Regierung zum allerersten Mal einen Minister für Demokratiefragen ein. Dies geschah in Reaktion auf die Wahlbeteiligung von 1998, die mit 78 Prozent die niedrigste seit den 1950er Jahren war. Was aber immer noch weit besser ist als der US-amerikanische Durchschnitt von 55 Prozent. Außerdem verlangt das schwedische Demokratiegesetz von 2002 eine breitere und auf gleichen Voraussetzungen beruhende Bürgerbeteiligung[72], obwohl schon jetzt fast drei Millionen Schweden jährlich an mehr als 300.000 Studienkursen teilnehmen – von denen die meisten zwar von der Regierung bezahlt, aber nicht inhaltlich bestimmt werden. Die Regierung zahlt einen Zuschuss nach der Zahl der Teilnehmer. Diese schwedischen Studienkurse haben dazu geführt, dass einige Teilnehmer in wichtigen, ihre Städte betreffenden Fragen aktiv geworden sind.[73]

In Lateinamerika, wo das Vertrauen in die Demokratie langsam schwindet, könnte der erste indigene Präsident des Kontinents, Evo Morales aus Bolivien, vielleicht eine Trendwende herbeiführen. Er verspricht für das Jahr 2006 die Wahl einer konstituierenden Versammlung, um die Verfassung seines Landes umzuschreiben. Diese entstand 125 Jahre bevor noch die indigene Bevölkerung, die immerhin zwei Drittel von der Gesamtbevölkerung ausmacht, das Recht erhielt, zu wählen.[74]

Sechstens: Wie Bürger mehr Einfluss auf globaler Ebene erwirken

Allmählich realisiert die Welt, welch entscheidende Rolle die Bürger bei der Lösung von Problemen spielen. Nirgends wird dies offenkundiger als in der auffälligen Zunahme von Bürgerorganisationen, die von den Vereinten Nationen einen „Beraterstatus" erhalten haben – 750 im Jahr 1992 im Gegensatz zu über 2.700 im Jahr 2004.[75]

2006 kamen Vertreter von 96 Mitgliedsländern der UN-Welternährungsorganisation FAO zur Internationalen Konferenz über Agrarreformen und ländliche Entwicklung im brasilianischen Porto Alegre zusammen. Die Abschlusserklärung erkannte „die entscheidende Rolle von Agrarreformen und ländlicher Entwicklung zur

Förderung einer nachhaltigen Entwicklung an". Neu daran ist, dass zum ersten Mal in der Geschichte internationaler Konferenzen der Welternährungsorganisation Gruppen der Zivilgesellschaft sowohl an den Plenarsitzungen als auch an den technischen Sitzungen teilnahmen; und die offiziellen Dokumente der Konferenz schlossen eine Erklärung über die Zivilgesellschaft mit ein.

Eintausend Bürgerorganisationen, die in 61 Ländern arbeiten, zeichnen verantwortlich für die Internationale Kampagne zum Verbot von Landminen, die zu dem Vertrag von 1997 führte. Inzwischen hat das Abkommen 153 Unterzeichnerstaaten; bedauerlicherweise gehören einige der größten nicht dazu, darunter die USA, China und Russland.

Auf die Initiative von 200 Bürgerorganisationen ging im Jahr 2003 das weltweit erste Abkommen über Firmenhaftung (First Global Health and Corporate Accountability Treaty) zurück. Vor allem dank der Arbeit von Corporate Accountability International und deren Verbündeten in mehr als fünfzig Ländern (Mitgliedern des Netzwerks für die Verantwortung von transnationalen Tabakfirmen) nahm die Weltgesundheitsversammlung der Weltgesundheitsorganisation (WHO) einstimmig die Rahmenkonvention zur Tabakkontrolle an. Durch weltweite Zusammenarbeit konnte man sich dem starken Druck der Tabakunternehmen entziehen und einigte sich auf einen Vertrag, der keine Tabakverkäufe an Minderjährige mehr erlaubt und das allmähliche Auslaufen von Werbung, Promotion und Sponsorentum für Tabakprodukte vorsieht. Heute ist die Konvention in 116 Ländern rechtlich verbindlich.[76]

Im Jahr 2000, nach einem Jahrzehnt der vielleicht umfangreichsten Beratung und Vorbereitung unter Beteiligung von Bürgern, die es für eine internationale Vereinbarung je gegeben hat, wurde die Erd-Charta ratifiziert; sie wird zunehmend als gültiger Ausdruck eines globalen Konsenses zu grundlegenden Prinzipien der Nachhaltigkeit anerkannt. Obgleich die Charta noch nicht global gültig ist, dient sie dazu, neue Normen zu schaffen, weil Tausende von

Einzelpersonen, soziale Organisationen und Regierungsvertreter zu ihrer Schaffung beigetragen haben.

Werte, die die Gelebte Demokratie verkörpern, sind international auf dem Vormarsch, wie durch solche Gemeinschaftsinitiativen deutlich wird wie die Ratifizierung der Konventionen des Internationalen Gewerkschaftsbundes (ILO) oder die wachsende Inanspruchnahme des juristischen Arms der UNO, des Internationalen Gerichtshofs in Den Haag, ferner das Kyoto-Protokoll aus den 1990er Jahren und der Internationale Strafgerichtshof, der erst 2002 seine Arbeit aufnahm.

Der Europäische Gerichtshof für Menschenrechte in Straßburg, dessen Gerichtsbarkeit inzwischen 46 Nationen unterliegen, markiert einen Höhepunkt in der Entwicklung dessen, was ich die „Revolution der Menschenwürde" nenne. Jeder Bürger, der der Ansicht ist, ihm sei durch die Gerichte seines Landes nicht genügend Gerechtigkeit widerfahren, kann ohne Hinzuziehung eines Anwalts beim Gerichtshof für Menschenrechte eine Verletzung der Menschenrechte anzeigen, in dem Wissen, dass dessen Entscheidungen für Staaten verbindlich sind.[77]

Die oben skizzierten sechs Wege – und viele mehr – zeigen, wie Bürger weltweit auf der Durchsetzung demokratischer Werte aufbauen konnten, die in den letzten zwei Jahrhunderten für die Ausgeschlossenen und Unterdrückten – Frauen, Sklaven, indigene Völker, ethnische Minderheiten und Gruppen – einen großen Fortschritt in Richtung universaler Menschenwürde bedeuteten.

Diese demokratischen Bewegungen sind nicht marginal; sie sind schon jetzt dabei, das Leben von Millionen zu beeinflussen und zu verändern. Sie erweitern den Kreis von Entscheidungsträgern und verkörpern wichtige Systemeigenschaften, wie sie im ersten Teil dieses Kapitels vorgeschlagen wurden. Sie verschaffen den Bürgern mehr Macht und Rechte, unterrichten in der praktischen Kunst der Demokratie und bauen Gemeinden und Kulturen auf, die von Offenheit und gegenseitigem Austausch geprägt sind.

Dritter Teil
Gelebte Demokratie... Und warum gerade jetzt?

Beim Herausarbeiten der Gründe dafür, weshalb die Demokratie sich vielleicht auf eine neue historische Etappe größerer Mitbestimmung zubewegt, auf gegenseitige Verantwortlichkeit und mehr Fairness – trotz erschreckender Trends, die in die Gegenrichtung weisen –, fallen vor allem drei dramatische Veränderungen ins Gewicht.

Erstens ist die Revolution der Kommunikationstechnik nicht zu überschätzen. Computer und Internet ermöglichen nicht nur eine weltweite und zeitgleiche Zusammenarbeit, sondern gestatten auch Laien den Zugang zu Information und Wissen in ungeahntem Ausmaß – und damit auch den Zugang zu Macht. Heutzutage fällt es den Machthabern schwerer, Informationen zurückzuhalten, da die Bürger verlangen, dass Regierungen und Unternehmen alles offen legen, angefangen bei der Bezahlung von Spitzenkräften bis hin zur Verwendung von Chemikalien bei bestimmten Produkten. Erst Computer und Internet schaffen die praktischen Voraussetzungen zur Nutzung all dieser Daten. Zugang zu solchem Wissen hilft dabei, Autoritäten zu demystifizieren und macht den Laien mutiger.

Zweitens hat sich in den letzten vierzig Jahren ein umfassendes ökologisches Bewusstsein ausgebildet und zunehmend verbreitet. Die Ökologie geht von enger Interdependenz und fortlaufendem Wandel aus. Sie lehrt uns, dass es keine isolierten und abgeschlossenen Einzelaktionen gibt. Alles Handeln erzeugt Effekte, „Kräuselungen" – nicht nur nach unten entlang hierarchischer Ströme, sondern auch nach außen durch weltweite Netze der Interkonnektivität. Unterhalb der Schwelle unseres Bewusstseins lehren uns diese Lektionen, dass es auf unser Handeln ankommt, und zwar auf alles Handeln, überall und jederzeit.

Wir könnten uns sogar die Gelebte Demokratie als das soziale Gegenstück der Ökologie vorstellen.

An dritter Stelle steht eine „Revolution der Menschenwürde" – dabei geht es um die grundlegende Anerkennung der Würde und Unverletzlichkeit jedes einzelnen Menschenlebens. Diejenigen, die erst in den letzten paar Jahrzehnten geboren wurden, sind sich vielleicht gar nicht im Klaren darüber, wie jung diese Idee ist: Selbst in vielen der heutigen „alten Demokratien" haben Frauen das Stimmrecht erst vor so kurzer Zeit errungen, dass einige der Frauen, die heute wählen dürfen, noch ohne dieses Recht geboren wurden.

Schließlich geht die Gelebte Demokratie von empirisch begründeten Annahmen (und inzwischen von der Neurologie erwiesenen Beobachtungen) über die menschliche Natur aus. Das zunehmend um sich greifende menschliche Selbstverständnis ist ganz und gar nicht rosig. Es hat sowohl eine negative als auch eine positive Seite.

Zunächst die negative.

Die Menschen haben unendlich lang mit dem Finger auf den bösen „Anderen" gezeigt und für sich selbst in Anspruch genommen, der Unmenschlichkeit des Übeltäters unfähig zu sein. Die Aufgabe schien klar: Befreit die Welt von dem Übeltäter! Doch am Beginn des 21. Jahrhunderts strafen alle Belege dieses allzu einfache, allein das Ego schützende Rezept Lügen. Wir wurden Zeugen des Holocausts, haben Ruanda, Abu Ghraib und sehr vieles mehr erlebt. Die Menschheit muss sich der grausamen Wahrheit stellen, dass diese schauerlichen Taten, die Unschuldigen Leid und Tod zufügten, von „normalen Menschen" begangen wurden.

Zahlreiche psychologische Experimente der letzten drei Jahrzehnte haben zweifelsfrei nachgewiesen, dass diese extremen Beispiele nicht so etwas wie einer seltenen „schlechten Saat" entspringen. Nein. Wie sich herausstellt, wird die ungeheure Mehrheit von uns Menschen (und nicht nur ein paar verirrte Wenige) brutal gegen andere vorgehen, wenn sie die „richtigen" Stimulanzien erhält. Und bis wir wirklich auf die Probe gestellt werden, weiß keiner von uns, ob wir zu dieser Mehrheit gehören oder nicht.

Verständlicherweise versuchen die Menschen, sich diesem schmerzhaften Eingeständnis zu entziehen. Doch es stellt einen Gewinn dar, wenn man den Mut aufbringt, es sich einzugestehen. Wenn wir uns von der Vorstellung befreien, dass unsere Misere von jenem „Anderen“ herrührt, der unheilbar böse ist, können wir uns die Frage stellen: Wie sehen die Bedingungen aus, die mit großer Sicherheit eine solche Grausamkeit hervorbringen? Vier ragen heraus:

- extremes Mächteungleichgewicht;
- Anonymität, die Absenz des Gefühls, bekannt zu sein und erkannt zu werden;
- negative Etikettierung, die anderen ihr Menschentum abspricht;
- und die Verbreitung absolutistischer Ideologien.[78]

Sobald wir die Muster erkannt haben, die das Schlimmste im Menschen hervorbringen, sind wir in der Lage, etwas dagegen zu unternehmen. Wir haben Macht. Interessanterweise spricht die Gelebte Demokratie jede einzelne dieser Missbrauch erzeugenden Bedingungen an: Sie ist immer bestrebt, Machtkonzentrationen aufzubrechen, indem sie Entscheidungsstrukturen einer gegenseitigen Verantwortlichkeit aufbaut und Fähigkeiten fördert, die nötig sind, diejenigen in Machtpositionen zur Rechenschaft zu ziehen. Sie löst die Anonymität auf, indem sie die Bindung in der Gemeinschaft stärkt. Sie verringert die Wahrscheinlichkeit jener tödlich wirkender Stereotypisierung, indem sie unterschiedlichste Menschen zusammenbringt und die Fähigkeit zur Kommunikation aufbaut. Schließlich verhindert schon die Voraussetzung der Gelebten Demokratie – fortgesetztes Lernen – ein absolutistisches Denken.

Und aus einem positiveren Blickwinkel gesehen: Welche Aspekte der menschlichen Natur kommen der Gelebten Demokratie entgegen?

Die Gelebte Demokratie basiert auf einer viel komplexeren Sicht der menschlichen Natur als es die materialistische und atomistische Karikatur vorgibt, die die Magere Demokratie vom Menschen zeichnet. Die Gelebte Demokratie geht davon aus, dass Menschen zutiefst soziale Wesen sind, die durch evolutionäre Erfahrung das Verständnis in sich aufgenommen haben, dass unsere größte Chance zum Gedeihen in Gemeinschaften besteht, die dem Gemeinwohl dienen. Vor kurzem haben Neurologen, die MRT-Scans benutzen, Folgendes entdeckt: Wenn Menschen zusammenarbeiten, leuchten dieselben Teile unseres Gehirns auf, die erregt sind, wenn wir Schokolade essen oder ein hübsches Gesicht sehen. Sie stellen fest, was ein kurzer Moment der Überlegung uns auch hätte sagen können: Zusammenarbeit macht Spaß![79]

Die Gelebte Demokratie erkennt auch an, dass in den meisten Menschen ein Gerechtigkeitssinn lebendig ist, denn wir haben gelernt, dass Ungerechtigkeit die Gemeinschaft zerstört, von der wir abhängig sind. Das ist etwas, was nicht nur Charles Darwin, sondern auch der Nationalökonom Adam Smith – der vermeintliche Pate der Habgier – vor mehr als zwei Jahrhunderten begriffen haben. Von allen sozialen Tugenden, schrieb Smith, sind wir „auf irgendeine merkwürdige Weise, an die Beachtung der Gerechtigkeit gefesselt, gebunden und ihr verpflichtet".[80] Heutige Forscher haben herausgefunden, dass sogar Kapuzineräffchen ein messbares Gerechtigkeitsgefühl an den Tag legen.[81]

Unserer Freude an Zusammenarbeit und unserem tiefen Bedürfnis nach Gerechtigkeit zum Trotz macht unsere Verschiedenheit menschliche Konflikte unvermeidlich. Die Gelebte Demokratie erkennt diese Unvermeidlichkeit ebenso an wie den Wert von Konflikten, und folglich bezieht sie das Lehren und das Lernen kreativer Konfliktlösungen als eine entscheidende Fähigkeit mit ein. (So betrachtet ist das Unterrichten von Tausenden von Schulkindern in den USA und anderswo darin, wie man Auseinandersetzungen unter Gleichaltrigen beendet, ohne sich an eine Autorität zu wenden, keine separate Bildungs- oder Disziplinarangelegenheit. Sie ist Teil der Ausbildung zum Mitbürger in einer Gelebten Demokratie.)

Im Gegensatz zum herabsetzenden Menschenbild der Mageren Demokratie – die die Menschen bloß als Zuschauer, Käufer und Jammerer wahrnimmt – sieht die Gelebte Demokratie die Menschen vor allem als Macher. Unser Bedürfnis, ganz allgemein in der Welt „eine Spur zu hinterlassen", wie Erich Fromm sich ausgedrückt hat, ist so groß, dass er die auf das Denken konzentrierte Vorstellung vom Selbst des Descartes revidierte. Fromm fasst es so zusammen: „Ich bin, weil ich wirke."[82]

Die Gelebte Demokratie geht davon aus, dass Menschen auf der Suche nach transzendentem Sinn sind. Wir wollen glauben, dass unsere Tage nicht nur der Sicherung unseres Überlebens dienen, sondern einen darüber hinausgehenden Wert haben. Die Gelebte Demokratie kommt einem Teil dieses Bedürfnisses nach, indem sie jedem von uns die Gelegenheit bietet, zur Heilung unserer Welt beizutragen. Und zur Entwicklung von positiven Charaktereigenschaften – wie beispielsweise Empathie, Entschlossenheit oder Mut –, die nur dann voll verwirklicht werden können, wenn wir uns über unsere Privatsphäre hinaus engagieren.

Angesichts dieses grundlegenden Bedürfnisses ist es verständlich, weshalb heute viele Menschen auf religiöse und politische Extremismen anspringen, die Gläubigen Exaltation, eine Erhebung über den Alltag hinaus, versprechen. Es ist erschreckend zu sehen, wie wenig der Materialismus der Mageren Demokratie in der Lage ist, diesen Verheißungen etwas entgegenzusetzen. Um sich vor gegenseitiger Vernichtung zu schützen, braucht die Menschheit daher vor allem eine zivilgesellschaftliche Vision, die unsere religiösen und spirituellen Überzeugungen angemessen *ergänzen* kann. Sie muss die ganze Bandbreite von Glaubenssystemen umfassen, muss anziehend und erhebend sein, da sie den tiefen emotionalen und spirituellen Bedürfnissen der Menschheit entspringt und sie erfüllt. Ich glaube, dass die Gelebte Demokratie genau diese nicht-sektiererische, eine die Seele befriedigende Lösung darstellen kann.

Halten wir somit fest: Die Gelebte Demokratie – die wirkliche Demokratie – ist möglich. Sie ist kein Luxus. Sie ist sogar unumgänglich, wenn wir Menschen in Zukunft weiterhin gedeihen wollen... oder auch nur zu überleben hoffen.

Anmerkungen

1 Center for International Development and Conflict Management, zitiert im U.N. Human Development Report 2005, Anmerkung 1, 20.

2 Beatriz Stolowicz, „The Latin American Left: Between Governability and Change", in: Daniel Chavez und Benjamin Goldfrank (Hrsg.), *The Left in the City*, Latin American Bureau, London 2004; die Desarrollo mas alla de la economia zitieren, Interamerican Development Bank, 200, 180.

3 „The Latinobarometro poll: Democracy's Ten-Year Rut", *The Economist*, 25. Oktober 2005, 39f.

4 *All Things Considered*, National Public Radio, 16. August 2006.

5 Gary Orren, „Fall from Grace: The Public's Loss of Faith in Government", in: *Why People Don't Trust Government*, hg. V. Joseph S. Nye, Jr., Philip D. Zelikow und David C. King, Harvard University Press, Cambridge, Massachusetts 1997, 80f.

6 Bernard Crick, *Eine Lanze für die Politik*, Nymphenburger Verl.-Handl., München 1966.

7 Erich Fromm, *Anatomie der menschlichen Destruktivität*, Rowohlt, Reinbek 1996.

8 „Forbes World's Richest People", *Forbes*, 10. Mai 2005, [http://www.forbes.com/worldsrichest], Zugriff am 24. November 2005. Dieser Beitrag beruht auf Berechnungen, dass das gesamte Nettovermögen der 691 Milliardäre der Welt 2,2 Billionen US-Dollar beträgt und dass etwa eine Milliarde Menschen weniger als einen US-Dollar pro Tag zum Leben haben und annähernd zwei Milliarden Menschen von weniger als zwei US-Dollar pro Tag leben müssen.

9 Human Development Report 2005, *International Cooperation at a Crossroads: Aid, Trade and Security in an Unequal World,* United Nations Development Program 6 [http://hdr.undp.org/reports/global/2005], Zugriff am 11. Januar 2006.

10 *The State of Food Insecurity in the World 2004,* Food and Agriculture Organization of the U.N., Rom 2004, 6. Die Schätzung beläuft sich auf 852 Millionen Menschen.

11 „2004 Presidential Campaign Financial Activity Summarized", Federal Election Commission, 3. Februar 2005. [http://www.fec.gov/press/press2005/20050203pressum.html] Zugriff am 25. Februar 2005.

12 Todd S. Purdum, „Go Ahead, Try to Stop K Street“, *The New York Times*, Sonntag, 8. Januar 2006, Section 4, Week in Review Desk, THE NATION, 1.

13 Franklin Delano Roosevelt am 29. April 1938 in einer Ansprache vor dem Kongress. Gefunden in *Public Papers and Addresses of Franklin D. Roosevelt*, Bd. 7, veröffentlicht von MacMillan Company im Jahre 1941.

14 Bill Vorley, *Food Inc.: Corporate Concentration from Farm to Consumer*, London, Food Group, 11.

15 „Global Seed Industry Concentration 2005“, Communiqué Ausgabe 90, ETC Group, September/Oktober 2005, 3.

16 Ben Bagdikian, *The New Media Monopoly*, Beacon Press, Boston 2004. Siehe auch Granville Williams, „The Global Network for Democratic Media“, Mediachannel.org, [http://www.mediachannel.org/ownership/chart.shtml], Zugriff am 8. Januar 2006.

17 Public Citizen, *Mergers, Manipulation and Mirages: How Oil Companies Keep Gasoline Prices High, and Why the Energy Bill Doesn't Help*, März 2004, [http://www.citizen.org/documents/oilmergers.pdf], Zugriff am 30. Dezember 2005.

18 The World Health Report 2001, „Mental Health: New Understanding, New Hope“. Mitteilung des Generaldirektors [www.who.int.whr2001], Zugriff am 12. Januar 2006.

19 William Hastie, zitiert in: *The Great Quotations*, hg. v. George Seldes, Citadel Press, Secaucus, New Jersey 1983.

20 Harry C. Boyte, *Everyday Politics: Reconnecting Citizens and Public Life*, University of Pennsylvania Press, Philadelphia 2004, 190.

21 Chuck Collins, Chris Hartman und Holly Sklar, „Divided Decade: Economic Disparity at the Century's Turn“, United for a Fair Economy, 15. Dezember 1999. [http://www.faireconomy.org/press/archive/1999/Divided_Decade/DivDec.pdf], Zugriff am 1. Juli 2004.

22 Mark R. Warren und Richard L. Wood, *Faith-Based Community Organizing: The State of the Field*, Interfaith Funders, Jericho, N.Y. 2001, [http://comm.-org.utoledo.edu/papers.htm], Zugriff am 11. Februar 2005. Die meisten der 133 Gruppen sind selbst Mitglieder in einem der vier nationalen Netzwerke: der Industrial Areas Foundation (IAF), des Pacific Institute of Community Organization (PICO), der Gamaliel Foundation und des Direct Action Research and Training Center (DART).

23 Mark R. Warren, „Building Democracy: Faith-Based Community Organizing Today“, *Shelterforce*Online, National Housing Institute, Januar/Februar 2001. [http://www.nhi.org/online/issues/115/Warren.html], Zugriff am 16. Februar 2005.

24 Zitiert in: Cheryl Dahle, „Social Justice: Ernesto Cortes Jr.“, *Fast Company*, Dezember 1999, 294. [http://www.fastcompany.com/magazine/30/cortes.html], Zugriff am 9. März 2005.

25 „Minimum Wage: Frequently Asked Questions“, *Economic Policy Institute*, Juli 2004, [http://www.epinet.org/content.cfm/issueguides_minwage_minwagefaq], Zugriff am 6. Februar 2005.

26 Patrice Pascual, „Organizing for Education: The Alliance Schools in Texas“, *AdvoCasey: Documenting Programs that Work for Kids and Families*, Frühling 1999. [http://www.aecf.org/publications/advocasey/organizing], Zugriff am 25. Februar 2005.

27 Charles Lindblom, *Politics and Markets*, Basic Books, New York 1977, 356.

28 „Global Seed Industry Concentration 2005“, *Communiqué*, Ausgabe 90, ETC Group, September/Oktober 2005, 2.

29 „McDonald's Corporation Case Summary“, *Natural Step*, 2003. [http://www.naturalstep.org/learn/docs/cs/mcdonalds_case.pdf], Zugriff am 29. November 2004; Jill Rosenblum, „McDonald's Sweden: A Case Study“, *Natural Step*, 1999. [http://www.naturalstep.org/learn/docs/articles/mcdsweden_story.pdf], Zugriff am 29. November 2004.

30 Sie finden die Geschichte dieser Kampagne in: Frances Moore Lappé, *Democracy's Edge*, Jossey-Bass, San Francisco 2005, Kapitel 4.

31 Marshall Glickman und Marjorie Kelly, „Working Capital“, *E Magazine*, März/April2004,[http://www.emagazine.com/view/?1398],Zugriffam15.Januar2005. Drei hilfreiche Websites über sozial verträgliches Investment sind: http://www.socialinvest.org; www.socialfunds.com; http://www.responsibleinvesting.org.

32 „Hawken Critique of Socially Responsible Investing Misses Key Trends and Impacts“, *Social Investment Forum*, 5. Oktober 2004 [http://www.socialinvest.org/Areas/News/041005.html], Zugriff am 23. Februar 2005.

33 „Waste electrical and electronic equipment“, Europäische Union, 28. Mai 2004. [http://europa.eu.int/scadplus/leg/en/lvb/l21210.htm], Zugriff am 24. August 2004; „Europäische Union (EU) Electrical and Electronic Products Directives“, INFORM, Inc. New York, Juni 2003 [http://www.informinc.org/fact_WEEEoverview.pdf], Zugriff am 19. August 2004.

34 *Der Grüne Punkt* [http://www.green-dot.org/], Zugriff am 19. August 2005.

35 Amy Goodman, „World Social Forum 2005: Speakers Take on Bush, Iraq War in Porto Alegre“, *Democracy Now*, 1. Februar 2005, [http://www.democracynow.org/article.pl?sid=05/02/01/1515249], Zugriff am 29. November 2005.

36 „World Social Forum“, Wikipedia. [http://en.wikipedia.org/wiki/World_Social_Forum], Zugriff am 29. November 2005.

37 VanyaWalker-Leigh,„Alternativewaterfutureoutlined“,*BBCNews*,24.März2003. [http://news.bbc.co.uk/1/hi/sci/tech/2882349.stm], Zugriff am 12. Januar 2006.

38 Frei Betto, Unterstaatssekretär von Präsident Lula, wie berichtet durch FIAN/La Via Campesina in: Violations of Peasants' Human Rights: A Report on Cases and Violations 2004, 27.

39 Bemerkungen von Mr. Horacio Martins de Carvalho zufolge in „Conference Report: The Landless Rural Workers' Movement (MST) and Agrarian Reform in Brazil", 17. Oktober 2003, St. Anne's College, Oxford.

40 Dieser Teil über die MST stammt aus Frances Moore Lappé und Anna Lappé, *Hope's Edge. The Next Diet for a Small Planet,* Tarcher, New York 2002, Kapitel 3.

41 Siehe zum Beispiel Peter Rosset, „On the Benefits of Small Farms", *Food First Backgrounder*, Bd. 6, Nr. 4, Winter 1999. Dort wird ein FAO-Bericht über MST-Siedlungen zitiert. Das nationale Durchschnittseinkommen bei früher landlosen Siedlern ist etwa 3,7-mal so hoch wie die brasilianischen Mindestlöhne. Der Durchschnitt eines landlosen Arbeiters liegt bei 0,7 des Mindestlohns.

42 United Nations, Statistics Division. [http://millenniumindicators.un.org/unsd/mi/mi_series_results.asp?rowld=561], Zugriff am 21. Januar 2005.

43 Muhammad Yunus, Grameen Bank at a Glance, [http://www.grameen-info.org/bank/GBGlance.htm], Zugriff am 20. Januar 2006. Im Herbst 2005 haben 55 Prozent der 5,44 Millionen Darlehensnehmer von Grameen die Armutsschwelle hinter sich gelassen.

44 The National Labor Committee for Worker and Human Rights, [http://www.nlcnet.org/campaigns/maternity/], Zugriff am 20. Januar 2006.

45 Bangladesh Rural Advancement Committee, www.brac.net. Geschätzte drei bis vier Millionen Menschen sind Mikro-Darlehensnehmer des BRAC. Die geschätzte Zahl der in der Bekleidungsindustrie beschäftigten Frauen, 1,8 Millionen, stammt aus dem *Human Development Report: International Corporation at a Crossroads: Aid, Trade and Security in an Unequal World 2005*, 141.

46 Linda Lopez, „Advancing Human Rights Policy: Does Grassroots Mobilization and Community Dispute Resolution Matter? Insides from Chiapas Mexico", *Review of Policy Research,* Bd. 22, Nr. 1, 2005, 83.

47 Was die geschätzte Größe der halbautonomen Zone betrifft, siehe [http://pbs.org/frontlineworld/fellows/mexico0803/timeline] Zugriff am 11. Januar 2006.

48 Richard Stahler-Sholk, „Time of the Snails: Autonomy and Resistance in Chiapas", *NACLA Report on the Americas,* März/April 2005, Bd. 38, Ausgabe 5, 34.

49 Lopez, „Advancing Human Rights Policy", 86, 90.

50 Schätzungen über Genossenschaften der International Cooperative Alliance, Genf, und David Thompson, Autor von *Cooperative Works!;* persönliches Gespräch am 18. Februar 2006; siehe auch die Sonderausgabe über Genossenschaften, *The New Internationalist,* Juni 2004 und das *Ode Magazine,* Notiz der Herausgeber, März 2006.

51 Trent Craddock und Sarah Kennedy, „Analysis of International Trends in Worker Co-operatives", Cooperative Secretariat, Kanadische Regierung, [http://www.agr.gc.ca/policy/coop/analysis_e.phtml], Zugriff am 7. Januar 2006.

52 Die kanadische Regierung hat sogar ein Genossenschafts-Sekretariat, um diese Bewegung zu unterstützen und Trends zu analysieren. Siehe [http://www.agr.gc.ca/policy/coop/analysis_e.phtml#_edn1]

53 David Thompson, „Cooperative Housing in Emilia Romagna", *Cooperative Housing Bulletin*, November/Dezember 2005. Die Schätzung über 8000 Genossenschaften stammt von Marco Procaccini, „Tour for Economic Democracy-Italian Style", Juni 2003.

54 Hector Palomino, „The Worker's Movement in Occupied Enterprises: A Survey", *Canadian Journal of Latin America & Caribbean Studies*, 28, 55/6, 2003, 71–83 und Benjamin Dangl, „Occupy, Resist, Produce: Worker Cooperatives in Argentina", *Upside Down World*, März 2005, 1–6.

55 Gar Alperovitz, „You Say You Want a Revolution", *Worldwatch*, November/Dezember 2005, 20.

56 Carmen Sirianni und Lewis Friedland, *Civic Innovation in America*, University of California Press, Berkeley 2001, 76.

57 Für weitere Informationen siehe „About the Neighborhood Matching Fund", Seattle Department of Neighborhoods [http://www.seattle.gov/neighbourhoods/nmf/about.htm], Zugriff am 28. Februar 2005.

58 „All 2004 Awarded Projects", Neighborhood Matching Fund, Department of Neighborhoods, City of Seattle, [http://www.seattle.gov/neighborhoods/nmf/2004%20awards.pdf], Zugriff am 16. März 2005; persönliche Mitteilung von Judy Brown, Koordinatorin für Zuschüsse und Verträge, Neighborhood Matching Fund, Seattle, 14. März 2005.

59 Gianpaolo Baiocchi, „Participation, Activism, and Politics: The Porto Alegre Experiment", in: *Deepening Democracy*, hg. v. Archon Fung und Erik Olin Wright, Verso, New York 2003, 47–50.

60 Gianpaolo Baiocchi, „Porto Alegre: The Dynamism of the Unorganized", in: *The Left in the City*, hg. v. Daniel Chavez und Benjamin Goldfrank, Latin American Bureau, London 2004, 53.

61 Gianpaolo Baiocchi, *Militants and Citizens: The Politics of Participation in Porto Alegre*, Stanford University Press, Stanford 2005.

62 Persönliche Mitteilung von Gianpaolo Baiocchi am 11. März 2005.

63 E-Mail des Doktoranden Flavia Andrade, der Originaldaten der offiziellen Website der brasilianischen Regierung zitiert (www.datasus.org.br). Diese zeigen, dass die Säuglingssterblichkeit in Belo Horizonte im Jahre 2003 bei 15,9 Promille lag; 1993 lag sie noch bei 36,4 Promille, [http://cs.server2.textor.com/alldocs/Lansky%202.pdf].

64 *World Development Report 2006*, Equity & Development, Weltbank und Oxford University Press, 70ff.

65 Ebenda.

66 Bill McKibben, „The Enigma of Kerala“, *Utne Reader*, 1995 (Auszug aus Double Take), [http://www.utne.com/web_special/web_specials_archives/articles/656-1.html].

67 Arnie Cooper, „Twenty-Eight Words That Could Change the World“, *Sun*, September 2004, 4; Robert Hinkley, „28 Words to Redefine Corporate Duties: The Proposal for a Code for Corporate Citizenship“, *Multinational Monitor*, Juli/August 2002 [http://multinationalmonitor.org/mm2002/02july-aug/july-aug02corp4.html].

68 Für weitere Angaben zur Änderung von Verhaltensregeln für Unternehmen siehe zum Beispiel Citizen Works, http://www.citizenworks.org/enron/corp_code.php.

69 Jeffrey Kaplan, „Consent of the Governed: The Reign of Corporations and the Fight for Democracy“, *Orion Magazine,* November/Dezember 2003, [http://www.oriononline.org/pages/om/03-60m/Kaplan.html], Zugriff am 11. Januar 2006; „Our Model Brief to Eliminate Corporate Rights“, The Community Environmental Legal Defense Fund, The Program on Corporations, Law and Democracy, und Richard T. Grossman, [http://www.radical.org/corporations/demoBrief.html], Zugriff am 11. Januar 2006. Siehe http://www.citizensassembly.bc.ca/public.

70 Steven Hill, „In Canada, Regular Folks Are Put to Work on Reforms“, *San Jose Mercury News,* 16. November 2005.

71 International Institute for Democracy and Electoral Assistance, International IDEA, Strömsborg SE, 103 34 Stockholm, Schweden, [http://www.idea.int/vt/survey/voter_turnout_pop2.cfm], Zugriff am 5. Januar 2006.

72 Democracy Policy, Fact Sheet, Ministry of Justice, Schweden, Dezember 2004, [http://www.sweden.gov.se/content/1/c6/03/58/28/595991cd.pdf], Zugriff am 6. Januar 2006.

73 Co-Intelligence Institute [http://www.co-intelligence.org/S-ctznsstudycircles.html], Zugriff am 21. Januar 2006.

74 America Vera-Zavala, „Evo Morales Has Plans for Bolivia“ *In These Times,* Januar 2006, 36.

75 „BINGOs, The Facts“, *The New Internationalist,* Oktober 2005, 12. „NGO Related Feequently Asked Questions“, Vereinte Nationen, [http://www.un.org/esa/coordination/ngo/faq.htm], Zugriff am 11. Januar 2006.

76 „History of Corporate Accountability International's Tobacco Industry Campaing (1993-Present)“, Corporate Accountability International, [http://www.stopcorporateabuse.org/cms/page1129.cfm], Zugriff am 30. November 2005. „Frequently asked questions on the WHO FCTC and the context in which it was negotiated“, World Health Organization, [http://www.who.int/tobacco/framework/faq/en/index.html], Zugriff am 30. November 2005.

Kurzbiografien der Autoren

Ross Gelbspan, amerikanischer Autor, ehemals Redakteur des *Boston Globe*, Pulitzer-Preisträger. Er hat zwei maßgebliche Bücher zur Globalen Erwärmung verfasst: *The Heat is On* (1997, dt. *Der Klima-GAU: Erdöl, Macht und Politik,* 1998) und *Boiling Point* (2004), die den wissenschaftlichen Konsens zum Thema Klimawandel wiedergeben und zugleich die Kampagnen der Industrie gegen diesen Konsens dokumentieren. Seine Bücher haben dazu beigetragen, dass einige wenige US-Politiker wie Al Gore sich für den Klimaschutz einsetzen.

Dr. Hermann Scheer ist ein Pionier der Politik für erneuerbare Energien. Er ist Mitglied des Deutschen Bundestags, wissenschaftlicher Publizist und Autor. Außerdem Vorsitzender des Weltrats für Erneuerbare Energien (World Council for Renewable Energy) und Vorsitzender des Internationalen Parlamentarier-Forums Erneuerbare Energien. Vom *Times Magazine* wurde er als „Held des Grünen Jahrhunderts" gepriesen. Er ist Träger des „Alternativen Nobelpreises", des Right Livelihood Awards. Zuletzt erschienen seine Bücher *Solare Weltwirtschaft: Strategie für die ökologische Moderne* (2002) und *Energieautonomie: eine neue Politik für erneuerbare Energien* (2005). Bevor er für die SPD in den Bundestag gewählt wurde, arbeitete Scheer als Systemanalytiker am Deutschen Kernforschungszentrum in Karlsruhe.

Edward Goldsmith gründete 1969 das Umweltmagazin *The Ecologist,* das heute in sechs verschiedenen Sprachen erscheint. Er lehrte an mehreren Universitäten und ist Gründungsmitglied des International Forum on Globalization, einer Vereinigung von sechzig Organisationen aus zwanzig Ländern, die Aufklärung über Fragen der globalen Wirtschaft betreibt sowie Kampagnen organisiert. 1991 erhielt er den Right Livelihood Award und wurde zum Ritter der Ehrenlegion Frankreichs ernannt. Er ist Autor und Co-Autor von 12 Büchern, darunter *Blueprint for Survival* (1972, dt. *Planspiel zum Überleben: ein Aktionsprogramm,* 1972) und *The Way* (1992, dt. *Der Weg: ein ökologisches Manifest,* 1996).

Peter Bunyard ist freier Autor und Umweltschützer. Er war an der Gründung der Zeitschrift *The Ecologist* beteiligt und ist ihr Wissenschaftsredakteur. Er hat im Bereich „Industrie und Umwelt" als Berater für die UNEP gearbeitet und war Redakteur der Studie zur Nuklearen Ökonomie. Als Mitglied der Londoner Linnean Society hat er Feldforschungen am Amazonas zur Rolle des Regenwaldes im Prozess der Klimaerwärmung durchgeführt und hält heute zu diesem Thema Vorlesungen. Er ist Autor vieler Bücher, darunter *The Breakdown of Climate* (1999) und *Extreme Weather* (2006), und Herausgeber von *Gaia in Action* (1996).

Prof. Herbert Girardet ist Programmdirektor des World Future Council, Autor und Co-Autor von zehn Büchern und 50 TV-Dokumentationen zur nachhaltigen Entwicklung. Er ist Vorsitzender der Schumacher Gesellschaft in England und aktiv in verschiedenen Umwelt-Organisationen. Auf der UN-Klimakonferenz in Rio erhielt er einen UN Global 500 Award. Zuletzt veröffentlichte er *Das Zeitalter der Städte: neue Wege für eine nachhaltige Stadtentwicklung* [das offizielle UNO-Buch zur Habitat II] (1996), *Cities, People, Planet – Liveable Cities for a Sustainable World* (2004) und *Die Zukunft gestalten* (2005).

Prof. Dr. Michael Braungart ist Chemiker und Professor für Verfahrenstechnik an der Universität Lüneburg. 1987 gründete Braungart die *Environmental Protection Encouragement Agency* (EPEA) in Hamburg. Er ist Mitbegründer der Firma *McDonough Braungart*

Design Chemistry in Charlottesville, Virginia. Zusammen mit McDonough berät Braungart zahlreiche Unternehmen, um deren Produktionsprozesse öko-effektiver zu gestalten. Gemeinsam haben sie das wegweisende Buch *Einfach intelligent produzieren: Cradle to Cradle: Die Natur zeigt, wie wir die Dinge besser machen können* (2003) verfasst.

Stewart Wallis ist Geschäftsführer der New Economics Foundation, London. Nach seinem Engagement in der freien Wirtschaft arbeitete er bei der Weltbank zur industriellen und finanziellen Entwicklung Ostasiens und als Administrator des Young Professionals Programms. 1992 wurde er Internationaler Direktor von Oxfam (dem Oxford Committee for Famine Relief) und damit verantwortlich für Politik, Forschungs- und Entwicklungsarbeit des Komitees. Er ist Träger des Ordens des Britischen Empires (OBE).

Frances Moore Lappé wurde Anfang der 70er Jahre durch ihren Bestseller über die globale Ernährungskrise *Diet for a Small Planet* (1971, dt. *Die Öko-Diät: wie man mit wenig Fleisch gut isst und die Natur schont*, 1985) bekannt. Sie ist Mitbegründerin von Food First, des Institute for Food and Development Policy in Kalifornien, und des Small Planet Instituts. 1987 erhielt sie den Right Livelihood Award. Ihr Interesse am Zusammenhang von Hunger, Unterentwicklung und dem Mangel an demokratischer Kultur führte 1990 zur Gründung der Living Democracy-Bewegung. Sie ist Co-Autorin von insgesamt 15 Büchern, zuletzt erschien *Democracy's Edge* (2005).

Hermann Scheer und Frances Moore Lappé sind Mitglieder des World Future Council.

Glossar

GtC	–	Gigatonne Kohlenstoff. Eine Gigatonne entspricht einer Milliarde (10^9) Tonnen oder einer Billion (10^{12}) Kilogramm.
Pg	–	Petagramm, entspricht 10^{15} g = 1 Milliarde t
ppm(v)	–	parts per million (volume), Teile pro Million, bezogen auf das Volumen
Terawatt (TW)	–	1 Terawatt sind eine Billion Watt (10^{12} W).
tkm	–	Tonnenkilometer ist ein Maß für die Beförderungsleistung von Gütern und Personen, die so genannte Transportleistung: Transportmenge (t) mal Transportentfernung (km).

Agroforstwirtschaft – auch: Agrarforstwirtschaft (engl. *agroforestry*) bezeichnet ein Produktionssystem, das Elemente der Landwirtschaft mit denen der Forstwirtschaft kombiniert. Mehrjährige Hölzer (z. B. Fruchtbäume, Nutzhölzer) werden mit einjährigen landwirtschaftlichen Nutzpflanzen auf derselben Fläche integriert.

Albedo – Die Albedo (lat. albedo = „Weißheit") ist ein Maß für das Rückstrahlvermögen von diffus reflektierenden, also nicht selbst leuchtenden Oberflächen. Die Albedo ist vor allem in der Meteorologie wichtig, wo sie Aussagen darüber ermöglicht, wie stark sich Luft über verschiedenen Oberflächen erwärmt. Die Albedo hat eine große Bedeutung für den Erhalt des Weltklimas, weil durch sie energiereiches kurzwelliges Licht von der Erdoberfläche reflektiert und in langwelliges wärmewirksames Licht umgewandelt wird.

Avança Brasil – (dt. „Vorwärts Brasilien") Teil eines umfassenden (vor allem wirtschaftlichen) Entwicklungskonzepts der brasilianischen Regierung.

Bangladesh Rural Advancement Committee – (BRAC) dt. Vereinigung zur Förderung der ländlichen Regionen Bangladeschs. Die Nichtregierungsorganisation Bangladesh Rural Advancement Committee hat sich die Bekämpfung der ländlichen Armut zum Ziel gesetzt und führt auf allen wichtigen Gebieten entwicklungspolitische Projekte durch. (http://www.brac.net)

BR-319 – eine Straße, die Manaus seit 40 Jahren über eine Strecke von 1000 Kilometern mit dem Rest Brasiliens verbindet. Aufgrund des katastrophalen Zustands wurde der Busverkehr bereits 1988 eingestellt. Jetzt soll die BR-319 nach dem Willen der Regierungen in Manaus und Brasília wiederhergestellt und geteert werden.

CAP – (Common Agricultural Policy) Bezeichnung für die Gemeinsame Agrarpolitik der EU

Cap-and-Trade-System – ein Kontrollmechanismus im Rahmen des Handels mit Emissionsrechten. Eine Umweltschutzkomission legt Emissionsgrenzen (Cap) für bestimmte Länder fest – jeweils auf einem niedrigeren Niveau als bisher. Die erlaubte Ausstoßmenge wird dann in sogenannte Emissionsrechte aufgeteilt (ein Emissionsrecht entspricht normalerweise einer Tonne an Treibhausgasen) und den jeweiligen Unternehmen als Emissionszertifikate gutgeschrieben. Weil der Treibhausgas-Ausstoß in die Atmosphäre insgesamt limitiert wird, erhalten diese Emissionszertifikate einen finanziellen Wert. Dadurch entsteht ein Markt für Emissionsrechte, und es wird gewährleistet, dass die Emissionssenkung auf die kostengünstigste Weise erfolgt. Es ermöglicht Industrien, die ihre Emissionen kostengünstig reduzieren können, ihre unbenutzten Emissionszertifikate an jene Industrien zu verkaufen, die ihre Reduktions-Ziele nicht erreichen. Unternehmen, welche nicht genügend Zertifikate vorlegen, müssen eine Geldstrafe bezahlen.

„Carbon-neutral" – d. i. Kohlenstoff-neutral, so werden Aktivitäten und Unternehmen bezeichnet, die nur so viel Kohlenstoff in die Atmosphäre entlassen, wie sie zuvor absorbiert haben, die also einen Ausgleich im Kohlenstoffkreislauf schaffen, ggf. durch das Pflanzen eines Baumes.

CDM – (Clean Development Mechanism) Der Mechanismus für umweltverträgliche Entwicklung ist einer der vom Kyoto-Protokoll vorgesehenen flexiblen Mechanismen. Er soll dabei helfen, die Kosten zum Erreichen der vertraglich festgelegten Reduktionsziele möglichst niedrig zu halten. Ein Land, welches im Anhang B des Kyoto-Protokolls aufgeführt wird, kann bei einem Land, welches dort nicht aufgeführt wird, „carbon credits" (CERs) einkaufen. Damit besteht die Möglichkeit, dort die Treibhausgas-Emissionen zu verringern, wo es am günstigsten ist. Ein erwünschter Nebeneffekt ist auch der Transfer von neuester Technologie in Entwicklungsländer. (http://cdm.unfccc.int/index.html)

Corporate Accountability – dt. Unternehmenshaftung, auch: Unternehmensverantwortung. Auf dem Weltgipfel für nachhaltige Entwicklung in Johannesburg 2002 hat man sich unter dem Schlagwort „Corporate Accountability" dafür ausgesprochen, verbindliche zwischenstaatliche Rechtsnormen für Unternehmen zu fördern und umzusetzen. Es geht dabei um: Rechenschafts- und Publizitätspflichten für Unternehmen, Gesellschaftliche Anforderungen für die Vergabe öffentlicher Aufträge, Verankerung von Unternehmenspflichten in internationalen Wirtschaftsabkommen und bei der Wirtschaftsförderung, Gerechte Unternehmensbesteuerung zum Nutzen der Gesellschaft, Wirksame Sanktionen und Haftungsregeln für Unternehmen und die Stärkung der Produktverantwortung und Förderung zukunftsfähiger Konsum- und Produktionsmuster. (Vgl. CorA – Netzwerk für Unternehmensverantwortung: http://www.cora-netz.de)

Corporate Accountability International – eine Watchdog-Organisation mit Sitz in den USA, deren Ziel es ist, Menschen vor unverantwortlichen und gesundheitsgefährdenden Praktiken von Konzernen zu schützen. (http://www.stopcorporateabuse.org)

„Cradle-to-Cradle" – wörtlich übersetzt: „von der Wiege zur Wiege". Von Michael Braungart und William McDonough geprägter Begriff. In ihrem gemeinsamen, gleichnamigen Buch skizzieren sie eine Industriegesellschaft jenseits der Wegwerfgesellschaft. Während wir derzeit noch in einem „Cradle-to-Grave" System leben („von der Wiege zum Grab"), in dem aus Rohstoffen Produkte hergestellt werden, die später auf der Mülldeponie oder in der Verbrennung landen bzw. in wesentlich minderwertigere Produkte recycelt werden, fordern Braungart und McDonough Produkte, die komplett und immer wieder in ähnliche Produkte weiter verwertet werden können. Abfall wird somit zum Rohstoff und alle Rohstoffe befinden sich in einem dauerhaften Kreislauf.

CSR – (Corporate Social Responsibility) umschreibt verantwortungsvolles unternehmerisches Handeln, welches über die eigentliche Geschäftstätigkeit eines Unternehmens hinausgeht. Während im angelsächsischen Sprachgebrauch das Konzept „CSR" die ökologische und soziale Dimension stärker betont als die wirtschaftliche, wird im Deutschen „CSR" zunehmend mit dem Begriff der unternehmerischen Nachhaltigkeit (d. h. eine Unternehmensführung unter ausgewogener Berücksichtigung von ökonomischen, ökologischen und sozialen Faktoren) gleichgesetzt.

Doha-Handelsrunde – Als Doha-Runde oder auch Doha-Entwicklungsagenda wird ein Paket von Aufträgen bezeichnet, die die Wirtschafts- und Handelsminister der WTO-Mitgliedsstaaten 2001 auf ihrer vierten Konferenz in Doha bearbeiten und bis 2005 abschließen sollten. Das Arbeitsprogramm umfasste sowohl formelle Verhandlungen wie auch Aufträge zur Analyse spezieller Einzelthemen.

El Niño – (spanisch für „Christkind" oder auch „das Kind") nennt man das Auftreten ungewöhnlicher, nicht zyklischer, veränderter Strömungen im ozeanografisch-meteorologischen System des äquatorialen Pazifiks. Der Name ist vom Zeitpunkt des Auftretens, der Weihnachtszeit, abgeleitet. Bei dem Phänomen schwächt der kalte Humboldtstrom ab und kommt zum Erliegen durch eine Verschiebung der Windzonen, wodurch das normalerweise nach Westen strömende oberflächennahe (warme) Meereswasser nach Osten zurückströmt. Innerhalb von ca. 3 Monaten wandert die Warmwasserschicht von Südostasien nach Südamerika. Der Ostpazifik erwärmt sich, während vor Australien und Indonesien die Wassertemperatur absinkt. Dies kann weltweite Auswirkungen auf das Wetter in Form extremer Dürren oder Unwetter haben (vor allem in Südamerika und dem südostasiatischen Raum mit Australien). El Niño ist ein natürliches Klimaphänomen; es wird jedoch vermutet, dass dieses durch den anthropogenen Treibhauseffekt noch verstärkt wird.

EPA – (US Environmental Protection Agency) Die US-amerikanische Umweltschutzbehörde wurde 1970 unter Präsident Nixon gegründet. (http://www.epa.gov)

E-Parlament – Das elektronische Parlament ist nach eigener Aussage die erste internationale Institution, deren Mitglieder von den Bürgern direkt gewählt wurden. Es bringt demokratische Mitglieder des Parlaments und des Kongresses in einem globalen Forum zusammen, wobei die Treffen virtuell, mittels elektronischer Kommunikation abgehalten werden und die Debatten online stattfinden. Auch Organisationen, Firmen, Journalisten und Bürger können sich beteiligen. Im Unterschied zu UN-Vollversammlungen soll sich das international besetzte E-Parlament nach dem Willen seiner Entwickler zum „globalen Forum der Demokraten" entwickeln ohne die starren Formen einer übergroßen Bürokratie. Der Diskurs über das Internet soll eine schnelle Reaktion auf aktuelle Fragen ermöglichen und „neue und internationale Politikansätze" hervorbringen. (www.e-parl.net)

EPEA – ein wissenschaftliches Beratungsinstitut, das Lösungen für öko-effektive Produkte entwickelt mit Sitz in Hamburg. Die Environmental Protection Encouragement Agency wurde 1987 von Michael Braungart gegründet. (http://www.epea.com)

Erd-Charta – beinhaltet grundlegende ethische Prinzipien für eine nachhaltige Entwicklung. Sie soll ein verbindlicher Vertrag der Völker auf der ganzen Welt werden. Zu den in einem weltweiten Dialogprozess gefundenen Grundprinzipien gehören: Achtung vor dem Leben und Sorge für die Gemeinschaft des Lebens, Ökologische Ganzheit, Soziale und wirtschaftliche Gerechtigkeit, Demokratie, Gewaltfreiheit und Frieden. (http://www.erdcharta.de/oi-cms/)

Erneuerbare Energien – alle Energien, deren Ursprung die aktuelle direkte Sonneneinstrahlung (natürliches Licht, Solarwärme) und deren indirekte Wirkung in Form von Biomasse, Atmosphärenbewegung (Wind) und Wellenbewegung ist. Außerdem die Energie aus Geothermik und Gravitation (Gezeiten). Biomasse ist nur dann den Erneuerbaren Energien hinzuzurechnen, wenn auf den Ernteflächen dauerhaft so viel nachwächst wie energetisch genutzt wird.

EURATOM – Die Europäischen Atomgemeinschaft (EAG oder heute EURATOM) wurde am 25. März 1957 gegründet. Ihre Aufgabe ist es, „durch die Schaffung der für die schnelle Bildung und Entwicklung von Kernindustrien erforderlichen Voraussetzungen zur Hebung der Lebenshaltung in den Mitgliedstaaten und zur Entwicklung der Beziehungen mit den anderen Ländern beizutragen". (http://www.euratom.org)

Europäischer Gerichtshof für Menschenrechte – (EuGHMR oder EGMR) Der Europäische Gerichtshof für Menschenrechte ist ein aufgrund der Europäischen Menschenrechtskonvention eingerichteter Gerichtshof mit Sitz in Straßburg, der Akte der Gesetzgebung, Rechtsprechung und Verwaltung in Bezug auf die Verletzung der Konvention in allen Unterzeichnerstaaten überprüft. (http://www.echr.coe.int/ECHR)

Fair Trade Foundation – ist eine wohltätige Organisation mit Sitz in Großbritannien, die die Position armer und marginalisierter Erzeuger in Entwicklungsländern verbessern will, indem sie Industrie und Verbraucher ermutigt, den fairen Handel zu unterstützen. Die Organisation vergibt das Warenzeichen FAIRTRADE. (www.fairtrade.org.uk)

FAO – (Food and Agriculture Organisation) Welternährungsorganisation der Vereinten Nationen. Die Welternährungsorganisation hat die Aufgabe, die Produktion und die Verteilung von landwirtschaftlichen Produkten im Allgemeinen und Nahrungsmitteln im Besonderen weltweit zu verbessern, um die Ernährung sicherzustellen und den Lebensstandard zu verbessern. (http://www.fao.org)

Fortune 500-Unternehmen – *Fortune* ist das älteste Wirtschaftsmagazin der USA. Es ist vor allem für eine Reihe von Listen bekannt, die das Blatt jährlich veröffentlicht: Fortune 500 führt die umsatzstärksten amerikanischen Unternehmen, Fortune Global 500 die umsatzstärksten Unternehmen weltweit auf. (http://money.cnn.com/magazines/fortune)

GATS – (General Agreement on Trade and Services) dt. Allgemeines Abkommen über den Handel mit Dienstleistungen. (http://www.wto.org/english/tratop_e/serv_e/gatsqa_e.htm)

GCMs – (Global Circulation Models) Globale Klimamodelle basieren auf Computer-Modellen zur Berechnung und Vorhersage des Klimas für einen bestimmten Zeitabschnitt.

Gesetz für den Vorrang Erneuerbarer Energien – in der geläufigen Kurzfassung Erneuerbare-Energien-Gesetz (EEG) genannt, soll den Ausbau von Energieversorgungsanlagen vorantreiben, die aus sich erneuernden (regenerativen) Quellen gespeist werden, die bei der Erzeugung keine Treibhausgase ausstoßen. Das Gesetz, das 1. April 2000 in Kraft trat, regelt die Abnahme und die Vergütung von ausschließlich aus erneuerbaren Energiequellen gewonnenen Strom durch Versorgungsunternehmen, die Netze für die allgemeine Stromversorgung betreiben. (http://bundesrecht.juris.de/bundesrecht/eeg_2004/gesamt.pdf)

Gini-Koeffizient – (auch Gini-Index) ist ein statistisches Maß, das vom italienischen Statistiker Corrado Gini zur Darstellung von Ungleichverteilungen entwickelt wurde. Der Koeffizient kann beispielsweise als Kennzahl für die Ungleichverteilung von Einkommen und Vermögen eingesetzt werden.

Global 500 Award – ist ein Umweltpreis, der 1987 vom United Nations Environment Programme (UNEP) gestiftet wurde. Er wurde an Einzelpersonen oder Organisationen verliehen, die sich in herausragender Weise für den Schutz und Verbesserung der Umwelt verdient gemacht haben. Seit 2005 wird stattdessen der Champions of Earth Award verliehen. (http://www.global500.org)

Global Climate Coalition – (GCC) Die Global Climate Coalition wurde 1989 von der US-amerikanischen PR-Agentur Burson-Marsteller mit Sitz in Washington, D.C. gegründet. Sie repräsentiert ca. 15 private Unternehmen und 25 Verbände, vor allem Firmen aus den Bereichen Öl und Kohle, Flugverkehr, Autohersteller und Chemiekonzerne. Bedeutende Mitglieder sind neben Exxon die American Forest & Paper Association, das American Petroleum Institute, Chevron, General Motors, Texaco und die US-Handelskammer. Großer Mitgliederverlust nach dem IPCC-Bericht des Jahres 2001, seit 2002 ist die GCC nicht mehr aktiv.

Global Commons Institute – (GCI) Das Global Commons Institute wurde 1990 gegründet und hat seinen Sitz in Großbritannien. Es handelt sich dabei um eine unabhängige Gruppe von Wissenschaftlern, der es um den Schutz öffentlicher Güter der Geo-Biosphäre geht wie Wälder, Ozeane, die globale Atmosphäre. (www.GCI.org.uk)

Grameen Bank – (übersetzt etwa „Dörfliche Bank") wurde 1983 von dem aus Bangladesch stammenden Wirtschaftswissenschaftler Professor Muhammad Yunus gegründet. Sie ist ein Mikrofinanz-Kreditinstitut, das vor allem ohne klassische Sicherheiten Mikrokredite an arme Menschen in Bangladesch vergibt, um so die Armut der Bevölkerung zu bekämpfen. Der Grameen Bank und ihrem Gründer Yunus wurden für die Förderung wirtschaftlicher und sozialer Entwicklung von unten zu gleichen Teilen der Friedensnobelpreis des Jahres 2006 zuerkannt. (http://www.grameen.de)

Groupe de Bellevue – In den später 1970ern eine Gruppe von Wissenschaftlern, die in den führenden französischen Forschungszentren arbeiteten. Sie verfasste 1978 das erste uns bekannte Szenario, das die Möglichkeit einer 100-prozentigen Energiebereitstellung mit Erneuerbaren Energien aufzeigte, das für Frankreich erstellte ALTER-Konzept. Ihre schematische Darstellung, wie die Erneuerbaren Energien, bezogen auf die verschiedenen Energiebedürfnisse, einander ergänzen, beruhte auf dem Stand der Technik von 1975.

Grüne Revolution – (engl. Green Revolution) Als Grüne Revolution wird der Versuch der Weltbank bezeichnet, in den Ländern des Trikonts (Asien, Afrika, Lateinamerika) seit den 1960ern durch damals modernere Agrartechnik die Armut zu bekämpfen und die Ernährungssicherheit bei stark wachsender Bevölkerung sicherzustellen. Die Ertragssteigerungen in der Landwirtschaft erfolgten durch die Umstellung auf Monokulturen und die gezielte Kreuzungszüchtung (Hybridisierung) verschiedener Getreidearten etc. Aus ökologischer Sicht hatte die Grüne Revolution zwei negative Auswirkungen: Erstens gefährdet die Förderung von Monokulturen die Biodiversität, da nur noch wenige Sorten von Nutz- und Kulturpflanzen angebaut werden. Zudem erhöhen Monokulturen durch die schmale genetische Basis die Anfälligkeit für Schädlinge und Krankheiten. Zweitens belasten die durch die Grüne Revolution verwendeten Methoden die Umwelt und zerstören ökologische Abläufe, die z. B. zukünftige Bodenfruchtbarkeit und Nahrungsproduktion garantieren. Positiv muss vermerkt werden, dass durch die Grüne Revolution sich die Erträge bei gleicher genutzter Fläche stark erhöhten. Die Bevölkerung wäre mit traditionellen Anbaumethoden nur durch eine starke Ausweitung der Anbauflächen zu versorgen gewesen, was in einigen Ländern kaum möglich gewesen wäre und ansonsten ebenfalls zu massiven Umweltproblemen geführt hätte. Viele betrachten die Gentechnik als zweite Grüne Revolution.

HABITAT – (auch UN-HABITAT – United Nations Human Settlements Programme, auch Weltsiedlungsgipfel) ist das Wohn- und Siedlungsprogramm der Vereinten Nationen. Die Zentrale mit Sitz in Nairobi/Kenia bildet das „UNCHS“ (United Nations Centre for Human Settlements). Habitat I fand 1976 in Vancouver, Kanada und Habitat II 1996 in Istanbul, Türkei statt. (http://www.unhabitat.org)

Hadley Centre for Climate Prediction and Research – (dt. Hadley Center für Klimaprognose und Erforschung) Das Hadley Center ist Teil des britischen Met Office (Meteorological Office – der nationale meteorologische Dienst) mit Sitz in Exeter. Es ist spezialisiert auf wissenschaftliche Belange in Zusammenhang mit dem Klimawandel. Die Hauptzielsetzung des Hadley Centers ist es, die physischen, chemischen und biologischen Prozesse des Klimasystems von heute und deren Entwicklung zu verstehen.

Hadley-Zelle – Die nach ihrem Entdecker George Hadley benannte Hadley-Zelle ist ein Begriff aus der Klimatologie. Wenn die Sonne am Äquator im Zenit steht, erwärmt sich aufgrund des Sonnenstandes (90° Einstrahlungswinkel) die Luft am stärksten und steigt auf. In der Troposphäre (in ca. 10–13 km Höhe) entsteht ein Hochdruckgebiet und darunter auf der Erde ein Tiefdruckgebiet. Somit entsteht eine Bewegung der Luftmassen. Vom Hochdruckgebiet wandert die Luft in Richtung Norden oder Süden. Auf ihrem Weg nach Norden (bzw. Süden) kühlt die Luft ab und sinkt wieder. Am Boden angekommen, erzeugt sie erneut ein Hochdruckgebiet, das nun wieder zum Tief am Äquator zieht. Es entsteht eine Art Luftkreis – das Innere dieses Kreises nennt man Hadley-Zelle.

HDR – (Human Development Report) Bericht über die menschliche Entwicklung, auch Weltentwicklungsbericht genannt, der jährlich von der UNDP (United Nations Development Programme) veröffentlicht wird.

Hypocognition – Laut George Lakoff bezeichnet Hypocognition unsere Unfähigkeit, Dinge zu sehen, die wir nicht konditioniert sind zu sehen, oder Ideen zu verstehen, für die wir noch keinen (kognitiven) Rahmen haben.

IAEA/IAEO – (International Atomic Energy Agency, dt. Internationale Atomenergieorganisation) Die IAEO ist eine autonome wissenschaftlich-technische

Organisation, die mit den Vereinten Nationen durch ein Sonderabkommen verbunden ist. Die IAEO soll die friedliche Nutzung der Kernenergie und der Anwendung radioaktiver Stoffe, sowie die internationale Zusammenarbeit hierbei, fördern und gleichzeitig die militärische Nutzung dieser Technologie (z. B. die Aufrüstung mit Kernwaffen) durch Überwachungsmaßnahmen verhindern. (http://www.iaea.org)

IAF – (Industrial Areas Foundation) Politischer Arm der US-Kirchen, die älteste und größte Institution für Community Organizing in den USA. Obwohl vorwiegend aus religiösen Institutionen bestehend, ist die IAF keiner bestimmten religiösen Richtung verpflichtet. Die IAF zielt auf den Aufbau von Organisationen, deren Hauptanliegen wiederum der Aufbau von Macht – der Fähigkeit zu handeln – ist und deren Hauptprodukt sozialer Wandel heißt. (http://www.industrialareasfoundation.org)

IEA – (International Energy Agency) Die Internationale Energieagentur ist eine Kooperationsplattform im Bereich der Erforschung, Entwicklung, Markteinführung und Anwendung von Energietechnologien. Gegründet wurde sie 1973 von 16 Industrienationen zum gemeinsamen Vorgehen gegen die damalige Ölkrise. (http://www.iea.org)

IIED – (International Institute for Environment and Development) Das unabhängige Non-Profit-Forschungsinstitut IIED setzt sich über seine Forschungsvorhaben und Studien für eine weltweite nachhaltige Entwicklung ein. (http://www.iied.org)

ILO – steht für International Labour Organisation bzw. Internationale Arbeitsorganisation. Die ILO wurde 1919 gegründet, hat ihren Sitz in Genf und ist heute den VN (Vereinten Nationen) angegliedert. Sie hat 173 Mitgliedsstaaten und will vor allem die soziale Sicherheit sowie die Lebens- und Arbeitsbedingungen der Bürger dieser Staaten verbessern. (http://www.ilo.org)

ILO Konvention 169 – Die Konvention zu indigenen und in Stämmen lebenden Völkern C 169 ist die bislang einzige internationale Norm, die den Ureinwohnervölkern rechtsverbindlichen Schutz und Anspruch auf eine Vielzahl von Grundrechten garantiert. Die Konvention wurde am 27. Juni 1989 verabschiedet und trat am 5. September 1991 in Kraft.

Indigene Völker – Die Ureinwohner eines bestimmten Gebietes werden auch als „indigene Bevölkerungen“ bzw. „indigene Völker“ bezeichnet. Der Begriff soll für Völker gelten, die ein bestimmtes Territorium als erste besiedelt und genutzt haben, die aus freien Stücken eine kulturelle Besonderheit bewahren, welche die Sprache, Sozialorganisation, Religion, Spiritualität, Produktionsweisen, Gesetze oder Institutionen einschließen kann oder die über ein Selbstverständnis als von anderen verschiedene, geschlossene Gruppe verfügen und als solche von anderen Gruppen oder staatlichen Institutionen auch anerkannt werden.

Inklusion – (im sozialen und pädagogischen Kontext) eine Weiterentwicklung des Begriffs der Integration, v. a. im anglo-amerikanischen Raum verbreitet, der den grundsätzlich heterogenen, aber gemeinschaftlichen Charakter einer Gruppe, Gesellschaft, der Menschheit betont. Anders als bei der Integration (der Wiederherstellung eines Ganzen) wird von *einer* untrennbaren heterogenen Gruppe, nicht unterschiedlichen Gruppen ausgegangen, die integriert werden müssen.

Inklusives Wahlrecht – nach Robert A. Dahl ist ein Wahlrecht inklusiv, wenn alle oder nahezu alle Erwachsenen bei der Auswahl der Inhaber politischer Ämter wahlberechtigt sind.

Intelligent Materials Pooling – (IMP) Kooperativer Ansatz, in dem mehrere Firmen, die an der Bereitstellung und Nutzung von Chemikalien und anderen Materialien beteiligt sind (industrieller Metabolismus), ihre Aktivitäten beispielsweise in Bezug auf die Charakterisierung der Chemikalien und die Eliminierung gefährlicher Substanzen und Stoffströme koordinieren. Der Vorteil des IMP liegt in der gemeinsamen Nutzung von Wissen und Design, wobei die zusammenarbeitenden Unternehmen sich Informationen und Kosten teilen.

International Institute for Applied Systems Analysis – (IIASA) Das IIASA ist eine internationale Forschungsorganisation, die interdisziplinäre wissenschaftliche Studien zu ökologischen, ökonomischen, technologischen und sozialen Themen im Kontext des Globalen Wandels durchführt. Ihr Sitz ist nahe bei Wien. (http://www.iiasa.ac.at)

Internationaler Gerichtshof – (IGH) Der Internationale Gerichtshof ist das Hauptrechtsprechungsorgan der Vereinten Nationen und hat seinen Sitz in Den Haag (Niederlande). Parteien vor dem IGH können nur Staaten sein, Internationale Organisationen und andere Völkerrechtssubjekte hingegen nicht. (http://www.icj-cij.org)

Internationaler Strafgerichtshof – (IStGH) Der Internationale Strafgerichtshof ist ein ständiges Gericht mit Gerichtsbarkeit über Völkermord, Verbrechen gegen die Menschlichkeit, Kriegsverbrechen und das Verbrechen der Aggression (noch nicht definiert, eine Definition soll zu einem späteren Zeitpunkt erfolgen). Der IStGH ist eine unabhängige Internationale Organisation mit Sitz in Den Haag, deren Beziehungen zu den Vereinten Nationen über ein Kooperationsabkommen geregelt ist. (http://www.icc-cpi.int)

IPCC – (Inter-Governmental Panel on Climate Change) dt. Zwischenstaatlicher Ausschuss zum Klimawandel (auch: Weltklimabeirat) der UNO. Der IPCC ist ein Umweltberatungsgremium aus Klimawissenschaftlern aus aller Welt. Es wurde 1988 vom Umweltprogramm der Vereinten Nationen UNEP und der Weltorganisation für Meteorologie WMO ins Leben gerufen. Das der Klimarahmenkonvention (UNFCCC) beigeordnete Panel hat die Hauptaufgabe, Risiken des Klimawandels zu beurteilen und Vermeidungsstrategien zusammenzutragen. Sitz des IPCC Sekretariats ist in Genf. Das IPCC veröffentlicht regelmäßig Statusberichte zur Lage des Klimas. (http://www.ipcc.ch)

IRENA – (International Renewable Energy Agency) Vorschlag zur Schaffung einer internationalen Behörde zur Förderung Erneuerbarer Energien, alternativ zur IAEO, der internationalen Atomenergiebehörde. Es gibt bereits einen Satzungsentwurf für die IRENA.

IWF – (Internationaler Währungsfonds) engl. International Monetary Fund (IMF) Der IWF ist eine Sonderorganisation der Vereinten Nationen und eine Schwesterorganisation der Weltbank. Er hat seinen Sitz in Washington, D. C., USA. Zu seinen Aufgaben gehören: Förderung der internationalen Zusammenarbeit in der Währungspolitik, Ausweitung des Welthandels, Stabilisierung von Wechselkursen, Kreditvergabe, Überwachung der Geldpolitik, Technische Hilfe. (http://www.imf.org)

Jetstream – (engl.: jet stream oder jet, dt. auch Strahlstrom) ein schmales Starkwindband im Bereich der oberen Troposphäre bis zur Stratosphäre. Jetstreams bilden sich infolge globaler Ausgleichsbewegungen zwischen verschiedenen Temperaturregionen bzw. Hoch- und Tiefdruckgebieten und sind die stärksten natürlichen Winde. Sie treten im Vergleich zu anderen Wetterphänomenen sehr verlässlich und stabil auf.

Jubilee South – ist ein Netzwerk von Kampagnen und Organisationen der Südhalbkugel, das 2000 in Johannesburg gegründet wurde und eng mit einigen Organisationen und Kampagnen im Norden zusammenarbeitet. Für das Netzwerk steht die Illegitimität der Schulden im Mittelpunkt der Arbeit. (http://www.jubileesouth.org)

Just Change – ein eingetragenes Unternehmen mit Sitz in Indien, das nach der Etablierung eines neuen Modells des fairen Handels strebt. Es handelt sich um den Versuch, Produzenten, Verbraucher und Investoren in einer kooperativen Kette direkt zu verbinden.

Konvektion – Konvektion (von lat. convehere = mitführen) ist ein Mechanismus zum Transport von thermischer Energie. Die Wärmeübertragung wird durch den Transport von Teilchen bewerkstelligt, die thermische Energie mitführen. In Festkörpern oder im Vakuum kann es deswegen keine Konvektion geben. Konvektion tritt z. B. bei Fluiden auf, also in Gasen oder Flüssigkeiten.

Kyoto-Protokoll – ist ein 1997 beschlossenes Zusatzprotokoll zur Ausgestaltung der Klima-Rahmenkonvention (UNFCCC) der Vereinten Nationen für den Klimaschutz. Das bis zum Jahr 2012 gültige Abkommen schreibt verbindliche Ziele für die Verringerung des Ausstoßes von Treibhausgasen fest, die als Auslöser der globalen Erwärmung gelten. Der Handel mit Emissionsrechten (Emissions Trading) ist eines der wesentlichen Instrumente, die im Kyoto-Protokoll verankert sind. (http://unfccc.int/resource/docs/convkp/kpger.pdf)

Landless Workers' Movement – Die MST (port. *Movimento dos Trabalhadores Rurais Sem Terra*, dt. „Bewegung der Landlosen Arbeiter") ist mit geschätzten 1,5 Millionen landlosen Mitgliedern in 23 der 27 Staaten Brasiliens die größte soziale Bewegung Lateinamerikas. (http://www.mstbrazil.org)

LBA – (Large Scale Biosphere-Atmosphere Experiment in Amazonia) ein internationales Forschungsprogramm unter brasilianischer Leitung, das im größeren Rahmen des „International Geosphere/Biosphere Programme" (IGBP) eingebunden ist und interdisziplinäre Forschung im Bereich von Ökologie, Meteorologie, Hydrologie, Biogeochemie und Atmosphärenchemie betreiben soll.

Living Democracy – dt. „Gelebte Demokratie". Bei Frances Moore Lappé der positive Gegenbegriff zur „Mageren Demokratie" (s. „Thin Democracy"): eine partizipatorische, „starke" Form der Demokratie, in der die Bürger selbst an der Findung der sie betreffenden Entscheidungen beteiligt sind.

Matching Funds – eine Form von Bürger- und Stadtstiftung in Seattle, USA. Eine Person oder Institution stellt eine großen Förderbetrag in Aussicht, unter der Voraussetzung, dass sich noch andere Personen oder Institutionen in mindestens gleicher Höhe beteiligen.

MBDC – McDonough Braungart Design Chemistry, Produkt- und Prozessdesign Firma, 1995 gegründet von McDonough und Braungart, mit Sitz in Virginia. (http://www.mbdc.com)

Millennium Ecosystem Assessment – (MA) Das MA ist ein internationales Arbeitsprogramm, das Entscheidungsträgern und der Öffentlichkeit wissenschaftliche Informationen über die Auswirkungen der Schädigung der weltweiten Ökosysteme zur Verfügung stellen soll; im Juni 2001 durch den Generalsekretär der UN Kofi Annan beschlossen. Das Millennium Assessment wird seit 2001 von mehr als 1.300 Wissenschaftlern aus 95 Ländern durchgeführt. (http://www.maweb.org/en/index.aspx)

Mondragón Corporación Cooperativa – (MCC) ist die weltgrößte Genossenschaft. Sie hat ihren Sitz im spanischen Baskenland und ist global tätig. Zur MCC gehören Unternehmen verschiedenster Sektoren wie Maschinenbau, Automobilindustrie, Haushaltsgeräte, Maschinenbau, Bauindustrie, Einzelhandel (Supermarktketten), Banken und Versicherungen. (http://www.mcc.es)

Monsanto – ist ein börsennotierter Hersteller von Pflanzenschutzmitteln und genverändertem Saatgut mit Sitz in St. Louis im US-Bundesstaat Missouri. (http://www.monsanto.de)

Montreal-Protokoll – Das Montrealer Protokoll über Stoffe, die zu einem Abbau der Ozonschicht führen, ist ein völkerrechtlicher Vertrag des Umweltrechts, auch multilaterales Umweltabkommen genannt und trat am 1. Januar 1989 in Kraft. Das Montrealer Protokoll beruht auf dem Vorsorgeprinzip und ist ein Meilenstein im Umwelt-Völkerrecht. Die Unterzeichnerstaaten verpflichten sich zur Reduzierung und schließlich zur vollständigen Abschaffung der Emission von chlor- und bromhaltigen Chemikalien, die stratosphärisches Ozon zerstören.

Nachhaltige Entwicklung – ist die übliche Übersetzung des englischen Begriffes *sustainable development* und bezeichnet eine Entwicklung, die den Bedürfnissen der heutigen Generation entspricht, ohne die Möglichkeiten künftiger Generationen zu gefährden, ihre eigenen Bedürfnisse zu befriedigen (verkürzte Definition gemäß dem Brundtland-Bericht von 1987). Mit diesem Begriff wurde der – ursprünglich aus der Forstwirtschaft stammende – Gedanke der Nachhaltigkeit wiederbelebt und fand Eingang in die internationale politische Diskussion. Der von Hans Carl von Carlowitz 1713 geprägte Begriff der Nachhaltigkeit bezeichnet die Bewirtschaftungsweise eines Waldes, bei welcher immer nur so viel Holz entnommen wird wie nachwachsen kann, so dass der Wald nie vollständig abgeholzt wird, sondern sich immer wieder regenerieren kann.

Nachhaltiger Handel – Dieser Begriff impliziert ein Handelssystem, das weder der Umwelt noch dem sozialen Gefüge schadet und dabei gleichzeitig das Wirtschaftswachstum fördert.

NEF – (New Economics Foundation) eine britische Stiftung, die sich als Thinktank versteht und ein auf die Menschen und die Umwelt konzentriertes Wirtschaftsdenken etablieren möchte. (http://www.neweconomics.org/gen)

Netzwerkgesellschaft – ist ein von Manuel Castells geprägter Begriff. Er bezeichnet die Superstruktur einer globalen Gesellschaft, die als eine netzförmige Verknotung bestehend aus Information, Macht, Technik, und Kapital beschrieben werden kann.

NGO – (Non-governmental organization) dt. Nicht-Regierungsorganisation

OECD – (Organisation for Economic Cooperation and Development) Die Organisation für wirtschaftliche Zusammenarbeit und Entwicklung ist eine Internationale Organisation mit Sitz in Paris. Die OECD wird auch als die Organisation der Staaten der Ersten Welt bezeichnet. Fast alle der 30 Staaten sind Industrieländer. Satzungsgemäße Ziele der OECD sind: zu einer optimalen Wirtschaftsentwicklung und einem steigenden Lebensstandard in ihren Mitgliedstaaten beizutragen, in ihren Mitgliedsländern und den Entwicklungsländern das Wirtschaftswachstum zu fördern, eine Ausweitung des Welthandels zu begünstigen. (http://www.oecd.org)

Ökologischer Fußabdruck – Unter diesem Begriff wird die Fläche auf der Erde verstanden, die notwendig ist, um den Lebensstil und Lebensstandard eines Menschen dauerhaft zu ermöglichen. Das schließt Flächen ein, die zur Produktion seiner Kleidung und Nahrung oder zur Bereitstellung von Energie, aber z. B. auch zum Abbau des von ihm erzeugten Mülls oder zum Binden des durch seine Aktivitäten freigesetzten Kohlendioxids benötigt werden.

Oxfam – (Oxford Committee for Famine Relief) Oxfam ist ein internationaler Verband, dem zwölf unabhängige, säkulare und nicht auf Profit ausgerichtete, gemeinschaftliche Hilfs- und Entwicklungsorganisationen angehören, die in weltweit über 100 Ländern mit lokalen Partnern für humanitäre Projekte gegen Hungersnöte, Leiden und Unrecht zusammenarbeiten. (http://www.oxfam.org.uk)

„Peak Oil" – bezeichnet den Moment in der Geschichte der Menschheit, an dem die Spitze der weltweiten Ölproduktion erreicht ist. Nach „Peak Oil" läuft die gesamte Ölproduktion unweigerlich auf ihre endgültige Erschöpfung zu.

Ramsar-Konvention – bezeichnet ein Übereinkommen über Feuchtgebiete, insbesondere als Lebensraum für Wasser- und Watvögel, von internationaler Bedeutung. Es ist ein völkerrechtlicher Vertrag, dessen Ausarbeitung von der UNESCO angestoßen wurde. Das Übereinkommen wurde am 2. Februar 1971 geschlossen und ist damit eines der ältesten internationalen Vertragswerke zum Umweltschutz. Die Bezeichnung „Ramsar" rührt von der gleichnamigen Stadt im Iran, in der die Vertragsverhandlungen stattfanden. Die Konvention trat 1975 in Kraft. (http://www.ramsar.org)

Roundup – Unter diesem Handelsnamen vertreibt der Chemiekonzern Monsanto eine Serie von Totalherbiziden für die Landwirtschaft, aber auch für Hobbygärtner.

RPS-System – (Renewable Portfolio Standards, RPS), d. i. ein Ökostrom-Quotensystem. Es handelt sich um gesetzliche Standards, die einen Staat dazu verpflichten, einen bestimmten Prozentsatz seiner Elektrizität auf Basis erneuerbarer Energien zu erzeugen.

Schnelle Brüter – Ein Schneller Brüter bzw. Brutreaktor ist ein Kernreaktor, der nicht nur zur Energiegewinnung, sondern gleichzeitig zur Erzeugung von weiterem spaltbarem Material dient.

Singapur-Themen – Nach Gründung der WTO 1995 tagte die 1. Ministerkonferenz 1996 in Singapur und legte Themen fest, die vorrangig behandelt werden sollten, die sogenannten „Singapur-Themen", darunter Schutz von Investitionen, Gleichbehandlung von in- und ausländischen Unternehmen, Abbau bürokratischer Handelshemmnisse.

Squatter – ein Siedler, der sich ohne Rechtstitel auf einem Stück Land niederlässt oder der noch nicht angebautes Regierungsland ohne Kauf okkupiert. Ein Squatter Camp ist meist ein einfaches Hüttenviertel, fast ohne Infrastruktur, das illegal, d. h. ohne gesicherte Rechtstitel entstanden ist.

SRI – (Socially Responsible Investments) dt. Sozial Verantwortliche Investitionen

Standard & Poor-Index – Das Standard & Poor's Fund Management Rating nimmt eine quantitative und qualitative Bewertung von Fonds vor.

Thin Democracy – dt. „Magere Demokratie" (auch *repräsentative* oder *liberale* Demokratie) nach Benjamin Barber die heute vorherrschende parlamentarisch-repräsentative Form der Demokratie, in der die Bürger ihre Repräsentanten wählen und durch diese ständig informiert werden. Durch die Repräsentation werde die Beteiligung der Bürger auf die Sphäre des Politischen limitiert, deren Mitwirkung sich auf die periodische Wahl der Regierenden beschränke.

Tobin-Steuer – Als Tobin-Steuer bezeichnet man eine 1972 von James Tobin vorgeschlagene, aber derzeit nicht existierende Steuer auf internationale Devisengeschäfte. Tobin wollte mit einer sehr niedrigen Steuer auf sämtliche internationale Devisentransaktionen die kurzfristige Spekulation auf Währungsschwankungen eindämmen. Hierdurch wollte er erreichen, dass die Wechselkurse von Währungen stärker realwirtschaftliche langfristige Phänomene als kurzfristige spekulative Erwartungen widerspiegeln. Die Tobin-Steuer soll, so die Befürworter, den kurzfristigen Handel mit Devisen unterbinden (da dieser ihrer Meinung nach negative Auswirkungen auf Volkswirtschaften hat), nicht aber den für den unbedenklichen längerfristigen Devisenhandel.

„Triple Bottom Line“ – Die „Triple Bottom Line“ verzeichnet die wirtschaftlichen, sozialen und umweltpolitischen Faktoren bei der Leistungsbeurteilung eines Unternehmens.

„Triple Top Line“ – Die „Triple Top Line“ beschreibt Systeme und Produkte in Hinsicht auf ihre ökonomische, soziale, ökologische sowie kulturelle Verträglichkeit – mit dem Ziel der gleichberechtigten Förderung und des Ausbaus jedes dieser Aspekte.

TRIPS – (Trade Related Aspects of Intellectual Property Rights) dt. Handelsbezogene Aspekte der Rechte an geistigem Eigentum. Das TRIPS-Übereinkommen verpflichtet WTO-Mitgliedstaaten zur Einhaltung von Mindeststandards für sämtliche geistige Eigentumsarten, insbesondere Patente, Urheberrechte, Warenzeichen/Handels- und Dienstleistungsmarken, Geschmacksmuster und geografische Herkunftsangaben.

UNDP – Das United Nations Development Programme ist das Entwicklungsprogramm der Vereinten Nationen. Das UNDP fördert durch die Bereitstellung von Beratungskapazitäten, Trainings sowie Zuschuss-Mitteln. Dabei liegt ein zunehmender Fokus auf der Förderung der so genannten Least Developed Countries (LDCs). Um die Millennium-Ziele zu erreichen und die globale Entwicklung voranzutreiben, konzentriert sich das UNDP auf die Armutsbekämpfung, HIV/AIDS, demokratische Regierungsführung, Energie und Umwelt sowie die allgemeine Krisenprävention. Querschnittsaufgabe in allen Programmen ist dabei der Schutz der Menschenrechte sowie die Gleichbehandlung von Frauen. (http://www.undp.org)

UNEP – (United Nations Environment Programme) Das Umweltprogramm der Vereinten Nationen hat seinen Hauptsitz in Nairobi, Kenia. Nach seinem Selbstverständnis ist das Programm die „Stimme der Umwelt" bei der UNO. (http://www.unep.org)

Union of Concerned Scientists – dt. Vereinigung besorgter Wissenschaftler, eine gemeinnützige US-amerikanische Wissenschaftlervereinigung mit Sitz in Cambridge, Massachusetts, zu deren Aufgabenschwerpunkten die Bekämpfung der Umweltverschmutzung, der Abbau des Arsenals nuklearer Waffen, ein Verbot von Weltraumwaffen, die bundesgesetzliche Regulierung bestimmter Biotechnologien, der Artenschutz und Maßnahmen gegen den Klimawandel gehören. (http://www.ucsusa.org)

Urban Sprawl – dt. Zersiedlung oder Siedlungsdispersion, bezeichnet den Prozess der langsamen Ausdehnung der Städte in das Umland in Form von Vorstädten, und das Ergebnis in Form von gering verdichteten Siedlungsformen, wird auch als „planlose Bautätigkeit" beschrieben.

USDA – United States Department of Agriculture. Landwirtschaftsministerium der Vereinigten Staaten (http://www.usda.gov/wps/portal/usdahome)

Via Campesina – (span. „der bäuerliche Weg") ist eine internationale Bewegung von Kleinbauern und Landarbeitern. Die Via Campesina vertritt das Konzept der Ernährungssouveränität. Sie setzt sich für eine umweltfreundliche kleinbäuerliche Landwirtschaft ein, die in erster Linie die Versorgung der lokalen Bevölkerung sicherstellen soll, für Landreformen und gegen den Einsatz von Gentechnik in der Landwirtschaft. (http://viacampesina.org)

WCRE – (World Council for Renewable Energy) dt. Weltrat für Erneuerbare Energie. Der World Council for Renewable Energy soll als unabhängige, globale Stimme für Erneuerbare Energien dienen. Er wurde anläßlich der Internationalen Impulskonferenz für den Aufbau einer International Renewable Energy Agency (IRENA) vom 8. – 10. Juni 2001 in Berlin gegründet. (http://www.wcre.de/en/index.php)

Weltsozialforum – Das Weltsozialforum ist eine Gegenveranstaltung zu den Gipfeln der Welthandelsorganisation (WTO), dem Davoser Weltwirtschaftsforum und den jährlichen Weltwirtschaftsgipfeln der Regierungschefs der G8-Staaten. Die erste Veranstaltung fand 2001 in Porto Alegre, (Brasilien), statt und wurde zu einem Symbol für die Bewegung der Kritiker der Globalisierung. (http://weltsozialforum.org)

Weltwasserforum – ist ein 1997 gegründetes Forum, das sich mit der Sensibilisierung für Wasserversorgungsprobleme und der Förderung von Wassermanagement auf politischer und gesellschaftlicher Ebene beschäftigt. 2003 trat alternativ das People's World Water Forum in Venedig zusammen. (http://www.worldwaterforum.org)

WHO – (World Health Organization) Die Weltgesundheitsorganisation ist eine Sonderorganisation der Vereinten Nationen mit Sitz in Genf (Schweiz). Sie ist die Koordinationsbehörde der Vereinten Nationen für das internationale öffentliche Gesundheitswesen. (http://www.who.int)

World Energy Council – (WEC) dt. Weltenergierat. Der WEC ist eine weltweite Organisation mit Mitgliedsausschüssen in über 90 Ländern. Seinen Mitgliedern (Energieproduzenten, -verbraucher, -händler, Umweltschutzorganisationen, Forschungsorganisationen, Regierungsorgane) bietet er verschiedene Dienstleistungen, darunter Forschung, Analysen und Strategieempfehlungen, welche sich auf viele Energieträger beziehen (Kohle, Öl, Gas, erneuerbare Energien). Sitz des WEC ist London. (www.world-council-for-renewable-energy.org)

World Meteorological Organization – (WMO) Die World Meteorological Organization ist die Sonderorganisation der Vereinten Nationen für Meteorologie, Hydrologie und damit verbundene Geophysik. Sie ist eine staatenübergreifende Einrichtung mit 187 Mitgliedsländern im Jahr 2004, mit Hauptsitz in Genf. Die Arbeit der WMO ist in wissenschaftliche und technische Programme gegliedert, darunter ist das World Weather Watch Programme (WWWP) das wichtigste, das weltweit auf über 10.000 Wetterstationen zurückgreift und Standards für die Messung, den Austausch und die Verarbeitung meteorologischer Daten entwickelt. (http://www.wmo.ch)

World Watch Institute – Das WWI ist eine unabhängige interdisziplinäre Forschungseinrichtung mit Konzentration auf Themen der Nachhaltigkeit und umwelt- und sozialverträgliche Technologie. Das World Watch Institute gibt alljährlich seinen Bericht zur Lage der Welt heraus. (http://www.worldwatch.org)

WTO – (World Trade Organization) dt. Welthandelsorganisation. Die WTO ist eine Internationale Organisation, die sich mit der Regelung von Handels- und Wirtschaftsbeziehungen beschäftigt. Sie hat ihren Sitz in Genf, Schweiz. (http://www.wto.org)

Zapatistische Armee der Nationalen Befreiung – Die Ejército Zapatista de Liberación Nacional (EZLN) ist eine indigene Guerillaorganisation in Chiapas, einem der ärmsten Bundesstaaten Mexikos, die am 1. Januar 1994 mit einem bewaffneten Aufstand erstmals öffentlich in Erscheinung trat und sich seitdem mit politischen Mitteln für die Rechte der indigenen Bevölkerung Mexikos, aber auch generell gegen aus ihrer Sicht neoliberale Politik einsetzt. (http://www.ezln.org.mx)

Einschlägige Internetseiten zum Thema Klima, Klimawandel und Klimapolitik

Internationale Organisationen:

IPCC (Inter-Governmental Panel on Climate Change)
http://www.ipcc.ch
Das der Klimarahmenkonvention (UNFCCC) beigeordnete Panel hat die Hauptaufgabe, Risiken des Klimawandels zu beurteilen und Vermeidungsstrategien zusammenzutragen. Es veröffentlicht regelmäßig Berichte zum Zustand des Weltklimas.

UNFCCC (United Nations Framework Convention on Climate Change):
http://unfccc.int
Unter dieser Adresse erfährt man alles Relevante über die Klimarahmenkonventionen: Angefangen bei dem Konventionstext von Rio de Janeiro über die einzelnen Folgekonferenzen bis hin zu den geplanten Treffen der Unterzeichnerstaaten.

WMO (World Meteorological Organization):
http://www.wmo.ch
Neben dem internationalen Wettergeschehen wird auch über die globalen Klimaveränderungen informiert.

Wissenschaftliche Einrichtungen in Deutschland:

DKRZ (Deutsches Klimarechenzentrum):
http://www.dkrz.de
Als gemeinsames Rechenzentrum des Max-Planck-Instituts für Meteorologie und der Universität Hamburg beschäftigen sich hier Forschergruppen mit der Klimamodellierung.

Die Märchen der Antike

Die Märchen der Antike

Herausgegeben und bearbeitet
von Erich Ackermann

Anaconda

Die Deutsche Nationalbibliothek verzeichnet diese Publikation in der Deutschen Nationalbibliographie; detaillierte bibliographische Daten sind im Internet über http://dnb.d-nb.de abrufbar.

Umschlagmotiv: Raphael (1483–1520), Detail aus »Galatea« (1506), Villa Farnesina, Rom / Bridgeman Giraudon
Umschlaggestaltung: Druckfrei. Dagmar Herrmann, Köln
Satz und Layout: GEM mbH, Ratingen
Printed in Czech Republic 2007
ISBN 978-3-86647-120-7
info@anaconda-verlag.de

Inhalt

Odysseus und die Lotophagen

Ein fürchterlicher Sturm brach einst los, als Odysseus mit seiner Mannschaft auf hoher See trieb. Wolken und dichter Nebel verfinsterten Land und Meer, und dunkle Nacht bedeckte die schäumenden Wellen. Durch den tobenden Wind rissen die Segel, und hilflos trieben die Schiffe in der hochspritzenden Gischt. Um nicht vollends zugrundezugehen, ruderten sie die Fahrzeuge an Land. Zwei grauenvolle Nächte und zwei endlose Tage wütete der Meergott, bis sich schließlich der Sturm legte. Da erst stach Odysseus mit den Seinen wieder in See; günstiger Wind trieb sie nach Süden. Als sie aber nun um das gefürchtete Kap Maleia segelten, da warf sie ein Sturm und der Nordwind wieder auf offene See. Neun Tage lang wurden sie dort von wildesten Stürmen geschüttelt, bis sie schließlich am zehnten an die Küste der Lotophagen, der Lotosesser, gelangten. Die Mannschaft ging hier an Land, schöpfte frisches Trinkwasser und richtete sich ein Mahl. Doch Odysseus wurde wieder von Neugier gepackt und wollte erkunden, welche Menschen dieses Land wohl bewohnten. So sandte er einige Männer als Kundschafter aus. Diese brachen sogleich auf und kamen zu den Lotophagen. Gastfreundlich nahmen diese die Fremdlinge auf und beköstigten sie. Sie gaben ihnen Lotos zu kosten, der honigsüß und verlockend war. Sobald die Kundschafter von der duftenden Blumenspeise genommen hatten, dachten sie nicht mehr an Kundschaft und Heimkehr, sie wollten für immer in der Gesellschaft der Lotophagen bleiben und ihrer Heimat entsagen. Das Vergessen hatte sie ergriffen.

Als die Kundschafter nicht mehr zurückkamen, da erfaßte Unruhe den Odysseus. Er machte sich auf die Suche nach seinen Freunden und fand diese denn auch glücklich und sorglos bei den Lotophagen. Der Held aber trieb seine Gefährten mit Gewalt zurück, kein Sträuben und keine Tränen halfen ihnen. An die Ruderbänke der Schiffe band er sie, daß sie nicht mehr zurück konnten; so groß war die verführerische Macht der Lotophagen. Eilends hieß Odysseus dann alle an Bord zu gehen, um nicht auch noch von den Lockungen der Lotosesser verführt zu werden und die Rückkehr in die Heimat zu vergessen. Und traurig trieben sie nun das Schiff aufs offene Meer, weit weg vom verführerischen Land des Vergessens.

Odysseus und die Laistrygonen

Nach einer beschwerlichen Reise durch Wind und Sturm gelangten die Schiffe des Odysseus einmal ins Land der Laistrygonen. Trefflich war der Hafen, der ringsum von himmelhohen Felsen umschlossen war. Die Mannschaft lenkte ihre Schiffe durch einen engen Eingang in die Felsenbucht und band sie dicht zusammen. Odysseus allein blieb draußen vor der Bucht, von einer dunklen Vorahnung geplagt, und band sein Schiff dort an einen Felsen. Sogleich bestieg er die hohen Felsen, um Ausblick nach Menschen zu halten. Doch nirgends zeigte sich eine Spur; nur Rauch sah er zum Himmel aufsteigen. Also sandte der Held Kundschafter aus, um zu erfahren, welcher Art die Bewohner dieses Landes wohl seien.

Die Späher des Odysseus gingen die Straße entlang, auf der man holzbeladene Wagen vom Gebirge in die Stadt fuhr. Ganz nahe bei der Stadt begegnete ihnen ein Mädchen, das vor den Toren der Stadt an der Quelle Artakia Wasser schöpfte. Es war die riesige Tochter des Laistrygonenkönigs Antiphates. Freundlich fragten sie das Mädchen, wer hier in diesem Lande König sei und welches Volk dieser beherrsche. Die Königstochter nannte ihnen das Haus ihres Vaters. Als die Gefährten des Odysseus in den prächtigen Palast des Königs eintraten, fanden sie dort die Frau des Königs allein vor, eine Riesin von Gestalt, so groß wie der Gipfel eines Berges. Grauen und Entsetzen ergriff da Odysseus' Freunde. Die Königin aber ließ sogleich durch Boten ihren Gemahl in den Palast rufen. Kaum war der schreckliche König in den Palast gestürmt, da packte er einen der Fremdlinge und verzehrte ihn mit Haut und Haaren. Schnell entflohen die übrigen Gefährten des Odysseus, während schon Antiphates mit mächtigem Schreien sein Volk zusammenrief. Von allen Seiten stürzten jetzt Laistrygonen herbei und verfolgten mit ihrem König die Fremdlinge bis zum Hafen. Dort schleuderten sie von den hohen Felsen riesige Felsbrocken auf die Schiffe, die angebunden und gefangen in der Bucht lagen. Ein schreckliches Gewühl entstand nun. Mit lautem Bersten wurden die Schiffe von den Felsbrocken, die die Riesen hinabschleuderten, zerschmettert. Dann stürzten sich die Laistrygonen hinab in die Bucht und durchstachen die im Wasser schwimmenden Freunde des Odysseus wie Fische und trugen sie nach Hause, um sie dort zu verzehren.

Schnell zerschlug nun Odysseus das Tau, mit dem er sein Schiff an den Fels außerhalb der Bucht gebunden hatte und ließ seine Gefährten mit äußerster Kraft die Ruder bewegen. Aus Furcht vor dem schrecklichen Ende in den Kehlen der Menschenfresser durchpflügten sie die Flut. So entkam nur das eine Schiff des Odysseus, weil es vom Helden vorsichtigerweise nicht in die Bucht gesteuert worden war. Alle anderen Schiffe mitsamt ihrer Besatzung waren zugrunde gegangen.

Die Zauberin Kirke

Lange und weit war Odysseus in seinen Irrfahrten schon über das Meer gefahren, da kam er einmal mit seiner Mannschaft auf eine Insel, die Aia hieß. Dort wohnte die mächtige Zauberin Kirke, die Tochter des Sonnengottes Helios. Nachdem Odysseus mit seinen Leuten gerastet und seine Freunde betrauert hatte, die schon auf der langen Reise ihr Leben verloren hatten, bestieg der Held einen Hügel, der in der Nähe des Ufers lag, und wollte Ausschau halten, ob Menschen auf dieser Insel wohnten. Da erblickte er in der Ferne Rauch, der hinter einem Wald aufstieg. Lange überlegte Odysseus, von Neugier getrieben, ob er nach dem Rauch weiterforschen sollte. Es schien ihm das beste, erst einmal zu seinen Leuten zurückzukehren, um sich mit ihnen zu besprechen. Als nun der Held seine Entdeckung mitgeteilt hatte, da wurden alle von großer Betrübnis ergriffen. Sie dachten zurück an den fürchterlichen Kyklopen Polyphemos und an die Laistrygonen, Menschenfresser alle, und klagten laut.

Odysseus aber wollte unbedingt erkunden, was es mit dem Rauch auf sich habe. So teilte er seine Mannschaft in zwei Gruppen zu je zweiundzwanzig Mann ein. Die eine Gruppe sollte Eurylochos anführen, die Führung der anderen übernahm er selbst. Darauf warfen sie das Los, welche Gruppe zur Erkundung aufbrechen sollte, und es traf den Eurylochos.

Weinend und traurig ging Eurylochos mit seiner Gruppe fort ins Ungewisse und wußte nicht, was seiner noch harrte. Als sie ein gutes Stück des Weges zurückgelegt hatten, erblickten sie in einem bewaldeten Tal auf einer kleinen Anhöhe das schöne Haus der Zauberin Kirke; aus gehauenen Steinen war es kunstvoll aufgebaut. Um das Haus herum schweiften viele Tiere, Bergwölfe und Löwen. Zahm waren sie und sprangen nicht wild auf die Männer, sondern umwedelten sie sanft, als wollten sie Eurylochos und seinen Männern schmeicheln. Aber diese Tiere waren Menschen, die von Kirke verzaubert und in Tiere verwandelt worden waren. Eurylochos und seine Leute fürchteten sich vor den Tieren und traten zu den Pforten des Gebäudes. Und schon hörten sie von drinnen anmutige Melodien. Kirke saß an ihrem Webstuhl und wirkte einen herrlichen Teppich. Sie riefen in das Haus hinein, und es trat die schöne Zauberin heraus und bat sie freundlich, doch in ihre Wohnung zu kommen; und alle folgten, nur Eurylochos blieb draußen, denn Unheil ahnte er schon.

In ihrem prächtigen Haus ließ Kirke die Fremdlinge auf herrlichen Sesseln und Thronen Platz nehmen und gab ihnen einen duftenden Wein zu trinken, in den sie Käse, Mehl und gelben Honig gemengt hatte. Doch heimlich hatte Kirke auch betörende Zaubersäfte in den Wein gemischt, damit die Männer ihre Heimat vergäßen und bei ihr auf der Insel blieben. Kaum hatten die Leute des Eurylochos vom süßen Wein gekostet, da nahm Kirke ihren Zauberstab und berührte sie. Und schon wurden sie zu borstigen Schweinen. Statt der menschlichen Stimme ließen sie nur noch Grunzen hören: ihr Verstand aber blieb normal, er wurde von der Zauberei nicht angetastet. So hatten sie nun die Gestalt und das Aussehen von Schweinen, betrugen sich und dachten aber noch als Menschen. Dann sperrte die Zauberin sie in Ställe ein und warf ihnen Eicheln zum Fraß vor.

Lange hatte Eurylochos schon vor dem steinernen Hause gewartet, ohne Erfolg, seine Männer kamen nicht zurück. Da eilte er voller Unruhe im Herzen zurück zu Odysseus. Er brachte aber kein Wort heraus, so sehr beklemmte sein Herz die entsetzliche Angst; Tränen entrannen seinen Augen. Erst als die anderen ihn drängten, doch zu berichten, da erzählte er ihnen, daß alle seine Gefährten in das Steinhaus gelockt worden seien, und daß keiner von ihnen mehr zurückgekehrt sei. Odysseus erkannte sogleich, daß hier Eile geboten war; er nahm hurtig sein Schwert und befahl dem Eurylochos, ihn zu dem Haus zu führen. Eurylochos aber flehte Odysseus auf den Knien an, ihn doch zu verschonen, keiner werde mehr von dem Zauberhaus zurückkehren. »So bleib hier«, fuhr ihn da Odysseus an, »dann werde ich allein gehen, das ist meine Pflicht.« Und schon war er davongeeilt, seine Gefährten zu retten.

Doch wenn die Not am größten ist, dann ist oft der Retter nicht fern. Als Odysseus schweren Herzens auf dem Weg zum Hause der Zauberin war, da trat der Gott Hermes in der Gestalt eines jungen Mannes an ihn heran und sprach zu ihm: »Fremder, deine Freunde sind bei der Zauberin Kirke als Schweine im Stall eingesperrt. Wenn du hingehst, um sie zurückzuholen, wird es dir wie ihnen gehen. Kirke wird auch dich in ein Schwein verwandeln und einsperren. Doch ich will dir helfen. Nimm dieses Zauberkraut, es heißt Moly, und rieche daran. Wenn dir Kirke dann den unheilvollen Wein mischt, wird dich diese Pflanze vor dem Schicksal, ein Tier zu werden, behüten. Trinke nur den Wein, den dir die Zauberin anbietet, und wenn sie dich dann mit ihrem Zauberstab berührt, dann zücke dein Schwert und stürze dich auf sie, als wolltest du ihr ans Leben. Nicht eher lasse sie los, bis sie bei den Göttern geschworen hat, dir nichts zu tun und deine Gefährten zu befreien und ihnen die menschliche Gestalt zurückzugeben.« Dann gab Hermes Odysseus die heilsame Wunderpflanze Moly: ihre Wurzel war schwarz, die Blüte aber weiß wie Milch. Für Menschen ist es schwer, sie aus dem Boden zu graben, doch die Götter können alles.

Eilig setzte nun Odysseus seinen Weg zum Hause der Zauberin fort. Dort angekommen, rief er laut die Bewohnerin, und schon trat Kirke freundlich aus der Pforte und bat ihn einzutreten, setzte ihn auf einen prächtigen Sessel und kredenzte ihm den Wein. Als sie ihn aber mit ihrem Zauberstab berührte und dabei sprach: »Geh nun in den Schweinestall und lege dich dort nieder«, da tat sich nichts, Odysseus blieb in menschlicher Gestalt. Der Held aber stürzte sich mit gezücktem Schwert auf die verwunderte Kirke und drohte, sie zu töten. Laut schrie da Kirke auf und warf sich Odysseus zu Füßen. »Wer bist du?« schluchzte sie, »wo kommst du her, daß mein Zaubertrank gegen dich keine Wirkung hat? Bist du vielleicht Odysseus, der zu mir kommen soll? Das hat mir der Gott Hermes verkündet. Dann steck doch schnell dein Schwert ein und komme zu mir auf mein Lager, daß wir die Liebe genießen können.« Odysseus aber antwortete ihr: »Wie kann ich freundlich zu dir sein und dich lieben, da du doch meine Freunde in Schweine verwandelt hast. Ich werde auch nicht dein Lager besteigen, wenn du mir nicht den heiligen Eid schwörst, mir nichts anzutun.« Sogleich schwor Kirke es.

Die holden Mägde der Kirke richteten Odysseus ein Bad und ein Mahl. Der Held aber saß traurigen Herzens da und konnte weder Speis noch Trank anrühren. Und als die schöne Zauberin, voller Sehnsucht, mit ihm das Lager zu teilen, ihn nach seinem Kummer fragte, da sprach er: »Wie kann ich mich laben, wie kann ich mich der Liebe hingeben, wenn ich immer daran denken muß, daß draußen meine Freunde als Schweine im Stall wühlen und schmutzige Eicheln fressen? Nicht eher wird Freude in mein Herz einkehren, bis ich sie erlöst sehe.« Und sogleich ging Kirke hinaus, trieb die Schweine aus dem Stall und bestrich sie mit einer heilsamen Wundersalbe; da fielen ihnen die Borsten ab, und das menschliche

Antlitz kehrte ihnen wieder. Männer wurden sie alle wieder, und viel jüngere Männer, als sie es früher gewesen waren.

Großer Jubel herrschte nun, als die Freunde den Odysseus erkannten. Tränen und Frohlocken mischten sich, als sie sich wieder in die Arme fielen, ja selbst Kirke war über dieses Wiedersehen gerührt und schluchzte.

Ein Jahr lang lebten sie bei Kirke, und Odysseus und die Zauberin waren in Liebe vereint. Dann riefen die Leute Odysseus und baten ihn, an die Rückkehr in die Heimat zu denken. Flehentlich fiel da der Held der Zauberin zu Füßen und wollte, daß sie ihn abreisen lassen sollte. Und Kirke, die Odysseus und seinen Männern hold war, ließ sie traurigen Herzens abreisen. Sie wollte sie nicht länger mehr aufhalten, doch zuvor sollte Odysseus noch zu den Seelen in die Unterwelt steigen. Dort sollte er vom frommen Seher Teiresias Belehrung über die Heimkehr erhalten.

Polyidos und Glaukos

Auf der Insel Kreta lebte einst ein Königspaar, Minos und Pasiphae, das eine stattliche Zahl von Kindern sein eigen nannte. Sie hatten in der Stadt Knossos einen riesigen Palast, der mit nur allem erdenklichen Prunk ausgestattet war. Farbenprächtige Bilder prangten an den Wänden, und in den Gängen konnte man sich fast verirren.

Unter den vielen Kindern der Königsfamilie befand sich auch ein Knabe, den die Eltern Glaukos genannt hatten. Wie alle Kinder tobte Glaukos im riesigen Palast umher und spielte mit einem Ball. Plötzlich entdeckte das Kind ein Mäuschen, das in den Gängen und Hallen des väterlichen Palastes umherhuschte; der Knabe ließ den Ball fallen und jagte übermütig dem graubefellten Tierchen nach. Wie Kinder sind, stürmte er blindlings durch den riesigen Palast seines Vaters. Dort befanden sich in einem Raum Fässer, die voll mit süßem Honig gefüllt waren. Übermütig und voller Lebensfreude verfolgte das Kind das Mäuschen und Schwups!, ohne achtgegeben zu haben, fiel es in eine Tonne, die voll mit klebrigem Honig gefüllt war.

Weit und breit war keine Hilfe da, und das Kind versank in dem süßen Brei tiefer und tiefer; je mehr es sich wehrte und sträubte, desto tiefer wurde es in das Faß des klebrigen Saftes hinabgezogen, bis es schließlich mit Haut und Haaren versunken war, eingeschlossen in den Vorrat, den sein Vater für die Wintermonate angelegt hatte.

Es dauerte nicht lange, da bemerkten Vater und Mutter, daß das Toben ihres geliebten Kindes nicht mehr im Palast zu vernehmen war. Sie suchten überall in den verzweigten Gängen umher, fanden das Söhnchen aber nicht mehr. Verstummt war sein früheres Lachen und Toben beim Spiel. In ihrer Verzweiflung wandten sie sich nach Delphi, jenem Ort, weitab von ihrer Insel im fernen Griechenland gelegen, wo die heilige Pythia ihre Weissagungen durch den Mund des Gottes Apollon verkündete. Die Seherin wußte Rat. Doch mußten die Eltern zuvor ein Rätsel lösen: »Auf eurer Insel«, sagte sie, »wurde vor kurzer Zeit ein Wesen geboren, das dreimal täglich seine Farbe wechselt. Zuerst ist es weiß, dann rot, schließlich schwarz. Wenn ihr den Namen dieses Wesens herausfindet, wird euer Sohn gerettet.«

Jetzt war guter Rat teuer. Voller Verzweiflung hörten die Eltern im ganzen Land umher, welch weiser Mann dieses Rätsel wohl lösen könne. Die Boten des Königs fanden schließlich einen Weisen, der sich Polyidos nannte, was in unserer Sprache der ›Vielwissende‹ bedeutet. Polyidos, ein göttlicher Seher, ließ in ganz Kreta fragen und fand die Lösung: In der Herde des Königs Minos war ein Kalb geboren, das dreimal täglich die Farbe wechselte. Des Rätsels Lösung sei, daß dieses Kalb die Maulbeere bedeutet, die auch zunächst weiß, dann rot und schließlich in ihrer Reife schwarz erglänze. Als Polyidos nun auf die Suche nach dem Knaben ging und in den Keller mit den Königsfässern kam, sah er, wie eine Eule die Bienen vertrieb, die sich um die Honigtonnen tummelten, angelockt vom süßen Duft der Speise. Polyidos schaute in die Bottiche und fand das Kind Glaukos, das kopfüber in die Tonne gestürzt und dort ertrunken war. Sofort wurde dem König die Kunde über den Tod des Sohnes überbracht. Minos aber befahl, auf Rat seiner Priester, den toten Körper des Sohnes wieder ins Leben rufen zu lassen. Was sollte Polyidos nun tun? War er der Gott der Heilkunst, der Lebloses wieder zum Leben zurückrufen konnte? Der König indes war unerbittlich. Polyidos sollte nach seinem Befehl so lange in dem Keller verbleiben, bis Glaukos wieder am Leben war. Das war sein Befehl.

Eingeschlossen mußte nun Polyidos Tag für Tag in den Kellergewölben verharren und wußte weder ein noch aus. Einen toten Körper zum Leben zu erwecken, das war doch allein Sache seines Gottes. Doch plötzlich eines Tages sah er, wie sich eine Schlange dem toten Körper des Glaukos näherte. Voller Furcht zog Polyidos sein Schwert und schlug ihr den Kopf ab; doch eine zweite Schlange schlich sich schon heran. Als diese aber sah, daß ihre Artgenossin tot war, machte sie kehrt, kam aber kurz darauf zurück und trug eine heilbringende Pflanze in ihrem Mund. Diese Pflanze legte sie auf den toten Körper ihrer Artgenossin, und sofort erwachte diese zum Leben. Als Polyidos dies sah, ward er sich bewußt, daß ein Gott ihm geholfen hatte. Er nahm die gleiche Pflanze von der Schlange weg und legte sie auf den Leichnam des Kindes Glaukos. Im gleichen Augenblick begann das Leben in den Körper des Kindes zurückzufinden. Die zarten Glieder des Knaben bewegten sich, und Leben rührte sich.

Sofort brachte man, als man die Rufe des totgeglaubten Kindes hörte, Kunde zu seinem Vater

Minos. Dieser überhäufte Polyidos mit Geschenken, wollte aber wissen, wie er seinen Sohn zum Leben erweckt habe, sonst lasse er ihn nicht frei. Polyidos aber, den der Gott belehrt hatte, wollte sein Geheimnis nicht preisgeben. Er ging zu dem erretteten Kinde und bat es, ihm in den Mund zu speien. Als das Kind das tat, verlor es jede Erinnerung an die Rettung, und Polyidos nahm das Geheimnis mit ins Grab; kein Sterblicher sollte je was davon erfahren.

Perseus

Einst herrschte in Argos König Akrisios. Da er keine Söhne, sondern nur eine Tochter, die Danae hieß, sein eigen nannte, befragte er das Orakel, wie er einen männlichen Nachkommen bekommen könne. Das Orakel aber antwortete ihm: »Söhne hast du keine mehr zu erwarten, aber ein Enkel wird dich töten.«

Voller Angst um sein Leben und um sein Reich verschloß er da seine Tochter Danae in ein unterirdisches steinernes Gemach. Doch der höchste der Götter, Zeus, stieg in Gestalt eines goldenen Nebels herab. Danae fing ihn in ihrem Gewand auf, und aus dem Regen trat der oberste Gott, der sich mit ihr vermählte. Sie gebar dem Zeus einen Knaben, den sie Perseus nannte.

Eines Tages aber vernahm König Akrisios unten aus dem Verlies herauf die Stimme eines spielenden Knaben, und sogleich ließ er die Kammer öffnen und Mutter und Kind vor sich führen. Akrisios aber wollte seiner Tochter nicht glauben, daß Zeus selbst der Vater des Knaben sei, und so sperrte er, immer noch in Furcht vor dem Orakel, Mutter und Kind in eine hölzerne Truhe und setzte diese auf dem offenen Meer aus. Lange Zeit trieb der hölzerne Kasten mit den beiden hilflos im Meer. Ängstlich und Tränen in den Augen umklammerte die Mutter ihr hilfloses Kind, wobei sie schluchzte: »In welche Not, mein liebes Kind, bist du geraten, ohne daß du etwas davon weißt. Ruhig schläfst du den Schlaf eines Säuglings und drückst unbekümmert dein liebes Gesicht an mich. Schlaf weiter, mein Kind, schlaf weiter. Und du Zeus, Vater dieses Knaben, bringe du uns doch Hilfe, wend' ab das Unglück zumindest von deinem Sohn.«

Und vom Sturm und den Wellen gepeitscht, trieb der Kasten langsam der Insel Seriphos zu, wo gerade der Fischer Diktys am Strand an seinen Netzen hantierte. Dieser warf ein großes Netz aus und fischte die Truhe aus der schäumenden Gischt. Während Danae zuerst erschrak, lachte das Kind Perseus den Fischer an, strahlend und glücklich, ein Beweis seiner göttlichen Abkunft.

Auf der Insel Seriphos aber herrschte Polydektes, der Zwillingsbruder des Diktys, als König. Ungleiche Brüder waren beide; der eine von Herzen gut,

Diktys, der andere aber, der König, war finsteren Sinnes und böse. Doch nahm er die beiden trotzdem auf und zog den kleinen Perseus in seinem Hause auf, waren doch beide gut dafür, Arbeiten für ihn zu erledigen; zudem wurde auch Polydektes von Liebe zu Danae ergriffen.

So vergingen einige Jahre, und Perseus war zu einem stattlichen jungen Manne herangewachsen. Der König aber hatte sich in den Kopf gesetzt, Danae zu heiraten. Da nun aber Danae und ihr Sohn Perseus gegen diese Heirat waren, überlistete der König den jungen Perseus und trug ihm auf, ihm das Haupt der Gorgo Medusa zu bringen. Die drei Gorgonen aber, Stheno, Euryale und Medusa, waren schreckliche Ungeheuer, die Flügel hatten, mächtige Zähne und Schlangenhaare. Ihr Blick war so fürchterlich und grauenhaft, daß jeder, der sie betrachtete, sofort zu Stein erstarrte. Außer Medusa waren sie unsterblich und wohnten am äußersten Rande der Welt, fernab in den tosenden Schlünden der Nacht und des Todes. Deshalb war Polydektes sicher, daß Perseus wohl nie diese Aufgabe lösen könnte.

Doch war Perseus, der Zeusgeborene, den Göttern lieb und wert, und Zeus hatte die flehentliche Bitte der Mutter auf tobender See nicht vergessen. Mutigen Herzens trat der Jüngling seine lange Fahrt an, um seine Abenteuer durchzustehen. Er gelangte zu den Schwestern der Gorgonen, die schon als Greisinnen geboren wurden; sie sind die Wächterinnen der Gorgonen und wissen allein den Weg zu ihnen. Der tapfere Jüngling nahm ihnen Auge und Zahn weg – alle drei besaßen nur einen einzigen und mußten sich abwechselnd seiner bedienen – und gab sie ihnen erst zurück, als sie ihm den Weg zeigten. Der Weg aber führte zunächst zu den Nymphen. Diese gaben dem Perseus drei Zauberdinge, mit denen er seine Aufgabe lösen konnte: Flügelschuhe, mit denen er sich in die Lüfte schwingen konnte, eine Zaubertasche für das Haupt der Gorgo und eine Tarnkappe. Wenn man diese aufzog, so war man unsichtbar. Die Göttin Athene gab ihm noch dazu einen Spiegel, hellglänzend und metallen.

Perseus band sich die geflügelten Schuhe an und ließ sich vom Wind ans Ende der Welt, dem Sitz der schlangenhaarigen Ungeheuer, tragen. Hoch ragten dort die Berge zum Himmel, und Perseus gewahrte steinerne Gestalten, die reglos in der Gegend standen: einen Löwen auf der Flucht, der mit offenem Maul in die Leere starrte, einen Menschen, auch dieser auf der Flucht, versteinert. Links und rechts des Weges standen Tiere, alte und junge Menschen, Kinder, wie von einem Bildhauer geschaffen, der die Angst darstellen wollte. Sie waren alle die hilflosen Opfer der Gorgonen, die sie allein mit ihrem Blick in Stein verwandelt hatten.

Vorsichtig schlich sich Perseus weiter in den Schlund einer Höhle; den Spiegel, den ihm Athene geschenkt hatte, hielt er vorsichtig vor das Gesicht, denn nur im Spiegelbild durfte er Medusa erblicken, wollte er nicht auch zu Stein werden. Von ferne schon hörte er eine heisere Stimme und das Zischen der Nattern; er wartete, bis es Nacht ward und die Gorgonen eingeschlafen waren; dann trat er vorsichtig näher und sah schon das Bild der schlafenden Medusa in seinem Spiegel. Eilig griff er nun zu seinem Schwert und ließ es auf den Natternkopf der Medusa herabsausen. Ihr Antlitz erstarrte zu einer schrecklichen Fratze, und der Kopf fiel zur Erde. Aus dem Rumpf der Gorgo aber entsprang das geflügelte Roß Pegasos. Das Haupt der Medusa aber steckte der Held in die Zaubertasche, die er bei sich trug. Kaum hatte Perseus sein Werk vollendet, da erwachten die anderen beiden Gorgonen, unsterblich sie, und wollten ihre Schwester rächen. Schnell setzte sich Perseus die Tarnkappe auf und war für die beiden Ungeheuer unsichtbar. Er schwang sich mit seinen Flügelschuhen in die Lüfte und entging so der Verfolgung der bösen Rachegeister.

Die stürmischen Winde warfen Perseus hin und her, und daher beschloß er, sich gegen Abend auf die Erde niederzulassen. Er war aber in das Reich des mächtigen Riesen Atlas gekommen. Dieser hatte zahlreiche Viehherden und große Gärten, in denen ein Baum mit goldenen Ästen, goldenem Laub und goldenen Äpfeln stand. Kaum aber bat Perseus den Riesen um Gastfreundschaft, da gebärdete sich dieser drohend und wollte ihm Gewalt antun, da er nach einem alten Orakelspruch um sein Gold fürchtete. Da zog Perseus das Gorgonenhaupt aus seiner

Tasche und hielt es vor den Riesen. Atlas wurde sogleich zu Stein, zu einem riesigen Berge türmte er sich nun auf.

Am nächsten Morgen erhob sich bei ruhigerem Winde der Held wieder gen Himmel und flog über viele Länder und Berge bis in das Reich des Kepheus, fern in Äthiopien. Dort sah er am hohen Felsenufer ein schönes Mädchen, das an die Felsen gekettet war. Ihre Haarflechten wurden leise vom Winde bewegt, sonst hätte man meinen können, dies sei das herrliche Bildwerk eines Meisters. Liebe erfaßte das Herz des Helden, er ließ sich fast bis zur Erde nieder und redete die Schöne so an: »Wer bist du, welch grausiges Geschick hat dich hier anketten lassen?« Die schöne Gefangene weinte und schluchzte, doch faßte sie schließlich Vertrauen und erzählte dem Helden ihr Mißgeschick: »Andromeda heiße ich und bin die Königstochter dieses Landes. Meine Mutter hatte sich gebrüstet, sie sei schöner als alle Nymphen. Darüber war Poseidon, der Gott des Meeres und Beschützer der Nymphen, so erzürnt, daß er eine Sturmflut und ein schreckliches Meeresungeheuer schickte, um uns zu vernichten. Einem Orakel zufolge hat mein Vater mich hier anschmieden lassen, daß ich dem Meeresungeheuer zum Fraß diene; nur so wird mein Land gerettet werden.«

Als sie so redete, da begann das Meer wild zu rauschen, die Flut tobte hoch auf und teilte sich, und es erschien aus den Tiefen der See das Ungetüm. So riesig war es, daß es mit seinem Körper die ganze Meeresfläche bedeckte. Entsetzt über die Schreie der Jungfrau, stürzten ihre Eltern sofort herbei, helfen konnten sie indes nicht. Perseus jedoch nahm sich vor, die schöne Jungfrau zu retten, wenn die Eltern sie ihm zur Frau gäben. Gern nahmen diese an und versprachen ihm noch das Königreich dazu.

Schon hatte sich das Ungetüm der Küste bedrohlich genähert und wollte sein Opfer haben. Da aber schnellte Perseus mit seinen Zauberschuhen in die Höhe. Das Ungetüm sah nun seinen Schatten auf dem Wasserspiegel und wütend und schnaubend stürzte es sich darauf. Perseus aber fuhr plötzlich aus der Höhe herab und schwang sich auf den Rücken des Ungeheuers, das wild um sich tobte. Bald schnellte es in die Höhe, bald tauchte es hinab in die schwarzen Fluten und versuchte, Perseus zu beißen. Doch der Held stieß tief und tiefer sein Schwert in den Schuppenleib, bis das Untier verblutend in die Tiefe des Meeres versank.

Lauter Jubel empfing nun den Helden am Strand, und freudig begrüßten die Eltern Andromedas ihn als Schwiegersohn; sofort wurde die prächtige Hochzeit gefeiert. Doch noch sollten nicht alle Leiden und Abenteuer des Helden ihre Erfüllung gefunden haben. Wild stürzte sich Phineus, der Bruder des Königs Kepheus, in die festliche Hochzeitsgesellschaft und forderte selbst Andromeda als Braut, ihm sei sie versprochen. Perseus aber konnte sich nicht gegen die wilden Horden des Nebenbuhlers durchsetzen, die mordend in die Gesellschaft einbrachen. Da kehrte der Held an den Strand zurück und nahm das Haupt der Medusa. Jeden, der ihm noch Freund sei, hieß er, sich das Gesicht zu verhüllen. Die anderen aber wurden durch die Fratze der verderblichen Gorgo zu Stein. Als schließlich nur noch Phineus übrigblieb, und dieser den Helden um sein Leben bat, da erwiderte Perseus: »Sei ohne Furcht, ich werde dich nicht verwunden, ich werde dir nur ewige Dauer verleihen«, und hielt ihm das Haupt vor die Augen. Und schon erstarrten die flehenden Arme des Phineus, die Tränen in seinen Augen versteinerten, es blieb das starre, steinerne Bild des Flehens zurück.

Bald darauf kehrte Perseus mit seiner jungen Gattin zurück zur Insel Seriphos, wo seine unglückliche Mutter Danae noch schutzsuchend im Tempel harrte; Polydektes wollte sie nämlich noch immer zur Ehe zwingen. Rächend jedoch hielt der Held dem Polydektes das Haupt der Gorgo vor, und sofort wurde er zu Stein. Das Königreich aber übergab Perseus dem Fischer Diktys, dem Bruder des Königs, weil dieser sich immer hilfreich und freundlich um Danae gekümmert hatte. Die Flügelschuhe und die Tarnkappe gab er Hermes zurück, das Medusahaupt schenkte er Athene. Hierauf legte Perseus mit seiner Gattin und seiner Mutter den Weg dorthin zurück, woher er einst aufgebrochen war: nach Argos zu König Akrisios, zu seinem Großvater. Noch hatte sich nämlich nicht der Spruch des Schicksals erfüllt.

Akrisios floh, aus Angst vor dem alten Orakel, aus dem Lande und überließ dem Enkel die Herrschaft. Doch Perseus war einmal in das Land, in das sein Großvater geflohen war, zu einer Begräbnisfeierlichkeit eingeladen und nahm am sportlichen Wettkampf teil. Beim Diskuswerfen aber traf seine Scheibe, vom Wind falsch geleitet, den eigenen Großvater und tötete ihn. So hatte sich der Spruch des Schicksals erfüllt. Perseus begrub seinen Großvater aufs Prächtigste, und da er sich scheute, das Erbe des von ihm gemordeten Großvaters anzutreten, übergab er sein Reich einem Verwandten; der Verwandte aber übergab ihm umgekehrt im Tausch sein Reich.

Peleus und Thetis

Peleus war ein Held, der schon viele gefährliche Abenteuer durchgestanden hatte. Zeus selbst, der oberste der Götter, hatte nun für ihn die Nereide Thetis zur Gemahlin gewählt; sie war eine schöne Meerjungfrau und wohnte in den Tiefen der blauen See. Obwohl Zeus selbst sie liebte, durfte sie aber nur mit einem Sterblichen vermählt werden. Unwillig also gab der Vater der Götter sie zur Vermählung frei.

Peleus hatte einen weisen Freund, den Kentauren Cheiron, der ihm immer mit Rat und Tat zur Seite stand. Halb Tier war er und halb Mensch. Sein Oberkörper glich dem eines Menschen, doch hatte er wie alle Kentauren einen Pferdeleib. Cheiron nun ahnte voraus, daß die unsterbliche Thetis mit der Heirat mit einem Sterblichen nicht zufrieden sein würde. Und so gab er Peleus folgenden Rat: Er solle sich hinter einem Myrtenstrauch an der Küste einer thessalischen Insel verstecken.

Nackt kam nun die schöne Meerjungfrau, von einem Delphin getragen, zu jener Bucht und legte sich zum Mittagsschlaf in eine Höhle, die vom Myrtenstrauch halb bedeckt war. Kaum hatte Peleus die schöne Jungfrau in ihrer vollendeten Schönheit gesehen, da ward er von wilder Leidenschaft ergriffen, und voller Ungestüm näherte er sich ihr, stürzte sich auf sie und hielt ihr den Hals mit den Armen fest umschlungen. Da der Thetis alle Bitten nichts nützten, und der Held nicht von ihr abließ, da griff sie zu ihrem Zauber: Sie verwandelte sich schnell in einen Vogel, doch auch diesen hielt Peleus in seiner Faust gefangen; dann in einen starken Baum, aber auch davon ließ der Held nicht ab. Als sie sich nun aber in eine wilde Tigerin verwandelte, da ließ Peleus schnell von ihr ab; doch brachte er den Göttern ein Opfer und wurde gehört. Sogar als die Jungfrau sich in einen riesigen Tintenfisch verwandelte und Peleus mit klebriger Flüssigkeit bespritzte, gab dieser nicht nach. Er bezwang sie schließlich in unermüdlichem Kampf und fesselte sie. Da endlich gab sich Thetis besiegt und in leidenschaftlicher Umarmung gab sie sich ihm hin.

Hochzeit wurde nun gefeiert vor der Höhle des weisen Cheiron. Alle Götter waren gekommen und saßen auf zwölf Thronsesseln. Zeus selbst hatte sich damit abgefunden, daß er sich Thetis nicht mehr nähern konnte, und die Nereiden, die Meerjungfrauen, sangen und tanzten fröhlich am weißen Strand. Auch die Schicksalsgöttinnen waren gekommen, die Moiren: Klotho, Lachesis und Atropos, die immer an der Wiege standen und die Zukunft der kleinen Menschenseele spannen. Klotho spann den Faden, Lachesis zupfte ihn aus und führte ihn ins Gewebe, Atropos schließlich schnitt ihn dann ab, wenn das Lebenslicht eines Menschen erlöschen sollte. Auch auf der Hochzeit von Peleus und Thetis nun spannen die Schicksalsgöttinnen und verkündeten der Frucht der Verbindung Großes: Ein Held wird geboren werden, der große Taten vollbringen wird. Es sollte Achilles sein, der größte Held des trojanischen Krieges.

Unter allem Jubel hatte man vergessen, eine Frau einzuladen, es war dies Eris, die Göttin der Zwietracht, die unter den Menschen nur Aufruhr und Streit auslöste. Während Hera, Athene und Aphrodite lustig miteinander plauderten, da rollte sie ihnen einen Apfel zu, der die Aufschrift trug: »Der Schönsten.« Peleus hob den Apfel auf und wußte nicht, wem von den dreien er ihn geben sollte. So wurde der Grundstein des Unglücks gelegt zu dem größten der alten Kriege, zu dem um Troja, an dem auch Achilles, die Frucht im Leibe der Thetis, teilnehmen sollte.

Nachdem dem Paar nun sieben Söhne geboren wurden, versuchte die Nereide Thetis, diese unsterblich zu machen. Tagsüber salbte sie sie mit Ambrosia, der Nahrung, die die Götter immer zu sich nehmen, und des Nachts legte sie sie ins Feuer. Nachdem sie sechs ihrer Söhne so verbrannt hatte und in den Olymp zur Unsterblichkeit geschickt hatte, da erwischte sie ihr Gemahl Peleus bei dieser schrecklichen Zauberei. Es gelang ihm, Achilles zu retten, den Thetis schon bis auf seine Fußgelenke unsterblich gemacht hatte und ihn dem Feuer zu entreißen. Voll Wut über ihren Gatten, trennte sich nun die Meerjungfrau von ihrem Gemahl und kehrte zurück ins Reich ihres Vaters, in die Tiefe der blauen See.

Der Knabe Achilles aber blieb gerade an seinem Fußgelenk verwundbar, was ihm noch Verderben bringen sollte.

Meleagros

Meleagros war der Sohn von Oineus, des Königs von Kalydon, und seiner Gattin Althaia. Kaum aber war das Kind sieben Tage alt, da traten die drei Moiren, die Göttinnen des Schicksals, an seine Wiege und spannen den Faden seines Lebens. Sie legten ein Holzscheit in das flackernde Herdfeuer und verkündeten feierlich den Spruch, das kleine Kind werde nur so lange leben, bis das Scheit im Feuer verbrannt sei. Als die Schicksalsgöttinnen nach diesem grausigen Spruch die Kammer verlassen hatten, sprang Althaia entsetzt auf, riß schnell das Holzscheit aus dem Feuer, löschte es und verschloß es sorgfältig. Damit wollte sie das schreckliche Los von ihrem unschuldigen Kind abwehren und ihm ein langes Leben gewähren.

Inzwischen war Meleagros zu einem tapferen jungen Mann herangewachsen. Doch das Schicksal ließ sich nicht überlisten. Eines Tages brachte sein Vater Oineus als Dank für die üppige Ernte des Jahres den Göttern ein Opfer dar. Jedem der Götter spendete er die Erstlinge der Ernte; nur vergaß er, auf den Altären der Artemis zu opfern. Darüber war die Göttin so erzürnt, daß sie schwor, sich zu rächen. Zur Strafe schickte sie auf die Felder des Königs einen riesigen Eber, der alles vernichten sollte. Wild und fürchterlich war dieses Tier anzusehen, Feuer glühte in seinen Augen, und starr standen auf seinem Rücken die Borsten. Wütend stampfte es durch die frischen Saaten, zertrampelte sie, auch nahm es keine Rücksicht auf die Weinreben und den Ölbaum; die Schafe konnten nicht mehr auf der Weide grasen, und trostlos mußten die Bauern mit ansehen, wie die ganze Ernte eines Jahres vernichtet war. Kein Brot sollte ihnen mehr bleiben.

Meleagros aber wollte dem wütenden Treiben ein Ende bereiten; er versammelte aus allen Teilen Griechenlands die tapfersten Helden um sich, um mit ihnen das Tier zu erlegen und das Land von der Plage zu befreien. Unter diesen Helden befanden sich auch seine beiden Onkel, die Brüder seiner Mutter, und Atalante, eine jugendliche Jägerin aus Arkadien. Von frühester Kindheit an hatte sie in den Wäldern gelebt, wurde sie doch kurz nach ihrer Geburt ausgesetzt; eine Bärin hatte sie dann gesäugt, und Jäger sie aufgezogen. Ganz glich sie Artemis, der Göttin der Jagd. Kunstlos und schlicht trug sie das Haar, ihr Gewand war einfach, und gleich wie die scheue Artemis hatte sie ihr Leben auch der Jungfräulichkeit geweiht. Kaum aber hatte Meleagros die knabenhaft anmutende Atalante gesehen, da wurde sein Herz in Liebe ergriffen. Doch wagte er es nicht, sich der Jungfrau anzuvertrauen, und heimlich glühte die Sehnsucht in seinem Herzen.

Nachdem nun der König Oineus diese tapfere Jagdgesellschaft neun Tage aufs köstlichste bewirtet hatte, machten sich die Helden auf den Weg, den Eber aufzuspüren. Die Gesellschaft wandte sich zunächst einem hochragenden Wald zu, der düster und noch nie von einem Menschen berührt auf einem Berge lag. Als sie in ein tiefes, von Bächen durchfurchtes Tal kamen, in dem undurchdringliches Gestrüpp wucherte, da stürzte sich plötzlich tobend und schnaubend der fürchterliche Eber aus dem Dickicht und sprang wütend auf die Männer zu. Von allen Seiten flogen nun Speere auf das Untier zu, sie prallten aber an den rauhen Borsten und der ledernen Haut ab. Von Wut entbrannt stürzte sich nun der Eber mitten unter die Jäger und tötete einige von ihnen.

Wild wetzte das Tier seine Hauer an einem Baumstamme und fuhr mit seiner Raserei fort. Schon wollte es wieder zwei der tapferen Helden niederstrecken, da spannte Atalante ihren Bogen und jagte dem Eber einen Pfeil unter das Ohr. Dies war das erste Blut, das dem Eber entströmte, und Meleagros rief jubelnd der heimlich geliebten Jungfrau zu: »Dir, o Jungfrau, steht der Preis der Tapferkeit zu!« Als die Helden aber dies vernahmen, da waren sie vor Eifersucht und Ehrgeiz gepackt, denn sie wollten den Preis der Jagd keiner Frau gönnen. In ihrer Ehre gepackt, stürmten sie rasend auf den Eber zu, um ihn vollends zu töten. Doch das verwundete Tier wehrte sich mit aller Kraft und streckte die beiden Helden nieder. Da plötzlich aber traf die Lanze des Meleagros den Eber in den Rücken, und während sich das Untier schnaubend vor Schmerzen wand, stieß der Königssohn ihm die Spitze tief ins Herz, bis es verendete.

Laut jubelnd eilten jetzt die Jagdgenossen heran, beglückwünschten Meleagros und wollten ihm den Siegespreis, das Fell des Tieres, zukommen lassen. Meleagros aber streifte dem Eber mit dem Schwerte die borstige Hülle ab und reichte sie Atalante mit den Worten: »Dir, Jungfrau, gebührt die Ehre. Nimm du das Fell und teile mit mir den Siegespreis!« Als die Jungfrau das Fell freudig von Meleagros annahm, entbrannte Wut und Haß in den Reihen der Jäger. Sie wollten den Siegespreis nicht einer Jungfrau gönnen; ihnen, den Helden, den Männern, gebührte er. Besonders aber waren die beiden Onkel des Meleagros gekränkt und beschimpften Atalante auf gräßlichste Weise. Da aber stieg Zorn in Meleagros auf, wollte er doch die geliebte Jungfrau vor der wilden Horde verteidigen. Er zog sein Schwert und voller Wut tötete er damit seine beiden Onkel. Als Althaia, die Mutter des Meleagros, erfuhr, daß ihr Sohn ihre beiden Brüder getötet hatte, da wurde sie zunächst von tiefer Trauer ergriffen. Aber statt der Trauer stieg bald Wut und Zorn über den Sohn in ihrem Herzen auf, sie dachte nur noch an Rache.

Da nahm sie das angebrannte Holzscheit hervor, das sie einst, als Meleagros noch ein Säugling war, aus der Glut gerissen hatte, und hieß das Feuer schüren. Schon wollte sie das Scheit in die verzehrende Flamme werfen, doch zuckte sie wieder zurück. In ihrem Herzen kämpfte die Liebe der Mutter und die der Schwester; sie dachte zurück an jene Stunde, als die Schicksalsgöttinnen das Scheit in die Flamme warfen, und in Erinnerung an das Wimmern des unschuldigen Kindleins wurde ihr Mutterherz gerührt. Ihre Gedanken waren aber auch in ihrem eigenen Elternhaus, hingen an den geliebten Brüdern, und Zorn glühte in ihrem Herzen gegenüber dem Sohn. Viermal hatte sie schon das Scheit in der Hand und viermal legte sie es wieder mit

Tränen in den Augen zurück. Doch endlich siegte die Schwesternliebe. Sie kehrte den Blick weg vom Feuer und warf das angekohlte Holzscheit in die lodernde Flamme.

Kaum aber hatte das Scheit Feuer gefangen und loderte in dem Herd, da klang aus dem Holz ein tiefes Seufzen. Meleagros in der Ferne wurde zur gleichen Zeit von tiefem inneren Schmerz und Brand verzehrt, ohne daß er wußte warum. Unter entsetzlichen inneren Qualen wird er verzehrt und sinkt in sich zusammen. Seinen alten Vater, seine Geschwister und die Mutter ruft er flehend an. Je mehr das Holzscheit im Herd der Mutter abbrannte, desto heftiger zehrte der Schmerz im Inneren des Meleagros; und als schließlich das Holz verbrannt war und nur noch Asche herabfiel, da war sein Lebenslicht auch verloschen, und er tat seinen letzten Atemzug.

Wie klagten da der greise Vater und die Geschwister, wie vermißten sie ihren geliebten Meleagros. Die Mutter aber wurde von ihrem Gewissen gemartert. Immer wieder sah sie das Bild ihres Kindes vor sich, das sie selber zerstört hatte. Und da sie sich ihrer Schuld tief bewußt war, stieß sie sich ein Schwert in die Brust und folgte ihrem Sohne in das Reich der Schatten.

Herakles und das Schlangenmädchen

Als Herakles dem Riesen Geryoneus seine Rinder gestohlen hatte, kam er mit der geraubten Herde eines Tages in ein unbewohntes Land. Da brach plötzlich ein schwerer Schneesturm aus; wild trieb der Schnee dem Helden ins Gesicht, und Frost überfiel ihn. So nahm er denn das Fell, das er dem nemeischen Löwen, einem schrecklichen Ungeheuer, abgezogen hatte, hüllte sich darin ein und legte sich zum Schlaf in die frostige Einöde. Die Pferde, die noch an seine Karre gespannt waren, ließ er unbekümmert grasen.

Doch als Herakles wach wurde und um sich schaute, da hielt er vergeblich nach seinen Pferden Ausschau; sie waren verschwunden, gestohlen. Nur die Rinder des Geryoneus waren noch da. In der ganzen Gegend suchte nun Herakles nach seinen Rossen und gelangte schließlich in die Landschaft Hylaia und entdeckte dort eine tiefe Höhle. Er trat furchtlos ein und fand darin ein wundersames Wesen, ein Schlangenmädchen. Es war dies ein Zwitterwesen; der Oberkörper war der einer Frau, der Unterkörper aber einer Schlange. Verwundert fragte er nun dieses Wesen, ob es wisse, wo seine Pferde seien. »Deine Pferde habe ich selbst«, entgegnete da das Schlangenmädchen, »ich werde sie dir aber erst dann zurückgeben, wenn du mit mir das Lager teilst.«

Was sollte der Held nun tun? Um seine Rosse wiederzubekommen, tat er ihr also den Gefallen. Doch sie gab ihm darauf die Rosse immer noch nicht zurück, denn sie wollte möglichst lange das Zusammensein mit dem Helden genießen, während dieser sich nur danach sehnte, seine Pferde zurückzuerlangen.

Als das Schlangenmädchen den Helden schließlich nicht mehr hinhalten konnte, mußte es sein gegebenes Versprechen doch erfüllen; es sprach zu ihm: »Deine Pferde habe ich dir aufbewahrt, wie sie zu mir gekommen sind. Und du hast mich für die Rettung auch reichlich belohnt. Drei Söhne hast du mir geschenkt. Was soll ich mit diesen tun, wenn sie erwachsen sind? Sollen sie in meinem Land bleiben, in dem ich die Macht habe, oder sollen sie zu dir kommen, wenn sie Männer geworden sind?« Darauf Herakles: »Wenn meine Söhne dem Knabenalter entwachsen sind, so stelle ihnen folgende Aufgabe: Derjenige, der diesen Bogen, den ich bei mir trage, so wie ich spannen kann, und der sich mit diesem Gürtel umgibt wie ich, der soll von meinen drei Söhnen dieses Land bewohnen. Wer aber diese Aufgabe nicht lösen kann, den laß dieses Land verlassen.« Dann spannte Herakles seinen Bogen, zeigte ihr den Gürtel, der oben am Schloß eine goldene Schließe hatte, und gab dem Schlangenmädchen beides. Damit verließ er sie und zog von dannen.

Als nun die Söhne herangewachsen waren, da ließ das Schlangenmädchen sie die Aufgabe ausführen.

Und die zwei ältesten Söhne waren nicht in der Lage, die gestellte Aufgabe zu erfüllen. Der jüngste aber konnte den Bogen spannen und trug die goldene Gürtelspange. Die Mutter verwies daraufhin die älteren Söhne des Landes, der jüngste aber blieb im Lande und wurde König. Bald auch wuchs die Bevölkerung in der Einöde an, und er wurde später zu einem mächtigen Herrscher.

Alkestis

Alkestis war die klügste und schönste Tochter des Königs Pelias. So hielten viele Helden Griechenlands bei ihrem Vater um ihre Hand an. Als Mädchen hatte die schöne Alkestis ans Heiraten aber nicht gedacht, denn sie wollte auf die wichtigsten Fragen verläßliche Antworten erhalten, wollte wissen, ob es wirklich Götter gibt, und wie diese die Gefühle des menschlichen Herzens leiteten. Wenn sie Mutter und Gattin wäre, so glaubte sie, hätte sie wenig Aussicht, auf all diese brennenden Fragen eine Auskunft zu erhalten. Priesterin des Apollo in Delphi wollte sie werden; jahrelang wartete sie auf eine Botschaft des Gottes, um ans Orakel berufen zu werden, wo sie glaubte, auf alle ihre Fragen eine Antwort zu erhalten. Der Gott aber berief sie nicht.

Als nun die zahlreichen Prinzen und Könige Griechenlands um sie warben, da wollte König Pelias diese nicht durch eine Absage vergrämen, obwohl er seine geliebte Tochter gern bei sich behalten hätte. So stellte er denn den Bewerbern eine schier unmöglich zu lösende Aufgabe: Derjenige sollte seine Tochter als Gemahlin heimführen können, der einen Löwen und einen wilden Eber an einem Wagen zusammenspannen und dieses Gefährt dann um den Rennplatz lenken könne. Diese Aufgabe war so gewaltig, daß sogar die größten Helden, die aus Liebe zur schönen Jungfrau angereist waren, versagten.

Schließlich kam Admetos, ein Königssohn aus Thessalien. Der listige Admetos rief den Gott Apollo zu sich, um dessen Hilfe zu erbitten. Der Gott mußte nämlich früher einmal bei Admetos als Hirte dienen, als Bestrafung für die Ermordung der Kyklopen; seit dieser Zeit sind die beiden, Admetos und der Gott, Freunde geworden. »Tu mir noch einen Gefallen«, bat Admetos seinen göttlichen Freund, »und hilf mir, die Hand der herrlichen Alkestis zu gewinnen!« Gern willigte der Gott ein, und Admetos gelang es tatsächlich, die schwere Aufgabe zu lösen: Als wären es zahme Ochsen, trieb er das Gespann von Eber und Löwe um den Rennplatz. Geschlagen, mußte nun Pelias sein Versprechen erfüllen und seine Tochter schweren Herzens aus dem Haus geben.

Der Tag der Vermählung nahte, und man machte große Zurüstungen zur Feier. Aus Unachtsamkeit aber vergaß Admetos, der Göttin Artemis, der Schwester seines Freundes Apollo, zu opfern. Die Göttin war erzürnt und erbost und rächte sich auf der Stelle.

Voller Sehnsucht und Verlangen betrat Admetos das Brautgemach, doch da entdeckte er statt der erwarteten Braut eine Brut zischender Schlangen. Entsetzt floh Admetos aus der Kammer; voll düsterer Vorahnungen und Ängste rief er wiederum seinen göttlichen Freund, und dieser setzte sich bei seiner Schwester Artemis für Admetos ein. Und da Admetos das Opfer für Artemis nachholte, erlangte Apollo noch von den Moiren, daß Admetos, sollte sich sein Leben einmal dem Ende neigen, weiterleben könne, wenn ein Mitglied seiner Familie aus Liebe freiwillig für ihn in den Tod gehe. Die drei Moiren sind nämlich die mächtigen Schicksalsgöttinnen, die den Lauf des Lebens aller Menschen bestimmen.

Viel früher aber als erwartet war der Faden, den die Moiren dem Admetos gesponnen hatten, abgelaufen, und die festgesetzte Lebensfrist neigte sich ihrem Ende zu. Doch voller Sehnsucht und Freude hing der junge König noch am Leben; er wollte nicht scheiden, nicht diese herrliche Erde verlassen. So lief er schnell zu Vater und Mutter, die schon alt waren und deren Leben nicht mehr lange dauern würde. Flehentlich bat er sie, ihm doch zu helfen und ihr Leben für seines zu geben. Doch die Eltern versagten ihm diese Bitte, auch sie hingen noch an dem kläglichen Rest ihrer Tage und wollten noch nicht in das Reich der Schatten hinabsteigen. Nur

Alkestis, die junge Gattin, die Admetos zwei Kinder geschenkt hatte, war bereit, auf ihre Jugend und ihr Familienglück zu verzichten, und aus Liebe zu ihrem Gemahl, ihm ihr Leben zu opfern.

Zum letzten Mal standen sich nun beide Liebenden gegenüber, der Abschied war gekommen. Und schon bedauerte es der Gatte, daß er Alkestis für sich sterben lassen wollte. Nicht mehr leben wollte er, wenn Alkestis nicht mehr bei ihm war. Zu spät. »Nimm mich mit«, bat inständig Admetos, aber vom Gift, das sie genommen, überwältigt, war Alkestis schon gestorben und ihre Seele in die Unterwelt entwichen. Fassungslos und ohne Trost stand nun der König da, sein Leben war ihm wertlos, jetzt, da dessen einziger Sinn entflogen war.

Kaum aber war Alkestis in die Unterwelt gestiegen, da erbarmten sich die Götter ob solch großer Gattenliebe und schickten sie zum Dank für ihr Opfer zurück in die Oberwelt zu ihrem Gatten und ihren weinenden Kindern. So sehr waren die Götter über diese schöne Tat erfreut. Nur wenigen Menschen ließen sie dies je zuteil werden.

Die heilige Schafherde

In der Stadt Apollonia am ionischen Meerbusen gibt es eine Schafherde, die der Sonne geweiht und heilig ist. Tagsüber weidet sie an einem Fluß, der von den Bergen herabkommt, durch die Stadt Apollonia fließt und dann beim Hafen ins Meer mündet. Nachts wird diese Herde von Männern bewacht, die jährlich unter den reichsten und einflußreichsten der Stadt ausgesucht werden, darauf achten die Einwohner der Stadt in Erinnerung an eine alte Weissagung sehr. Bei Dämmerung schon treiben sie die Herde weit weg von der Stadt in eine abgelegene Höhe, wo sie die Nacht verbringt.

Euenios, ein angesehener Bürger der Stadt, hielt eines Nachts dort Wache. Als er aber, vom Schlaf übermannt, einnickte, da näherten sich reißerische Wölfe der Herde, und ihre Meute zerriß etwa sechzig Schafe. Bestürzt über den Verlust der heiligen Tiere, beschloß Euenios, niemandem von dem Vorfall zu berichten. Damit der Verlust nicht bemerkt wurde, nahm er sich vor, für die verlorenen Schafe andere zu kaufen und sie einfach unterzuschieben. Doch die Einwohner von Apollonia bemerkten diesen Betrug und saßen zu Gericht über ihn. Weil er während der Nachtwache geschlafen hatte, sollte Euenios seines Augenlichts beraubt werden. Doch kaum hatte man diese grausame Strafe an ihm vollzogen, da wurde die gesamte

Herde unfruchtbar, selbst das Land brachte keinen Ertrag mehr.

Voller Sorge und Unruhe zogen die Einwohner der Stadt zum Orakel, welches ihnen antwortete: »Ihr habt dem Hüter der Herde großes Unrecht getan, daß ihr ihm das Licht der Sonne raubtet. Die Götter selbst nämlich haben die Wölfe geschickt, und sie werden nicht eher aufhören, den unglücklichen Euenios zu rächen, bis ihr ihm denjenigen Wunsch erfüllt, den er haben möchte, ganz gleich, was es auch sei.« Nun war für die Einwohner der Stadt guter Rat teuer. Um möglichst billig und ungeschoren wegzukommen, beschlossen sie, dem unglücklichen Euenios nichts vom Orakel zu verraten.

Als nun Euenios bei einer Versammlung mit den Einwohnern der Stadt zusammenkam, traten sie an ihn heran, bedauerten, daß sie ihn geblendet hatten, und fragten ihn, was er als Genugtuung wünsche, sagten ihm aber nichts davon, daß er einen beliebigen Wunsch freihatte, daß er sich also wünschen könne, was er wolle. Gutmütig verlangte Euenios lediglich die zwei besten Grundstücke der Stadt und ein schönes Haus, was die Einwohner von Apollonia ihm gern gewährten, waren sie doch damit noch recht ungeschoren davongekommen. Als Euenios aber von den Orakelsprüchen erfuhr, geriet er in blinde Wut darüber, daß er von den Einwohnern derart getäuscht worden war, hätte er sich doch viel mehr und viel Schöneres wünschen können. Da hatten auch die Götter, die die List der Einwohner von

Apollonia schon vorher durchschaut hatten, Einsicht und schenkten ihm, dem blinden Mann, die Sehergabe. So wurde Euenios im ganzen Land berühmt.

Der Ring des Gyges

Unter den Hirten des Königs von Lydien lebte auch ein gewisser Gyges. Dieser hütete einst die Herden des Königs, als plötzlich ein gewaltiges Unwetter losbrach. Sträucher und Bäume wurden ausgerissen, und die Erde unter seinen Füßen begann zu beben, bis sich plötzlich zu seinen Füßen eine Kluft auftat; so sehr hatte das Beben die Erde gespalten. Voller Neugier und Verwunderung schaute Gyges in die Kluft und stieg dann hinab. Welche wunderbaren Dinge sah er nun unter der Erde? Ein riesiges ehernes Pferd stand da, drinnen waren Fenster angebracht. Neugierig schlich er sich heran und sah durch die Fenster ins Innere des Rosses. Da lag eine tote Gestalt darin, riesiger als er sie je gesehen hatte. An der Hand trug dieser Leichnam einen goldenen Ring. Gyges ging, nun schon etwas kecker, ins Innere des Tieres, zog dem Leichnam den Ring ab und kehrte dann wieder aus der Erdspalte an die Oberfläche der Erde zurück.

Als sich nun die Hirten des Königs wie gewöhnlich trafen – auch der König weilte unter ihnen –, da erschien Gyges, den goldenen Ring an der Hand. Als er nun aber den Stein des Ringes nach der inneren Seite der Hand drehte, da ward er unsichtbar, und die anderen Hirten redeten von ihm wie von einem Abwesenden. Noch einmal drehte er den Ring, diesmal nach außen und – er wurde wieder sichtbar. Wieder und wieder versuchte Gyges, mit dem Ring unsichtbar zu werden, und jedesmal entschwand er den Blicken der Anwesenden. Nun erkannte er, welch große Macht der goldene Ring ihm verliehen hatte. Machtgier stieg in ihm auf, und er brachte es schließlich fertig, unter die Boten des Königs aufgenommen zu werden. Schließlich gelüstete es ihn sogar nach der Herrschaft des Königs; er verleitete die Königin zum Ehebruch und stellte seinem Herrscher, dem König, nach und tötete ihn. So wurde er selbst der Herrscher über das Land.

König Midas' Gold

Midas, der Sohn der Großen Göttin, war ein mächtiger König in Makedonien. So mächtig und reich er auch war, so sehr suchte er aber auch Vergnügen aller Art. So hatte er sich einen prächtigen Rosengarten angelegt, in dem die duftenden Rosen von selbst wuchsen und jede sechzig Blätter hatte. Schon als kleines Kind wurde ihm riesiger

Reichtum von den Wahrsagern vorhergesagt: Eine Prozession Ameisen trug nämlich Weizenkörner an seine Wiege und legte sie zwischen die Lippen des schlummernden Säuglings.

Eines Tages nun zogen die Scharen des Weingottes Dionysos zechend durchs Land. Einer unter ihnen, der alte Silenos, der Lehrer und Freund des Gottes selbst, blieb weit hinter den Scharen zurück. Vom Wein berauscht, legte er sich in den Rosengarten des Midas zum Schlafen. Doch die Gärtner des Königs entdeckten ihn und führten ihn mit Blumengewinden gefesselt dem König vor. Der greise Silenos aber erzählte dem König wundersame Geschichten von fernen Ländern, von fürchterlichen Meereswirbeln, die jeden verschlingen, von Bäumen, durch deren Früchte man bis zum Kinde verjüngt wird, bis man schließlich ganz verschwindet. Als der König diesen wundersamen Erzählungen lauschte, wurde er des Zuhörens nicht müde. Er bewirtete seinen Gast eine ganze Woche lang und ließ ihn dann zurück zu Dionysos geleiten.

Der Gott aber war schon über das lange Fernbleiben seines Freundes beunruhigt. Überglücklich, ihn wieder in die Arme schließen zu dürfen, versprach er König Midas jede Belohnung, die der wolle. Da stieg nun im König der alte Übermut und die Gier nach Reichtum auf: »Ich möchte, daß alles, was ich berühre, zu Gold wird«, ließ er Dionysos überbringen. Kaum hatte der König diese Worte ausgesprochen, da ging der Wunsch schon in Erfüllung; er brach den

Zweig eines Baumes ab, und dieser erstarrte zu Gold; er hob einen Stein von der Erde auf und hatte einen Klumpen Gold in der Hand; pflückte er einen Apfel, so verwandelte sich dieser ebenso in prunkvolles Gold.

Überglücklich setzte sich da der König an die festlich gedeckte Tafel, um zu speisen. Voll mit den besten Speisen und Getränken prangte der Tisch, und frohgemut ließ sich der König zum Mahl nieder. Aber da, als er versuchte, von den Speisen zu nehmen, um sie zu kosten, da waren sie Gold. Brot und Fleisch erstarrten in seinem Mund zu ungenießbarem Metall. Wollte er sich am köstlichen Naß des Weines erfreuen, so floß ihm Gold die Kehle herab. Nun erkannte er, wie töricht sein Wunsch gewesen war.

Voller Verzweiflung wandte er sich in einem Gebet an Dionysos und bat ihn, doch diesen Fluch von ihm zu nehmen. Der Gott hatte Erbarmen. »Gehe hinauf in die Berge und suche die Quelle des Flusses, der sich Paktolos nennt. In diese Quelle tauche dein unglückseliges Haupt und wasche es«, befahl der Gott. Der König folgte diesem göttlichen Spruch; kaum hatte er sich in der sprudelnden Quelle gewaschen, da verließ ihn der Fluch. Die Wasser des Flusses färbten sich golden, der König war befreit, schien überglücklich und von seinem Wahn erlöst. Der Sand des Flusses aber blieb bis auf den heutigen Tag reich an Gold.

Das Geheimnis des Königs Midas

Vom Fluch des Goldes befreit, hielt sich Midas fernab in den Wäldern und Gefilden bei Pan, dem Wald- und Weidegott, auf und floh jeden Prunk. Noch aber war das törichte Herz des Königs nicht ganz geheilt.

Als die Nymphen das ländliche Flötenspiel des Pan lobten, da wagte es der Waldgott, sich selbst mit dem Gott Apollon zu messen, den noch keiner mit seiner Musik besiegt hatte. Zum Wettstreit forderte Pan nun den Gott auf, vermessen in seinem Stolz auf das barbarische Klingen der Flöte. Doch lieblich und sanft klangen die Töne auf Apollons Lyra, die Klänge Pans waren träge und verzerrt. Begeistert gab der Flußgott Tmolos, der der Schiedsrichter sein sollte, Apollon den Sieg, doch der törichte Midas lobte überschwenglich die bäuerlichen Laute des Pan. Da erzürnte sich der Jüngling Apoll; wütend über die so tauben Ohren des Midas, verwünschte er diese. Und schon begannen die Ohren des Midas die menschlichen Züge zu verlieren, länger und länger wuchsen sie hoch und füllten sich mit weißlichen Haaren; Eselsohren wuchsen ihm, ansonsten blieb seine Gestalt menschlich.

Beschämt und bestürzt versuchte Midas, diese Ohren vor den Leuten zu verbergen und hüllte sein Haupt immer in eine große Mütze. Allein sein Barbier, der ihm bisweilen die Haare stutzen mußte, merkte, daß sein Herr die Ohren eines Esels trug. Doch wagte er es nicht, aus Furcht, sein Leben zu verlieren, davon zu erzählen. Da er aber das Geheimnis nicht allein herumtragen konnte, schlich er sich heimlich an das Ufer eines Flusses und grub dort ein tiefes Loch, flüsterte dorthin sein Geheimnis und schüttete es zu. Doch bald wuchs Schilf über das verdeckte Erdreich, und immer wenn der Wind durch die Binsen strich, bogen sich diese und flüsterten leise: »König Midas hat Eselsohren, König Midas hat Eselsohren.« Jeder, der dann dort vorbeizog, konnte deutlich das wohlgehütete Geheimnis des Königs erfahren, so daß es bald keinem mehr unbekannt blieb. Als der König davon erfuhr, verurteilte er den Barbier zum Tode. Er selbst aber trank das Blut eines Stieres und starb bald darauf.

Der Schatz des Rhampsinit

Ein König aus Ägypten namens Rhampsinit – erzählt man sich – hatte so großen Reichtum an Gold und Geld, daß kein König ihn darin übertreffen, ja ihm nicht einmal gleichkommen konnte. Aus Angst vor Dieben und anderem lichtscheuen Gesindel ließ er sich deshalb eine steinerne Kammer bauen, die mit einer Mauer an der Außenseite seines Palastes lag, mit dieser also eine Wand bildete. Der

Baumeister der Schatzkammer aber war listig: Einen Stein der Mauer fügte er so ein, daß er von zwei Männern, ja sogar von einem einzigen mit Leichtigkeit herausgenommen werden konnte. Als der Baumeister das Werk abgeschlossen hatte, nahm der König all seine kostbaren Schätze und verwahrte sie in dieser Kammer.

Kurze Zeit später fühlte der Baumeister, daß es mit ihm zu Ende ging und sein Leben sich neigte. Da rief er seine beiden Söhne zu sich und erzählte ihnen, wie gut er für sie vorgesorgt habe und daß es ihnen dank seiner Fürsorge später an nichts fehlen werde. Er erklärte ihnen genau, wie sie den einen Stein aus der Mauer lösen könnten, gab ihnen auch die Stelle an, an der dieser in der Mauer versteckt eingesetzt war. »Wenn ihr dieses Geheimnis gut für euch bewahrt«, sagte er auf dem Sterbebett, »dann werdet ihr bald die Schatzmeister des Königs sein.« Darauf schloß er die Augen für immer.

Die beiden Söhne gingen unverzüglich ans Werk. Bei dunkler Nacht schlichen sie sich an den Palast heran und fanden mühelos den losen Stein in der Mauer. Leicht ließ sich der Stein herausnehmen, und beide ließen viel des kostbaren Goldes mit sich gehen. Als nun aber der König einmal seine Schatzkammer öffnen ließ, da bemerkte er sofort voller Staunen, daß in den ehemals so prall gefüllten Truhen Gold fehlte. Doch konnte er sich nicht vorstellen, wie die Schätze abhanden gekommen waren, sah er doch, daß die Schatzkammer verschlossen war und die Siegel zum

Eingang noch unversehrt waren. So erging es dem König jedesmal, wenn er die Schatzkammer betrat, um sich am Anblick des glitzernden Goldes zu weiden: seine Schätze schwanden immer mehr dahin. Da ließ er Fußschlingen anfertigen und verteilte sie rings um die Truhen, in denen die verbliebenen Schätze ruhten. Nun kamen die beiden Diebe wie gewohnt zum Schatzhaus, um sich dort am Gold gütlich zu tun. Kaum aber war einer von ihnen durch die enge Maueröffnung in die Kammer gestiegen und auf die Truhen zugeschlichen, verfing er sich in der Schlinge, die ihn nicht mehr losgab.

Jetzt war guter Rat teuer. Als er erkannte, daß seine Lage aussichtslos war und er nicht befreit werden konnte, rief er seinem Bruder zu, ihm eiligst den Kopf abzuschlagen, damit man ihn nicht erkenne, wenn die Wächter des Königs die Kammer öffneten. »Wenn man mich erkennt«, sagte er, »so wirst vor allem du verdächtigt und in die Sache hineingezogen. Mich wird ohnehin dieser heutige nächtliche Zug den Kopf kosten.« Trotz aller Liebe zu seinem Bruder leuchtete diese Rede dem noch freien Dieb als vernünftig ein. Er erfüllte seinem Bruder diesen letzten Wunsch, setzte den losen Stein wieder ins Mauerwerk ein und verschwand ungesehen, den Kopf seines Bruders unter dem Mantel, nach Hause.

Als der Tag nun dämmerte, ließ der König die Schatzkammer, neugierig auf den Erfolg seiner Falle, öffnen. Voll Entsetzen sah er da den Leichnam eines Diebes ohne Kopf in den Fallschlingen hängen; doch waren die Riegel zur Schatzkammer wie vordem unbeschädigt, noch konnte man gewahr werden, wo oder wie der Dieb hineingeschlüpft sein könnte. Nun konnte der König sich die Sache vollends nicht mehr erklären. Da er aber annahm, daß es sich um ein menschliches Wesen handeln müsse, nicht um einen Geist oder ein Gespenst, gab er seinen Dienern folgenden Befehl: »Hängt den kopflosen Leichnam draußen an der Mauer öffentlich auf, stellt euch als Wächter daneben, und wenn jemand vorbeikommt und weint, so nehmt ihn fest und führt ihn mir vor!« Der König war nämlich der Meinung, daß keine Menschenseele so verrucht sein könne, daß sie nicht beim Anblick eines verstümmelten und aufgehängten Angehörigen ein Zeichen des Schmerzes von sich gibt. Damit wollte er die Diebe überlisten. Und er sollte recht behalten!

Kaum war die Leiche des einen Bruders so erbärmlich an der Mauer aufgehängt, wurde dessen Mutter von tiefem Schmerz bewegt. Da sie es nicht ansehen konnte, daß ihr eigen Fleisch und Blut derart gedemütigt wie ein Vieh aufgehängt blieb, rief sie ihren noch verbliebenen Sohn zu sich. »Bringe mir irgendwie meinen toten Sohn zurück, koste es, was es wolle«, bat sie ihn flehentlich und setzte drohend hinzu: »Wenn du es nicht zuwege bringst, die Leiche deines unglückseligen Bruders abzunehmen und seiner alten Mutter als letzte Gabe zu überbringen, werde ich selbst zum König gehen und ihm verraten, daß du die gestohlenen Schätze besitzt.«

Hierauf wußte der überlebende Sohn keinen anderen Ausweg mehr, als der Mutter ihren Willen zu lassen, und ersann für sich eine List: Er nahm seine Esel aus dem Stall und zäumte sie auf. Dann füllte er Schläuche voll Wein, lud sie den Grautieren auf und trieb sie dann davon, vor sich her. Als er nun mit den Lasttieren zu dem Ort kam, an dem die Wächter den Leichnam des toten Bruders bewachten, da zog er an einigen herabhängenden Zipfeln der Schläuche, so daß diese aufgingen und das köstlich duftende Naß auf die Erde verströmte. Als er dies nun sah, tat er so, als wüßte er nicht, aus welchem der Schläuche der Wein sich ergoß, an welchen Esel er sich zuerst wenden sollte, um die Zipfel der Schläuche zuzubinden. Kaum aber hatten die Wächter den roten Saft, der da auslief, gesehen, da eilten sie schon mit Töpfen heran, um für sich zu retten, was noch zu retten war. Der überlebende Bruder tat nun so, als sei er über die Dreistigkeit der Wächter, die ihm seinen Wein abspenstig machten, äußerst erzürnt, und tobte herum. Als die Wächter ihn aber zu beruhigen suchten, stellte er sich so, als ging er darauf ein, schirrte die Esel wieder ein und trieb sie aus dem Wege. Zu guter Letzt schenkte er den Wächtern noch einen Schlauch Wein, den diese gerne annahmen. Voller guter Dinge und erfreut darüber, einen Streit geschlichtet zu haben, ließen sie sich nieder, um zu feiern und zu zechen. »Bleib doch noch etwas bei uns und trinke mit uns«, baten sie ihn. Der Bruder ließ sich nicht lange bitten und gesellte sich in die frohe

Runde. Als der erste Schlauch sich zu Ende neigte, und man lustig und gesellig beim Umtrunk saß, gab der Bruder noch einen zweiten Schlauch in die Runde. Die Wächter taten sich am süßen Trank gütlich und, wie es der Bruder listig geplant hatte, streckten sie sich schließlich, vom Schlaf und vom Wein übermannt, nieder und schliefen ihren Rausch aus. Da es nun aber schon tiefe Nacht war und alles schlief, nahm der überlebende Bruder den Leichnam ab, lud ihn auf einen Esel und kehrte nach Hause zurück. Damit hatte er die Bitte, oder eher den Befehl, seiner Mutter erfüllt.

Als man dem König meldete, der so gut bewachte Leichnam sei gestohlen, da gebärdete er sich anfangs zornig, war er doch wiederum überlistet worden. Doch er gab nicht auf und dachte sich eine weitere List aus, den Dieb doch noch zu fangen. Er hatte nämlich eine wunderschöne Tochter, und die wollte er jedem als Dirne preisgeben; sie sollte sich jedem ohne Unterschied hingeben. Doch bevor sie sich mit jemandem einlasse, müsse sie jeden Liebhaber fragen, welche schlaueste und listigste Tat er in seinem Leben begangen habe. Wenn ihr nun der dreiste Diebstahl des königlichen Goldes und der Leiche geschildert würde, dann sollte sie unverzüglich diesen Liebhaber festhalten und nicht aus ihrem Gemach hinauslassen.

Aus Liebe zu ihrem Vater tat die Tochter, was er sie geheißen hatte. Sie setzte sich in eine Bude und gab sich jedem feil, der ihr seine größten Listen und Betrügereien erzählte. Doch hatte der König nicht mit der Schlauheit unseres Meisterdiebes gerechnet. Dieser durchblickte sofort die List in der Anordnung des Königs und, forsch wie er war, wollte er seinen König ein drittes Mal an List übertreffen. So schnitt er also einer frischen Leiche einen Arm ab, verbarg diesen unter seinem Mantel und trat in die Bude der königlichen Dirne ein. Als die Tochter des Königs, bevor sie sich ihm hingab, ihn nach seiner listigsten Tat fragte, beichtete er ihr freimütig den Raub der königlichen Schätze und des Leichnams. Froh, den Dieb gefaßt zu haben und ihrer Arbeit ledig zu sein, ergriff die Königstochter den Arm des Meisterdiebes, um ihn festzuhalten. Der Dieb aber hatte ihr in der Dunkelheit den toten Arm der Leiche hingehalten, den sie erfaßte, und wie im Fluge war der Meisterdieb wieder verschwunden. Der König war erneut überlistet. Die Tochter saß in ihrer Bude, den Arm einer Leiche in der Hand.

Als man dem König nun diesen letzten tollkühnen Streich verkündet hatte, kam er aus dem Staunen nicht mehr heraus. In alle Städte und Gegenden seines Reiches sandte er Boten aus, die verkünden sollten, daß der tollkühne Dieb Straffreiheit und dazu noch eine reiche Belohnung zu erwarten habe, wenn er sich melde. Der König gäbe sich geschlagen. Seines Sieges sicher, vertraute der Meisterdieb diesen Worten und stellte sich dem König. Dieser war voller Bewunderung über ihn und gab ihm seine Tochter zur Gemahlin, da der Dieb doch noch ein bißchen gescheiter sei als er, der König.

Die schöne Rhodopis

Rhodopis war ein besonders reizvolles Mädchen, das im fernen Ägypten lebte. Als sie einstmals badete und, schon aller Kleider entledigt, ins Wasser gestiegen war, da stürzte sich plötzlich ein Adler vom Himmel herab, erfaßte mit seinen Krallen einen ihrer Schuhe und trug ihn mit sich hoch in den Lüften fort. Er flog mit dieser leichten Beute weit weg bis nach Memphis, wo gerade der mächtige König Psammetichos saß, um Gericht zu halten. Ihm ließ der Adler den feingefügten Schuh in den Schoß fallen.

Psammetichos war über dieses wunderbare Ereignis über alle Maßen erstaunt. Er betrachtete den feinen Schuh, die niedliche Form, in der er gearbeitet war, und mußte unaufhörlich an diejenige denken, die wohl dieses hübsche Schuhwerk an ihrem Fuß getragen hatte. Ihre Schönheit und ihren Reiz malte er sich in Gedanken aus, und voller Verliebtheit in die schöne Unbekannte sandte er Boten in sein ganzes Reich aus, um die Besitzerin des Schuhes zu finden. Nach langem Suchen hatten sie endlich Erfolg und fanden die reizende Rhodopis. Sogleich führten sie sie zu ihrem König, der Rhodopis zu seiner Gemahlin machte.

Prokne und Philomela

Als einmal Pandion, König von Athen, von den Thebanern mit Krieg überzogen wurde, da kam ihm der thrakische König Tereus mit seinen Heeren zu Hilfe und half ihm siegen. Und als Lohn schenkte ihm Pandion seine schöne Tochter Prokne zur Gemahlin. Obgleich ganz Thrakien vor Glück jauchzte, stand die Hochzeit unter keinem guten Stern; während der Hochzeitsfeier saß heulend der Unglücksvogel Uhu auf dem Dach und ließ Böses erahnen.

Fünf Jahre waren vergangen, seit Prokne fern der geliebten Heimat im Schlosse von Tereus weilte. Da erfaßte die einsame Frau große Sehnsucht nach ihrer Schwester Philomela, die inzwischen wohl zu einer stattlichen Jungfrau herangewachsen war, und flehentlich bat sie ihren Gatten, daß er sie entweder selbst reisen lassen oder die geliebte Schwester zu ihr kommen lassen solle. Tereus tat seiner Gattin gern diesen Gefallen, rüstete ein Schiff und segelte zur attischen Küste. Kaum hatte er Pandion begrüßt, da kam auch schon Philomela herbeigeeilt, wunderbar anzuschauen in ihren königlichen Gewändern. Sie war zu einer herrlichen Schönheit herangereift, anmutig wie eine Göttin und verlockend wie die Nymphen.

Sobald Tereus die jugendliche Schönheit der Philomela erblickte, da wurde er in wilder und leidenschaftlicher Liebe zu seiner Schwägerin ergriffen.

Koste es, was es wolle, so schwor er sich, Philomela mußte sein werden, und wenn er alle Schätze seines Reiches dafür hergeben müßte. Es dauerte ihm schon zu lange, bis er Philomela mit nach Thrakien mitnehmen würde, und so drängte er seinen Schwiegervater ungestüm, gab vor, Prokne, seine Gattin, sehne sich so inniglich nach ihrer Schwester, daß kein Aufschub der Reise mehr möglich sei. Auch Philomela war von dem Wunsch beseelt, ihre so lange vermißte Schwester zu sehen, und schlang liebevoll die Arme um den Nacken des Vaters, bis dieser dann, wenn auch widerstrebend, dem Willen seines Kindes nachgab.

Tereus und Philomela konnten den Morgen der Abreise kaum erwarten, Tereus aus Leidenschaft, die schöne Jungfrau zu besitzen, Philomela aber, ihre geliebte Schwester wieder in die Arme nehmen zu dürfen. Bei Morgengrauen eilte der alte Vater Pandion zum Hafen und nahm traurig Abschied von seiner Tochter, die er der treuen Obhut seines Schwiegersohnes anvertraute. Sorgen quälten sein Herz und voll düsterer Gedanken ahnte er, daß dies wohl ein Abschied für immer sein würde. Das Schiff legte ab, und während der Vater der Tochter ein letztes Lebewohl zuwinkte, frohlockte Tereus in düsterer Leidenschaft, hatte er doch nun die schöne Jungfrau unentrinnbar in seiner Gewalt.

Als das Schiff am thrakischen Ufer gelandet war und ein jeder, froh, die Heimat wiedergefunden zu haben, zu seinem Heim eilte, da ergriff der vor Leidenschaft rasende Tereus Philomela und schleppte sie fernab in eine Einöde, zu einem einsamen Gebäude, das in einem wilden und zerklüfteten Gebirge lag. Dort schloß er Philomela ein, die blaß und bleich am ganzen Leibe zitterte und auf das Schlimmste gefaßt war. Tränen in den Augen, fragte sie Tereus nach ihrer Schwester. Der aber heuchelte und log ihr vor, Prokne sei gestorben. Voller blinder Leidenschaft näherte er sich ihr und zwang die zitternde Jungfrau, sich ihm hinzugeben, tat ihr Gewalt an.

Von zahlreichen Wächtern umringt, saß nun Philomela wie eine Gefangene in dem einsamen Berggehöft und sann über ihre geliebte Schwester nach, die doch tot sein sollte. Warum hatte aber dann Tereus sie listig von ihrem Vater weggelockt und ihr Gewalt angetan? Schließlich gelang es ihr zu erfahren, daß ihre Schwester Prokne noch lebte und daß sie nun deren Nebenbuhlerin sei. Voller Scham und Abscheu stellte sie daraufhin den König zur Rede und drohte ihm, sobald sie könne, seinem Volk die ganze Schmach zu verraten. Da aber ergriff Tereus in blinder Wut die Unglückliche, fesselte sie und schnitt ihr mit einem scharfen Messer die Zunge aus dem Hals; so glaubte er sich sicher zu sein, daß Philomela nichts seinem Volke verraten könne. Er kehrte dann zu seiner Gattin zurück, und als diese voller Sehnsucht nach der Schwester fragte, heuchelte er wiederum, Philomela sei schon gestorben. Tiefe Trauer und Verzweiflung erfaßte da die Königin. Sie legte Trauerkleider an und ließ als letztes Lebewohl Philomela ein leeres Grabmal errichten.

Ein Jahr war inzwischen ins Land gezogen, ein Jahr voller Verzweiflung und Elend für Philomela, die einsam und verlassen in den Bergen gefangengehalten blieb. Mit wem sollte sie reden? Ihr Mund blieb stumm, sosehr sie sich auch bemühte, ihre Gefühle zu offenbaren. Die Wache und die Mauern trennten sie von der Welt. Doch wenn der Mund auch nicht mehr ihren Gefühlen Ausdruck geben konnte, ihr Verstand, von Schmerzen gepeinigt, arbeitete, und so grübelte sie Tag und Nacht über ihre Lage nach. Dann setzte sie sich hin, und in ihrer Einsamkeit wirkte sie ein weißes Tuch, und in dieses Tuch stickte sie in wenigen Worten das Geheimnis, das ihre Zunge nicht mehr offenbaren konnte.

Nun hatte die unglückliche Philomela auch einen Diener, und dieser war voll Mitleid mit dem armen Mädchen. Heimlich trug er das bestickte Tuch zu Prokne, und als diese es aufrollte und die Stickerei las, da erstarrte sie vor Schreck; nicht einmal Tränen entflossen ihren Augen, so bestürzt war sie über die grauenvolle Tat ihres Gatten, und sie sann auf Rache.

Es war die Zeit gekommen, in der die thrakischen Frauen jedes Jahr dem Weingotte Dionysos ein nächtliches Fest weihten und wild tobend im Gebirge umherschweiften, um dort dem Gotte zu huldigen. Auch die Königin stürmte nun mit einer Schar von Begleiterinnen wild tobend in die Berge, nicht aber trunken in Wildheit nach dem Weingotte, sondern in wilder Raserei über das Schicksal ihrer unglücklichen Schwester. Und so kam sie auch in die einsame Gegend, in der ihre Schwester in einem Gehöft eingesperrt war. Rasend durchbrach sie mit ihren Begleiterinnen die Tore des Anwesens und eilte zu ihrer Schwester, riß sie mit im wilden Zug der feiernden Frauen und brachte sie zurück auf ihr Schloß. Kaum aber merkte Philomela, daß sie das Schloß des gräßlichen Tereus betreten hatte, da erstarrte sie vor Scham; die Schwester aber umarmte sie tröstend, und Philomela vertraute sich ihr an. Obwohl ihre Zunge versagte, machte sie ihrer Schwester durch Miene und Gesten klar, daß sie von Tereus mit Gewalt bezwungen wurde, und daß sie ein Jahr lang im Gebirge gefangen war. Welch ein trauriges Schauspiel war es zu sehen, wie die schöne Jungfrau nach Worten rang, die ihr nicht aus dem schönen Mund kommen wollten. Unbändiger Zorn überkam da Prokne, und sie war bereit, alles, ja auch wirklich alles zu tun, um ihre Schwester zu rächen.

Da öffnete sich die Tür des Gemaches, und lachend tobte der kleine Itys herein, das Söhnchen von Prokne. Und schon blitzten deren Augen in rasender Wut. »Wie gleichst du doch deinem Vater«, schrie sie da, »wie sehr bist du ihm doch ähnlich.« Das Kind kam nun der Mutter näher, schlang seine Ärmchen um ihren Hals und küßte sie. Da ward die Mutter gerührt, ihre Augen wurden feucht. Doch als Prokne merkte, daß die Mutterliebe sie übermannte, wandte sie den Blick vom Kind und stieß es zurück; der Zorn stieg wiederum in ihr auf, als sie ihre Schwester ansah. Sie riß den Knaben am Arm und schleppte ihn fort in einen entlegenen Raum des Schlosses. Am ganzen Leib zitterte das arme Kind, als die Mutter es mit sich riß, es ahnte sein schlimmes Schicksal schon. »Mutter, Mutter«, flehte es mit ängstlichem Blick die Tobende an. Die Mutter aber wandte den Blick ab, um nicht durch die flehenden Augen des Kindes von ihrem Plan abzukommen. Mit einem Stoß trieb sie dem Kind einen Dolch ins Herz; das arme Kind ließ das Köpfchen hängen und war sofort tot. Aber nicht genug damit. In wilder Raserei durchschnitt die Mutter dem toten Kind noch die Kehle, zerstükkelte es und setzte es zum Braten auf den Ofen.

Nun rief Prokne ihren Gemahl Tereus zum Essen und trug ihm die greuliche Speise auf. Der König saß am Tisch und sättigte sich an seinem eigenen Fleisch und Blut. Als er geendigt hatte, da fragte er, von Sorge geängstigt, nach seinem Söhnchen Itys. »Er ist nicht weit von dir weg«, höhnte da Prokne, und als der König nun ängstlich überall nach Itys rief, da sprang rasend Philomela in den Saal, und in der Hand hielt sie den Kopf des toten Knaben, der von Blut triefte. Wahnsinnig vor Wut schleuderte sie dem entsetzten Vater das verstümmelte Haupt seines Kindes ins Gesicht. Schrecklich schrie da Tereus auf, weinte und heulte und versuchte, das Mahl aus seiner Kehle zu würgen, zückte das Schwert und stürmte auf die Kindesmörderinnen zu; Prokne und Philomela machten sich eilends zur Flucht auf, und da, beim Fliehen wuchsen ihnen Flügel und sie wurden emporgehoben. Die eine fliegt zum Wald, die andere aufs Dach,

Prokne ist eine Nachtigall geworden und Philomela eine Schwalbe; und auch der unglückselige Vater, der sie verfolgte, wurde zu einem Vogel: zu einem Wiedehopf. Noch heute kann man sehen, wie er mit kriegerischem Busch Nachtigall und Schwalbe verfolgt.

Keyx und Halkyone

Halkyone, die schöne Tochter des Windgottes Aiolos, hatte König Keyx, den Sohn des Morgensternes, geheiratet. Beide lebten erst seit kurzem in zärtlichem Ehebund miteinander. So glücklich war beider Liebe und so innig ihr Verhältnis, daß Halkyone sich und ihren Gemahl sogar Hera und Zeus nannte, sich mit dem Götterpaar verglich. Das jedoch erzürnte die beiden obersten Götter, und so beschlossen diese, den menschlichen Übermut, auch wenn er aus übergroßer Liebe entsprungen war, zu strafen.

Durch furchterregende Ereignisse geschreckt, wollte Keyx zum Orakel fahren, um vom Gott die Zukunft zu erfahren. Da der Weg über das Gebirge von gefährlichen Räuberbanden umlagert war, entschloß er sich zur Reise übers Meer. Als nun der junge Gemahl seiner geliebten Halkyone seine Absicht mitteilte, da wurde sie blaß, Schauder ergriff sie und Tränen rollten ihr aus den Augen. Angst ergriff sie, ihren über alles geliebten Gemahl zu verlieren; nie wollte sie von ihm getrennt sein, eher wollte sie mit ihm die gefährliche Seereise unternehmen. Doch Keyx wollte seine Gattin nicht dieser Gefahr aussetzen und tröstete sie, er werde zurückkehren, noch ehe der Mond sich zweimal erneuert habe. Schweren Herzens und voller düsterer Ahnungen gab weinend und schluchzend Halkyone nach und ergab sich ihrem Schicksal.

Sogleich ließ Keyx ein Schiff zurüsten und alles zur Abfahrt bereitmachen. Der Tag des Abschiednehmens war gekommen, und unter heißen Tränen schlang Halkyone noch einmal ihre zärtlichen Arme um den Nacken des Geliebten, bis sich schließlich Keyx, voller Kummer im Herzen, den Armen seiner Frau entwand und ihr ein letztes Lebewohl zurief. Langsam entfernte sich das Schiff vom Ufer, von den Armen der Ruderer vorwärtsgetrieben, und Keyx stand allein und einsam auf Deck und winkte seiner jungen Frau zu. Ihre Augen trafen sich noch einmal, und schon entfernte sich das Schiff langsam auf die hohe See. Halkyone aber blieb mit feuchten Augen am Strand zurück und verfolgte es, bis das weiße Segel am Horizont verschwunden war. Darauf eilte sie todunglücklich zu ihrem Heim, warf sich auf ihr Lager und weinte bitterlich.

Bei ruhiger See trieben die Ruderer das Schiff weit ins offene Meer. Aber als sie fast die Hälfte der Reisestrecke zurückgelegt hatten, da begann sich der Himmel zu verfinstern, schwere Wolken zogen auf, die Wogen schäumten und ein tobender Sturm brach los. Schnell befahl der Kapitän des Schiffes, die Rahen abzunehmen und die Segel an die Stangen zu binden; doch das Brausen der Wellen übertönte seine Worte; die ganze Mannschaft lief ziellos umher, keiner wußte mehr, was er tun sollte. Die einen schöpften eilig das Wasser aus dem Boot, die anderen rafften die Segel, rissen verwirrt an den Rahen und Segelstangen; laut schrie die Mannschaft, hilflos war sie den Gewalten des Sturmes ausgeliefert, als die Taue schon knarrten und die Wellen über dem Fahrzeug zusammenschlugen. Hoch hob sich die wütende Flut, die Gischt bespritzte die schwarzen Wolken, die tief herabhingen. Weit schon klaffte der Bug des Schiffes auf, und die schwarze Flut wälzte sich todbringend durch die Planken. Schwer prasselte nun auch der Regen aus dem finsteren Himmel, und zuckende Blitze erhellten die dunkle Nacht. Stärker und stärker stürmte die Flut über das kleine Schiff, kaum konnte es sich ihrer erwehren. In tiefer Angst und Bedrängnis zitterte die Mannschaft und harrte ihres sicheren Todes, aller Mut war ihr gesunken.

Keyx steht an Deck und denkt nur an Halkyone, nur ihren Namen ruft er verzweifelt und doch froh, daß sie in dieser Stunde des Todes nicht bei ihm ist und mit ihm aus dem Leben scheiden muß. Schon zerbricht der Mastbaum und reißt mit sich das ganze Schiff in die tosende Tiefe des Meeres; umsonst ruft Keyx seinen Schwiegervater, den Windgott, um Hilfe an, umsonst seinen Vater, den Morgenstern. Unter der schwarzen Flut schon versunken, ist sein letztes Wort aber Halkyone. »Halkyone«, murmelt er ertrinkend, und schon wölbt sich über ihm das Meer zusammen und zieht ihn in das schwarze, feuchte Grab.

Traurig saß indessen Halkyone am häuslichen Feuer und zählte Tage und Nächte, bis ihr Geliebter zurückkehren sollte. Als nun die Zeit nahte, und der Mond daran war, ein zweites Mal zurückzukehren, da legte Halkyone freudig ihre schönsten Gewänder an und machte sich bereit für ihren Liebsten. Voller Sehnsucht flehte sie die Göttin Hera an, die Beschützerin von Ehe und Treue, und bat sie inniglich, ihren Keyx doch gesund zurückkehren zu lassen, damit er ihr immer die Treue bewahre.

Ob solchen Beweises der Liebe gerührt und voller Mitleid mit der erwartungsfrohen Ehefrau, die doch in ihrer Hoffnung so getäuscht werden sollte, hatte Hera Erbarmen und schickte Halkyone einen göttlichen Traum.

Sie ließ den Traumgott Morpheus rufen und ihn zu der unglücklichen Gattin schicken. Morpheus flog mit leisen Schwingen zum Hause der Halkyone, legte seine Flügel ab und verwandelte sich in die Gestalt des Keyx.

Unruhig schlafend und ungeduldig die Heimkehr ihres Keyx erwartend, lag die schöne Halkyone auf ihrem Lager. Da erschien ihr also im Traum ihr Gatte, von Wasser die Haare und Gewänder triefend, und sprach zärtlich zu ihr: »Geliebte, erkennst du mich, Keyx, deinen Gemahl? Er ist nicht mehr, der

Tod hat ihn hinweggerafft; warte nicht mehr auf meine Rückkehr; betrauere mich und beweine mich, damit ich nicht unbeweint ins Reich der Schatten trete«, und schon verschwand er. Seufzend breitete Halkyone im Schlaf ihre Arme aus, um den dahinschwindenden Geliebten noch einmal zu liebkosen. »Laß uns doch zusammen gehen«, ruft sie ihm nach, doch schon ist er entschwunden. Durch ihre eigene Stimme wird sie da aus dem Schlaf geweckt und ruft nach ihrer Amme. Nicht mehr will sie leben, folgen will sie ihm. Nicht mehr ist ihr das Licht der Sonne lebenswert, wenn der vertraute Blick ihres Keyx fehlt.

Morgen war es geworden, und traurig ging Halkyone aus ihrem Haus an das Ufer, an dem Keyx ihr sein letztes Lebewohl zugerufen hatte. Und als sie ihre Gedanken schweifen ließ und an den Abschied von Keyx dachte, da sah sie plötzlich in einiger Entfernung so etwas wie einen menschlichen Körper, der von der Brandung nach und nach ans Ufer getrieben wurde. Voller Mitleid mit den Menschen, die wie ihr Keyx Schiffbruch erlitten hatten, näherte sie sich dem Körper, der von den Wellen umspült wurde. Doch was mußte sie erkennen! »Er ist's!« rief sie und streckte zitternd die Hände nach dem Körper aus. So war doch – ein Wunder – der Körper des geliebten Keyx zu ihr zurückgekehrt. Noch im Tod war die Sehnsucht des Keyx so groß und stark, daß er zu seiner Gattin zurückkehren mußte, um auf ewig mit ihr vereint zu sein.

Kaum war jedoch Halkyone zu ihrem Keyx geeilt, um ihn mit den Händen zu berühren, da wuchsen ihr Flügel und sie streifte mit ihren Schwingen die Oberfläche des Meeres. Und als sie den stummen Leib ihres Geliebten mit ihrem Gefieder berührte und ihn umfangen wollte, da verwandelte sich auch dieser in einen Vogel. Eisvögel wurden beide und bewahren sich in Liebe vereint bis heute die Treue.

Phyllis und Demophon

Demophon, der Sohn des athenischen Königs Theseus, wurde bei der Heimkehr aus dem trojanischen Krieg an die Küste Thrakiens verschlagen, wo König Sithon herrschte. Dieser nahm die Schiffbrüchigen freundlich auf und gewährte ihnen Gastfreundschaft. König Sithon nun hatte eine Tochter, die über alle Maßen schön war, Phyllis. Kaum hatten beide jungen Leute sich gesehen, da entbrannten sie in zärtlicher Liebe zueinander; sie konnten nicht mehr voneinander lassen, und so beschlossen sie zu heiraten; ewige Treue schwor da Demophon seiner Phyllis. Aber noch hielten sich die Krieger des Demophon fern ihrer Heimat bei ihrem Anführer in Thrakien auf, und Sehnsucht nach ihrer Heimat ergriff sie. Da beschloß Demophon schweren Herzens, seine Krieger nach Athen zurückzubringen und dann zur Königstochter zurückzukehren, um sie zu heiraten und für immer bei ihr zu bleiben. »In einem Monat«, versprach er ihr, »werde ich zu dir zurückkehren.« Traurig nahmen beide Abschied voneinander, als Demophon die Segel zur Heimat setzen ließ. Ein letztes Mal umschlangen sich die beiden und hofften auf ein baldiges Wiedersehen.

Schon war ein Monat vergangen, und Demophon war noch immer nicht in die Arme seiner Braut zurückgekehrt. Jeden Tag ging nun Phyllis zur Küste und hielt Ausschau nach dem Schiff, aber es zeigte sich kein Segel; ob die Sonne auch glühte, ob auch eisiger Wind über das Meer pfiff. Phyllis war immer zur Stelle, und sehnsüchtig suchten ihre Augen den Horizont ab und kaum glaubte sie mehr an die Rückkehr des geliebten Mannes, der fernab von Thrakien durch ein Leck des Schiffes aufgehalten wurde. Voller Verzweiflung rief sie die Götter an, glaubte an den Treuebruch des Demophon, und das Licht der Sonne erschien ihr nicht mehr erstrebenswert; das Leben konnte sie in dem Gedanken, Demophon gehöre einer anderen, nicht mehr ertragen und freiwillig gab sie es zurück. Die Göttin Athene aber verwandelte die Unglückliche in einen Mandelbaum, der kein Laub trägt.

Als Demophon kurze Zeit später sein leckes Schiff wieder in Fahrt gebracht hatte, landete er an der Küste Thrakiens, um seine geliebte Phyllis heimführen zu können. Doch einsam und verlassen stand da der Mandelbaum, in dem er sofort seine Allerliebste erkannte. Sehnsuchtsvoll umschlang er den unbelaubten

Baum, liebkoste die rauhe Rinde. Und die unglückliche Phyllis versuchte, die Umarmungen ihres Demophon zu beantworten; da entsprossen aus den kahlen Ästen Blüten statt Blätter. Hell leuchteten sie auf und künden noch heute vom Glück der unglücklichen Prinzessin, da sie, zum Baum erstarrt, ein letztes Mal den Geliebten berühren durfte.

Akontios und Kydippe

Einst wurde auf der Insel Delos ein großes Fest zu Ehren der Göttin Artemis gefeiert. Von nah und fern strömten Menschen heran, um an der großen Feierlichkeit teilzunehmen. Auch Akontios, ein junger wohlhabender Mann von der Insel Keos, war zugegen. Als er nun durch die Insel strich und dem Fest beiwohnte, da erblickte er im Tempel der Artemis ein wunderschönes Mädchen, Kydippe, die Tochter eines Atheners. Kaum hatte Akontios Kydippe erblickt, da verzauberte ihn schon die Liebe. Obwohl das schüchterne Mädchen den verliebten Blick des Jünglings bemerkte, versuchte es eiligst wegzugehen, denn es war schon einem Mann versprochen. Nun aber griff Akontios zu einer List. Er ritzte in einen Apfel eine Schrift ein und ließ dann den Apfel vor die Füße der Kydippe rollen. Die schöne Jungfrau hob die Frucht auf, und wie es in früher Zeit Sitte war, las sie laut vor:

»Bei der Göttin Artemis, ich will des Akontios' Frau werden.« Rot liefen ihre Wangen an, als sie das Wort ›Frau‹ las. Schon aber war sie, in den heiligen Hallen der Artemis, an den Schwur gebunden, den sie eben laut aufgesagt hatte.

Kydippes Vater hatte seine Tochter jedoch schon einem anderen versprochen. Doch als man die Hochzeit vorbereitete, da verfiel das schöne Mädchen in eine schwere Krankheit. Betrübt verschoben die Eltern die Hochzeit. Doch als der nächste Termin wieder nahte, wurde Kydippe so krank, daß man um ihr Leben fürchten mußte. Heimlich sehnte sie sich auf ihrem Krankenlager nach dem geliebten Jüngling, der nachts um ihr Haus schlich, ohne sie je sehen zu können, ohne ihr helfen zu können. Und auch ein drittes Mal mußte die Hochzeit verschoben werden; Kydippe siechte dahin, fast nur noch ein Gerippe, so verzehrte sie sich in Liebe zu Akontios.

Aus tiefer Sorge um das Wohl seiner Tochter machte sich da der Vater auf, um nach Delphi zu fahren, dort das Orakel des weissagenden Apollo zu hören. Apollo aber enthüllte dem unglücklichen Vater die ganze Geschichte und sprach von dem heiligen Schwur, an den seine Tochter gebunden sei. Nur eine Heirat mit Akontios könne die unglückliche Kydippe noch gesund machen. So reiste denn der Vater eiligst wieder zu Kydippe, die ihm ihre Liebe zu Akontios anvertraute. Und sofort wurde sie gesund, Farbe kehrte in ihr Gesicht zurück, und der bleiche Schatten des Todes wich von ihr. Akontios aber fuhr überglücklich zu ihr, und die Hochzeit wurde prächtig gefeiert. Kein Mann konnte sich glücklicher schätzen als er, auch nicht König Midas mit allen seinen Schätzen.

Odatis und Zariadres

König Hystaspes hatte einen jungen Bruder namens Zariadres. Während Hystaspes über Medien herrschte, war Zariadres König über das Land oberhalb des Kaspischen Meeres bis hin zum Flusse Don. Jenseits des Stromes aber war Homartes König. Dieser hatte eine wunderschöne Tochter, Odatis mit Namen, die schönste aller Jungfrauen Asiens; es fehlte ihm aber ein Sohn, der seine Herrschaft hätte fortsetzen können.

Eines Nachts erblickte Odatis in einem Traumgesicht das Bild des wohlgestalteten Zariadres und verliebte sich sogleich in ihn, ohne ihn je von Angesicht gesehen zu haben. Ebenso erging es Zariadres. Auch er sah die wunderschöne Odatis im Schlaf, und Liebe ergriff sein Herz nach ihr. Seit dem Augenblick, an dem sie sich beide zum erstenmal im Traum gegenseitig gesehen hatten, verzehrten sie sich in Liebe und Sehnsucht nacheinander. König Zariadres sandte dann Boten zu Homartes, dem königlichen Vater der herrlichen Jungfrau, und ließ um ihre

Hand anhalten. Da Homartes aber keine Söhne hatte, lehnte er die Werbung ab, er wollte nämlich die Nachfolge seiner Herrschaft einem Verwandten übergeben. Und so lud er bald die mächtigsten Männer seines Reiches und seine Verwandten ein, um die Hochzeit seiner Tochter zu feiern; dabei sagte er aber nicht, wem er ihre Hand reichen wollte. Aus dem ganzen Lande reisten nun Freunde des Königs, seine Verwandten und Statthalter an, um an dem großen Hochzeitsgelage teilnehmen zu können.

Als das Gelage nun in vollem Gange war und alle lustig und vergnügt beim Wein saßen, da rief plötzlich Homartes laut in den Saal: »Wir feiern nun die Hochzeit meiner Tochter! Odatis, schau um dich in diesem Kreis und sieh dir alle Männer an! Dann nimm eine goldene Schale, fülle Wasser in sie und überreiche sie demjenigen, den du dir als Bräutigam ausgewählt hast!« Unter Tränen verließ nun die schöne Jungfrau die frohe Runde, hatte sie doch voller Sehnsucht ihren Zariadres erwartet. Sie hatte ihm nämlich heimlich eine Botschaft zukommen lassen und ihm den Plan ihres Vaters mitgeteilt. Nirgends konnte sie ihn nun erblicken.

Zariadres aber war schon heimlich aus seinem Heerlager am Don aufgebrochen, nur von einem Wagenlenker begleitet. Nachts schon hatte er den breiten Strom überquert und eilte nun mit seinem Gespann durch das öde, weite Land, um noch rechtzeitig zu seiner Odatis zu kommen. Als er in die Nähe des Dorfes kam, in dem das Hochzeitsgelage stattfand, da entließ er seinen Wagenlenker und zog sich eine skythische Tracht an. In dieser Landeskleidung gelangte er zum königlichen Hof und fand Odatis vor, wie sie traurig und tränenüberströmt gerade dabei war, die Schale zu füllen, die sie ihrem künftigen Bräutigam übergeben sollte. So war ja der Befehl des Vaters.

»Jetzt bin ich bei dir, Odatis, ich bin es, dein lang ersehnter Zariadres«, sprach der verliebte König seine Jungfrau an. Hocherfreut gab nun Odatis ihm sogleich die gefüllte Schale, das Zeichen der Vermählung. Zariadres aber brachte die Jungfrau schnell zu seinem Wagen, hieß sie einsteigen und floh mit ihr davon. Und alle Diener, die von der heimlichen Liebe ihrer Herrin gewußt hatten, schwiegen und verrieten nichts. Als König Homartes sie fragte, wohin der Fremdling wohl seine Tochter entführt haben könnte, taten sie so, als wüßten sie nichts. Die Geschichte dieser großen und reinen Liebe verbreitete sich bald über das ganze Land und wurde viel gepriesen.

Pygmalion

Auf der schönen Insel Zypern lebte einst Pygmalion, ein Künstler, dessen begnadete Hände die wunderbarsten Dinge zum Leben wecken konnten. Doch scheu und den Frauen feindlich, hatte er sich zurückgezogen und die Gesellschaft der Menschen gemieden. In der Einsamkeit seines Daseins aber formte er sich aus schneeweißem Elfenbein die Gestalt eines Mädchens, schöner als je die Augen der Menschen eines gesehen hatten, und sogleich verliebte er sich in sein eigenes Werk. Das elfenbeinerne Gebilde schien zu leben, sich zu bewegen; voller Bewunderung und Liebe schaute Pygmalion es Tag und Nacht an, und seine Liebe zu der schönen Jungfrau wurde immer größer. Oft faßte er mit seinen Händen das edle Werk an, selbst nicht wissend, ob es aus Elfenbein oder aus Fleisch und Blut war. Küsse gab er ihr, und es träumte ihm, die Jungfrau gäbe sie ihm zurück. Geschenke, die junge Mädchen lieben, legte er ihr zu Füßen: Muscheln, Vögel und bunt schillernde Blumen. Schmuck legte er um ihre geschmeidigen Glieder und zierte sie mit prächtigen Gewändern. Zuletzt richtete er ihr sogar ein weiches Lager und legte unter ihren Nacken samtene Polster.

Nun näherte sich in Zypern der Festtag der Aphrodite, der Göttin der Liebe und der Schönheit. Sehnsuchtsvoll und voller Erwartung brachte auch Pygmalion der Göttin ein Opfer dar und bat die Göttin, sie solle ihm doch zumindest eine Frau schenken, die seiner Elfenbeinstatue gleiche. Aphrodite aber verstand, was Pygmalion eigentlich wollte.

Eilig kehrte Pygmalion nach Hause zurück, lief sogleich zum Bild seiner geliebten Jungfrau und küßte sie. Und schon schien es ihm, als seien die wunderbaren Lippen warm. Er küßte sie immer wieder und berührte ihren Arm, und wie Wachs gab da der Arm dem Druck seiner Finger nach; immer wieder berührte er ihre Glieder, und auf einmal erwachte sie zum Leben, schlug die Augen auf und lächelte ihm zu. Überglücklich nahm er nun das schöne Mädchen in seine Arme, das ihm errötend folgte. Pygmalion nahm sie zur Frau, und sie gebar ihm zwei Kinder.

Phrixos und Helle

In Böotien in Griechenland regierte einst König Athamas, der ein Sohn von Aiolos war, dem Gott der Winde. Auf Befehl der Göttermutter Hera hatte Athamas Nephele geheiratet, ein gespenstisches Wesen, das Zeus nach dem Bild seiner Gattin geschaffen hatte. Nephele schenkte ihrem Gatten den Sohn Phrixos und die Tochter Helle. Nephele aber hatte für ihren Gatten nur Verachtung übrig, so daß sich Athamas eines Tages in die schöne Tochter des thebanischen Königs Kadmos verliebte und sie heiratete. Ihr Name war Ino. Als Nephele vom Treuebruch des Athamas hörte, da war sie in ihrer Ehre gekränkt und kehrte zornig zum Berg Olymp, dem Sitz der Götter, zurück, wo sie Hera ihr Leid klagte und von ihrer Beleidigung sprach. Hera aber, deren Ebenbild Nephele war, fühlte sich auch in ihrer Ehre gekränkt und schwor dem Hause des Athamas ewige Rache.

Ino aber war den beiden Kindern Phrixos und Helle eine böse Stiefmutter, und da diese ihr im Wege standen, versuchte sie, sie zu beseitigen. Sie überredete die Frauen des Landes, das frische Saatgut ohne das Wissen ihrer Männer mit Feuer zu versengen, damit es keine Früchte tragen sollte. Als nun die erhoffte Ernte nicht eintraf, und keine Pflanzen aus dem Boden wuchsen, da schickte Athamas, wie es Ino vorausgesagt hatte, Boten zum Orakel nach Delphi, die erkunden sollten, weshalb in diesem Jahr der Boden unfruchtbar geblieben war. Die Boten waren jedoch von Ino gekauft und bestochen und brachten so eine falsche Weissagung zu ihrem König: »Die Unfruchtbarkeit der Erde wird aufhören«, heuchelten sie, »wenn du deinen Sohn Phrixos dem Zeus als Opfer dargebracht hast.«

Phrixos war ein so schöner junger Mann, daß sich sogar seine Tante in ihn verliebt hatte. Als er aber deren Annäherungsversuche von sich wies, da klagte die Tante Phrixos an, er habe versucht, sich ihr mit Gewalt zu nähern. Auf diese falsche Kunde stimmten nun auch die Männer Böotiens zu, Phrixos dem Zeus zur Sühne als Opfer darzubringen.

So führte denn schweren Herzens und mit Tränen in den Augen der Vater Athamas seinen Sohn auf den Gipfel eines Berges und schickte sich mit einem Messer an, das geliebte Kind zu opfern. Doch da hatte Phrixos' Mutter Nephele Erbarmen und schickte ihrem Sohn einen goldfelligen Widder vom Himmel zur Hilfe. »Steig schnell auf meinen Rücken«, rief der

Widder Phrixos zu, als Athamas gerade seinem Sohn den Todesstoß geben wollte; schnell schwang sich der Jüngling auf den Rücken des Tieres; und als seine Schwester Helle ihn inständig bat, sie doch mitzunehmen, da zog ihr Bruder sie auch zu sich auf das goldene Fell des Tieres.

Hoch in die Lüfte stieg nun der Widder und trug die Geschwister weit weg vom ungeliebten Haus der Stiefmutter, über Berge, Täler und Meere. Doch hoch in den Wolken, genau zwischen Europa und Asien, wurde der schönen Helle plötzlich schwindelig, sie taumelte auf dem Rücken des Tieres, stürzte tief hinab in eine Meeresenge und ertrank. Zu ihren Ehren nannten die Menschen die Stelle des Meeres Hellespont, was in unserer Sprache ›das Meer der Helle‹ bedeutet. Phrixos aber flog auf dem Rücken des Widders weiter und weiter und gelangte schließlich an den äußersten Rand des Schwarzen Meeres, nach Kolchis, wo er vom Widder abstieg und diesen zum Dank für die Rettung Zeus opferte.

In Kolchis aber herrschte der Zauberkönig Aietes; dieser nahm den Knaben gastfreundlich auf, und als er zum Mann erwachsen war, gab er ihm seine Tochter zur Ehefrau. Als Dank für die Gastfreundschaft schenkte Phrixos dann seinem Schwiegervater das goldene Fell des Widders. Der König ließ das Fell in einem heiligen Hain an einer Eiche aufhängen und es durch einen fürchterlichen Drachen, der Tag und Nacht nicht schlief, bewachen. Die Kunde über dieses Goldene Vlies verbreitete sich bis nach Griechenland. Und eine Generation später sollten tapfere griechische Helden aufbrechen, um das goldene Fell zurück nach Griechenland zu holen; die Argonauten wird man sie nennen.

Die Göttin Hera aber war über Athamas, den Vater von Phrixos und Helle, so erzürnt, daß sie ihn zum Wahnsinn trieb, bis er schließlich ohne irgendeinen Freund aus Böotien verbannt wurde und das Land verlassen mußte. Auch die böse Stiefmutter Ino ereilte der göttliche Zorn. Mit ihrem noch verbliebenen Kind von Athamas stürzte sie sich ins Meer.

Die wunderbare Rettung

Einst herrschte über die Babylonier ein König, der sich Senecheros nannte. In seinem Land gab es viele Weise, die bei klarer Nacht den Lauf der Gestirne beobachteten und daraus die klügsten Weissagungen ableiteten. Denn jedes Menschenkind, so meinten sie, ist untrennbar mit der Stellung der himmlischen Sterne verbunden und kann deshalb dem Schicksal nicht entrinnen.

So kamen die weisen Sterndeuter eines Tages zu dem mächtigen König und weissagten ihm, sein Enkel werde ihm die Krone rauben und die Macht des Reiches an sich reißen. Darauf geriet der König in große Furcht. Und da seine jungfräuliche Tochter noch keinem Mann angetraut war, ließ er sie Tag und Nacht strengstens bewachen und wollte auf diese Weise dem Spruch des unentrinnbaren Schicksals entgehen. Doch näherte sich unsichtbar ein Mann der Königstochter und sie gebar ihm einen schönen Knaben. Als nun die Wächter das Wimmern des Neugeborenen hörten und erkannten, daß sie des Königs Gebot nicht eingehalten hatten, da wurden sie von großer Furcht gepackt. Was sollten sie tun? Schließlich beschlossen sie, ihrem König nichts von der Geburt seines Enkels zu verraten und das neugeborene Kind zu töten. Sie entrissen der verzweifelten Mutter das Kind und stürzten es von der Höhe der Burg, in der die Königstochter eingesperrt war, in die Tiefe. Da nahte mit großen Schwingen ein Adler, fing das fallende Kind, kurz bevor es am Boden zerschmettert wäre, mit seinen Flügeln auf und trug es sanft und behutsam in einen Garten, wo er es auf die Erde krabbeln ließ. Der Gärtner sah das herrenlose Waisenkind und empfand Mitleid. Er nahm es mit sich und zog es in seiner Familie auf. Der Knabe erhielt den Namen Gilgamos und wurde später der König von Babylonien. So hatte sich der Spruch des Schicksals doch erfüllt.

Die dankbare Schlange

König Makedon hatte einen tapferen und überaus schönen Sohn namens Pindos, während seine anderen Söhne Schwächlinge waren und nicht viel Geist besaßen. Seine Brüder aber beneideten Pindos um seine Schönheit und Körperkraft und suchten deshalb, ihm nach dem Leben zu trachten. Als aber Pindos merkte, daß sie ihm nachstellten, da verließ er das Reich seines Vaters und zog sich auf das Land zurück, wo er sich der Jagd hingab, um seinen Lebensunterhalt bestreiten zu können.

Eines Tages nun war er auf der Jagd nach Rehen. Doch flink und hurtig, wie Rehe sind, entwischten sie ihrem Verfolger. Pindos jedoch gab nicht nach; auf seinem schnellen Pferd jagte er den Waldtieren nach, bis er sich weit von seinen Jagdgesellen entfernt hatte. Als die Rehe in eine tiefe, abgründige Schlucht sprangen, da setzte Pindos vom Pferd ab und versuchte, den Rehen in dieser Einöde nachzustellen. Plötzlich aber hörte er eine Stimme rufen: »Laß ab von den unschuldigen Rehen!« Überall schaute er sich um, doch konnte er nicht sehen, wer ihn so angesprochen hatte. Furcht ergriff ihn da, weil er glaubte, die Stimme rühre von einer höheren Macht. Hastig eilte er zu seinem Pferd zurück und machte sich davon.

Neugierig kehrte er aber am nächsten Tag allein zu der Stelle zurück, an der er die Stimme gehört hatte; doch in die Schlucht traute er sich nicht mehr.

Da sah er auf einmal eine riesige Schlange, die mit aufgereckteni Hals auf ihn zukroch. Obgleich zunächst zu Tode erschrocken, faßte sich Pindos aber wieder und versuchte, die Schlange mit Klugheit zu besänftigen, um sich retten zu können; an eine Flucht war nämlich nicht mehr zu denken. Nun hatte er aber zum Glück schon einige Vögel erlegt, die er in seiner Jagdtasche bei sich trug. Diese gab er der Schlange, und wirklich, sie ließ von ihm ab und kroch nach dem Mahl davon.

Voller Dankbarkeit über diese wunderbare Rettung schenkte nun Pindos der Schlange immer wieder jeden Erstling seiner Jagdbeute. Je mehr Tiere aber Pindos ihr übergab, desto größer wurde sein Jagdglück; überall, wo er jagte, erwartete ihn reiche Beute. So wurde sein Name von Tag zu Tag in der Gegend berühmter, und man erzählte sich wahre Wunder über seine Heldentaten. Da er nun aber nicht nur klug und tapfer war, sondern auch noch über einen schönen Körper verfügte, da entbrannten die Mädchen und Frauen alle in Liebe zu ihm und suchten, mit ihm zusammenzukommen.

Feindlich jedoch blieben ihm noch immer seine Brüder. Als Pindos einmal allein auf der Jagd war, da stürzten sie sich plötzlich aus einem Hinterhalt auf ihn und stießen ihm ihre Schwerter in den Leib. Voller Schmerz und Todesangst schrie Pindos laut, und die Schlange hörte seine Hilferufe. Sie kam aus ihrem Lager hervorgekrochen, und ihr todbringender Schuppenkörper umschlang die bösen Brüder und würgte sie zu Tode. Als sie sah, daß der schöne Jüngling Pindos auch tot dalag, hielt sie Wache bei ihm, bis seine Angehörigen den Vermißten suchten und fanden. Entsetzen ergriff die Angehörigen, als sie den leblosen Leib des Pindos sahen, aber noch größer war ihre Furcht vor der riesigen Schlange, die dalag und den Toten noch nicht freigab. Das dankbare Tier aber begriff bald, daß die Angehörigen aus Furcht vor ihr nicht nähertraten, um den Leichnam zu bergen und ihn der Erde zu übergeben. Langsam und leise kroch sie davon, und ihrem Dahingleiten konnte man die Trauer um den verlorenen Freund anmerken. Pindos aber wurde prächtig bestattet, nahe bei der Stelle, an denen seine Brüder ihm das Leben genommen hatten.

Der Adler und die Schlange

Heiß war es, und erbarmungslos brannte die Glut der Sonne auf die Felder, als Schnitter dabei waren, das Getreide für das kommende Jahr abzumachen. Da brennender Durst sie quälte, schickten sie einen der Ihren los, um kühles Wasser aus einer Quelle zu holen, die in der Nähe plätscherte; Schöpfkelle und Sichel nahm er zur kühlenden Quelle mit. Als er dort angekommen war, erblickte er einen großen Adler, um den sich eine riesige Schlange wand, die ihn zu würgen drohte. Beide lagen in tödlichem Kampf miteinander, und der Adler, der auf die Schlange herabgestoßen war, um sie zu erbeuten, war nahe daran, nun Beute des giftigen Ungetüms zu werden. Als der Landmann den ungleichen Kampf sah, da besann er sich seines frommen Glaubens. Der Adler nämlich ist den Göttern heilig, ist Bote und Diener des Zeus, die Schlange aber ein böses Tier. Und so nahm er die Sichel und durchschlug die Schlange. Der Adler war erlöst und gerettet.

Der Schnitter schöpfte Wasser und kehrte, ohne sich weitere Gedanken über den Vorfall zu machen, zu seinen Kameraden zurück, die schon nach dem kühlen Naß schmachteten. Sie mischten dem Wasser etwas geschmackvollen Wein bei und tranken in vollen Zügen Becher um Becher. Als nun der Schnitter, der das Wasser an der Quelle geholt hatte, als letzter auch seinen Durst stillen wollte und den Becher an seinen Mund führte, da schoß der Adler vom Himmel herab und stieß ihn um, so daß ihm der Becher zu Boden glitt. Unwillig fuhr er den Adler an und warf ihm seinen Undank vor. Kaum aber hatte der Schnitter sich umgewandt, da erblickte er seine Kameraden, die alle schon vom Quellwasser getrunken hatten. Sie lagen am Boden und wanden sich in Todesschmerzen. Die Schlange hatte nämlich ihr Gift in die Quelle gespien und damit das ganze Wasser vergiftet. So hatte der Adler in Dankbarkeit die Wohltat, die der Schnitter ihm erwiesen hatte, vergolten.

Der Sänger Arion

Arion, der von dem Meergott Poseidon und einer schönen Nymphe abstammte, war der berühmteste Sänger seiner Zeit. Seiner Leier konnte er solch liebliche Töne entlocken, daß Götter und Menschen zugleich entzückt waren.

Eines Tages wurde der Sänger zu einem musikalischen Wettstreit nach Sizilien eingeladen. Sein Herr, König Periander aus Korinth, der den Sänger sehr in sein Herz geschlossen hatte, ließ ihn nur ungern die lange Schiffsreise antreten, da er um das Leben des göttlichen Sängers fürchtete.

In Sizilien angekommen, gewann Arion dort bald durch seinen Gesang die Herzen aller Bewohner, die ihn reich belohnten und ihm den Siegeskranz im Wettstreit zusprachen. Voll mit Reichtümern bepackt, bestieg Arion nun ein Schiff, um zu seinem König zurückzukehren. Als das Schiff auf hoher See war, da verschworen sich die Seeleute und trachteten Arion nach dem Leben, um an seine großen Schätze, die er in Sizilien gewonnen hatte, heranzukommen. Obwohl der Sänger die Seeleute inständig bat, sein Leben doch zu schonen und ihnen dazu noch die Schätze anbot, blieben diese hartherzig. Daß er aber noch einmal vor seinem Tode singen dürfe, diese Bitte konnten sie ihm nicht abschlagen. So zog er sich sein Festgewand an, stellte sich aufs Deck und ließ seine Leier ein letztes Mal erklingen. Süß und wohlklingend flogen die Töne über die Fluten, dann stürzte sich der Sänger ins Meer. Und siehe da, eine Schar Delphine kam herangeschwommen, und einer von ihnen nahm den Sänger dankbar auf seinen Rükken und trug ihn unversehrt zu Periander zurück. Das Tier aber starb erschöpft am Strand. Als Periander von dem Vorfall hörte, ließ er den treuen Fisch bestatten und ihm ein Denkmal errichten.

Eines Tages kam das Schiff der ruchlosen Seeleute im Hafen an. Periander ließ sie zu sich kommen und tat so, als wisse er nichts über den Verbleib des Arion. Als nun die Matrosen ihm vorheuchelten, Arion befinde sich noch gesund und wohlerhalten in Sizilien, da trat der Sänger hervor. Jetzt konnten sie nicht mehr leugnen. Periander bestrafte sie mit dem Tode und ließ sie beim Grabmal des Delphins ans Kreuz schlagen.

Apollon aber versetzte Arion und den getreuen Delphin unter die Gestirne, weil der Gesang ihm das Heiligste ist.

Androkles und der Löwe

Bei den reichen Römern war es üblich, daß sie viele Sklaven hatten. Diese mußten für ihre Herren alle erdenklichen Arbeiten verrichten, wurden aber oft dafür auf unmenschliche Art behandelt und waren ihren Gebietern auf Gedeih und Verderben ausgeliefert.

Ein vornehmer Römer verwaltete einst die Provinz Afrika, und ihm unterstand eine große Zahl von Sklaven. Unter diesen lebte auch der junge Androkles. Tag für Tag hatte er unter der harten Peitsche seines Herrn zu leiden, und jede Kleinigkeit mußte er mit einer Menge Hiebe bezahlen. So beschloß er eines Tages, dieses unwürdige Leben hinter sich zu lassen und seinem Herrn zu entfliehen. Er zog sich in die Einöde der großen Sandwüste zurück und nahm sich vor, wenn es ihm an Nahrung fehlen sollte, freiwillig aus dem Leben zu scheiden.

Als nun die mittägliche Sonne erbarmungslos auf den gelben Sand niederbrannte, entdeckte Androkles eine Höhle, die tief unter der Erde versteckt war. Dorthin zog er sich zurück, um vor der Glut der Sonne Schutz zu suchen. Kurze Zeit später aber kam ein Löwe mit gewaltiger Mähne in das Schlupfloch gekrochen, das wohl sein Lager war. Klagend und stöhnend humpelte er langsam voran, seine Pfote triefte von Blut.

Voller Entsetzen verkroch sich Androkles in den hintersten Winkel des Baues und glaubte schon, sein letztes Stündlein habe ihm geschlagen. Der Löwe aber kam friedlich und sanft näher und hielt dem verdutzten Androkles die Pfote vor die Augen, als wolle er ihn um Hilfe bitten. In seiner Pfote steckte nämlich ein gewaltiger Splitter; und so stark und mächtig das Wüstentier auch war, hier war es ohnmächtig und konnte sich selbst nicht helfen. Androkles aber verstand. Er riß den Splitter aus der Pfote des Tieres, drückte den gelben Eiter aus der schmutzigen Wunde und wischte das Blut ab. Da war der Löwe von seinen großen Schmerzen befreit. Er wedelte zufrieden und dankbar mit seinem Schwanz und schlief bei seinem Retter ein. Seit diesem Tage lebten Androkles und der Löwe zusammen. Das Tier überließ seinem Retter immer die besten Stücke seiner Beute, die Androkles nach Menschenart briet, den Rest verzehrte der Löwe nach Tierart roh.

Doch Androkles wurde nach drei Jahren, die er in Gesellschaft seines Freundes verbracht hatte, der Einöde müde. Und so verließ er die Höhle, während der Löwe auf Jagd war, und machte sich auf die Suche nach Menschen. Nach drei Tagen aber schon ergriffen ihn die Soldaten und schleppten ihn zu seinem Herrn, der inzwischen nach Rom zurückgekehrt war. Dieser ließ den Sklaven Androkles sogleich erbarmungslos zum Tode verurteilen und den wilden Tieren im Zirkus übergeben.

Als nun der Tag da war, an dem Androkles im Zirkus den wilden Tieren zum Fraß dargeboten werden sollte, da geschah etwas Wunderbares. Wild stürmten die Tiere in das Rund, und besonders bewunderten die Zuschauer, die schon nach dem Blut der Verurteilten lechzten, einen gewaltigen Löwen, der mit dumpfem Brüllen und wallender Mähne heransprang und allen Schauer über den Rücken laufen ließ.

Nun führte man neben anderen Sklaven auch Androkles in die Arena, die vom Toben der Zuschauer und der blutrünstigen Tiere gefüllt war. Als nun der stattliche Löwe Androkles schon von weitem erblickte, da hielt er plötzlich in seiner Wut und seinem Schnauben inne. Langsam und gemächlich näherte er sich Androkles und umwedelte ihn mit dem Schwanz. Mit dem ganzen buschigen Körper schmiegte er sich dann um ihn und warf sich ihm zutraulich zu Füßen. Als der zu Tode erschrockene Androkles das sah, da kam es ihm plötzlich wieder in den Sinn: er erkannte seinen alten Freund wieder, und beide waren überglücklich in dieser Stunde des Todes: zwei verlorene Freunde hatten sich wiedergefunden.

Die Zuschauer aber waren so erstaunt darüber, daß sie aufschrien und das Leben des Androkles verschont sehen wollten. Und der Kaiser gewährte ihnen diese Bitte. Androkles und der Löwe blieben ab jetzt unzertrennlich; nie sah man den einen ohne den anderen. Oft spazierten beide durch die Stadt, und Androkles führte seinen Löwen dabei mit sich, wie die Menschen sonst einen Hund an der Leine führen. Niemand hatte mehr Angst vor dem Tier, so sehr hatten alle Menschen es wegen seiner Treue ins Herz geschlossen.

Der Werwolf

Auf dem Gastmahl des Neureichen Trimalchio erzählte Niceros folgende Geschichte:

Als ich noch ein Sklave war, da lebten wir in einer engen Gasse. Dort habe ich mich unsterblich in die Frau meines Gastwirtes verliebt. Melissa hieß sie und war ein ganz niedliches Dickerchen. Nein, ich habe sie nicht etwa körperlich begehrt, sondern nur, weil sie so gutartig war. Nie hatte sie abgeschlagen, wenn ich etwas von ihr wollte. Wenn sie einen Zehner verdient hatte, so fiel davon ein Fünfer mir zu. Alles Geld, was mir gehörte, habe ich dann bei ihr aufbewahrt, und nie hat sie mich übers Ohr gehauen.

Eines schönen Tages war dann ihr Gatte auf seinem Landgut verstorben. Und ich hatte nun keinen anderen Gedanken mehr im Kopf, als schnell zu ihr zu gelangen. Zufällig war auch mein damaliger Herr und Besitzer verreist, weil er noch verschiedene Dinge zu erledigen hatte. So bat ich denn einen Gast, der sich in unserem Hause aufhielt, doch mit mir bis zum fünften Meilenstein zu kommen. Ein Soldat war es, und furchtlos stimmte er zu, mit mir ein Stück des Weges zu gehen.

Früh am nächsten Morgen, als die Hähne krähten, reisten wir ab; hell schien der Mond über die Gegend, als wäre es Mittag. Da kamen wir auf unserem

Weg auch über einen Friedhof. Mein Begleiter begab sich schnell zu den Grabsteinen, während ich weiterging und aus allen Kräften sang. Aber da, als ich mich umdrehte, erblickte ich ihn. Er hatte sich nackt ausgezogen und seine Kleider am Straßenrand abgelegt. Starr vor Schrecken stand ich da, das Blut wollte mir in meinen Adern gerinnen: Mein Begleiter hatte sich in einen Wolf verwandelt, hub fürchterlich an zu heulen und floh wild in die nahe gelegenen Wälder.

Zunächst wußte ich gar nicht, was ich tun sollte. Da kam mir die Idee, seine Kleider an mich zu nehmen: zu Stein aber waren diese geworden. Mein Entsetzen steigerte sich zur wahren Todesangst. Ich zog mein Schwert und hieb wie wild ins Leere, um die Gespenster und Geister zu treffen und sie zu verjagen. So gelangte ich schließlich, schweißgebadet, zum Gut meiner lieben Melissa.

Meine Freundin war verwundert, daß ich so totenbleich und schweißtriefend des Nachts bei ihr ankam. »Wenn du etwas eher gekommen wärst«, sprach sie, »hättest du uns noch helfen können. Ein reißender Wolf ist nämlich in unser Gut eingedrungen und hat viel Vieh gerissen. Wie ein Schlachter hat er ihnen das Blut ausgesogen. Doch ist er uns nicht ungeschoren entkommen. Unser Sklave hat ihm nämlich den Speer tief in den Hals gestoßen.«

Als ich das hörte, da konnte ich vor Grauen kein Auge mehr zumachen. Noch bevor es Tag wurde, bin ich schleunigst vom Gut aufgebrochen und zu der Stelle gelaufen, an der die Kleider zu Stein geworden waren. Kaum aber war ich auf dem Friedhof angekommen, da fand ich dort viel Blut auf dem Boden, die Kleider waren verschwunden.

Zu Hause angekommen, fand ich jedoch meinen Begleiter im Bett liegen, viel Blut floß aus einer Wunde, die er am Hals trug, und ein Arzt war gerade dabei, ihn zu behandeln. Mir war klargeworden, daß mein Gefährte ein Werwolf war; und fortan konnte ich in seiner Gesellschaft keinen Bissen mehr die Kehle hinunterbekommen, auch wenn man mich totgeschlagen hätte.

Die Empuse

Unter den Schülern des wundertätigen Philosophen Apollonios befand sich auch ein junger Mann namens Menippos. Fünfundzwanzig Jahre zählte er erst und besaß einen wohlgeformten Körper, aber auch einen Geist, der in vielem begabt und wißbegierig war. Menippos wurde, so munkelte man, von einer unbekannten Frau geliebt, die wunderschön und auch sehr reich zu sein schien. Damit hatte es folgendes auf sich:

Als Menippos eines Tages einmal allein des Weges ging, da begegnete ihm eine Erscheinung: Eine schöne unbekannte Frau trat auf ihn zu, faßte ihn bei der Hand und sagte, schon lange sei sie ihm in

Liebe verfallen. Sie stamme aus Phönizien, wohne aber jetzt in Griechenland, in Korinth. »Komm doch heute abend zu mir in die Wohnung«, lockte sie mit sanfter Stimme, »ich werde dich dann köstlich bewirten und dir mit Gesang das Herz erfreuen. Keiner wird uns stören, und wir können dann Zusammensein und uns lieben.« Als Menippos diesen betörenden Vorschlag der schönen Unbekannten vernommen hatte, wurde sein Herz sogleich von heftigem Verlangen ergriffen. Am gleichen Abend noch besuchte er die schöne Frau und genoß mit ihr die Liebe. Oft schlich er sich in der Folgezeit abends in der Dunkelheit zum Hause seiner Geliebten und verweilte dort.

Der weise Apollonios aber erkannte das Unheil, das über seinem gelehrigen Schüler Menippos schwebte. So rief er ihn denn zu sich und wie ein Vater redete er den Jüngling an: »Ein Wesen von gespenstiger Natur liebst du, und eine Schlange hegst du an deiner Brust.« Menippos aber wollte unbedingt die schöne unbekannte Geliebte so bald wie möglich heiraten und ließ sich durch die Worte des väterlichen Freundes nicht beirren.

Als nun der Tag der Hochzeit gekommen war, und das festliche Mahl bereitet wurde, trat auch Apollonios unter die Gäste und fragte Menippos: »Wem gehört denn all das Geld und Silber und der übrige Schmuck der Kammer?« – »Alles ist Eigentum meiner schönen Braut«, entgegnete verliebt Menippos. – »Tand ist all diese Pracht«, fuhr da Apollonios fort, »all dieser Schmuck ist nur Schein, in Wirklichkeit besteht er gar nicht. Und deine Braut, Menippos, ist eine Empuse, eine Gestalt des Grauens. Sie will von den Männern den Liebesgenuß, ist aber vor allem gierig nach Menschenfleisch und saugt ihren Liebhabern alle Lebenskräfte aus dem Körper. Eine Tochter der finsteren Nacht und der Dämonen willst du in das Brautgemach führen.«

Die schöne Empuse war wütend auf den Philosophen und wollte ihn aus dem Hause verjagen, wußte sie sich doch entdeckt und ihrer magischen Künste entlarvt. Da aber entschwanden plötzlich die goldenen Becher und alles Silber, alle Pracht der Hochzeitsfeier verflüchtigte sich, denn sie war nur Schein, nicht Wirklichkeit. Die Köche und die ganze Dienerschaft wurden auf einmal unsichtbar, und alles war entflogen, wie in Luft aufgelöst. Die junge Braut, jetzt allein in dem kahlen Saal, aber gestand, daß sie eine böse Empuse sei, die Menippos nur durch ihren schönen Leib an sich ziehen wollte, um ihm das frische und reine Blut auszusaugen. Nur deshalb hatte sie ihn verführt, geliebt aber nie. So wurde der Jüngling doch noch im letzten Augenblick durch die Hilfe seines väterlichen Freundes den Klauen der Blutsaugerin entrissen und gerettet.

Der Trug des Nektanebos

Nektanebos, der letzte König der Ägypter, war durch seine Zauberkunst in vielen Ländern bekannt; mit Hilfe seiner Magie gelang es ihm, alle Völker zu besiegen und in Frieden zu leben. Näherte sich ein feindliches Heer seinem Reich, so brauchte er keine Soldaten und Waffen. Dann ging er in seinen Palast, füllte ein Becken mit frischem Quellwasser, formte mit seinen Händen aus Wachs Schiffchen und kleine Menschen und setzte diese dann in die Schüssel. Er zog nun seinen Priestermantel an, nahm einen Ebenholzstab und beschwor mit Zaubersprüchen die Geister der Luft und die Dämonen der Unterwelt; und sogleich wurden die Menschlein in dem Becken lebendig. Dann versenkte er die kleinen Schiffe, die in seiner Schüssel schwammen, und im gleichen Augenblick gingen auch die großen Kriegsschiffe seiner Feinde im Meer unter. So bewahrte er durch seine Zauberkunst seinem Land lange Zeit den Frieden.

Eines Tages nun kamen Kundschafter zum König und sprachen: »Eine riesige Zahl von Feinden rückt gegen dein Land vor, mächtiger Herr. Rüste deine Heere, denn nicht nur ein einziges Volk rückt gegen uns an, nein, der ganze Osten scheint sich gegen uns verschworen zu haben.« Nektanebos aber lachte nur, ging wortlos in seinen Palast und wollte wie üblich die Feinde durch seinen Wasserzauber vernichten. Als er aber nun in das Becken blickte, da sah er, daß die ägyptischen Götter die Schiffe der Feinde lenkten und nicht die seinen. Da erkannte der in allen Zaubern erfahrene König, daß die Götter ihn aufgegeben hatten und daß das Ende seines Reiches gekommen war. Er steckte viel Gold ein, schor sich die Haare, verkleidete sich und floh übers Meer mit einem Schiff, bis er nach Pella in Makedonien kam: Dort ließ er sich unerkannt als Weissager und Sterndeuter nieder.

Als fast ganz Ägypten von den Feinden verwüstet war, da fragten die Ägypter ihre Götter, was aus ihrem König geworden sei. Das Orakel aus dem Heiligtum aber verkündete: »Der entflohene König wird als Jüngling, nicht als Greis, in euer Land zurückkommen und eure Feinde, die Perser, vernichten.« Obgleich sie den Spruch nicht verstanden, ließen die Ägypter ihn doch auf dem Sockel des Standbildes von Nektanebos einschreiben.

Inzwischen war Nektanebos in Makedonien durch seine Weissagekunst so berühmt geworden, daß sein Ruf zu den Ohren der Königin Olympias drang. Als ihr Gemahl Philipp in den Krieg gezogen war, ließ nun Olympias den Wahrsager zu sich bestellen.

Nektanebos trat in den Palast der Königin, und sobald er die Schönheit Olympias sah, entbrannte er in heftiger Liebe und Verlangen nach ihr. Nachdem die Königin, die für Nektanebos schöner als der nächtliche Mond erstrahlte, ihn Platz nehmen ließ, fragte sie ihn nach seiner Wahrsagekunst aus. Nektanebos erzählte ihr ausgiebig, welche Arten der Propheten es gibt: Wahrsager, Magier, Traumdeuter, Sterndeuter, Zeichendeuter; dabei blickte Nektanebos die Königin fragend an. Als diese wissen wollte, was der forschende Blick auf sich habe, da entgegnete Nektanebos: »Schon früher habe ich etwas von dir gehört, Königin, und jetzt fällt es mir wieder ein. Einst habe ich einen Götterspruch erhalten, daß ich einer Königin weissagen werde, und daß alles, was ich ihr wahrsagen werde, gewiß eintritt.«

Dann zog Nektanebos aus seinem Gewand eine kleine kostbare Tafel hervor, wie sie noch nie ein Menschenauge gesehen hatte. Aus Gold und Elfenbein war sie gebildet; darauf waren sieben Sterne und die Zeichen des Tierkreises. Olympias befahl nun allen, sich zu entfernen und sprach: »Untersuche nun Philipps und meine Geburtsstunde, denn ich habe gehört, mein Gatte wolle mich verstoßen und sich nach der Rückkehr aus dem Krieg eine andere Frau nehmen.«

Doch da griff der listige Nektanebos, von Liebesglut verzehrt und um die schöne Königin zu besitzen, zu einem Trug: Er ließ sich die Geburtsstunde von Königin und König geben, setzte aber seine eigene neben die der Olympias, berechnete den Stand der Gestirne bei ihrer beider Geburt und sprach zur Königin: »Das Gerücht, das dir zu Ohren kam, stimmt. Dir ist es beschieden, dich mit einem Gott, der auf Erden verweilt, zu vereinen und von ihm einen Sohn zu empfangen, der dich gegen Philipps Verfehlungen rächen wird. Es ist der libysche Gott Ammon.« Neugierig fragte nun die Königin nach dem Aussehen des göttlichen Geliebten. Und Nektanebos erzählte ihr von einem Mann mit goldenem Haar und Hörnern wie ein Widder. Noch in dieser Nacht werde er im Traum zu Olympias' Lager kommen.

Dann verließ Nektanebos den königlichen Palast, ging an einen einsamen Ort und sammelte dort wildwachsende Kräuter, die er für seinen Zauber brauchte. Er formte aus Wachs den Körper einer Frau und schrieb darauf den Namen Olympias. Darauf entzündete er Lichter, goß den Saft der Kräuter darüber und beschwor mit seinem Zauber alle Dämonen. Und in der Nacht hatte Olympias einen Traum. Sie sah, daß der Gott Ammon sich mit ihr vereinte und zu ihr sprach: »Du trägst einen Sohn unter deinem Herzen, der dich rächen wird.«

Kaum war Olympias aus diesem Traum erwacht, da ließ sie voller Verwunderung und Neugier den Wahrsager Nektanebos rufen und erzählte ihm von ihrem Traumgesicht. Voller Sehnsucht war nun die Königin nach dem göttlichen Geliebten und verlangte, sich auch in Wirklichkeit mit dem Gott zu vereinen. Listig entgegnete Nektanebos, ein Traum sei schließlich nur ein Traum, doch werde er den Gott schon anrufen können, damit er sich mit Olympias vereine. »Gib mir nur eine Kammer neben deinem Schlafgemach, Königin«, sprach er, »damit ich dir helfen kann.« Freudig stimmte die Königin zu, und Nektanebos fuhr fort: »Eine Schlange wird auf dich zukriechen, wenn du heute abend dein Schlafgemach betrittst. Heiß dann alle, die Kammer zu verlassen, lösche aber die Lichter nicht, verhülle dein Antlitz und schaue den Gott, der dir schon im Traum erschienen ist.«

Nektanebos zog sich das weiche Fell eines Widders mit Hörnern an, legte goldenes Haar an seine Schläfen und zog sich einen breiten Mantel um, der aus Schlangenhäuten gefertigt war. So trat er in die Kammer der Königin, wo Olympias verhüllt lag und auf den Gott wartete. Nektanebos bestieg ihr Lager und vereinigte sich mit der Königin; als er aber das Lager verließ, sprach er: »Du hast einen Sohn empfangen, der dich rächen wird, und einst wird er sogar Herrscher der ganzen Welt werden.« Dann nahm er sein Widderfell, verließ die Kammer der Olympias und versteckte die Ausrüstung seines Trugs.

Der Leib Olympias aber wuchs von Tag zu Tag, und voller Angst ließ die Königin Nektanebos rufen, um von ihm Rat einzuholen. Was sollte sie ihrem Gemahl sagen, wenn dieser vom Feldzug zurückkehrte? »Fürchte dich nicht und sei guten Mutes«, sprach da Nektanebos, »dein Gott wird dir schon helfen; er wird König Philipp einen Traum senden und ihm verkünden, daß du schuldlos bist.«

Da nahm Nektanebos einen Seefalken, sprach Zauberworte zu ihm, die er Philipp im Traum verkünden sollte, und schickte ihn los. Der Falke flog zu dem Ort, an dem der König sich befand, und sprach im Traum zu ihm. Von diesem Nachtgesicht geängstigt, schreckte Philipp auf und ließ sogleich einen Traumdeuter zu sich kommen, dem er das ganze Traumgesicht erzählte: »Einen schönen Gott sah ich im Traum, goldhaarig und mit Widderkopf, der meiner Gattin auf dem Lager beiwohnte. Ich glaube, er verschloß ihren Schoß mit Byblosfäden und versiegelte ihn mit einem Ring, auf dem das Haupt eines Löwen eingeprägt war. Und auch einen Falken sah ich, der mich mit seinem Flügelschlag weckte. Was hat dieser Traum zu bedeuten?« Der Traumdeuter gab ihm zur Antwort: »Was du im Traum gesehen hast, ist wahr. Deine Gemahlin wird ein göttliches Kind zur Welt bringen, denn keiner versiegelt ein leeres Gefäß. Der Schoß wurde mit Byblos geschlossen. Da nun Byblos nur in Ägypten wächst, kommt der Same der göttlichen Geburt aus Ägypten und ist glänzender Herkunft wegen des goldenen Ringes. Das Löwenhaupt auf dem Ring aber bedeutet: Das Kind, das geboren wird, wird tapfer wie ein Löwe kämpfen und alle Städte und Länder erobern. Der Gott aber, den du erblickt hast, ist niemand anders als der libysche Ammon.« Als Philipp diese Deutung hörte, wurde er traurig; selbst die Tatsache, daß sein Sohn Sproß eines Gottes sein werde, konnte ihn nicht ermuntern.

Als Philipp aus dem Krieg zurückgekehrt war, kam ihm Königin Olympias verängstigt entgegen. Philipp aber tröstete sie und sagte, sie brauche sich keine Vorwürfe zu machen, er habe im Traum alles gesehen. »Sogar wir Könige«, sprach er, »vermögen nichts gegen die Götter.« Daraufhin wurde Olympias wieder fröhlich, und die finsteren Gedanken wichen von ihr.

In Philipps Herz saß aber nagend der Zweifel, und Eifersucht keimte in ihm auf. So warf er kurze Zeit später seiner Frau Ehebruch vor. Er wollte einfach nicht mehr glauben, daß ein Gott der Vater des Kindes sein sollte. Diese Vorwürfe hörte nun Nektanebos, der heimlich gelauscht hatte. Als eines Tages im Palast des Königs ein großes Fest gefeiert wurde, da verwandelte sich Nektanebos in eine Schlange, kroch mitten durch den Saal und zischte so laut, daß alle vor Furcht erbebten. Olympias aber erkannte in dem zischenden Tier ihren Liebhaber und streckte ihm zärtlich die Hand entgegen; die Schlange legte den Kopf in die Hand der Königin, richtete sich auf und kroch auf ihren Schoß. Dann gab sie mit ihrer gespalteten Zunge Olympias einen Kuß als Beweis ihrer Liebe. Als Philipp voller Erstaunen und Furcht das ganze Schauspiel verfolgte, da verwandelte sich die Schlange in einen Adler und flog davon. Philipp aber pries seine Frau, weil ein Gott ihr in ihrer Gefahr geholfen habe, und war fortan froh, daß sein Sohn ein Göttersproß sein sollte.

Viele Monde waren inzwischen vorbeigezogen, und der Tag nahte, an dem Olympias gebären sollte. Sie setzte sich aufs Lager, und Nektanebos war bei ihr und beobachtete den Lauf der Sterne. Und als die Sterne den günstigsten Stand erreicht hatten, zu dieser Stunde gebar Olympias einen Knaben. Als er das Licht der Welt erblickte, da ertönte lauter Donner, und Blitze flammten am Himmel auf; die ganze Welt erbebte.

Als Philipp das Kind zu Gesicht bekam, sprach er: »Eigentlich wollte ich das Kind ja nicht annehmen, da es nicht von mir ist. Nun aber sehe ich, daß es ein Gott ist; die Himmelserscheinungen haben etwas Wunderbares angekündigt; ich werde es wie mein eigen Fleisch und Blut großziehen. Sein Name soll Alexander sein.« Damals wurde jener Held geboren, den man später den Großen nennen sollte.

Ein Liebeszauber

Pamphile war eine schöne Zauberin und Hexe aus Thessalien. Sie hatte über Verstorbene Gewalt, konnte Sterne verdunkeln, Geister bannen und sich alle Elemente dienstbar machen. Am meisten aber gebrauchte sie diese Macht, wenn sie sich in einen jungen Mann verliebt hatte, und das kam recht oft vor.

Wieder einmal war Pamphile in Liebe verfallen. Sie schmachtete unsterblich nach einem Böotier, und alles setzte sie daran, ihn für sich zu gewinnen. Als sie den jungen Mann einmal abends in einer Barbierstube sitzen sah, da schickte sie eilends ihre Dienerin Photis dorthin, um die abgeschnittenen Haare des jungen Griechen einzusammeln; diese brauchte sie nämlich für ihren Liebeszauber. Der Barbier aber entdeckte, daß Photis die Haare entwenden wollte, und schnell entriß er sie ihr wieder. Um aber nicht unverrichteter Dinge zur Herrin heimzukehren und bitterem Tadel ausgesetzt zu sein, schnitt Photis auf dem Heimweg einigen Ziegen Haare ab und gab diese ihrer Herrin als die Haare des jungen Böotiers aus.

Kaum war die Nacht angebrochen, da stieg schon die Zauberin hinauf auf ihren Speicher, der dem Wind auf allen Seiten zugänglich und deshalb für ihre Zauberei der geeignetste Ort war. Zunächst rüstete sie ihre Zauberkammer mit allen Werkzeugen ihrer magischen Kunst aus. Da konnte man Salben jeder Art sehen: Täfelchen mit geheimnisvollen Zeichen, tote und verweste Körper lagen herum. Aufbewahrtes Blut stand in einer Ecke und dort Menschenfleisch, zertrümmerte Schädel, gar schaurig war diese Hexenküche anzusehen. Nun sprach Pamphile Zauberworte über Eingeweiden, goß Quellwasser, Kuhmilch und Honig darüber. Sie knüpfte dann die Haare des Böotiers, die in Wirklichkeit die von Ziegen waren, zu einem Knoten zusammen und warf sie beschwörend in die glühende Kohlenasche, wo sie mit viel Rauchwerk verbrannten. Die Haare knisterten in der Kohlenasche und schienen bald menschliches Leben anzunehmen. Der Zauber aber mißlang dieses Mal, doch gab sich die schöne Hexe nicht geschlagen.

Ein paar Nächte später drängte es sie wiederum, zu ihrem geliebten Jüngling zu gelangen. Bei dunkler Nacht stieg Pamphile auf ihren Speicher und zog sich nackt aus; dann schloß sie eine Truhe auf und entnahm ihr verschiedene kleine Behälter mit Salbe. Mit diesen Salben rieb sie dann ihren schönen Körper ein, von der Sohle bis zum Scheitel. Lange unterhielt sie sich darauf mit der flackernden Lampe, die sie mit in ihre Zauberkammer genommen hatte. Kaum hatte sie sich dann geschüttelt, da begann Flaum auf ihren Gliedern zu wachsen, Federn wurden daraus, und krumm bog sich nun ihre hübsche Nase, Krallen wurden aus den Zehen. Eine Eule ist Pamphile geworden, und mit schrecklichem Geheul schwang sie sich auf und flog zu ihrem geliebten Böotier.

Hier endet die Geschichte im Roman; das Ende teilt uns der Autor Apuleius nicht mit, da der Held, der von diesem Liebeszauber erzählt, die Gegend verlassen muß, weil er selbst wie Pamphile zaubern will, dabei aber zum Esel wird.

Der Zauberer und sein Lehrling

Eukrates erzählt:

Als junger Mann kam ich einst nach Ägypten, wohin mein Vater mich zu Studien geschickt hatte. So fuhr ich auch einmal den Nil hinauf, um den Laut zu hören, den die Säule des Memnon bei Sonnenaufgang von sich gibt. Als wir nun zurückfuhren, da gesellte sich auf dem Schiff ein Mann aus Memphis zu uns, ein Schriftgelehrter von außerordentlichen Kenntnissen; er war aller Weisheit der

Ägypter kundig. Er soll, so geht das Gerücht, dreiundzwanzig Jahre in unterirdischen Kammern gelebt haben und dort von Isis selbst Unterricht in der Zauberkunst erhalten haben. Pankrates hieß dieser weise Mann, priesterlich war sein Aussehen, geschoren sein Haupt und in Linnen war er gekleidet, seine Miene war ernst. Zunächst wußte ich nicht, wer er war. Als ich jedoch mit eigenen Augen erblickte, welche Wunder er tat, da erkannte ich, daß es ein heiliger Mann war. Er ritt auf Krokodilen und schwamm mitten unter diesen Ungetümen herum. Sie taten ihm nichts, sondern kamen zutraulich an ihn heran und wedelten mit ihren Schwänzen.

Es dauerte nicht lange, da hatte ich die Gunst des Pankrates gewonnen. So vertraut wurden wir schließlich miteinander, daß er mir alle seine Geheimnisse und Zaubereien anvertraute. Schließlich überredete er mich sogar, meine ganze Dienerschaft in Memphis zurückzulassen und ihn ganz allein zu begleiten. An einer Dienerschaft wird es uns nicht fehlen, meinte er.

Sooft wir in eine Herberge kamen, nahm Pankrates den Türriegel, den Besen oder einen hölzernen Stößel eines Mörsers, legte diesen Kleider an und sprach Zauberformeln darüber. Und sogleich schienen diese Dinge sich zu bewegen; leibhaftige Menschen wurden daraus, die hin und her gingen, Wasser trugen, Lebensmittel einkauften und diese auch zubereiteten. Aufs beste wurden wir somit von diesen bedient, und es mangelte uns tatsächlich nicht an einer Dienerschaft. Wenn wir die Dienste dieser hilfreichen Geister nicht mehr brauchten, so sprach Pankrates wieder einen Zauberspruch, und auf der Stelle wurden sie Türriegel, Besen oder Stößel. Obwohl ich mir alle Mühe gab, dieses Zaubergeheimnis von ihm zu lernen, gelang es mir nicht. Er bewahrte dieses Geheimnis eifersüchtig bei sich und gab es keinem preis, so gefällig er in allen übrigen Dingen auch war.

Eines Tages aber stand ich ganz dicht bei ihm, und weil es sehr dunkel in der Kammer war, bemerkte er es nicht. Da sprach er über die Dinge eine Zauberformel aus, die aus nur drei Silben bestand, die ich mir gut merkte. Dann ging mein Meister zum Markt, hatte aber dem Stößel noch vorher befohlen, was dieser tun solle.

Am folgenden Tag war Pankrates wieder zum Markt gegangen, wo er noch zu tun hatte. Vorsichtig nehme ich jetzt den Stößel vor, lege ihm Kleider an, spreche drei Zaubersilben über ihn aus und befehle ihm, Wasser zu holen. Und auf der Stelle ging der verzauberte Stößel weg und brachte einen vollen Eimer. »Gut«, sagte ich, »das genügt, werde nun wieder zum Stößel!« Der Stößel aber will nicht gehorchen, sondern schleppt wieder Wasser herbei, bis endlich das ganze Haus mit Wasser gefüllt war.

Voller Verzweiflung war ich nun und hatte Angst, Pankrates würde bei seiner Rückkehr in Zorn geraten. So packte ich schließlich eine Axt und spaltete den Stößel in zwei Teile. Da aber nahm jede Hälfte einen Eimer und trug Wasser, ich hatte nun statt einen zwei Diener. Im gleichen Augenblick kam Pankrates zurück und sah, was vorgefallen war. Er machte die beiden hilfreichen Stößel wieder zu Holz, was sie vor der Zauberei gewesen waren. Dann aber verließ er mich, ohne mir zu sagen, wohin er ging. Seit dieser Stunde habe ich ihn nie wieder gesehen. So kann ich auch jetzt noch aus einem Stößel einen Menschen machen, aber ich kann ihn nicht wieder in das zurückverwandeln, was er einmal war, bevor er Wasserträger geworden ist. Er wird mir unvermeidlich das ganze Haus unter Wasser setzen. So nützt mir diese ganze Kunst gar nichts.

Die indischen Goldameisen

In Indien gibt es eine Gegend mit einer großen Sandwüste. In dieser Einöde leben Ameisen, die etwas kleiner als Hunde, jedoch größer als Füchse sind. Wenn diese großen Tiere ihre unterirdischen Wohnungen bauen, dann werfen sie zwar wie alle anderen Ameisen den Sand in gleicher Weise heraus, der herausgeworfene Sand aber enthält Gold. Und so schicken die Inder ihre Leute in die Wüste, um diesen Sand zu sammeln.

Alexanders Reisen

Alexander schreibt in einem Brief an seine Mutter Olympias:

Nachdem ich den König Dareios besiegt hatte, brach ich auf und eroberte viele Reiche bis hin zum fernen Persien, über das Dareios geherrscht hatte. Von dort wollte ich in die Tiefe der Wüste in Richtung auf den Großen Wagen weitermarschieren. Wir gelangten in eine Gegend, die voll tiefer Schluchten war; eng und tief zerklüftet war der Weg, auf dem wir acht lange Tage dahinziehen mußten. Als wir diese öde Gegend hinter uns gelassen hatten, da gelangten wir an einen noch trüberen Ort. In einem großen Wald fanden wir Bäume, die eine fremde und seltene Frucht trugen: Äpfel, riesengroß wie Kürbisse, hingen an ihnen. In diesem Wald lebten auch Menschen, die vierundzwanzig Ellen groß waren und Hälse von einer Länge von anderthalb Ellen besaßen. Ihre Hände und Unterarme waren wie scharfe Sägen. Sogleich stürzten sie sich auf unser Heer. Als ich nun befahl, einen von ihnen zu fangen, und wir uns mit Geschrei und Trompetenklang auf sie werfen wollten, da ergriffen sie rasch die Flucht. Viele dieser sonderbaren Wesen hatten wir erschlagen, sie aber hatten noch mehr meiner Leute getötet.

Danach gelangten wir in ein Land, in dem wilde Riesen wohnten, die ein Aussehen wie Löwen hatten. Auch diese stürzten sich wild auf uns und töteten viele meiner Leute. Aus Furcht, daß sie uns besiegen würden, ließ ich den Wald anzünden. Als die riesigen Männer aber das Feuer sahen, ergriffen sie die Flucht.

Ich beschloß am nächsten Tag, ihre Höhlen zu erkunden. Dort trafen wir wilde Tiere an, die vor den Toren der Höhlen angebunden waren. Wie Löwen sahen sie aus, und jedes hatte drei Augen. Auch Flöhe sahen wir da herumspringen, die so groß waren wie bei uns die Frösche. Wir marschierten von dort zurück und gelangten an einen Ort, wo eine sprudelnde Quelle entsprang. Dort ließ ich ein Lager aufstellen und blieb zwei Monate.

Von dort dann aufgebrochen, gelangten wir zum Lande der Apfelesser. Dort sahen wir einen Mann, dessen Körper ganz mit Fell bedeckt war. Wir waren entsetzt über das Scheusal, und ich befahl, ihn zu ergreifen. Ohne Furcht blickte er uns an, als er uns gefangen vorgeführt wurde. Ich ließ dann eine nackte Frau zu ihm bringen. Er aber ergriff sie und begann, sie aufzufressen. Als die Soldaten herbeieilten, um ihm die Frau zu entreißen, da brüllte er in unverständlichen Lauten. Das hörten seine Freunde, und etwa tausend Mann, die wie er aussahen, brachen aus dem Sumpf hervor und stürzten sich auf uns. Ich aber ließ die Sumpfpflanzen anzünden, und sofort flohen sie. Bei der Verfolgung fingen wir drei von ihnen. Sie nahmen aber keine Nahrung zu sich und starben eine Woche später. Sie hatten kein menschliches Aussehen, sprachen nicht, sondern bellten wie Hunde.

Wir zogen weiter und gelangten an einen Fluß, wo ich ein Lager aufschlagen ließ. In dem Fluß standen Bäume, die bei Sonnenaufgang zu wachsen begannen, ab Mittag aber wurden sie wieder kleiner, bis sie schließlich wieder ganz verschwunden waren. Einen wunderbaren Duft strömten sie aus, und ihr Harz glich persischer Myrrhe. Als ich jedoch befahl, die Bäume zu schlagen und ihr Harz mit Schwämmen aufzusaugen, da wurden die Sammler von unsichtbaren Wesen gepeitscht. Wir hörten den Schall der Peitsche und sahen die Schläge auf ihrem Rücken. Und eine unsichtbare Stimme erhob sich plötzlich und verbot uns, die Bäume zu hauen und das Harz einzusammeln. »Wenn ihr weiterhin die Bäume fällt und das Harz sammelt«, sprach die Stimme, »dann wird das ganze Heer die Sprache verlieren und stumm werden.« Von Angst ergriffen, ließ ich nun die Männer zurückrufen und hörte auf, die Bäume zu fällen.

Im gleichen Fluß entdeckten wir auch schwarze Steine. Wenn man diese berührte, so wurde man genauso schwarz wie sie. Viele Schlangen und Fische tummelten sich in diesem Fluß. Diese ließen sich nicht in heißem Wasser kochen, sondern wurden schon in kühlem Quellwasser gar. Auch Vögel lebten dort, die den unseren in ihrem Aussehen ähnlich waren, faßte man sie aber an, so sprühte Feuer aus ihnen.

Am nächsten Tag irrten wir umher. Zehn Tage zogen wir dahin, ohne das Licht der Sonne zu sehen. Viele seltsame Tiere liefen uns über den Weg, solche mit sechs Füßen, mit drei oder fünf Augen, Ungeheuer, die zehn Ellen lang waren. Dann kamen wir in eine Sandwüste, wo Tiere von zwanzig Ellen Länge hausten. Sie glichen unseren Wildeseln, und jedes Tier trug sechs Augen; sehen konnten sie aber immer nur mit zweien. Sie waren zahm und griffen uns nicht an, und so erlegten meine Männer viele von ihnen mit ihren Bögen.

Darauf kamen wir an einen Ort, an dem Menschen ohne Kopf hausten. Behaart waren sie und in Felle gekleidet. An der Meeresküste fingen sie Fische und brachten uns diese. Wir sahen dort auch große Seehunde auf dem Land herumkriechen. Obwohl meine Freunde mir zur Umkehr rieten, wollte ich nicht zurück, denn ich war vom Wunsch beseelt, das Ende der Welt zu sehen.

Wir setzten den Marsch fort bis zum Meer; nichts sahen wir mehr, keine Vögel und keine Erdtiere; zehn Tage lang herrschte Finsternis. Und so kamen wir schließlich an eine Stelle am Meer, wo ich befahl, die Zelte aufzuschlagen. Im Meer, gegenüber unserem Lagerplatz lag eine Insel, deren Inneres ich gerne erforscht hätte. Ich ließ also Kähne zimmern und setzte mit ungefähr tausend Mann über. Wir waren aber noch nicht dort angekommen, da vernahmen wir Stimmen, die mich in griechischer Sprache anriefen und mir einen frühen Tod prophezeiten. Woher die Stimmen kamen, konnte ich aber nicht ausmachen. Einige meiner Soldaten versuchten nun tollkühn, hinüber zur Insel zu schwimmen. Es kamen aber sofort riesige Krebse hervor, zogen meine Leute unters Wasser. Elend mußten sie ertrinken. Voller Furcht kehrten wir übrigen mit den Kähnen aufs Festland zurück.

Am Ufer entstiegen wir den Kähnen und fanden einen Krebs, der an Land gekrochen war. Riesengroß war er wie ein Brustharnisch, und seine Vorderscheren waren ausgebreitet. Wir nahmen unsere Speere und warfen sie auf ihn, und nur mit viel Mühe gelang es uns, ihn zu töten, denn das Eisen drang kaum durch seinen Panzer, und der Krebs zerbrach mit seinen Scheren unsere Speere. Als wir ihn dann öffneten, fanden wir in seinem Inneren sieben Perlen, so wunderbar und wertvoll, wie sie noch nie eines Menschen Auge gesehen hatte. Als ich diese sah, kam mir der Gedanke, daß diese Perlen wohl tief im Grunde des Meeres entstünden.

So ließ ich mir einen großen eisernen Käfig bauen, worin ein gläsernes Faß eingefügt wurde. In den Boden des Glasfasses ließ ich ein Loch ein, so groß, daß eine Menschenhand durchkommen konnte. Ich hatte nämlich im Sinn, auf den Grund des Meeres zu tauchen, um zu erkunden, was dort unten sei. Mit der Hand wollte ich, am Grund angekommen, durch das Loch aus dem Faß herausfühlen und ergreifen, was ich unten im Sand finden würde. Das Loch aber ließ ich so verschließen, daß ich es von innen öffnen konnte. An den Käfig ließ ich eine Kette von dreihundert Klaftern Länge anbringen und befahl, mich nicht eher wieder hochzuziehen, bis ich an der Kette gezogen hätte.

Als alles fertig war, stieg ich in das gläserne Faß, und man schob den bleiernen Riegel vor und ließ mich ab. Kaum aber war ich einhundertzwanzig Ellen in der Tiefe, kam ein großer Fisch vorbeigeschwommen und schlug mit seiner Schwanzflosse gegen den Käfig. Meine Männer glaubten, ich hätte an der Kette gezogen, und hievten mich hoch. Ich machte einen zweiten Anlauf, und dabei erlebte ich das gleiche. Beim dritten Mal tauchte ich bis in eine Tiefe von dreihundertacht Ellen. Viele Fische verschiedener Arten schwammen um meinen Käfig. Da aber kam auf einmal ein riesiges Ungetüm von Fisch auf meinen Käfig zugeschwommen, ergriff den Käfig mit seinem Maul und brachte mich eine Meile von meinen Schiffen weg ans Land.

Auf meinen Schiffen hielten dreihundertsechzig Männer die Kette, an der der Käfig befestigt war. All diese Lasten schleppte der Fisch hinter sich her, und auch noch die Schiffe selbst. An Land angekommen, zerbiß der riesige Fisch den Käfig, in dem ich zitterte und bebte, und warf ihn ans Ufer. Halbtot und von Entsetzen ergriffen, gelang es mir schließlich, aus dem Käfig zu kriechen, und ich dankte auf den Knien der Vorsehung, daß sie mich wieder gerettet hatte. Sogleich ließ ich den Befehl geben, diesen unheilvollen Ort zu verlassen und weiterzuziehen.

Nach zwei Tagen Marsch kamen wir in eine Gegend, in der keine Sonne leuchtete. Dort liegt das Land der Seligen.

Nachdem wir etwa fünfzehn Meilen in der Dunkelheit zurückgelegt hatten, kamen wir an einen Ort, wo eine klare Quelle sprudelte. Da ich hungrig war, befahl ich meinem Koch Andreas, ein Mahl zuzurichten. Andreas nahm einen Dörrfisch und ging zur Quelle, um diesen dort zu waschen. Doch kaum hatte das Wasser der klaren Quelle den Fisch berührt, da wurde dieser wieder lebendig und entschlüpfte den Händen des Kochs. Aus Angst erzählte der Koch niemandem von dem Vorfall. Er selbst schöpfte sich auch etwas Wasser aus der Quelle und trank es. Dann entnahm er noch der Quelle in einem silbernen Gefäß etwas kühles Wasser und verwahrte es heimlich. Es war aber dies das Wasser des Lebens, das allen, die es trinken, Unsterblichkeit verleiht.

Als wir weitergezogen waren, erschienen uns auf einmal zwei Vögel, die das Antlitz von Menschen hatten. Wie erstaunt war ich, als sie mir plötzlich in unserer Sprache zuriefen: »Das Land, in dem du wandelst, gehört dem Gott allein; das Land der Seligen zu betreten, ist dir nicht verliehen. Dich ruft der Osten, Alexander, das Reich des indischen Königs Poros wird dir als Sieger zufallen!« Sofort brach ich mit meinen Leuten auf, um diesen Ort hinter mir zu lassen. Nach zweiundzwanzig Tagen Marsch waren wir zu der Stelle, von wo wir aufgebrochen waren, zurückgekehrt. Und alles, was die Soldaten aus dem Land der Seligen mitgebracht hatten, war zu Gold, Edelsteinen und Perlen geworden.

Nun erzählte auch Andreas, der Koch, wie sein Dörrfisch wieder lebendig geworden war. Daß er aber Wasser getrunken hatte und noch welches aufbewahrte, verriet er nicht. Er ging zu meiner Tochter, die ich ›die Schöne‹ genannt habe, und verführte sie, weil er versprochen hatte, ihr Wasser von der Quelle des Lebens zu geben. Als ich davon erfuhr, überkam Eifersucht mein Herz. Weshalb sollten der böse Koch und meine Tochter unsterblich werden, ich aber nicht. Meine Tochter schickte ich sogleich weg und verstieß sie. Dem Koch ließ ich einen Mühlstein um den Hals hängen und ins Wasser werfen. Und beide, der Koch und meine Tochter, wurden böse Dämonen.

Von neuem überlegte ich, ob im Lande der Seligen wirklich das Ende der Welt sei. Um die Wahrheit zu erforschen, ließ ich zwei Vögel an jenem Ort fangen. Es waren dies zwei riesige Tiere, die stark, aber zutraulich waren. Einige Soldaten schwangen sich auf ihre Rücken, und die Riesenvögel trugen sie hoch in die Lüfte. Ich ließ also zwei dieser Vögel fangen und um ihre Nacken ein hölzernes Joch anbringen; daran formte ich eine Kuhhaut wie einen Korb und stieg hinein. Ich hatte aber die Vögel drei Tage lang hungern lassen. In der Hand hielt ich nun eine Stange, worauf ein Stückchen Leber aufgespießt war. Voller Hunger schwangen sich die beiden Riesentiere jetzt auf, weil sie die Leber fressen wollten, konnten sie aber nie erreichen. Und so erhoben sie sich mit mir höher und höher. Kalt wurde mir in der Höhe durch den riesigen Flügelschlag der Tiere. Und auf einmal begegnete uns wieder ein riesiger Vogel mit Menschenantlitz, der mich in unserer Sprache anredete: »Alexander, wie kannst du es wagen, den Himmel zu erobern, du, der du noch nicht einmal die Erde kennst. Kehre sofort zur Erde zurück, wenn du nicht von deinen zwei Vögeln, die dich tragen, zerrissen werden willst. Doch schau zunächst zur Erde hinunter.« Und ich tat dies voller Furcht. Unten aber sah ich eine riesige Schlange, die im Kreis gebogen um eine Tenne lag. Der Vogel sprach: »Die Tenne, das ist die Erde, die Schlange aber ist das endlose Meer, das die Erde umschließt.«

Ich verstand und gehorchte dem Spruch des weisen Vogels und kehrte um, landete jedoch sieben Tagesreisen von meinem Heer entfernt, zu dem ich dann endlich zurückkehrte. Ich nahm mir damals vor, nie mehr nach dem Unmöglichen zu streben. – Lebe wohl, Mutter.

Die wunderbare Reise

Einstmals schiffte ich mich bei den Säulen des Herakles ein und fuhr bei gutem Ostwind in Richtung auf den Ozean. Reiner Vorwitz und bloße Neugier hatten mich zu dieser Fahrt veranlaßt, denn ich wollte erkunden, wo der Ozean aufhört und welches Geschlecht von Menschen jenseits davon wohnte. So hatte ich also eine gewaltige Ladung Lebensmittel und einen guten Vorrat Süßwasser an Bord genommen, dazu fünfzig Gesellen meines Alters, die so dachten wie ich. Auch die besten Waffen wurden an Bord geladen; der beste Steuermann, den ich bekommen konnte, wurde mit hohem Lohn angeheuert und das Schiff, ein schneller Segler, in den besten Stand gesetzt, damit es die lange und gefahrvolle Reise aushalten konnte.

Den ersten Tag und die erste Nacht kamen wir, solange das Land noch in Sicht war, bei gutem Wind und recht ruhiger Fahrt vorwärts. Am nächsten Tag aber wurde, kaum daß die Sonne aufgegangen war, der Wind stärker, der Seegang wurde höher, und in Dunkel hüllte sich der Himmel; wir waren sogar nicht einmal in der Lage, die Segel einzuziehen. Ein Sturm brach los, gewaltiger, als je ein Mensch einen erlebt hat. Wir mußten unser Schiff unter vollen Segeln treiben lassen, und neunundsiebzig lange Tage und Nächte trieben wir in dem schrecklichsten aller Orkane umher. Am achtzigsten Tage brach plötzlich die Sonne aus den finsteren Wolken hervor, und wir erblickten erstaunt eine hohe und dichtbewaldete Insel vor uns. Friedlich umspielten die Wogen, deren Gewalt sich gelegt hatte, dieses kleine Eiland. Wir ankerten also, gingen an Land und legten uns dort zur Ruhe, um uns von den Fährnissen des Sturmes zu erholen. Nach geraumer Zeit erst erhoben wir uns und wählten dreißig Mann aus unserer Mitte, die das Schiff am Ufer bewachen sollten. Wir übrigen einundzwanzig Mann gingen landeinwärts, um in unserer Neugier das Innere des Eilandes zu erforschen.

Wir waren aber noch nicht weit weg vom Meer durch einen Wald marschiert, da sahen wir eine eherne Säule, auf welcher griechische Buchstaben zu lesen waren in einer halb erloschenen, vom Rost zerfressenen Schrift: *Bis hierhin sind Herakles und Dionysos gekommen.*

In der Nähe fanden wir auch riesige Fußspuren. Eine war an die dreißig Meter lang, sie rührte sicherlich von Herakles, die andere war etwas kleiner, es war wohl die des Weingottes Dionysos. Froh und demütig fielen wir da auf die Knie und richteten ein Gebet an den Himmel, ehe wir unsere Erkundung fortsetzten.

Als wir weiter in das Innere der Insel vordrangen, da entdeckten wir plötzlich einen Fluß, der statt Wasser Wein führte. Dieser Fluß war so groß und tief, daß er an manchen Stellen sogar Schiffe hätte tragen können. Als wir dies sahen, da waren wir uns um so mehr bewußt, daß die halbverloschene Inschrift jener Säule richtig sprach, da sicherlich der Weingott selbst hier gewesen war. Der Beweis lag ja unmittelbar vor uns.

Ich war aber nun auch neugierig, die Quelle dieses Flusses zu erkunden und verfolgte seinen Lauf aufwärts. Solange wir auch gingen, eine Quelle fanden wir nicht, entdeckten aber statt dessen eine Menge riesiger Weinstöcke, die gewaltige Reben trugen. Tropfenweise rann an diesen der klare, duftende Wein herab, und aus all diesen kleinen Weinbächen bildete sich, wie wir sahen, unser Fluß. Auch eine Menge Fische waren in diesem Weinflusse zu sehen; diese waren in Farbe und Geschmack genau wie der

Wein. Wir fingen darauf einige, verzehrten sie und wurden ganz trunken; dies war kein Wunder, denn als wir sie aufschnitten, entdeckten wir, daß sie inwendig voller Hefe waren. Nun kamen wir auf den Gedanken, diese Weinfische mit Wasserfischen zu mischen. So wurde die allzugroße Stärke des Weines gemildert, und wir hatten doch ein herzhaftes Mahl.

Als wir den Fluß an einer Stelle, die ganz seicht war, durchwatet hatten, da entdeckten wir Weinreben einer wunderbaren Sorte: ihr Stamm unten am Boden war dick und kräftig, weiter oben waren es Mädchen, die bis auf die Hüften herab vollkommen gebildet waren, so wie ein Maler Daphne darstellen würde in dem Augenblick, als Apollon sie fassen will und sie dabei zum Baum wird. Aus den Fingerspitzen der Weinmädchen entsprossen Reben, die voller Trauben hingen. Selbst um ihre Häupter wanden sich statt Haaren Weinreben mit saftigen Trauben. Sie begrüßten uns herzlich und kamen auf uns zu. Auch küßten sie uns sogleich auf den Mund. Wer von uns aber einen Kuß von ihnen bekommen hatte, der war im gleichen Augenblick betrunken und benommen. Auch duldeten sie es nicht, daß wir Weintrauben von ihnen abpflückten, denn dann schrien sie laut wie vor Schmerz auf.

Einige der Mädchen zeigten auch Neigung, sich uns in Liebe hinzugeben. Als aber zwei meiner Männer sich verführen ließen, da kamen sie nicht mehr von ihnen los. Auch sie schlugen nun Wurzeln, Weinranken umgaben sie, ihren Fingerspitzen entsprossen Reben, ja meine Männer wuchsen mit den verführerischen Weinmädchen zu einem Gebilde zusammen. Schnell entflohen wir diesem Ort und liefen zu unserem Schiff zurück, wo wir unseren zurückgebliebenen Kameraden alles erzählten, besonders aber das schlimme Schicksal der beiden liebeshungrigen Gefährten. Darauf füllten wir Fässer mit Süßwasser und schöpften auch in einige Wasser aus dem Weinfluß. Wir verbrachten die Nacht am Ufer des Flusses und bei ruhiger See lichteten wir am nächsten Morgen die Anker.

Gegen Mittag aber, die Insel war bereits außer Sicht, erhob sich plötzlich ein Wirbelsturm, der unser Schiff blitzschnell im Kreise herumdrehte und uns wohl weit über siebzig Meilen emporhob in die Lüfte. Hoch schwebten wir in der Luft, und der Sturm setzte uns nicht wieder aufs Wasser zurück. Ein frischer Wind blähte da oben unsere Segel und führte uns sanft über den Wolken dahin. Sieben lange Tage und Nächte segelten wir so in hohen Lüften, als wir plötzlich am achten Tag eine Art Erde entdeckten, die wie eine kugelartige Insel vor uns erglänzte. Wir steuerten darauf zu, landeten und stiegen aus; bald entdeckten wir auch, daß sie bewohnt und bepflanzt war. Bei Tage konnten wir von dieser Insel aus nichts erblicken, doch als die Nacht hereingebrochen war, da sahen wir um uns herum noch viele kleine feuerfarbene Inseln. Tief unten aber erstrahlte noch eine große Kugel, die wie ein Eiland im Raum schwebte. Städte, Flüsse, Meere, Wälder und

Gebirge waren darauf zu sehen. Wir vermuteten gleich, daß es unsere Erde war.

Wir waren entschlossen, weiter ins Innere der Insel vorzudringen. Doch plötzlich stieß eine große Menge Geierwesen auf uns herab und ergriff uns. Diese Geierwesen sind Männer, die auf riesigen, dreiköpfigen Geiern reiten und diese Vögel so gut lenken können wie wir Pferde. So riesig und gewaltig aber sind die Geier, daß jede ihrer Schwanzfedern dicker und länger ist als der Mast eines Kaufmannsschiffes. Es ist die Aufgabe dieser Geierwesen, auf ihrer ganzen Insel umherzufliegen und jeden Fremden sofort aufzugreifen und ihn zu ihrem König zu bringen. Mit uns taten sie dasselbe.

Als der König uns nun sah, erkannte er gleich an unserer Kleidung, daß wir Griechen waren, und nahm uns freundlich auf. Wir erzählten ihm, wie wir auf der langen Luftreise bis in sein Reich gekommen waren. »Auch ich bin ein Mensch«, erzählte der König seinerseits, »Endymion ist mein Name. Einstmals bin ich im Schlaf hierhin entführt worden, wo ich nun als König herrsche. Die kugelförmige Insel, auf der ihr euch befindet, ist dasselbe Land, das euch drunten auf der Erde als Mond erscheint. Habt keine Furcht und seid guter Hoffnung, man wird euch mit allem versorgen, was ihr benötigt.«

Dann erklärte er uns noch, daß er einen Krieg mit den Sonnenbewohnern führen wolle. Auf seine Bitten hin nahmen wir an diesem teil. Danach aber setzten wir unsere Luftreise fort.

Amor und Psyche

Es lebten einmal in einer Stadt ein König und eine Königin, die drei wunderschöne Töchter hatten. Die beiden älteren waren von großer Anmut, doch glaubte man allgemein, daß Worte sie hinreichend rühmen könnten. Die jüngste Schwester aber war von so einzigartiger Schönheit und Anmut, daß die menschliche Sprache nicht ausreichte, ihre göttergleiche Erscheinung zu preisen.

So waren also viele Einwohner der Stadt und auch zahlreiche Fremde, die von dieser Schönheit hörten und herbeigeeilt waren, sie zu sehen, starr vor Staunen. Sie berührten mit ihrer rechten Hand den Mund und verehrten sie damit wie eine Göttin, wie Venus, mit ehrfürchtigem Gebet. Schon ging das Gerücht in die nahe liegenden Städte und Gebiete, die Göttin Venus selbst, die in der Tiefe des blauen Meeres geboren wurde und die der Schaum der Wogen genährt hatte, wandle nun selbst unter den Menschen und gewähre diesen ihren herrlichen Anblick. Oder man glaubte wenigstens, daß nun die Erde, so wie früher das Meer, eine zweite Venus in herrlicher jungfräulicher Blüte hervorgebracht habe.

Täglich verbreiteten sich solche Gerüchte immer mehr und gelangten schon zu den nahe liegenden Inseln, ja fast alle Gegenden des Festlandes wurden davon erfaßt. So strömte denn das Volk auf weiten Reisen zu Wasser und zu Lande herbei, um dieses gefeierte Wunder des Jahrhunderts zu erblicken und es zu grüßen. Niemand reiste mehr zu den bekannten Tempeln der Liebesgöttin Venus nach Paphos oder nach Knidos, ja selbst ihr berühmtes Heiligtum auf der Insel Kythera mied man. Da verfielen ihre Heiligtümer, vernachlässigt von den abgefallenen Gläubigen. Man kümmerte sich nicht mehr um die heiligen Bräuche, ohne Kränze blieben die Bildnisse der Göttin, die Asche auf den Altären blieb kalt und schändete so das Heiligtum. Zu der Königstochter wendet man nun seine Aufmerksamkeit, und in ihrem menschlichen Antlitz huldigt man der Majestät der großen Göttin. Wenn die Jungfrau morgens aus dem Haus tritt, strömt schon das Volk herbei, ruft sie an und versucht durch Opfer, die Person der Venus gnädig zu stimmen. Wenn sie durch die Straßen schreitet, wirft man Blumen und Kränze zu ihren Füßen.

Wegen dieser Übertragung göttlicher Ehren auf ein menschliches Mädchen war die Göttin Venus in wildem Zorn entbrannt. Unwillig schüttelte sie ihr schönes Haupt und sprach bei sich: »Ich, die heilige Mutter aller Kreatur, der Ursprung aller Elemente, ich, die Liebesgöttin des ganzen Erdkreises, ich muß mit einer sterblichen Jungfrau die göttliche Ehre, die nur mir allein zusteht, teilen. Mein Name, der im Himmel aufgeschrieben ist, soll durch irdischen Staub entweiht werden? Soll ich es dulden, geteilte Huldigungen zu empfangen, und soll ein irdisches Ebenbild von mir ungestraft auf der Erde wandeln? Dann hätte Paris ja umsonst mir als der Schönsten den Apfel gegeben. Sei es, wie es wolle! Nicht lange mehr soll dieses Weib Freude an ihrer Verehrung haben. Bereuen soll sie die unerlaubte Schönheit.«

Sprach's und rief schnell ihren Knaben herbei, den geflügelten Amor, der leichtsinnig und beschwingt sich über alle Sitten hinwegsetzt und, mit seinen Pfeilen bewaffnet, nachts in fremde Häuser eindringt, die Banden der Ehe stört, der nur Unheil, aber nichts Gutes stiftet.

Sie stachelte ihren Sohn, der ohnehin schon ausgelassen und frech ist, noch weiter an, führte ihn zu jener Stadt und zeigte ihm Psyche, so hieß nämlich die Königstochter. Venus erzählte ihm die ganze Geschichte, wie die Jungfrau mit ihr in den Wettstreit getreten war. »Bei den Banden der mütterlichen Liebe«, rief sie aus, »bei den lieblichen Wunden, die deine Pfeile schlagen, bei den süßen Bränden deiner Flammen, räche das Unrecht, das man deiner Mutter getan hat, und bestrafe die freche Schönheit dieser Irdischen. Um eines bitte ich dich besonders: Mach, daß dieses Mädchen in heftiger Liebe zu dem niedrigsten und abscheulichsten Menschen erglüht, zu jemandem, den das Schicksal um Ehre, Vermögen und Gesundheit gebracht hat und der so niedrig steht, daß er auf dem ganzen Erdkreis seinesgleichen suchen muß.«

So hatte sie gesprochen und gab ihrem Sohn heftige Küsse. Dann strebte sie dem nahen Ufer des brausenden Meeres zu; und kaum hatten ihre rosigen Sohlen den Schaum der Wellen berührt, da ruhte auch schon die Tiefe des Meeres, und alle Meeresgottheiten kamen herauf als ihr Gefolge. Es kamen die Töchter des Nereus und sangen im Chor, Palämon, der auf einem Delphin reitet, und Scharen von Tritonen, die auf ihren tönenden Muscheln ein liebliches Lied bliesen oder ihrer Herrin einen Spiegel vorantrugen oder unter dem Wagen der Liebesgöttin umherschwammen. Ein ganzes Heer von Gefolge begleitete Venus, als sie zum Ozean zurückeilte.

Psyche aber war unterdessen trotz all ihrer Schönheit nicht glücklich geworden. Obwohl sie von allen bestaunt und gefeiert wurde, kam kein König, kein Prinz, nicht einmal aus dem Volk kam ein Mann, der um ihre Hand angehalten hätte. Man bestaunte ihr wunderbares göttliches Aussehen, aber so wie man ein kunstvolles Bildnis bewundert, das doch ohne Leben ist. Schon längst hatten ihre beiden Schwestern, über deren Schönheit nicht geredet wurde, Könige geheiratet. Psyche aber blieb allein und unverheiratet im Hause der Eltern.

In ihrer Einsamkeit weinte sie bitterlich und wurde krank an Leib und Seele. Schon begann sie, ihre so gepriesene Schönheit zu hassen. Der Vater Psyches aber deutete aus dem Schicksal seiner schönen Tochter den Zorn der Götter. So befragte er denn das Orakel des Apollon und erbat von ihm durch Opfer einen Bräutigam für seine Tochter. Apollon aber antwortete ihm: »Schmücke deine Tochter zur Hochzeit und stelle sie dann auf den Gipfel des Berges, doch erhoffe dir nicht, daß der Auserwählte aus sterblichem Geschlecht entstammt. Ein wildes Ungetüm ist es, tückisch und grausam. Auf Flügeln durchmißt es den Äther und bezwingt alles mit Feuer und Eisen. Ja, Jupiter selbst fürchtet sich vor ihm.«

Als der Vater das vernommen hatte, kehrte er tief betrübt und traurig nach Hause zurück und erzählte seiner Gattin den unheilvollen Spruch des Orakels. Nichts als Weinen und Jammern hörte man da tage- und nächtelang im Palast.

Doch schon nahte der Tag, an dem der Unheilsspruch des Orakels in Erfüllung gehen mußte. Man schmückte mit allem Prunk die Braut für ihre grausige Hochzeit. Vor Ruß und Asche wurden die Brautfackeln düster, die lieblichen Töne der Hochzeitsflöte wurden zu Klagen, und an ihrem Hochzeitsschleier trocknete die Braut ihre Tränen. Die ganze Stadt seufzte und nahm innigen Anteil am verhängnisvollen Los der Königstochter. Doch man muß den Worten eines Gottes gehorchen. Als man die Hochzeitsfeier im Hause tief betrübt durchgeführt hatte, da folgte das ganze Volk dem Hochzeitszug, der aber eher einem Leichenzug glich.

Von tiefem Leid erschüttert, versuchen die Eltern, das grausige Geschick noch hinauszuschieben. Doch da spricht ihre liebliche Tochter unter Tränen ihnen Trost zu: »Warum martert ihre eure alten Tage noch mit Jammern und Wehklagen? Was klagt und seufzt ihr dauernd und rauft euch das Haar? Über euer Gesicht, das mir so lieb ist, rinnen ständig Tränen. Ist das der Lohn, den meine Schönheit euch bringt? Jetzt erst merkt ihr, daß der entsetzliche Neid euch getroffen hat. Ihr hättet weinen und klagen sollen, als alle Länder und Völker mir göttliche Ehre brachten und mich als zweite Venus verehrten. Da hättet ihr mich als tot beklagen sollen. Ich fühle es ganz deutlich, daß mich dieser Name Venus zugrunde richtet. Führt mich nun ruhig weiter und stellt mich auf den steilen Felsen, den mir das Schicksal bestimmt hat. Ich verlange sehnlichst nach meiner Hochzeit und nach meinem edlen Bräutigam. Warum sollte ich es aufschieben, warum ablehnen, da er doch zum Verderben der ganzen Welt geboren ist?«

Nachdem Psyche so gesprochen hatte, mischt sie sich schnellen Schrittes unter das Volk, das sie begleitet, und man gelangt schließlich auf den Gipfel des Berges. Dann verlassen alle Psyche und lassen sie ganz allein da droben stehen. Die Eltern kehren, krank vor Gram, in ihren Palast zurück; nichts kann sie mehr erfreuen. Sie verschließen sich, um das Licht der Sonne nicht mehr sehen zu müssen.

Psyche stand unterdessen auf dem Gipfel des Berges und weinte und betete. Da plötzlich erhob sich ein sanfter Lufthauch über ihr und spielte mit ihrem Gewand. Der säuselnde Zephirwind hob sie empor und trug sie sanft den Berg hinab über die steilen Abgründe und setzte sie dann sachte unten in einem Tal ab, auf einen Rasen voller duftender Blumen. Sanft lehnte sich Psyche im weichen Rasen zurück und fiel sogleich in einen süßen Schlummer.

Als sie sich wieder vom Schlaf gestärkt erhebt, da sieht sie sich in einem schattigen Hain, in dem uralte

Bäume wachsen. Hell wie ein Kristall fließt eine Quelle mitten hindurch. Nahe an der sprudelnden Quelle erblickt sie einen Palast, der so herrlich erstrahlt, daß er nicht von Menschenhand, sondern von Götterhand erbaut sein mußte. Schon gleich, als sie über die Schwelle des Palastes tritt, erkennt sie, daß dies das liebliche Heim eines Gottes ist. Goldene Säulen tragen die prächtige Decke, die in Felder von Elfenbein und Citrusholz aufgeteilt ist. Getriebenes Silber prangt an den Wänden und stellt wilde Tiere dar. Kostbares Gestein bildet kleingehauen den Fußboden, mannigfaltige Bilder sind darin zu sehen. Auch alle anderen Räume des Palastes sind ebenso prächtig ausgestattet, überall erglänzt an den Wänden gediegenes Gold; selbst die Türen erstrahlen im gleichen Prunk. Ja, dies muß die Wohnung eines Gottes sein; man hätte glauben können, Jupiter selbst habe diesen Palast für sein Beisammensein mit Menschen erbauen lassen.

Entzückt über die Schönheit solch prächtiger Räume, tritt Psyche näher und geht durch eine herrliche Pforte ins Innere. Alle Einzelheiten sieht sie sich genau an und erblickt auch die Schatzkammern, die prall mit allen denkbaren Kostbarkeiten gefüllt sind.

Wie erstaunt war sie aber, als sie kein Schloß und keinen Riegel erblickte, der die Schätze sicherte. Und als sie voller Staunen all dies betrachtete, da ertönte plötzlich eine weibliche Stimme, ohne daß man eine Person wahrnehmen konnte, die sprach: »Was staunst du, Herrin, über all diese Pracht? Es gehört ja alles dir. Geh also ruhig ins Schlafgemach, leg dich zur Ruhe aufs Lager und nimm ein Bad, wenn du willst. Wir, deren Stimmen du hörst, sind deine dienstbaren Geister und warten nur auf deine Befehle.« Jetzt merkte Psyche, daß sie in der Obhut eines Gottes war, und legte sich aufs Lager zur Ruhe. Nachdem sie ein Bad genommen hatte, wie ihre Dienerinnen ihr vorgeschlagen hatten, setzte sie sich an eine festliche Tafel. Und sogleich wurden ihr die herrlichsten Weine und die köstlichsten Speisen aufgetischt. Sie standen plötzlich auf dem Tisch, und Psyche konnte nicht sehen, wer sie aufgetragen hatte, nur die Stimmen konnte sie vernehmen. Als sie das Mahl zu sich genommen hatte, da erschien plötzlich ein unsichtbarer Sänger, der von einem ebenso unsichtbaren Zitherspieler begleitet wurde, und beide gaben der schönen Königstochter ein Konzert; himmlisch klangen die Töne in ihren Ohren. Als die Nacht gekommen war, legte sich Psyche zur Ruhe, und bald umfing sie ein tiefer Schlaf.

Mitten in der Nacht aber klang ein sanfter Ton an das Ohr Psyches, und sie wurde aus dem Schlaf geweckt. Angstvoll saß sie auf ihrem Lager, fürchtete sie doch um ihre mädchenhafte Unschuld in dieser Verlassenheit des Palastes. Es kam der Gatte, den das Orakel verkündet hatte, und er bestieg ihr Lager und machte sie zu seiner Gemahlin. Und noch bevor es Morgen wurde, erhob er sich von der Lagerstatt und entschwand, von Psyche noch ungesehen. So ging es jeden Abend und jeden Morgen. Und wie es oft geschieht, hatte das völlig Neue in Psyches Leben in ihr

Freude hervorgerufen, und auch die Stimmen ihrer unsichtbaren Dienerinnen gaben ihr Trost und halfen ihr über die Einsamkeit ihres Daseins am Tage hinweg; denn nachts erschien immer der Gatte, und die Zeit verging dann wie im Fluge.

Die Eltern Psyches verzehrten sich inzwischen im Gram über das Schicksal ihrer Tochter. Auch die beiden Schwestern Psyches hatten von der Hochzeit mit dem Ungetüm gehört und kehrten deshalb ins elterliche Heim zurück, um ihren Eltern Trost zuzusprechen und um Näheres zu erfahren.

In derselben Nacht, in der die beiden Schwestern im Heim der Eltern angekommen waren, da sprach in seinem Palast der Gemahl zu Psyche: »Geliebte Psyche, eine unheilvolle Gefahr droht dir vom Schicksal; sei auf der Hut! Deine Schwestern glauben, du seist tot, und bald werden sie auf der Spitze des Berges oben erscheinen, um dich zu suchen. Wenn du dann ihr klagendes Rufen hörst, antworte ihnen nicht, sonst wird dir tiefer Schmerz und unsägliches Unheil widerfahren.« Psyche hörte diese mahnenden Worte ihres Gemahls, den sie noch nie von Angesicht gesehen hatte, und versprach ihm, so zu verfahren, wie er sie geheißen hatte. Doch als er bei Morgengrauen ihr Lager verlassen hatte, da wurde sie erst recht von Einsamkeit ergriffen. In Weinen und Wehklagen brach sie den ganzen Tag aus. Ganz und gar verlassen kam sie sich vor, da nicht einmal ihre Schwestern sie trösten durften, in einen goldenen Käfig wähnte sie sich eingeschlossen, von der menschlichen Gesellschaft gänzlich getrennt. An diesem Tag nahm sie weder Speise noch Trank zu sich und begab sich abends todunglücklich und tränenüberströmt in ihr Schlafgemach.

In dieser Nacht kam ihr unbekannter Gemahl früher als üblich, doch Psyche hörte nicht auf mit dem Weinen. So sprach er vorwurfsvoll zu ihr: »Folgt so meine geliebte Psyche meinen Mahnungen, daß sie Tag und Nacht Tränen vergießt? Mach es, wie du möchtest, nur denk an meine Worte, wenn die Reue zu spät kommt.« Doch diese Rede konnte Psyche nicht trösten, und ihr Tränenstrom versiegte nicht. So wurde schließlich ihr liebender Gemahl gerührt und er erlaubte ihr, die Schwestern zu sehen, mit ihnen zu sprechen und ihnen sogar kostbare Schätze des Palastes zu schenken. »Aber«, sprach er, »wenn sie dich nach meiner Gestalt fragen, so enthülle ihnen nichts, sonst verlierst du dein gegenwärtiges Glück, und ich werde dich nicht mehr besuchen.« Überglücklich bedankte sich Psyche bei ihrem Gemahl auf zärtlichste Weise. Hundertmal wollte sie lieber sterben, als ihren geliebten Gemahl zu verlieren. Schließlich erreichte sie es noch, daß der Gemahl es ihr zusagte, daß der sanfte Zephirwind auch die Schwestern den Berg hinab ins Tal bringen dürfe. Als der Morgen graute, erhob der unbekannte Gatte sich wieder vom Lager und entschwand wie immer.

Inzwischen waren schon die beiden Schwestern auf dem Gipfel des Berges angekommen, und laut ertönte ihr Wehgeschrei in den Felsen. Als sie nun auch noch den Namen der totgeglaubten Schwester riefen, lief Psyche schnell aus ihrem Palast und bat sie, doch mit Weinen und Jammern aufzuhören, sie sei ja noch am Leben, die Schwestern könnten zu ihr kommen, um sie in die Arme zu schließen. Und es kam der Wind Zephir und trug die Schwestern sanft hinab ins Tal zu Psyche. Stürmisch umarmten und küßten sie sich da alle, und Psyche führte die Schwestern dann hinein in den Palast und zeigte ihnen die ganze Pracht. Nachdem sie sich durch ein erfrischendes Bad gestärkt hatten, setzten sie sich an die Tafel, und sogleich trugen unsichtbar die Dienerinnen ein reichliches Festmahl auf.

Die Schwestern aber waren in ihrem Neid auf Psyches Glück neugierig geworden und fragten, wer denn eigentlich der Herr dieses Palastes und wer ihr Gemahl sei und wie er aussehe. Psyche aber erinnerte sich der Warnungen ihres Gatten und log den Schwestern vor, ihr Gatte sei ein schöner Jüngling, dem der erste Bartflaum die Wangen bedecke. Hauptsächlich widme er sich der Jagd in den Bergen und Fluren. Doch hatte sie Angst, doch den neugierigen Fragen der Schwestern zu erliegen. So rief sie den Zephir und hieß ihn, die Schwestern wieder auf den Berg zurückzubringen. Zuvor aber beschenkte sie sie noch reichlich mit kostbaren Schmuckstücken aus Gold und Edelsteinen.

Als die beiden Schwestern zu ihren Eltern zurückkehrten, da stieg erneut abscheulicher Neid in ihren Herzen auf. »Wie ungerecht ist doch das Schicksal«, sprach die eine, »wir, die älteren Schwestern, sind weit weg von unserer Heimat und müssen unseren Männern fast wie Mägde dienstbar sein, Psyche aber lebt in Reichtum und Prunk und hat noch einen Gott zum Gemahl. Du hast es doch gesehen, Schwester, welcher Reichtum an Kostbarkeiten dort im Haus liegt; bald wird sie vielleicht noch zur Göttin erhoben, dauernd blickt sie ja schon nach oben; sie verfügt über unsichtbare Dienerinnen, deren Stimmen man nur hört, und auch dem Wind vermag sie zu befehlen. Ich aber habe einen Gemahl, der noch älter als mein Vater ist, kahl ist er und schwächer als jeder Knabe, noch dazu verriegelt und bewacht er das ganze Haus.« Da sprach die andere: »Ich habe einen Mann, der von der Gicht geplagt wird und dauernd gebückt geht; nicht erwidert er mein zartes Verlangen; fortwährend muß ich seine steinernen Knöchel reiben und ihm Umschläge machen. Nicht seine Frau, sondern seine Pflegerin bin ich. Ich kann es nicht mehr länger ertragen, daß unserer jüngsten Schwester das Glück in den Schoß gefallen ist. Wie stolz und hochmütig hat sie uns doch behandelt, wie anmaßend gab sie uns ein paar Kleinigkeiten aus ihren großen Schätzen. Dann wurde sie unserer Anwesenheit überdrüssig und ließ uns vom Wind wieder entfernen. Ich will nicht mehr Frau sein, wenn ich sie nicht von ihrer Höhe hinabstürzen kann. Wir wollen gemeinsam einen Plan aushecken; den Eltern wollen wir von ihren Geschenken nichts zeigen, wir wollen ihnen auch nichts von ihr erzählen. Doch laßt uns jetzt zu unseren armseligen Männern und jämmerlichen Behausungen zurückkehren, bis wir einen Plan haben, ihren Hochmut zu bestrafen.« Die beiden Schwestern verstecken also ihre Geschenke, raufen sich heuchlerisch das Haar und zerkratzen sich ihr Gesicht. Damit rufen sie bei den alten Eltern den alten Schmerz um das vermeintliche Los Psyches wieder wach und reißen die alten Wunden auf. Dann begibt sich jede zu ihrem Mann, wo sie geradezu Meuchelmord gegen ihre Schwester ausdenken.

Unterdessen wurde Psyche wieder von ihrem Gemahl gewarnt: »Eine große Gefahr droht dir«, sprach er auf dem nächtlichen Lager zu seiner Gattin. »Deine beiden Schwestern werden wiederkommen, um von dir über meine Gestalt zu erfahren. Hast du aber einmal meine Gestalt gesehen, Psyche, so wirst du sie nie wieder sehen. Wenn deine bösen Schwestern also hierhin zurückkehren, so sprich nicht mit ihnen. Kannst du das aber nicht aushalten, so rede zumindest nichts über mich. Denn du trägst ein Kind unter dem Herzen. Bewahrst du das Geheimnis seines Vaters, so wird es ein göttliches, wenn nicht, ein sterbliches.«

Wie glücklich war Psyche, als sie hörte, daß sie Mutter werde, wie freute sie sich schon über den göttlichen Säugling. Kaum konnte sie den Tag der Niederkunft erwarten und zählte schon Monate und Tage bis zu jener Zeit. Doch ihre beiden Schwestern waren schon aufgebrochen, um ihren ruchlosen Plan in die Tat umzusetzen. Und erneut mahnte da nachts der Gatte: »Er ist jetzt da, der letzte Tag der Prüfung des Schicksals. Schon haben deine Schwestern die

Waffen ergriffen und drohen deiner Kehle. Erbarme dich meiner, geliebte Gattin, bewahre dein Haus und deinen Gatten, dich und das Kind, das du in dir trägst, vor dem Unheil. Diese beiden Weiber, die du nicht mehr Schwestern nennen dürftest, solltest du weder sehen noch anhören, wenn sie wie Sirenen vom Berg herab ihr heuchlerisches Rufen ertönen lassen.« Unter Tränen erwiderte ihm Psyche: »Meine Treue und meine Verschwiegenheit hast du schon längst erprobt und als bewährt empfunden. Befiehl ruhig dem Zephir, beide zu mir hinabzubringen, damit ich sie zumindest sehen kann, wenn es mir schon nicht erlaubt ist, dein Antlitz zu schauen. Denn bald werde ich in unserem Kind dein Angesicht erkennen. Laß mich doch die Schwestern sehen, ich werde nicht mehr nach deiner Gestalt forschen, und die nächtliche Finsternis macht mir nichts mehr aus.« Durch diese zärtlichen Worte und durch Umarmungen und Liebkosungen wurde der Gemahl bezaubert, und er trocknete mit seinen weichen Locken Psyches Tränen. Er versprach, ihr den Wunsch zu erfüllen, und vor Morgengrauen verließ er wieder das Lager und ging von dannen.

Die bösen Schwestern waren inzwischen an der Küste gelandet und sogleich zum Gipfel des Berges geeilt, ohne vorher noch ihre Eltern aufzusuchen. Ohne die Hilfe des Windes abzuwarten, stürzten sie sich hastig in den Abgrund. Doch Zephir fing sie, wenn auch unwillig, kurz vor dem harten Aufprallen auf und trug sie auf Geheiß seines Herrn sachte zur

Erde hinab. Überstürzt hasteten sie zum Palast, umarmten ihre Beute und schmeichelten ihr, beglückwünschten sie zu ihrem Mutterglück und heuchelten, das Kind werde ein wahrer Amor werden. So gewinnen sie allmählich völlig das Herz der harmlosen Psyche. Diese bewirtet sie köstlich, und nach der Tafel erklingt wunderbare Musik, von unsichtbaren Spielern und Sängern vorgetragen. Doch die harten Herzen der beiden Schwestern werden dadurch nicht weich. Sie wollen jetzt heimtückisch ihren Plan ausführen und fragen Psyche wieder, wer denn ihr Gemahl sei und woher er komme. Diesmal erzählt Psyche ihnen, er sei ein großer Kaufmann und komme aus der nahe liegenden Provinz, ein Mann im mittleren Alter sei er und erste Silberstreifen färbten schon sein Haar. Dann beschenkt Psyche wieder ihre Schwestern reichlich, und Zephir bringt sie hoch hinauf auf den Berg zurück.

Die Schwestern aber glaubten Psyche nicht; zuerst hatte sie vorgegeben, die Gattin eines jungen Mannes zu sein, jetzt die eines Kaufmanns in mittleren Jahren. »Entweder beleidigt sie uns«, sagten sie untereinander, »oder aber sie kennt das Aussehen ihres Mannes nicht. Dann aber wird es ein Gott sein, und sie wird Mutter eines göttlichen Kindes werden.« Das wollten die Schwestern aber aus Neid auf keinen Fall aushalten, lieber wollten sie sich noch erhängen. Kurz nur besuchten sie ihre Eltern, und schon am nächsten Morgen eilten sie zur Bergspitze und stürzten sich hinab, wiederum unwillig von Zephir aufgefangen. Sie heucheln Tränen und reden Psyche so an: »Glücklich bist du, denn du ahnst nichts von der Gefahr, die dir droht. Aufs tiefste waren wir betrübt, als wir erfahren haben, daß dein Gatte ein fürchterlicher Drache ist. Denk doch zurück an den Spruch des Orakels, das dir eine blutige Hochzeit mit einem Ungeheuer prophezeite. Viele Bauern und Jäger haben das Untier schon gesehen, wenn es abends von seinem Fraß zurückkehrte und sich in den Fluten des nahen Flusses badete. Nicht lange wird er dich mit diesen herrlichen Speisen mästen, glaube es. Wenn die Frucht deines Leibes größer ist, wird er auch dich verschlingen. Du aber entscheide, ob du dem Rat deiner Schwestern, die sich um dein Wohl sorgen, folgen willst, oder ob du dich lieber in den Armen eines Drachen ergötzt, um schließlich doch gefressen zu werden. Wir jedenfalls haben das unsere getan und dich gewarnt.«

Über diese Rede erschrak die gutgläubige Psyche fürchterlich und dachte nicht mehr an die warnenden Worte ihres Gemahls und an die Versprechungen, die sie ihm gegeben hatte. »Vielen Dank, liebe Schwestern«, sprach sie zitternd, »wie recht ihr habt, denn noch nie habe ich die Gestalt meines Gatten gesehen, ich weiß auch nicht, woher er stammt. Nur nachts sucht er mich auf; er ist bestimmt ein Ungetüm, da er das Licht derart scheut. Warum hat er mich sonst gewarnt, je seine Gestalt zu sehen? Helft mir doch, Schwestern, gebt mir doch einen Rat!«

Nun hatte der ruchlose Plan der bösen Schwestern kein Hindernis mehr, denn wehrlos war ihren Heucheleien die hilfesuchende Psyche erlegen. Da redeten sie: »Wir wollen alles für deine Rettung tun, Schwester. Verbirg auf deinem Lager einen scharfen Dolch und eine kleine Lampe. Und wenn der Drache neben dir eingeschlafen ist, nimm beides hervor und trenne mit einem Streich den Kopf vom Rumpf des Ungetüms. Wir werden in der Nähe bleiben, um dir zu helfen.« So heuchelten sie und machten sich in Wirklichkeit schnell von dannen, vom Zephir getragen. Sogleich bestiegen sie das Schiff und segelten davon, da sie Unheil ahnten.

Psyche aber blieb allein in ihrem Palast, und tiefer Kummer ergriff ihr Herz. Hin und her schwankt sie, bald will sie dem Rat der Schwestern entschlossen folgen, bald wird sie unsicher. In dem gleichen Wesen fürchtet sie das Ungetüm und liebt darin den Gatten. Doch als sich der Abend naht, da legt sie die Werkzeuge bereit.

Und der Gatte kam und bestieg ihr Lager. Sobald er aber an ihrer Seite eingeschlafen war, da nahm Psyche den Dolch und die Lampe hervor und beleuchtete die Gestalt ihres Gemahls. Doch welch ein Anblick bot sich ihr nun. Da lag kein grausiger Drache neben ihr, sondern der Liebesgott selbst in seiner ganzen Schönheit. Heller flackerte die Lampe bei seinem Anblick auf, und blanker blitzte der Dolch. Durch den wunderbaren Anblick entzückt sank Psyche in die Knie und fast hätte sie sich selbst, ihrer Sinne nicht mehr Herr, mit dem Dolch durchbohrt, um ihn in der eigenen Brust zu verbergen. Aber er war ihr hingefallen.

Sie kann nicht genug bekommen von dem herrlichen Anblick des Gottes, es raubt ihr die Sinne. Wie liegt er da, in lockiges Gold den Kopf gehüllt, an den Schultern des Gottes leuchten die Flügel. Am Fuße des Lagers ruhen Bogen, Köcher und Pfeile, die Zeichen seines munteren Wirkens. Neugierig nimmt Psyche einen Pfeil aus dem Köcher und betastet ihn. Bei ihrem Spiel ritzt sie sich damit etwas den Finger, so daß kleine Blutströpfchen hervorkommen. Damit verfällt Psyche, ohne es zu wissen, in heiße Liebe zu Amor und heftig küßt sie den schlafenden Gott. Doch das Unglück schreitet schnell. Als sie den Körper ihres Geliebten immer wieder küßt, fällt ein Tropfen heißen Öls aus der Lampe und träufelt auf die rechte Schulter des Gottes. Sogleich erwacht Amor hiervon, und als er den Vertrauensbruch Psyches gemerkt hat, schwingt er sich schweigend in die Lüfte. Psyche ergreift noch seinen rechten Fuß, will ihn zurückhalten, doch bald versagen ihr die Kräfte, und sie gleitet zur Erde.

Doch konnte Amor seine geliebte Psyche nicht sofort verlassen. Er schwang sich auf die nächste Zypresse und rief sie in tiefer Erregung an: »Einfältige Psyche! Damals wollte meine Mutter dir den elendsten Menschen zum Gemahl geben und rief mich deshalb zu sich. Ich aber wurde selbst in Liebe zu dir ergriffen und habe dich zu meiner Gemahlin gemacht. Und dafür hast du mich für ein Untier gehalten und wolltest mir den Kopf abhauen. Deine beiden Schwestern werden sofort von mir bestraft. Deine Strafe wird sein, daß ich von dir gehe.« Sprach's, schwang sich in die Lüfte und flog von dannen.

Psyche verfolgte noch den Flug ihres Amor mit den Augen, bis er entschwunden war. Dann aber wollte sie vor Gram und Schmerz um den Verlust ihrer großen Liebe nicht mehr leben und stürzte sich in den nächsten Fluß. Doch der gütige Fluß setzte sie aus Angst vor dem Gott wieder sanft ans Ufer, wo gerade der ländliche Gott Pan saß und seine schöne Nymphe Echo in den Armen hielt. Tröstend sprach da Pan der Psyche zu, als er von ihrem Mißgeschick erfahren hatte. Doch Psyche antwortete nicht, sondern verehrte Pan nur im stillen und eilte weiter.

Nachdem sie lange umhergeirrt war, kam sie eines Abends auch in eine Stadt, in der einer ihrer Schwager König war. Sogleich eilte Psyche zu ihrer Schwester und sprach zu ihr: »Ihr habt mir doch geraten, meinen Gemahl, der ein Ungeheuer sein sollte, zu töten. Als ich aber sein Angesicht beim Schein der Lampe sah, da erblickte ich den Sohn der Venus, Amor. Ein Tropfen heißen Öls fiel auf seine Schulter, und er erwachte. Da befahl er mir, ihn sogleich zu verlassen, und sagte mir noch, daß er dich heiraten wolle.« Da wurde die Schwester von glühender Liebesgier ergriffen, heuchelte ihrem Gatten vor, ihre Eltern seien gestorben, stieg schnell in ein Schiff und bestieg den Gipfel des unheilvollen Berges. Dort stürzte sie sich wild in die Tiefe, um zu Amor zu gelangen. Aber diesmal war Zephir nicht mehr da, der sie sonst sanft in die Tiefe brachte. Und so zerschellte sie am abgründigen Felsen, ihr Körper diente den Tieren zum Fraß.

Auf ihrer langen Irrfahrt war inzwischen Psyche auch in die Stadt gelangt, in der ihr anderer Schwager König war. Auch hier erzählte sie der anderen Schwester die gleiche Geschichte, und sogleich wurde diese von derselben Raserei ergriffen und stürzte wie ihre Schwester in den Tod.

In allen Ländern suchte nun Psyche ihren geliebten Gemahl; doch Amor lag krank im Hause seiner Mutter und stöhnte unter der Wunde, die der Tropfen heißen Öls aus der Lampe Psyches ihm beigebracht hatte. Und eine schneeweiße Möwe tauchte nun tief hinab in den Ozean und erzählte Venus, die gerade badete, daß ihr Sohn sich bei einem irdischen Mädchen oben in den Bergen am Öl der Lampe verbrannt habe. Das ganze Haus der Venus gerate in schlechten Ruf, denn auch sie selbst kümmere sich nicht mehr um die Menschen, sie bade und schwimme nur. Lust und Anmut seien entflohen, Ehe, Freundschaft und Kindesliebe lägen brach, und an ihre Stelle seien Laster und Gehässigkeit getreten.

Darüber geriet Venus in große Wut und schrie: »Was, mein Söhnchen hat schon ein Liebchen? Gib mir sofort ihren Namen an! Ist es eine Nymphe, eine Hore, eine Grazie oder Muse?« – »Ich glaube nicht, Herrin«, erwiderte die Möwe, »ich glaube, es ist eine gewöhnliche Sterbliche, sie heißt Psyche.«

Als Venus den Namen ihrer einstigen Nebenbuhlerin hörte, geriet sie vollends in unbändigen Zorn, eilte schnell in ihre goldene Wohnung und schrie ihrem kranken Sohn zu, kaum daß sie die Schwelle überschritt: »Vortrefflich hast du dies gemacht. Du hast meine Feindin nicht durch eine Liebe gequält, sondern sie zu deiner eigenen Geliebten gemacht. Schon als kleiner Junge hast du nicht viel getaugt. Soll ich meine Feindin, die Göttin der Mäßigkeit, um Hilfe rufen, sie, die ich wegen meiner Zügellosigkeit so oft gequält habe? Hart ist es, gerade sie zu bitten, aber es bleibt mir kein anderer Weg. Sie wird dir schon die Flügel stutzen, dir die Pfeile aus dem Köcher nehmen und sie stumpf machen und dir deine goldglänzenden Locken scheren. Dann erst ist meine Kränkung gesühnt.« Nach diesen Worten verließ sie in wildem Zorn die Wohnung. Ceres und Juno, die ihr begegneten, bat sie noch, ihr bei der Suche nach Psyche behilflich zu sein; doch diese beiden Göttinnen versuchten ihr den Zorn auszureden, denn sie fürchteten die Liebespfeile des jungen Amor. So ließ Venus die beiden verächtlich stehen und strebte schleunigst dem Meer zu.

Inzwischen suchte Psyche Tag und Nacht ohne Rast ihren Gatten; sie wollte seinen Zorn besänftigen, koste es, was es wolle, durch zärtliche Liebkosungen oder aber auch durch demütige Bitten. So kam sie umherirrend auch zu einem hohen Berg, auf dessen Gipfel ein Tempel stand. Eiligen Fußes machte sie sich daran, den Berg zu besteigen, da sie glaubte, ihr Gemahl hielte sich dort auf. Schon hatte sie die Steigung erklommen und nahte sich dem

Tempel. Da erblickte sie Weizenähren und Gerstenähren auf einem Haufen oder zu Kränzen gebunden. Auch Sicheln und anderes Erntegerät lag durcheinander und ungeordnet da, so wie die Erntearbeiter es wohl hingeworfen hatten, als sie bei der Sonnenglut sich in den Schatten zurückgezogen hatten. Sogleich ordnete Psyche einzeln alle Geräte und legte sie richtig zusammen, denn sie glaubte, keiner Gottheit Dienst vernachlässigen zu dürfen, wenn sie überall Mitleid finden wollte. Als sie eifrig dabei war, alles zu ordnen, da näherte sich ihr Ceres, die Göttin der Erde und des Wachstums, und sprach zu ihr: »Oh, unglückliche Psyche! Überall auf dem ganzen Erdkreis sucht dich die erzürnte Venus, um sich bitter an dir zu rächen. Und du bist hier und denkst an nichts als an Dinge, die mich betreffen.« Demütig warf sich da Psyche zu Füßen der Göttin und benetzte diese mit ihren Tränen. »Komm mir zur Hilfe«, flehte sie, »laß mich doch einige Tage hier zwischen den Ährenbündeln verbringen, bis sich der Zorn der Venus etwas gelegt hat, und ich mich von dem endlosen Umherirren erholt habe!« Doch obwohl Ceres gerührt war, wies sie die Bitte zurück. Sie mochte wohl Psyche beistehen, doch konnte sie nicht, denn sie wollte sich ihre Verwandte Venus nicht zur Feindin machen.

So machte sich Psyche doppelt betrübt wieder auf den Weg und gelangte in einem schattigen Hain zu einem herrlichen Tempel. Und da sie den Schutz und die Hilfe jeder Gottheit dringend brauchte, ging sie auf ihn zu. Kostbare Weihgeschenke und goldbestickte Gewänder erblickte sie an den Ästen der Bäume und den Türpfosten des Tempels aufgehängt; sie verkündeten den Namen der Göttin, der sie geweiht waren. Psyche wischte ihre Tränen ab, betrat den Tempel, umfaßte mit ihren Armen den warmen Altar und betete: »Schwester und Gemahlin des großen Jupiter, hilf mir in meinem Elend, in welchem deiner Tempel du dich auch jetzt aufhältst. Ich kann nicht mehr weiter und breche zusammen unter der Last meines Unglücks. Du hilfst ja auch besonders den Schwangeren.« Da trat die Göttin in ihrer ganzen Majestät hervor und verkündete: »Wie gerne würde ich dir helfen, aber ich kann nichts gegen den Willen der Venus tun, ist sie doch meine Schwiegertochter.«

Wiederum war Psyche in ihrer Erwartung getäuscht und gab jede Hoffnung auf, ihren geliebten Gemahl jemals zu finden. Von wem konnte sie jetzt noch Hilfe erwarten, da ja nicht einmal die mächtigen Göttinnen ihr Beistand leisten durften. Überall war sie gefangen, es gab keinen Schlupfwinkel mehr für sie. So beschloß sie denn, alle Hoffnung mutig aufzugeben, sich Venus freiwillig zu stellen. Noch allein ihre Demut konnte vielleicht den Zorn der Venus besänftigen, und vielleicht würde sie im Haus der Mutter auch ihren Amor finden. Mit diesen Gedanken bereitete sie sich auf die Demütigung oder sogar aufs sichere Verderben vor, doch es war ihr nun einerlei.

Venus aber gab es nun auf, mit irdischen Mitteln nach Psyche zu suchen. Sie ließ den Wagen anspannen, den ihr einst Vulkan zur Hochzeit geschenkt hatte, und fuhr hinauf in die Höhe zur Herrscherburg Jupiters. Dort bat sie den höchsten der Götter, ihr Hermes, den Boten, zur Hilfe zu geben, und Jupiter schlug der schönen Göttin diese Bitte nicht ab. Hermes fuhr nun mit ihr hinab zur Erde und verkündete überall, daß Venus eine hohe Belohnung für den aussetze, der Psyche ausfindig mache. Der Lohn bestand in sieben honigsüßen Küssen der Göttin.

Alle Menschen wetteiferten nun darin, diese Belohnung zu erhalten. Dadurch aber wurde Psyche nur noch in ihrem Vorhaben bestärkt und gelangte schon zur Tür der Wohnung der Venus. Schon dort beschimpfte eine aus dem Gesinde der Venus Psyche mit beleidigenden Worten und schleifte sie an den Haaren zu Venus, doch Psyche wehrte sich nicht. Als Venus sie erblickte, da rief sie in ihrem Zorn schadenfroh aus: »So kommst du nun endlich zu deiner Schwiegermutter, oder hast du vor, deinen kranken Geliebten aufzusuchen. Doch sei beruhigt, ich will dir helfen.« Und sie rief ihre Dienerinnen, die Sorge und die Traurigkeit. Diese erschienen, und Psyche wurde von ihnen gequält. Mit Geißeln und anderen Werkzeugen marterten sie sie und schleppten sie dann wieder vor Venus.

Deren Zorn aber ist noch immer nicht verraucht. »Du willst wohl durch deinen Zustand bei mir Mitleid erregen«, höhnt sie, »du willst mich außerdem in der Blüte der Jahre schon zur Großmutter machen. Aber schlage dir das aus dem Kopf. Die Ehe ist ungültig, sie ist ja ohne Zeugen geschlossen. Und das Kind, das du zur Welt bringen wirst, ist nicht mein Enkel.« Dann stürzt sie sich wild auf Psyche, zerreißt ihr die Kleider, zerzaust ihr das Haar und schlägt ihr auf den Kopf. Weizen, Gerste, Hirse, Mohn, Erbsen, Linsen und Bohnen läßt sie dann bringen, vermischt alle Körner auf einem Haufen und spricht: »Abscheuliche Kreatur, hier kannst du dich in geduldiger Arbeit üben. Sondere die ganze Masse nach den einzelnen Arten und liefere mir die fertige Arbeit noch vor dem Abend ab.« Dann geht Venus zu einem Hochzeitsmahl.

Starr vor Schreck war Psyche und fing gar nicht erst mit der unlösbaren Aufgabe an. Eine kleine Ameise aber hatte alles mit angehört und wurde von Mitleid erregt. Emsig lief sie hin und her und rief alle ihre Brüder und Schwestern herbei. Die ganze Ameisenschar lief nun zusammen, und in höchstem Eifer sonderten sie alle Körner auseinander und machten von jeder Art einen kleinen Haufen. Und nach getaner Arbeit entschwanden sie wieder flink.

Als Venus vom Wein berauscht und von Balsam duftend heimkehrte und das vollendete Werk sah, da rief sie: »Das ist nicht deiner Hände Werk, sondern seiner, dem du zu deinem, aber auch zu seinem Unglück gefallen hast.« Sie warf Psyche ein Stück groben Brotes vor die Füße und legte sich zum Schlaf. Während dieser ganzen Zeit aber war Amor im Innern des mütterlichen Schlosses eingesperrt und wurde streng bewacht. So brachten beide Liebenden, unter einem Dach, aber doch getrennt, eine schreckliche Nacht zu.

Schon früh am nächsten Morgen rief Venus Psyche zu sich und stellte ihre eine zweite unlösbare Aufgabe: In einem Hain an den Ufern eines Flusses weideten goldfarbene Schafe ohne Hirten. Von ihrer Wolle sollte Psyche der Venus eine Flocke bringen. Sogleich ging Psyche los, nicht aber, um den Befehl der Göttin auszuführen, sondern um durch einen Sturz vom felsigen Ufer in den Wellen den Tod zu suchen. Es wuchs aber dort viel Schilf. Dieses war durch göttlichen Hauch beseelt und raunte Psyche zu: »Unglückliches Mädchen, beflecke nicht mein heiliges Wasser durch deinen unseligen Tod, geh auch nicht jetzt, wo die Sonne hoch am Himmel steht, zu den furchtbaren Schafen. Denn sie nehmen von der Sonne Glut in sich auf, und in wilder Raserei versuchen sie jeden, der sich ihnen naht, mit ihrer Eisenstirn, ihren spitzen Hörnern und ihren giftigen Bissen zu töten. Wenn es aber Abend wird, dann legen sich die Tiere in den Schatten am Fluß. Halte dich unterdessen unter jener riesigen Platane auf, und wenn die Schafe sich durch die Kühle beruhigt haben, dann schüttle das Laub des Hains, und du findest die Goldflocken an den Zweigen.« So sprach das menschenfreundliche Schilf, und Psyche folgte seinem Rat und brachte am Abend einen ganzen Schoß voll Goldwolle zu Venus.

Die Göttin wurde dadurch immer noch nicht gnädig gestimmt und glaubte nicht, daß Psyche diese Aufgabe allein vollführt habe. Und sie gab ihr eine dritte, noch schwerere Aufgabe: Von einer hohen Felsenspitze herab fließen die dunklen Wasser einer

Quelle, sie bewässern in einem Tal tief drunten den stygischen Sumpf und speisen die brausenden Fluten des Cocytus, eines Flusses in der Unterwelt. Dort droben auf der Felsenspitze sollte Psyche von der Quelle der dunklen Wasser ein Gefäß schöpfen. Venus überreichte ihr einen Krug aus Bergkristall und ging dann drohend von dannen.

Sogleich machte Psyche sich auf den Weg zum Gipfel des Felsens, doch wiederum nicht, um die Aufgabe zu lösen, sondern um ihrem Leben dort ein Ende zu setzen. In der Nähe des Gipfels angekommen, erkannte sie aber die schreckliche Gefahr, die ihr drohte. Jäh ragte über ihr der Fels, in dem der Quell des dunklen Wassers entsprang, das sogleich tief in einem Sturzbach nach unten brauste. Links und rechts hausten in Höhlen schreckliche Drachen, die furchtbar die Augen geöffnet hielten und nie schliefen. Entsetzlich reckten sie ihre Hälse empor. Und auch die Fluten des herabstürzenden Wassers riefen ihr zu: »Hinweg von hier, fliehe, du bist verloren.«

Vor Schreck war Psyche erstarrt, nicht einmal Tränen konnten ihren Augen entrinnen. Doch wiederum nahm sich die Vorsehung ihrer an. Der Adler, der Vogel Jupiters, stieß vom Himmel herab; er wollte Psyche helfen, denn er hatte sich daran erinnert, daß Amor ihm damals, als er für Jupiter den Ganymed rauben mußte, geholfen hatte. Jetzt wollte er also auch dessen Gemahlin nicht im Stich lassen und redete sie an: »Glaubst du wirklich, daß du die Wasser des Styx, den selbst Jupiter fürchtet, in dein Krüglein füllen kannst, du Törichte. Doch gib mir nur deinen Krug her.« Und der Adler erfaßte den Krug mit seinen Fängen, schwang sich hoch über die fürchterlichen Drachen bis hin zum Gipfel und schöpfte für Psyche das Wasser aus der Quelle. Dem Wasser, das sich freiwillig nicht schöpfen ließ, rief er zu, er komme von Venus, sie habe es ihm befohlen. So brachte er den Krug zu Psyche, die damit hocherfreut zu Venus zurückkehrte.

Doch Venus wurde auch dadurch noch nicht in ihrem Zorn besänftigt. Jetzt dachte sie sich die schwerste Aufgabe für Psyche, die doch schon so vieles Unheil erduldet hatte, aus: »Nimm diese Büchse«, sprach sie, »und gehe geschwind in die Unterwelt. Bringe sie dort der Proserpina und sage ihr, Venus bitte sie, noch etwas von ihrer Schönheit in einer Salbe zu schicken. Sag ihr, daß meine Schönheit verblichen sei bei der Pflege meines Sohnes. Komm aber sofort zurück, denn ich brauche die Schönheit, noch bevor ich zur Versammlung der Götter gehe.«

Nun erkannte Psyche, daß ihr Ende nahe war und daß Venus sie absichtlich in den Tod schickte. Sie ging aber dennoch los, zu einem sehr hohen Turm, um sich von dort in den Tod zu stürzen, denn das sei der beste Weg, in die Unterwelt zu gelangen, glaubte sie.

Da hatte sogar der Turm Erbarmen mit ihr und sprach: »Warum willst du jetzt bei deiner letzten Aufgabe versagen? Erst wenn sich dein Geist vom Körper getrennt hat, wirst du hinab in die Unterwelt kommen, freilich aber nicht mehr zurück. Doch höre auf mich! Nicht weit weg von hier liegt die Stadt Sparta. Von dort gehe in das abseits gelegene Taenarus, da ist ein Eingang zur Unterwelt. Dort wird dir eine unwegsame Straße gewiesen, auf der du durch eine Schlucht zur Burg der Unterwelt gelangst. Erscheine aber nicht mit leeren Händen. Nimm in jede Hand einen honigsüßen Gerstenkuchen und in den Mund zwei Geldstücke. Wenn du ein gutes Stück des Weges gegangen bist, wird dir ein lahmer Esel, der Holz trägt, begegnen, und auch ein lahmer Eselstreiber wird dich bitten, ihm herabgefallene Holzstücke aufzusammeln. Geh' aber, ohne ein Wort zu sagen, an ihnen vorbei. Dann wirst du an den Fluß der Unterwelt gelangen, wo der Fährmann Charon erst das Geld für die Überfahrt verlangt. Gib ihm als Fährlohn eines der Goldstücke, denn selbst bei den Toten herrscht noch die unselige Gier nach Gold. Charon muß sie aber selbst aus deinem Mund nehmen.

Bei der Überfahrt über den Fluß der Toten wird der Schatten eines Greises im Fluß auftauchen und dich bitten, ihn doch auch ins Schiff zu ziehen. Doch bleibe auch ihm gegenüber standhaft. Am anderen Ufer angekommen, wirst du alte Frauen treffen, die dasitzen und spinnen. Sie werden dich bitten, ihnen beim Spinnen zu helfen. Doch hüte dich, dies zu tun, denn all dies sind Hinterhalte der Venus, damit du einen der Kuchen verlierst. Hast du aber einen Kuchen verloren, so wirst du nie mehr aus der Unterwelt zurückkehren können. Vor dem Palast der Proserpina liegt nämlich ein dreiköpfiger Hund, der die

Toten mit fürchterlichem Gebell empfängt. Er bewacht die Burg Plutos, des Herrschers der Unterwelt. Gib diesem schrecklichen Hund einen der beiden Kuchen, und er wird sanft und läßt dich in den Palast der Proserpina. Sie wird dich gnädig aufnehmen und dich bitten, dich hinzusetzen und etwas zu essen. Das darfst du aber nicht annehmen! Setz dich nur zu Boden und bitte um ein Stück Brot. Dann verrichte deinen Auftrag, hole dir die gewünschte Salbe, gib bei der Rückkehr dem Hund den zweiten Kuchen und dem Fährmann das zweite Geldstück und laß dich dann wieder zurück über den Totenfluß setzen. Geh dann wieder der unwegsamen Straße entlang zurück zum Licht der Sonne. Aber vor allem hüte dich, die Büchse, die dir Proserpina übergab, zu öffnen, das würde dir große Gefahr bringen.«

So sprach der gütige Turm. Psyche aber hörte auf alle diese guten Ratschläge des Turmes und gelangte wohlerhalten zu Proserpina. Wie der Turm ihr geraten hatte, lehnte sie höflich die Bitten Proserpinas ab und trug ihr ihren Wunsch vor. Heimlich füllte Proserpina die Büchse mit dem, was Venus gewünscht hatte. Psyche nahm sie in Empfang und gelangte glücklich ans Licht der Oberwelt zurück. Alle Vorsichtsregeln des Turmes hatte sie bislang erfüllt, doch jetzt erwachte wiederum die unselige Neugier in ihrem Herzen. Sie wollte sich auch ein wenig von der göttlichen Schönheitssalbe nehmen, um ihrem Gatten zu gefallen. Aber wie erschrak sie, als sie die Büchse öffnete. Keine Schönheit war darin enthalten, nur der Schlaf. Dieser ergriff Psyche, so daß sie auf ihrem Heimweg plötzlich wie tot hinfiel.

In der Zwischenzeit war Amor gesund geworden und konnte es nicht mehr länger aushalten, daß seine geliebte Psyche ihm fern war. So schwang er sich durch das oberste Fenster seines Zimmers, in dem er gefangengehalten wurde, hinaus. Und da seine Flügel durch die Ruhe gestärkt worden waren, eilte er schneller denn je zu Psyche, streifte sorgsam den höllischen Schlaf von ihr ab, schloß diesen wiederum in die Büchse ein und erweckte Psyche durch einen kleinen harmlosen Stich mit seinem Pfeil. »Wiederum, geliebte Psyche«, sprach er, »bist du durch deine Neugier in großes Unglück geraten. Doch geh jetzt schnell zu meiner Mutter und erfülle ihren Auftrag, das andere will ich schon besorgen.« Dann schwang er sich wieder in die Lüfte, und Psyche überbrachte sogleich der Venus das Geschenk Proserpinas.

Amor aber fürchtete noch immer, seine Mutter werde ihre Drohungen wahrmachen und ihn der Mäßigkeit ausliefern. So ersann er eine neue List. Schnell durcheilte er den Himmel und schwang sich zum großen Jupiter auf, um diesen um Hilfe für Psyche und sich selbst zu bitten. Der oberste Gott aber streichelte seine Wange, liebkoste ihn und sprach: »Du hast zwar nie meine Ehre gewahrt, sondern mein Herz oft durch deine schnellen Pfeile in Liebe zu irdischen Frauen entflammt. Aber dafür will ich dir nicht böse sein, da du unter meinen Händen groß geworden bist. So will ich dir deine Bitte erfüllen.

Als Gegendienst möchte ich nur, daß du mir das hübscheste Mädchen der Erde beschaffst.« Dann befahl er Merkur, die Götter sogleich zu einer Versammlung einzuberufen.

Bald hatte sich der ganze Himmelssaal gefüllt, und von seinem hohen Thron herab sprach Jupiter: »Alle, die ihr euch hier eingefunden habt, wißt, daß dieser Jüngling von meinen Händen erzogen worden ist. Und da der ganze Erdkreis jetzt schon von seinen dreisten und losen Streichen spricht, habe ich beschlossen, ihm etwas Zügel anzulegen, die der Ehe. Ein Mädchen hat er ja schon gewählt und ihm die Unschuld genommen. So soll er denn seine geliebte Psyche behalten und sich mit ihr an der Liebe erfreuen.« Und zu Venus gewandt sprach er dann: »Du, meine Tochter, sei nicht betrübt, fürchte nicht um deine Abstammung. Ich will die beiden Gatten gleichmachen, damit die Ehe rechtskräftig wird.« Und sogleich befahl er dem Merkur, Psyche in den Himmel zu holen. Er reichte ihr einen Becher Ambrosia mit den Worten: »Trink, Psyche, und werde unsterblich. Nie wird dein geliebter Amor von dir weichen, eure Ehe soll ewig dauern.«

Sogleich wurde ein prächtiges Hochzeitsmahl aufgetragen. Oben an der Tafel saß der junge Ehemann, seine geliebte Psyche auf seinem Schoß. Dann saßen an der Tafel Jupiter mit Juno und die anderen Götter, alle der Reihe nach. Alle Himmlischen trugen zum Glanz dieser Feier bei. Ganymed reichte Jupiter den Becher, den übrigen schenkte Bacchus ein. Vulkan hatte die Speisen gekocht, die Horen hatten mit Rosen und anderen Blumen den Saal geschmückt, die Grazien erfüllten die Luft mit Balsam. Und beim Mahl sangen die Musen die herrlichsten Lieder, Apollo begleitete sie auf seiner Zither. Venus selbst aber tanzte voller Anmut, wozu die Musen im Chor sangen und ein Satyr die Flöte spielte.

So wurde Psyches Hochzeit mit Amor in aller Form gefeiert. Und als die Zeit herangereift war, da kam Psyche nieder und schenkte ihrem Gemahl eine Tochter, die die sterblichen Menschen Lust nannten.

Nachwort

Weder Griechen noch Römer hatten einen festen Begriff, der etwa dem deutschen Terminus Märchen entspräche. Denn das griechische Wort *Mythos* bedeutet mannigfaltige Erzählungen und Geschichten; auch das lateinische *fabula* ist allgemein und vieldeutig. Dies ist allerdings nicht eine Eigentümlichkeit, die darauf hindeutet, das Märchen gäbe es eben in der Antike nicht, denn mit dem Terminus *Märchen* steht die deutsche Sprache ziemlich alleine da. In anderen Sprachen sind die Bezeichnungen allgemeiner und gelten auch für benachbarte Gattungen (engl., *tale,* frz. *conte,* ital. *conto*) oder sie beinhalten nur ein Teilgebiet des Märchenschatzes (engl., *fairy tale, nursery tale,* frz. *conte de fées*). So nimmt es nicht wunder, daß man heutzutage mehr und mehr das deutsche Wort Märchen als Terminus auch in anderen Sprachen benutzt.

Das Fehlen eines spezifisch abgegrenzten Terminus bedeutet also nicht auch, daß eben die Sache selbst, das Märchen nämlich, in der Antike nicht vorhanden war.

Meist schauten die Autoren des Altertums allerdings geringschätzig auf das Märchen herab, da es ihnen zu volkstümlich erschien. *Platon (Politeia 2, 377)* spricht verächtlich von Mutter- und Ammenerzählungen. Im *Herakles* des *Euripides* (Vers 77) tröstet Megara ihre Kinder durch das Erzählen von Märchen. Auch das Märchen von Amor und Psyche bei

Apuleius erzählt eine alte Frau zur Zerstreuung *(Apul, Metamorphosen 4, 27)* einem jungen gefangenen Mädchen, bezeichnenderweise wird es auch *fabula anilis*, Altweibergeschichte, genannt. Daß *Pausanias* (2. Jh. n. Chr.) in seiner *Beschreibung Griechenlands (10, 3, 4)* darauf verzichtete, eine Variante des Meleagrosmythos, wonach der Tod des Meleagros durch die Verbrennung des magischen Holzscheites motiviert wurde, weiter auszuführen, beweist, daß die Meleagrosgeschichte damals ein weitverbreitetes Märchen war, das in aller Munde gewesen ist.

Das Märchenerzählen galt in der Antike also hauptsächlich der Zerstreuung des einfachen Volkes, besonders aber der Kinder, und galt den Autoren deshalb also unwert, es aufzuzeichnen. Existiert hat es aber in den Volksschichten dennoch. Die griechische Literatur hatte einen ausgeprägten Hang zu einer scharfen Trennung festgeprägter Gattungen und vernachlässigte so lange Zeit die anspruchslosen Erzählungen als selbständige Gebilde. Auch die klassische Philologie ist nur zögernd an diese einfachen Formen der Volkserzählungen herangetreten, galt ihr doch lange Zeit nur die sogenannte hohe Literatur der Antike als prägend für das Abendland; die Eigenart des Märchens aber ist, daß es zur ungeschriebenen Literatur gehört, daß es im Volke umgeht und von einem zum anderen weitererzählt wird. So war es ja auch das eigentliche Verdienst der Gebrüder Grimm, die zahlreichen mündlich überlieferten Märchen unseres Kulturkreises gesammelt zu haben und ihnen durch schriftliche Fixierung ihre wahre Geltung zu verschaffen. Für die Antike aber gab es keine Gebrüder Grimm, und es ist auch zu spät, wie die Gebrüder Grimm beim einfachen Volke des alten Hellas und des alten Rom herumzuhören und die Märchen zu sammeln, die sich das einfache Volk erzählte. So sind wir darauf angewiesen, aus der *Literatur* das herauszufinden, was an vollständigen Märchen und an vereinzelten Märchenmotiven darin eingeflossen ist.

Auch die Epen Homers sind nicht aus dem Boden gewachsen, sondern beruhen schon auf einer langen Tradition der ungeschriebenen Fabulierlust der Griechen, vor allem derjenigen aus Ionien. Besonders in die Odyssee fließen uralte Schiffermärchen ein, die sich die Küstenbewohner wohl immer in der ganzen Welt erzählt haben. Auch sonst ist in die sogenannte hohe Literatur viel Märchenhaftes aus den Volksschichten eingeflossen, besonders in die Komödie, deren Geschehen sich ja meist im einfachen Volke und nicht, wie im Epos, in der Adelsschicht abspielt. Als Ganzes sind also die Märchen nur in vielen Brechungen und Umbiegungen in die Welt der griechischen und römischen Dichter und Erzähler eingezogen.

Der elementare Hintergrund allen griechischen Denkens, wie es uns in der Literatur überkommen ist, ist der *Mythos*. Dieser ist das große exemplarische Geschehen, das alles aus dem Irdischen heraushebt und das als Modell für alles Zeitliche gilt. Er ist die große Erklärung allen Werdens und Geschehens; alle zeitlichen Vorgänge sind in ihm nur Wiederholungen uranfänglicher mythischer Ereignisse. Der Mythenerzähler umfaßt den ganzen Kosmos, begreift das Menschliche in seiner Wiederholbarkeit nur als einen Teil des Uranfangs aller Dinge. Die mythische Erzählung ist eine Deutung der Welt und des Menschen, und in ihrer Grundsubstanz ist sie eine *tragische* Sicht des Geschehens. Während der Mythos das Ganze ergreift und bildhaft verstehen will, angefangen von der Entstehung der Welt bis hin zu den Regungen des menschlichen Herzens, beschränkt sich das *Märchen* auf das Schicksal seines Helden. So mußte es auch zwangsläufig kommen, daß die großen altgriechischen Mythen heute zu neugriechischen Märchen »herabgesunken« sind, denn dort, wo der Mythos nicht mehr der Erklärung der Welt und des Menschen dient, verfällt er in Einzelerzählungen, die gerade wegen ihrer erzählerischen Struktur, wenn der tiefe Glaube an den Mythos fehlt, zu Märchen werden. Der Märchenerzähler wendet sich gegen die tragische Weltauffassung, gegen die pessimistische Sicht der Beschränktheit alles Irdischen und Menschlichen.

So setzt er der Tragödie eine Antitragödie gegenüber, der pessimistischen Leugnung eine optimistische Schöpfung. Meist hält das Märchen bei der Hochzeit an, oder bei dem, was wir heutzutage *happy end* nennen. Dabei erkennt es sehr wohl die Problematik des Menschlichen und der Welt, aber es bricht da ab, wo die Probleme beginnen könnten, seine optimistische Sicht verdrängt diese. Der Mythos ist also der Keim, aus dem Märchen wie auch Volkssage entstammen. Ist der Mythos nicht mehr beispielhaftes kosmisches Geschehen, setzt er nicht mehr eine Wirklichkeit voraus, die nachvollzogen wird, wie etwa im Kult, so wird er, wie es die neugriechischen Märchen beweisen, zur einfachen Geschichte, was aber nicht bedeuten soll, daß das Märchen völlig anspruchslos ist. Gerade die neuere tiefenpsychologische Märchenforschung hat nachgewiesen, daß viele Märchen die Entwicklungsgeschichte des Menschen widerspiegeln.

Wie bei den altindischen Märchen, die für Theodor Benfey, der 1859 eine Sammlung des *Pantschatantra* vorlegte, Ursprung aller Märchen waren (diese These ist heute völlig überholt), so gilt auch für die Märchen der Antike, daß das Wort *Märchen* nicht im technischen Sinne der europäischen Volksmärchen zu verstehen ist, wozu hauptsächlich das Zauber- oder Wundermärchen gehört, sondern im oben genannten Sinne weiter gefaßt wird. Denn schlägt man einmal eine Gesamtausgabe der Grimmschen Kinder- und Hausmärchen auf, so wird man auch feststellen, daß neben den klassisch gewordenen Zaubermärchen, die heute jedem Kind geläufig sind, auch eine Reihe Märchen aufgenommen ist, die unbekannter sind und dem Bereich der Fabel, des Schwanks und der Novelle nahestehen. Doch auch sie sind im eigentlichen Sinne Märchen, da sie alle aus der Fabulierkunst des Volkes stammen und primär der Unterhaltung dienen.

Wie konnte es aber kommen, daß neben den großen Götter- und Heroengeschichten des Mythos auch die Märchen bei den Griechen und Römern beliebt waren?

Diente der Mythos zur Erklärung der Welt, so ist sicherlich auch schon in der Antike das wesentliche Merkmal des Märchens die Zerstreuung. Wer denkt in unserer technisierten Welt von heute mit Rundfunk und Fernsehen noch daran, wie einsam die Abende ohne Fabulieren und Geschichten sein können. Der Mensch der Antike wie auch noch der des beginnenden 20. Jahrhunderts war aber selbst darauf angewiesen, sich Zerstreuung zu verschaffen (das unterscheidet ihn sicherlich wohltuend von uns, die wir uns größtenteils nur passiv berieseln lassen). Märchen- und Geschichtenerzähler zogen in der Antike umher und wurden überall sehnsüchtig erwartet. Gerade das hellenische Volk hatte trotz der Logik seines Denkens immer auch einen großen Hang zum Imaginären, zum Fabulieren, wobei Logos und Einbildungskraft durchaus nicht im Widerspruch zu stehen brauchen. Neben dem charakteristischen Zug des Griechentums, die Wahrheit der Dinge zu ergründen, ging immer die fabulierende Erzählung einher, vielleicht ein Erbe des orientalischen Geistes im Hellenentum. Schon vor den homerischen Epen, die die Welt des griechischen Adels widerspiegeln, gab es im kleinasiatischen Ionien eine volkstümliche Erzählkunst, aus der Homer die märchenhaften Züge seiner Odyssee übernommen hat. Um das 6. Jh. vor Christi Geburt entstand dann in Ionien eine Menge von Märchen und Novellen, die sogenannte *ionische Novellistik,* die überall Eingang fand, in der Lyrik, in der Geschichtsschreibung, in der Komödie und in der Naturgeschichte.

In Ionien stand wohl die Wiege griechischer Erzählkunst. So finden wir besonders bei dem griechischen Historiker *Herodot* (ca. 484–425 v. Chr.), der aus dem kleinasiatischen Halikarnassos stammte, viel Novellistisches und Märchenhaftes in seinem Werk. Er schreibt Geschichte, aber auch besonders Geschichten. Wenn dieses Fabulieren, besonders das der kleinasiatischen Griechen, schon einen Einfluß des Orientalischen aufweist, so dringt die Märchenwelt des Ostens vollends durch die Züge Alexanders des Großen in den griechischen Kulturkreis ein.

Im Hellenismus, als sich der geistige Mittelpunkt des Griechentums nicht mehr in Athen, sondern in Alexandria kristallisierte und sich die griechische Welt mit dem östlichen Kulturkreis in einer wunderbaren Synthese verband, strömte sehr viel märchenhafte Fabulistik in die Alte Welt ein. Ein Beispiel hierfür bietet der *Alexanderroman.* Auch die Dichter jener Epoche, *Alexandriner* genannt, griffen auf die volkstümliche Erzählkunst zurück, wollten sie doch nichts mehr mit dem alten Epos zu tun haben. So findet man etwa bei *Kallimachos* viele Erzählungen, die der Märchenwelt der Volksüberlieferung entstammen. Hier sind auch die Reiseerzählungen vieler Autoren zu erwähnen, in denen wundersame Geschichten aus der blühenden Vorstellungswelt der Orientalen ihren Niederschlag fanden.

Die griechische *Novelle* verfestigt sich im Hellenismus wiederum im kleinasiatischen Ionien. Um 100 v. Chr. verfaßt ein gewisser *Aristeides von Milet* seine *Milesischen Geschichten,* von denen wir leider nur noch ein einziges Fragment besitzen. Es muß sich hierbei wohl um einen märchenhaften Novellenkranz wie in *Tausendundeiner Nacht* gehandelt haben; vor allem erotische Liebesmärchen, Räuber-, Spuk- und Geistergeschichten mögen in ihnen vorgekommen sein, wie wir aus den römischen Romanen des *Petronius* und des *Apuleius* schließen können, die diesen *Milesischen Geschichten* nacheifern. In Rom tritt das Irrationale und damit eng verbunden das Erzählen von Märchen verstärkt im 1. Jh. n. Chr. in den Vordergrund, als nach dem Verfall der streng formalen römischen Religion östliche, eher gefühlsmäßige Kulte nach Rom eindringen. Es ist dies die große Zeit des Aberglaubens mit seinen Zauber-, Spuk- und Gespenstergeschichten, die die tiefe Angst des Volkes vor der Zukunft reflektieren.

Zum Schluß noch ein kleiner Überblick über den Aufbau des Bandes. Ich habe auch in der sprachlichen Diktion versucht, dem üblichen Märchenstil nahezukommen, wobei ich den überlieferten Quellen mehr oder weniger genau folge. Das erscheint mir durchaus berechtigt, da uns ja in der sogenannten schriftlichen Literatur nur Überbleibsel der Volkstradition vorliegen. Wie die Märchen eigentlich erzählt wurden, bleibt im ungewissen. So mußten etwa beim Märchen von *Amor und Psyche* große Kürzungen vorgenommen werden, um den Rahmen eines üblichen Märchens nicht zu sprengen. Eingeleitet wird die Sammlung mit Schiffermärchen aus der *Odyssee (Odysseus und die Lotophagen),* in der sich schon die frühe Fabulistik Ioniens widerspiegelt. Es folgen dann Märchen, die aus der Epik stammen oder auf uralten mythischen Motiven basieren *(Polyidos und Glaukos).* Einen Überblick über die ionische Fabulistik im 6. Jh. v. Chr. geben die Herodotmärchen und diejenigen, die sich um König Midas ranken *(Die heilige Schafherde).* Hellenistische Kleinkunst, von der auch *Ovid* noch Zeugnis ablegt, sind die Liebesmärchen *(Die schöne Rhodopis).* Auch die Tiermärchen, die vor allem die Dankbarkeit des Tieres gegenüber dem Menschen in den Vordergrund stellen *(Die wunderbare Rettung),* waren in der Antike sehr beliebt. Sie berühren sich eng mit der Fabel, die auch märchenhafte Motive aufweist. Die Märchen *(Der Werwolf)* bringen dann Spuk- und Gespenstermotive, in denen der Aberglaube des einfachen Volkes einen großen Widerhall fand. *Der Trug des Nektanebos* gehört zu den Zaubermärchen, in denen auch unterschwellig die Erotik auftritt. *Die indischen Goldameisen* geben einen Höhepunkt der Reise- und Lügenmärchen wieder, die schon in den Schiffermärchen der Odyssee ihren Anfang genommen hatten. Den Schluß bildet das große Märchen von *Amor und Psyche,* das lange Zeit zu Unrecht als einziges vollständiges Märchen der Antike gegolten hat.

Erich Ackermann

Anmerkungen

Odysseus und die Lotophagen

Quelle: Homer, Odyssee 9, 62 ff.

Es handelt sich um ein altes Schiffermärchen mit verschiedenen Märchenmotiven (Trank des Vergessens, fernes Abenteuerland, Wunderland).

Zu den Motiven: Radermacher, Die Erzählungen der Odyssee, S. 10 ff.

Zu der Geographie Homers: Urban, Geographische Forschungen und Märchen aus griechischer Zeit, S. 7.

Odysseus und die Laistrygonen

Quelle: Homer, Odyssee 10, 80 ff.

In diesem Schiffermärchen findet sich das Motiv des Menschenfressers. Neben dem Motiv des märchenhaften Wunderlandes taucht hier vielleicht zum ersten Mal das Motiv des wegweisenden Mädchens auf und die Einkehr bei der Frau des Riesen, während dieser selbst abwesend ist.

(Vgl. Radermacher, Die Erzählungen der Odyssee, S. 16 ff.)

Die Zauberin Kirke

Quelle: Homer, Odyssee 10, 133 ff.

Märchen von einer Zauberin und von der Verwandlung und Verzauberung in Tiere (ähnliche Motive finden sich ja auch in Grimm KHM 1, Der Froschkönig, KHM 11, Brüderchen und Schwesterchen, KHM 49, Die sechs Schwäne usw.). Auch erinnert

Kirke an die Hexe deutscher Märchen. Vor allem die Beschreibung ihres Hauses und ihr erstes Auftreten erinnern stark an Grimm KHM 15, Hänsel und Gretel. Ein weiteres Märchenmotiv kann man im Zauberkraut Moly erblicken. (Vgl. Radermacher, Die Erzählungen der Odyssee, S. 8 f., bietet noch andere Parallelen zu europäischen Märchen.)

Polyidos und Glaukos

Auch dieses Märchen handelt von einem Seher und scheint durch die Melampodie überliefert zu sein. Märchenmotive: Glaukos ist im Honig ertrunken; finden wird ihn, wer das Rätsel von der dreifarbigen Kuh löst; mit Hilfe der Bienen findet Polyidos das Kind, entdeckt mit Hilfe der Schlange das Lebenskraut und erweckt es wieder zum Leben. Neben dem Motiv des Rätsels, wie es auch im Märchen *Turandot* auftaucht, sei auf das Lebenskraut verwiesen (vgl. auch Grimm KHM 97, Das Wasser des Lebens). Weitere Quellen und Literatur bei Aly, Märchen, in: Paulys Realenzyklopädie, Sp. 268 f., Ranke-Graves, Griechische Mythologie I, S. 275 ff. und Kerényi, Die Mythologie der Griechen I, S. 89 ff.

Perseus

Quelle: Hesiod, Theogonie, 274 ff.; Simonides, fr. 13 Diehl; Ovid, Metamorphosen 4, 607 ff.

Dem eigentlichen Mythos von der Befreiung der Andromeda liegt ein verbreitetes Märchen zugrunde: Eine Prinzessin wird geraubt und von einem Drachen bewacht. Der junge Held erscheint, tötet den Drachen, befreit die Königstochter und nimmt sie zur Gemahlin (vgl. auch Hunger, Lexikon der griechischen und römischen Mythologie, S. 321). Weitere Märchenmotive: Ein König sperrt seine Tochter ein, von der ihm Unheil droht; sie wird durch einen Goldregen schwanger, wird mit ihrem Kind aufs Meer ausgesetzt und landet auf einer Insel. Dort herrschen zwei Brüder, ein guter und ein böser, der dem Sohn der Prinzessin eine schier unmöglich zu lösende Aufgabe stellt. Der Götterbote rüstet ihn für diese Aufgabe mit Zauberdingen aus: unsichtbar machende Tarnkappe, Zaubertasche und Flügelschuhe (vgl. Aly, Märchen, in: Paulys Realenzyklopädie, Sp. 270). Vgl. zum Ganzen auch Halliday, Indo-European Folktales, S. 113 ff.

Daß der Vater der Danae, Akrisios, die Tochter und den Enkel aus Furcht vor ihnen aussetzt, hat m. E. auch eine Parallele in Grimm KHM 53, Schneewittchen, wo die böse Stiefmutter das Kind beseitigen will, und in KHM 15, Hänsel und Gretel.

Peleus und Thetis

Quelle: Catull, Gedicht 64, 305 ff.; Ovid, Metamorphosen 11, 221 ff.

Bei dem Märchen von Peleus und Thetis handelt es sich um ein Undinenmotiv: Ein Sterblicher verliebt sich in eine Meerjungfrau und muß mit seiner Geliebten, die sich in verschiedene Tiere verwandelt, kämpfen. Die Meerjungfrau verläßt aber nach kurzem Glück den Sterblichen und begibt sich wieder in ihr Element (vgl. Hunger, Lexikon der griech. und röm. Mythologie, S. 311 f.). Weitere Literatur bei Ranke-Graves, Griechische Mythologie I,

S. 245 ff. und Weinreich, Das Märchen von Amor und Psyche, S. 102 f.

Angemerkt sei auch, daß die drei Schicksalsgöttinnen, die Moiren, die den Lebensfaden spinnen, an die Feen unserer Märchen erinnern. Erwähnt sei z. B. Grimm KHM 50, Dornröschen. Auch daß man bei der Hochzeit von Peleus und Thetis vergessen hatte, Eris, die Göttin der Zwietracht, einzuladen, läßt uns an den Anfang von *Dornröschen* und an die böse Fee denken.

Meleagros

Quelle: Ovid, Metamorphosen 8, 267 ff.

Ich folge bei diesem Märchen der Geschichte Ovids, der uns sogar eine ältere Version wiedergibt als Homer (Ilias 9, 529 ff.). Bei Ovid treffen wir noch die Auffassung, die aus dem magischen Bereich stammt: Seele oder Herz eines Menschen sind von seinem Körper getrennt und können in einen beliebigen Gegenstand gebannt werden. Die Lebenskraft des Meleagros ist seit dem Schicksalsspruch der Moiren, die wie die Feen unserer Märchen an der Wiege des Neugeborenen stehen, von der Existenz eines Holzscheites abhängig. Als die Mutter dieses Scheit ins Feuer wirft, ist das Leben des Sohnes verwirkt. Auch hierbei sei an die Feen aus *Dornröschen* erinnert. Ein weiterer Märchenzug ist das Ungeheuer, das die Ländereien verwüstet und das getötet werden muß.

Zu anderen Märchenmotiven im Meleagros-Märchen siehe Halliday, Indo-European Folktales, S. 71 ff.

Herakles und das Schlangenmädchen

Quelle: Herodot, Historien 4, 8 ff.

Letztendlich baut die gesamte Heraklessage mit ihren Riesen- und Drachenkämpfen sicherlich auf ein altes Märchen auf. Für unsere Sammlung habe ich aber keine märchenhafte Erzählung aus dem Dodekaathlos, den zwölf Kämpfen des Herakles, gewählt, sondern eine etwas abgelegene Erzählung, die sich bei dem griechischen Historiker Herodot (5. Jh. v. Chr.) findet. Herodot will mit dieser Geschichte in seinem Werk den Namen der Skythen erklären. Ich habe darauf verzichtet, diese Ursprungssage einzubeziehen, da sie das eigentliche Märchen zu sehr mythologisiert und der Sage zugesellt (vgl. hierzu auch Aly, Volksmärchen, Sage und Novelle bei Herodot, S. 3 und S. 114 ff.).

Echte Märchenmotive in dieser Geschichte sind das Treffen des Herakles mit dem Wunderwesen, die schwere Aufgabe für die Söhne der beiden und die Tatsache, daß gerade der Jüngste die Aufgabe lösen kann. Vgl. hierzu z. B. auch Grimm KHM 124, Die drei Brüder.

Alkestis

Quelle: Euripides, Alkestis; Hunger, Lexikon der griech. und röm. Mythologie, S. 23 ff.; Ranke-Graves, Griech. Mythologie I, S. 201 ff.; Thornton Wilder, Die Iden des März, Frankfurt 1975, S. 74 ff.

Ich habe darauf verzichtet, dem Märchen den Schluß der euripideischen Tragödie zu geben, sondern bin Platon, Symposion 179 c gefolgt, wo berichtet wird, daß die Götter Alkestis aus Dank zur Erde zurückgesandt haben, weil sie das echte Beispiel der Gattenliebe zeigte.

Märchenmotive der *Alkestis* sind u. a.: Aufschub des Todes, verbunden mit dem stellvertretenden Tod eines anderen; Rückführen eines Toten aus der Unterwelt; die Moiren, die Schicksalsgöttinnen; eine kaum zu lösende Aufgabe bei der Werbung um die Gattin.

Die heilige Schafherde

Quelle: Herodot, Historien 9, 93 ff.

Nach Aly, Volksmärchen, Sage und Novelle bei Herodot, S. 198 f., weist diese Geschichte Märchenmotive auf, die wir auch bei Grimm KHM 87, Der Arme und der Reiche, und KHM 19, Von dem Fischer un syner Fru, antreffen: Ein Mann wird um seinen verdienten Lohn betrogen.

Der Ring des Gyges

Quelle: Platon, Politeia 359 d. ff.

Bei Platon, dessen Fassung ich gewählt habe, ist zumindest noch der erste Teil eines echten Märchens überliefert, während bei Herodot, der die Geschichte in seinen *Historien 1, 80* anders überliefert, alles Übernatürliche und Märchenhafte entzogen ist. Der Grundtyp des platonischen Gygesmärchens ist der des Zauberringes (vgl. Aly, Volksmärchen, Sage und Novelle bei Herodot, S. 228, 246).

Herodot erzählt in seinen *Historien 1, 80* lediglich, wie Gyges mit List erreichte, die Königin, die Frau des Kandaules, zu verführen, und dann den König beseitigte. Bei Herodot fehlen alle märchenhaften Züge.

König Midas' Gold

Quelle: Ovid, Metamorphosen 11, 90 ff.; Vergil, Ekloge 6, 13 ff.

Die ganze Aura, die sich um die Geschichte zieht, ist märchenhaft. Geläufige Motive sind das gierhafte Streben nach Gold (vgl. z. B. Grimm KHM 55, Rumpelstilzchen) und die anschließende Strafe, die als Lehre dienen soll. Auch der Goldfluß ist dem Bereich des Märchens zuzuordnen, obgleich er hier eher schon mythisiert ist und erklären soll, warum der Fluß Paktolos Gold führt (aetiologisch). Auch für Weinreich, Das Märchen von Amor und Psyche, S. 104, handelt es sich um ein echtes Volksmärchen.

Zur ganzen Geschichte vgl. auch Ranke-Graves, Griechische Mythologie I, S. 255 ff.

Das Geheimnis des Königs Midas

Quelle: Ovid, Metamorphosen 11, 146 ff.; Persius, Satiren 1, 121.

Obgleich die Vermessenheit, sich mit einem Gott zu vergleichen, dem Mythos und vor allem der griechischen Tragödie eigen ist, ist der Verlauf der Geschichte ein abgeschlossenes Märchen. Ein schönes Märchenmotiv sind die Eselsohren (als Strafe) und das Flüstern der Binsen. Hieraus entstand übrigens auch unser deutscher Ausdruck: *Binsenweisheit.*

Der Schatz des Rhampsinit

Quelle: Herodot, Historien 2, 121.

Ein anerkanntes Volksmärchen der Antike, das in seinen Motiven über die ganze Erde verbreitet ist (dazu Weinreich, Das Märchen von Amor und Psyche,

S. 104, und Fr. v. d. Leyen, Die Welt der Märchen, Düsseldorf 1953, Bd. I, S. 144 f.). Herodot überliefert hier ein altägyptisches Märchen, das auch heute noch dort abgewandelt erzählt wird.

Von den vielen Märchenmotiven, die hier vorkommen, sei nur an den Typ des Meisterdiebes erinnert (vgl. Grimm KHM 192): Dieser vollbringt die unglaublichsten und dreistesten Diebstähle, wird dafür aber nicht bestraft. Seine Dreistigkeit wird anerkannt, und er erhält eine Belohnung.

Die schöne Rhodopis

Quelle: Aelian, Varia historia 13, 33.

Verzichtet habe ich auf den Hinweis, daß Rhodopis eine Hetäre, eine Art Dirne war, um das Gerüst des Märchens nicht zu stören. Trotz der Kürze handelt es sich nämlich um ein Märchen, das viele typische Motive aufweist: Ein wunderbares Element ist der Hinweis, daß ein Tier den Schuh raubt und ihn zum König bringt. Warum dies geschieht, sagt das Märchen nicht. Der König verliebt sich aus der Ferne, ohne Rhodopis je gesehen zu haben, als er sich den Schuh ansieht. Ein ähnliches Motiv kennen wir ja auch aus Grimm KHM 21, Aschenputtel. Der Haupttyp dieses Märchens ist die Erhebung des schönen Mädchens aus niederem Stande zur Königin, wie es bei Grimm außer in *Aschenputtel* auch sonst noch vorkommt, z. B. KHM 20, Das tapfere Schneiderlein, KHM 55, Rumpelstilzchen.

Herodot, Historien 2, 134, spricht auch von Rhodopis, aber auf rein geschichtlicher Ebene, während in unserem Märchen die geschichtliche Dimension, auch wenn Namen historischer Persönlichkeiten auftauchen, ausgeklammert ist.

Prokne und Philomela
Quelle: Ovid, Metamorphosen 6, 423 ff.
(Vgl. auch Stoll, Sagen des klassischen Altertums I, S. 354 ff. und Halliday, Indo-European Folktales, S. 85 ff.) Neben dem Verwandlungsmotiv gehören noch ins Märchen die Liebe der beiden Geschwister, die so unzertrennlich sind wie bei Grimm Hänsel und Gretel (KHM 15) und Schneeweißchen und Rosenrot (KHM 161). Mythisch daran ist, daß Prokne die Blutsbande zur Schwester höher stellt als die zu ihrem Gemahl bzw. Sohn; dasselbe findet man auch bei Meleagros. Hier sind sicherlich Relikte eines alten matriarchalischen Denkens zu finden. Daß Prokne ihr Kind dem Gemahl zum Mahle vorsetzt, ist auch mythisch, läßt aber ebenso Parallelen zu Schneewittchen (KHM 53) zu, wo die böse Stiefmutter die Leber und die Lunge des vermeintlich toten Schneewittchen ißt, in Wirklichkeit aber getäuscht wurde.

Keyx und Halkyone
Quelle: Ovid, Metamorphosen 11, 410 ff.
(Vgl. zum Ganzen auch Stoll, Sagen des klassischen Altertums I, S. 371 ff.)
Es handelt sich um ein Liebesmärchen, in dem die reine Liebe zweier Eheleute verherrlicht wird. Das Motiv der ewigen Liebe wird durch die Verwandlung am Schluß des Märchens unterstrichen. Märchenhaft ist auch die Erscheinung des schon toten Gatten im

Traum und das wunderbare Wiedertreffen der beiden Liebenden am Strand. In dem Motiv des ewigen Beisammenseins fehlen nicht sentimentale Züge, die der hellenistischen Dichtung eigen sind.

Phyllis und Demophon

Quelle: Ovid, Heroides 2; Hygin, Fabel 59. (Vgl. auch Ranke-Graves, Griechische Mythologie I, S. 261 f.)

Liebes- und Verwandlungsmärchen nach dem gleichen Muster wie Keyx und Halkyone. Der Geliebte wird sehnlichst vermißt, Wiedertreffen mit ihm durch eine Verwandlung. Motiv der ewigen Liebe. Retardierendes Moment ist die Ungewißheit der Phyllis.

Akontios und Kydippe

Quelle: Kallimachos, Aitia, Buch 3; Ovid, Heroides 20; 21.

Typisches Liebesmärchen des Hellenismus, das die Suche und das Wiedertreffen der beiden Liebenden in den Vordergrund stellt. Märchenhaft ist auch der Trug des Akontios zu Anfang der Geschichte. Im Ganzen überwiegen hier die zarten Töne.

Odatis und Zariadres

Quelle: Chares von Mytilene, Alexandergeschichten (überliefert in: Scriptores de rebus Alexandri, ed. Müller, p. 114, zit. nach Hausrath/Marx, Griechische Märchen, S. 146 ff.).

Chares von Mytilene war Teilnehmer am Alexanderzug und hatte das Amt eines Audienzministers. Seine Alexandergeschichte (mindestens in 10 Büchern) ist verloren. Das angeführte Liebesmärchen allerdings ist uns daraus erhalten (vgl. auch Athenaios 13, 35).

Märchenmotive: Beide verlieben sich im Traum ineinander, ohne sich von Angesicht zu kennen (Trennung der Geliebten, Motiv der Suche wie in *Akontios und Kydippe*). Odatis soll sich einen Bräutigam auf dem Gelage wählen; das glückliche Treffen der beiden Liebenden und ihre Flucht; die heimliche Liebe ist in Erfüllung gegangen. Dieses Märchen weist schon fast alle klassisch gewordenen Züge der Liebesgeschichte auf.

Pygmalion

Quelle: Ovid, Metamorphosen 10, 243 ff.

Phrixos und Helle

Quelle: Hygin, Fabeln 1, 2, 3, 4, 5. (Vgl. zum Ganzen auch Stoll, Sagen des klassischen Altertums I, S. 200 ff.; Ranke-Graves, Griechische Mythologie I, S. 203 ff.)

Die Geschichte dient eigentlich als Vorgeschichte zur Fahrt der Argonauten, ist aber in sich geschlossen ein Märchen. Märchenhaft ist das Motiv der bösen Stiefmutter, die die Kinder beseitigen will (vgl. Grimm KHM 15, Hänsel und Gretel, und KHM 53, Schneewittchen), und eine beispielhafte Geschwisterliebe wie in Schneeweißchen und Rosenrot (KHM 161). Auch die Flucht der Geschwister, wobei der Bruder seine Schwester rettet, ist exemplarisch. Märchenhaft ist auch die Flucht auf dem goldfelligen Widder. Das Motiv des Zauberers bringen Aietes und das Goldene Vlies. In der Sage ist Aietes ein Bruder der Zauberin Kirke. Daß der König Aietes dem Phrixos seine Tochter zur Gattin gibt, rundet das märchenhafte Geschehen ab.

Die wunderbare Rettung

Quelle: Aelian, Über die Natur der Tiere 12, 21. (Vgl. auch Hausrath/Marx, Griechische Märchen, S. 85.)

Es liegt ein typisches Tiermärchen vor, in dem sich der orientalische Schicksalsglaube spiegelt (in den deutschen Märchen durch die Feen dargestellt). Daß das Kind ausgesetzt wird aus Furcht vor Unheil, erinnert an das Perseusmärchen. Auch der nicht erkennbare Vater erinnert an Zeus im Perseusmärchen, vielleicht auch an den *Trug des Nektanebos*. Die Rettung eines solch gefährdeten Kindes ist ja einerseits aus dem Mythos bekannt (Oedipus, Moses), andererseits aber auch in Märchen beliebt (Grimm KHM 53, Schneewittchen, KHM 50, Dornröschen).

Die dankbare Schlange

Quelle: Aelian, Über die Natur der Tiere 10, 48.

Typisches Märchen von der Dankbarkeit der Tiere, wie es auch bei Grimm vorkommt, z. B. KHM 62, Die Bienenkönigin.

Der Adler und die Schlange

Quelle: Aelian, Über die Natur der Tiere 17, 37.

Der Sänger Arion

Quelle: Herodot, Historien 1, 23 f.; Hygin, Fabel 194.

Eine bekannte klassische Tiergeschichte. Nach Aly, Märchen, in: Paulys Realenzyklopädie, a. a. O.,

Sp. 275, ein echtes Märchen. Aly verweist auf Ähnlichkeiten mit Grimm KHM 16, Die drei Schlangenblätter, in dem der Held auch ins Meer geworfen und gerettet wird.

Zum Katasterismos des Delphins (= Erhebung zu einem Stern), vgl. Schadewaldt, Griechische Sternsagen, München 1970, S. 67 f.

Androkles und der Löwe

Quelle: Aelian, Über die Natur der Tiere 7, 48; Gellius, Noctes Atticae 5, 14.

Neben dem typischen Zug der Dankbarkeit des Löwen ist auch das unerwartete Wiedertreffen des Androkles und seines Löwen märchenhaft; hinzu tritt auch das so beliebte Motiv der märchenhaften Rettung. Die ungefähre zeitliche Datierung des Geschehens in die römische Kaiserzeit paßt allerdings nicht recht ins Märchenhafte, doch habe ich darauf verzichtet, den historischen Rahmen zu eliminieren, da dies das Handlungsgerüst des märchenhaften Geschehens gestört hätte, denn das Sklaventum, die Zirkusspiele, die römische Atmosphäre verdeutlichen erst die Rahmenhandlung. Inmitten dieses historischen Kolorits steht das wundersame Geschehen in der unwirtlichen Wüste und das märchenhafte Zusammenleben von Mensch und Tier. Dieser Mittelteil kann auch von jedem historischen Kontext gelöst gesehen werden.

Der Werwolf

Quelle: Petron, Satyricon 61 f.

Petronius ist ein Satiriker des 1. Jh. n. Chr., der 66 n. Chr. freiwillig aus dem Leben schied, weil er der Teilnahme an der Pisonischen Verschwörung bezichtigt wurde. Sein Werk *Satyricon* ist weitgehend verloren. In diesem Werk handelte es sich um eine Kreuzung von Reise-, Abenteuer- und Sittenroman mit stark parodistischem und satirischem Charakter. Unsere Geschichte stammt aus einer erhaltenen Parodie des Romans, die man *Das Gastmahl des Trimalchio (Cena Trimalchionis)* nennt. Wie auch in den folgenden Geschichten handelt es sich beim *Werwolf* Petrons um einen Typ, der dem Geister- und Gespenstermärchen nahekommt. Der Volksaberglaube mit seinen Dämonen und Gespenstern blüht ja zu jeder Zeit, und gerade in ländlichen Gegenden, wo ein scharfer Kontrast zwischen dem traulichen Drinnen und dem unheimlichen Draußen besteht. Eine Unzahl von Vorstellungen und Gestalten des Volksglaubens sind in das antike Märchen ebenso wie in das moderne aufgenommen worden (vgl. auch Weinreich, Das Märchen von Amor und Psyche, S. 100). Gerade im 1. Jh. n. Chr. sind nach dem Zerfall der formalen römischen Staatsreligion viele irrationale Momente in den Glauben eingeflossen, das Übernatürliche triumphierte, und der Aberglaube erlebte eine neue Blüte. Da spukten die Schatten der Toten umher, die Lemuren; es gab Häuser, in denen Gespenster umgingen, man glaubte an Hexen und Menschenfresser, an Klabautermänner und Vampire, Seeungeheuer, Werwölfe und alte Frauen, die die Kunst besaßen, sich in Vögel zu verwandeln (vgl. dazu Paoli, Das Leben im alten Rom, S. 321 ff.; Stemplinger, Antiker

Volksglaube, passim; Collison-Morley, Greek and Roman Ghost Stories, passim).

Gerade das Werwolfthema bildete in seiner Verbindung von Mensch und finsterer Tiergestalt einen besonderen Reiz. Steckt dahinter nicht schon die Idee von dem tierischen, barbarischen Bestandteil jedes Menschen, wie ihn auch Stevenson in seiner Erzählung *Doctor Jekyll and Mr. Hyde* vorführt? Auch in Apuleius' Märchen von *Amor und Psyche* finden wir Anklänge daran, deutlichere vielleicht noch in dem französischen Märchen *La Belle et la Bête,* das größtenteils auf dem Apuleiusmärchen fußt. Einen guten Überblick über die Tradition und die Rezeption des Werwolfthemas bietet die Sammlung von Klaus Völker, *Von Werwölfen und anderen Tiermenschen,* München 1972. Auf mythologischer Basis erklärt Ovid, *Metamorphosen* I, 237 ff. die Entstehung des Werwolfes: Lycaon und seine Söhne sind wegen ihrer Grausamkeit bekannt. Als Zeus einmal die Erde in Menschengestalt besucht, setzt Lycaon ihm einen geschlachteten Knaben zum Mahl vor. Zur Strafe verwandelt Zeus Lycaon in einen Wolf.

Als Typ des Gespenster- und Gruselmärchens bei Grimm sei KHM 4 erwähnt: Von einem, der auszog, das Fürchten zu lernen. Der Wolf als Verkörperung des Bösen ist ja auch aus anderen Grimmschen Märchen bekannt (KHM 5, Der Wolf und die sieben jungen Geißlein, KHM 26, Rotkäppchen).

Die Empuse

Quelle: Philostratos, Das Leben des Apollonios von Tyana, 4, 25.

Flavius Philostratos II (ca. 170–240 n. Chr.) verfaßte unter anderem auch eine griechisch geschriebene Lebensbeschreibung des Apollonios von Tyana, eines neupythagoreischen Philosophen und Wundertäters. Die *Empuse* ist dieser Biographie entnommen. Zur Gestalt der vampirhaften Empusen vgl. Ranke-Graves, Griechische Mythologie I, S. 169.

Der Trug des Nektanebos

Quelle: Pseudo-Kallisthenes, Alexanderroman (Handschrift L, herausgegeben und übersetzt von Helmut van Thiel, Darmstadt 1974).

Der Verfasser des Alexanderromans ist unbekannt; in einigen späteren Handschriften trägt er den Namen Kallisthenes. Das Buch ist keine historische Darstellung des Lebens und der Taten Alexanders des Großen, sondern eher ein Roman, der voll von Märchen und Legenden ist. Der Alexanderroman hat wie kaum ein anderes Werk der Antike über das Mittelalter hinaus eine Unmenge Überarbeitungen und Rezeptionen erfahren (vgl. Kindlers Literaturlexikon, München 1974, Bd. 3, S. 899 ff.).

Eingeleitet wird der Alexanderroman durch den *Trug des Nektanebos,* wie Weinreich in seinem Buch gleichen Titels, Leipzig 1911, die Geschichte genannt hat. In der Erzählung des Pseudo-Kallisthenes ist die Geschichte von der Abstammung Alexanders des Großen ägyptisch-hellenistische Pervertierung des altägyptischen Königsmythos. Alexander ist als König über Ägypten Sohn des Amun.

Hauptmärchenmotiv ist der große Zauberer, der alles vermag, der sich in Tiere verwandeln und die Gestirne beschwören kann. In vielen Darstellungen des Zauberers trägt dieser ja auch einen Mantel, der voll mit astralen Symbolen bestückt ist. Neben anderen Märchenmotiven ist auch das Thema der List, des Trugs, zu vermerken, das ja schon bei Odysseus im Polyphemmärchen und im *Meisterdieb* vorkommt (vgl. auch *Der Schatz des Rhampsinit*). In etwas abgewandelter Form gewinnt ja auch das tapfere Schneiderlein durch eine List die Hand der Königstochter (Grimm KHM 20).

Das Motiv des göttlichen Bräutigams findet sich auch in Apuleius' Märchen von *Amor und Psyche*.

Ohne märchenhafte Züge und als reine List berichtet der griechische Redner Aischines (geb. um 390 v. Chr.) in seinen Briefen (Nr. 10 in der Ausgabe von Drerup) folgende Geschichte: Ein junger Mann namens Kimon beobachtet heimlich Jungfrauen, die nach einem alten mythischen Brauch im troischen Fluß Skamander baden und diesem damit symbolisch ihre Jungfernschaft opfern. Kimon nähert sich einem Mädchen und gibt vor, der Flußgott selbst zu sein, woraufhin die Jungfrau sich ihm ehrfurchtsvoll hingibt. Als der Frevel schließlich entdeckt wird, führt Kimon bei Aischines zu seiner Entschuldigung andere belegte Beispiele aus der Geschichte an, in denen derselbe Trug geschildert wird. Den Trug des Nektanebos erwähnt er allerdings nicht, lebte ja Aischines auch lange vor der Entstehung des Alexanderromans.

Ein Liebeszauber

Quelle: Apuleius, Metamorphosen 3, 15 ff.

Apuleius (geb. um 125 n. Chr.) schrieb unter anderem die *Metamorphosen,* die man auch oft mit *Eselsroman* übersetzte. In diesem Roman wird der Held durch Zauberei zum Esel und erlebt die mannigfaltigsten Abenteuer und Leiden, bis er schließlich durch die Einweihung in die Mysterienkulte der Isis wieder zum Menschen zurückverwandelt wird. Das Werk enthält viel Novellistisches (Räuber- und Hexengeschichten, vor allem auch das berühmte Märchen von Amor und Psyche).

Unser Märchen, das ich *Ein Liebeszauber* betitelt habe, ist in die Handlung des Romans integriert. Ich habe versucht, das Handlungsgerüst herauszunehmen und den Liebeszauber zum eigenständigen Märchen umzuarbeiten. Apuleius bietet allerdings nicht das Ende der Geschichte, da der Held des Romans den Zauber nachvollziehen will und dadurch eben zum Esel wird.

Es handelt sich hierbei um ein Zaubermärchen mit dem Motiv der liebeshungrigen Hexe (vgl. auch Kirke); auffällig ist auch das Verwandlungsmotiv (zum Liebeszauber in der Antike vgl. Paoli, Das Leben im alten Rom, S. 333 f.). Über die Wirkung des Liebeszaubers berichtet auch Lukian im *Philopseudes* 13 ff.

Der Zauberer und sein Lehrling

Quelle: Lukian, Philopseudes (Der Lügenfreund) 33 ff.

Lukian (ca. 120–180 n. Chr.) studierte Philosophie und Rhetorik und wurde Wanderredner. Auf Vortragsreisen kam er bis zum Atlantik. Besonders übte er sich in Kritik, bissiger Satire und Parodie. Er gilt als einer der größten Spötter der Antike.

Unsere Geschichte inspirierte Goethe zu seinem Gedicht *Der Zauberlehrling*. Aly, Märchen, in: Paulys Realenzyklopädie, a. a. O., Sp. 277, hält unsere Geschichte auch für ein echtes Märchen (so auch Weinreich, Das Märchen von Amor und Psyche, S. 90). Es handelt sich um ein Zaubermärchen mit dem Einschlag des Lügenmärchens.

Im *Philopseudes* unterhalten sich im Krankenzimmer des Wunderpriesters Eukrates Freunde und erzählen diverse Lügenmärchen. Das vorliegende Märchen erzählt Eukrates selbst.

Die indischen Goldameisen

Quelle: Herodot, Historien 3, 102.

Es handelt sich bei diesem sehr kurzen Herodotauszug nicht um ein voll ausgeführtes Märchen. Ich habe diese Herodotstelle als Einstieg in die Reise- und Lügenmärchen gewählt, die seit Homers Schiffermärchen (Lotophagen und Laistrygonen) in der Antike sehr beliebt waren; solche wundersamen Reisemärchen fehlen auch bei Herodot nicht. Sehr breit ausgeführt werden diese dann im Alexanderroman und bei Lukian (Vera historia). Entstanden sein mögen wohl solche Reise- und Lügenmärchen aus der Berührung des Griechentums mit der orientalischen Welt, besonders durch die Züge Alexanders des Großen. Bekannt sind solche Motive ja auch durch Tausendundeine Nacht, vor allem durch Sindbads Reisen.

(Zu den geographischen Märchen, siehe Urban, Geographische Forschungen und Märchen aus griechischer Zeit, Gütersloh 1892, zu Herodot S. 21 ff.)

Alexanders Reisen

Quelle: Pseudo-Kallisthenes, Alexanderroman (Handschrift L, herausgegeben und übersetzt von Helmut van Thiel, Darmstadt 1974).

Ich gebe eine gekürzte Auswahl aus Alexanders Brief an seine Mutter Olympias (2, 22, 10–2, 41, 13). Der Brief stellt den Prototyp eines Reise- und Schiffermärchens dar, wie sie seit der Odyssee in der griechischen Literatur geläufig sind. Gerade durch die Verbindung von Orient und Okzident in der Reise Alexanders entsteht eine wunderbare Märchenwelt. Das Märchen gliedert sich in zwei Teile: a) Abenteuer beim Zug Alexanders durch die Wüste zum Meer, Alexanders Tauchfahrt, b) Alexanders Zug ans Ende der Welt, Fund des Lebenswassers, Alexanders Flug durch die Lüfte. Wie viele Märchenmotive klingen hierbei an: die Fischfresser, die zu- und abnehmenden Bäume, die Pflanzen mit den gurkenartigen Früchten, die unheimliche Zauberinsel der Krebse, Kämpfe mit seltsamen Ungeheuern, die wundersame Tauchfahrt, der Quell des Lebens (vgl. Grimm KHM 97, Das Wasser des Lebens), die geflügelten Wesen, die Vögel, die Alexander in die Lüfte tragen (wer denkt hier nicht an den Vogel Rock aus Sindbads Reisen). Reinen Märchencharakter hat auch die Geschichte vom Koch, der das Lebenswasser findet und es behält, um Alexanders Tochter verführen zu können, doch hat auch er mit der Unsterblichkeit kein Glück (van Thiel, S. XXVIII).

Das Ende des phantastischen Reisemärchens ist wieder typisch griechisch. Alexander sieht ein, daß er das Unendliche nicht erreichen kann, und erkennt, daß das Maß alle Dinge bestimmt. Alles maßlose menschliche Streben ist ergebnislos, und so bescheidet Alexander sich.

Die Erzählung der orientalischen Wunderwelt, vor allem der indischen, gab der märchenhaften Phantasie neue Nahrung. Der Grieche Euhemeros (311–298 v. Chr.) ging noch weiter als Alexanders Reisemärchen. In seiner *Heiligen Geschichte* schildert er die Insel der Glückseligen, *Panchaia*. Diese Erzählung wurde dann zur Vorläuferin für weitere Reisemärchen. Aus dem Reisemärchen des Griechen Iambulos (3. Jh. v. Chr.) ist bei dem griechischen Geschichtsschreiber Diodor (2, 55–60) ein kurzer Auszug erhalten: »Iambulos hatte in seiner Jugend eine feine Erziehung genossen, war aber nach dem Tod seines Vaters, eines Kaufmanns, gezwungen, sich Handelsgeschäften zuzuwenden. Auf einer seiner Reisen gelangte er durch Arabien in das Land der Gewürze; hier wurde er von Räubern ergriffen und nach manchen Abenteuern an die äthiopische Küste entführt. Nun hatten die Äthiopier eine von ihren Vätern ererbte Sitte, nämlich alle 600 Jahre dem Meer ein Sühneopfer zu übergeben. Zu diesem Zweck rüsteten sie ein Schiff mit reichlichen Lebensmitteln aus und schickten auf ihm den Iambulos mit einigen Begleitern in den Indischen Ozean hinaus. Sie verboten ihm die Rückkehr und belehrten ihn, er werde ein paradiesisches Eiland mit guten Menschen antreffen und unter diesen ein glückliches Leben führen: von seiner glücklichen Landung hange für Äthiopien eine sechshundertjährige Zeit des Friedens und der Wohlfahrt ab. Nach einer viermonatigen Reise gelangte Iambulos zur bezeichneten Insel. Die Einwohner erstaunten über die Ankunft der Fremdlinge und nahmen sie freundlich auf. Die Insel lag unter dem Äquator, denn Tag und Nacht waren von gleicher Länge, und kein Gegenstand warf zu Mittag einen Schatten. Bei der Milde des Klimas gediehen alle Früchte ohne Zutun der Menschen in reichlicher Fülle wie bei den Phäaken. Eine rohrartige Pflanze trug eine Frucht, die man zerstieß und zum Brotbacken verwandte. Die Einwohner, schöner und größer als die bisher bekannten Menschen, waren durch Bildung ausgezeichnet, besaßen astronomische Kenntnisse und bedienten sich eines Alphabets von 7 Zeichen, die durch Umformung 28 Laute darstellten. Außer andern Eigentümlichkeiten besaßen die Leute eine gespaltene Zunge, mit der sie nicht bloß jede menschliche Stimme, sondern auch die Vogelsprache nachmachten, und, was das Seltsamste war, sich zugleich mit zwei Menschen unterreden konnten. Kranke und Krüppel duldeten sie nicht unter sich, sie erreichten ohne Beschwerde ein Alter von 150 Jahren und schieden dann nach anerkannter Sitte freiwillig aus dem Leben, indem sie sich unter einer dort wachsenden Pflanze (der Mandragorastaude) lagerten, deren Duft sie betäubte und tötete. Auf der Insel gab es liebliche Quellen, warme und kalte, das umgebende Meer war süß und von heftiger Ebbe und Flut bewegt. Sieben Jahre blieb Iambulos samt seinen Genossen bei diesem Volk und wurde dann als Übeltäter ausgestoßen. Nach viermonatiger Fahrt gelangte er an das indische Festland zu einem in Palibothra residierenden König, der ein Griechenfreund war und ihm ein sicheres Geleit bis Persien gab. Von da kehrte er in die Heimat zurück und verfaßte seinen romantischen Reisebericht über jene Insel, auch fügte er einzelne Nachrichten über die Wunder Indiens hinzu.«

(Urban, Geographische Forschungen und Märchen aus griechischer Zeit, S. 37 f.)

Die wunderbare Reise

Quelle: Lukian, Wahre Geschichte (Vera historia) 1, 5 ff.

Zur Person Lukians vgl. auch *Androkles und der Löwe.* In seiner *Wahren Geschichte* parodiert Lukian die Reise- und Lügenmärchen von Homer bis hin zu seiner Zeit. In der Art eines Münchhausen überbietet er alles Phantastische ins Maßlose, bis es unglaubwürdig wird. Damit versucht er letztendlich den Lügengeist auszurotten. Aber trotz dieser rationalistischen Absicht bietet die *Wahre Geschichte* so viel Wunderbares und Märchenhaftes, daß sie es verdient, zumindest teilweise, in unsere Anthologie aufgenommen zu werden, ist doch auch das Schlaraffenland, das die Brüder Grimm in KHM 158 aufgenommen haben, kein echtes Wunschmärchen mehr, sondern auch eine Häufung von Unmöglichkeiten. Mit Lukians *Wahrer Geschichte* muß deshalb das Reisemärchen, zum Grotesken gesteigert, sein Ende finden.

Welch weiter Schritt von der Odyssee über Herodot, Alexanderroman, Euhemeros und Iambulos bis hin zur *reductio ad absurdum* eines Lukian!

Amor und Psyche

Quelle: Apuleius, Metamorphosen 4, 28–6, 24

Ich erzähle das Märchen in einer gekürzten Form. Zu Apuleius, vgl. Anmerkung zu *Ein Liebeszauber.*

Apuleius schob in seinen Roman das wunderschöne Märchen von Amor und Psyche ein. Eine alte Frau will mit diesem Märchen eine junge Gefangene zerstreuen. Sie nennt die Erzählung ausdrücklich *fabula anilis,* ein Altweibermärchen.

Eine kurze Inhaltsangabe: Die Königstochter Psyche ist so schön, daß sie den Neid der Göttin Aphrodite (Venus) erweckt. Aphrodite schickt daraufhin ihren Sohn Eros (Amor) aus, um Psyche zu bestrafen. Doch Amor verliebt sich unsterblich in Psyche. Der Vater Psyches hat indessen ein Orakel über die Zukunft Psyches befragt und die Antwort erhalten, seine Tochter müsse mit einem Ungeheuer vermählt werden, das über Götter und Menschen Gewalt habe. Auf einem Felsen setzen sie die Unglückliche aus, die ihrer schaurigen Hochzeit harrt. Von diesem Felsen trägt sie der Zephyrwind in den Palast Amors. Dort genießt Psyche nachts die Liebe des Gottes, doch darf sie ihn nicht von Angesicht sehen. Als ihre beiden Schwestern Psyche besuchen, werden sie über das glückliche Schicksal Psyches neidisch und raten ihr, das vermeintliche Ungeheuer zu töten, wenn es schläft. Psyche erkennt jedoch beim Schein der Lampe den Gott, doch ein Tropfen heißen Öls fließt aus der Lampe auf ihn und weckt ihn auf. Sogleich verläßt Amor Psyche. Sie ist untröstlich, will sich töten; doch begibt sie sich schließlich in den Dienst Aphrodites, um deren Verzeihung zu erlangen. Vier schwere Aufgaben muß sie dafür lösen. Bei der letzten Aufgabe, dem Gang in die Unterwelt, ist Amor so gerührt, daß er ihr zu Hilfe eilt. Und Amor gewinnt die Hilfe Jupiters. Psyche wird unsterblich, die Liebenden werden vereint und ihr Bund durch die Geburt der Tochter Voluptas (= die Lust) gekrönt.

Diese Erzählung hat eine Unzahl mannigfaltiger und verschiedener Deutungen erfahren. Man sah z. B. in ihr eine Allegorie des Verhältnisses der menschlichen Seele zur himmlischen Liebe und einen Einfluß von Platons Eros-Lehre (zu weiteren Deutungen siehe Frenzel, Stoffe der Weltliteratur, Stuttgart 1976).

Die Erzählung *Amor und Psyche* weist deutlich zwei märchenhafte Motivkomplexe auf: das Märchen vom Tierbräutigam, der sich der Geliebten verwandelt oder ungesehen naht und durch ihre Neugier vertrieben wird, und das Motiv der Treueprüfungen. Die beste Parallele zu dem Apuleiusmärchen ist allerdings das Märchen der Madame Leprince de Beaumont *La Belle et la Bête,* das 1757 veröffentlicht wurde.

Hier nur einige Märchenmotive (nach Aly, Märchen, in: Paulys Realenzyklopädie, Sp. 278):

1. Die jüngste von drei Schwestern zieht sich den Zorn der Venus zu.
2. Ein Orakel befiehlt, sie einem unbekannten Ungeheuer zu vermählen.
3. Wunderbare Aufnahme in einem Zauberschloß, wo der Gatte sie nur nachts besucht.

4. Die bösen Schwestern überreden Psyche, das Geheimnis zu ergründen. Vom Öltropfen verletzt, verschwindet der Gatte; die Schwestern gehen zugrunde, weil sie auf törichte Weise ins Zauberschloß gelangen wollen.
5. Die treue Gattin geht auf Suche,
   a) zweimal abgewiesen, gelangt sie schließlich in den Dienst der bösen Venus,
   b) sie muß drei Aufgaben erfüllen: einen Haufen Sämereien auflesen, eine Flocke von wilden Schafen holen und das Wasser des Styx bringen. Mit Hilfe von Ameisen, dem Schilfrohr und einem Adler vollendet sie die drei Aufgaben,
   c) eine vierte gleichbedeutende Aufgabe folgt: Ein Turm weist ihr den Weg und gibt Vorsichtsmaßregeln: sie wird einen lahmen Eselstreiber, Charon und webende Weiber treffen. Kerberos läßt sie dann zu Proserpina, bei der sie nicht gut essen und weich sitzen dürfe.
6. Das Gefäß darf sie nicht öffnen. Sie tut es trotzdem und fällt wie tot hin.

Einige Literaturhinweise dazu:

NEUMANN, E., Amor und Psyche. Eine tiefenpsychologische Deutung, Olten 1971

FEHLING, D., Amor und Psyche, Mainz 1977

MERKELBACH, R./BINDER, G. (Hrsg.), Amor und Psyche, Darmstadt 1968 (Wege der Forschung, Bd. 126); hier findet man 17 maßgebliche Aufsätze zu diesem Märchen, aus der Zeit von 1871 bis 1966 und auch eine ausführliche Bibliographie.

Ausgewählte Literatur

ALY, WOLF, Artikel ›Märchen‹, in: Paulys Realenzyklopädie der Classischen Altertumswissenschaft, Bd. 14, Spalte 253–281

ALY, WOLF, Volksmärchen, Sage und Novelle bei Herodot und seinen Zeitgenossen, Göttingen 1969 (Nachdruck)

COLLISON-MORLEY, L., Greek and Roman Ghost Stories, Oxford 1912

GASSE, HORST, Erzählungen der Antike, Birsfelden/Basel o. J.

HALLIDAY, W. R., Greek and Roman Folk-Literature, Cambridge 1927

HALLIDAY, W. R., Indo-European Folk-Tales and Greek Legend, Cambridge 1933

HARTLAND, E. S., Mythology and Folktales, London 1900

HAUSRATH/MARX, Griechische Märchen, Jena 1922

KERENYI, KARL, Die Mythologie der Griechen, 2 Bde, München 1977

LÜTHI, MAX, Das europäische Volksmärchen, Bern 1947

MARX, AUGUST, Griechische Märchen von dankbaren Tieren, Stuttgart 1889

PAOLI, U. E., Das Leben im alten Rom, Bern 1948

RADERMACHER, LUDWIG, Die Erzählungen der Odyssee, in: Sitzungsberichte der Akademie der Wissenschaften Wien, Phil.-Hist. Klasse, Bd. 178, 1, Wien 1915

Ranke-Graves, Robert, Griechische Mythologie, 2 Bde, Reinbek 1965

Stemplinger, Eduard, Antiker Volksglaube, Stuttgart 1948

Stoll, H. W., Die Sagen des classischen Alterthums, 2 Bde, Leipzig 1879

Urban, Karl, Geographische Forschungen und Märchen aus griechischer Zeit, Gütersloh 1892

Weinreich, Otto, Das Märchen von Amor und Psyche und andere Volksmärchen im Altertum, in: Ludwig Friedländer, Darstellungen aus der Sittengeschichte Roms, Bd. 4, S. 89–132

Weinreich, Otto, Der Trug des Nektanebos, Leipzig 1911